한 권으로 읽는 곤잘레스의
기독교 사상사

기독교 사상사
A History of Christian Thought, in One Volume
초판 발행: 2020년 2월 24일
ⓒ 2020년 은성출판사
저자: 후스토 L. 곤잘레스(Justo L. González)
옮긴이: 엄성옥
발행처: 은성출판사
등록: 1974년 12월 9일 제9-66호
주소: 서울 강동구 성내로3길 16(은성빌딩 3층)
전화: (031) 774-2102
팩스: (02) 6007-1154
http://eunsungpub.co.kr
e-mail: esp4404@hotmail.com.

출판 및 판매에 관한 모든 권한은 본 출판사가 소유하고 있습니다. 출판사의 사전 서면 허락 없이 번역, 재제작, 인용, 촬영 등을 할 수 없음을 알려드립니다.

ISBN: 979-11-89929-02-2 93230
printed in Korea

A History of
Christian Thought
in One Volume

Justo L. González

한 권으로 읽는 곤잘레스의
기독교 사상사

후스토 L. 곤잘래스 지음
엄성옥 옮김

차례

머리말 / 9
서론 / 11

제1부: 초대부터 칼케돈 공의회까지 / 15
    제1장 기독교의 요람 / 17
    제2장 사도 교부들의 신학 / 35
    제3장 그리스의 변증가들 / 55
    제4장 초기의 이단: 도전과 반응 / 69
    제5장 초대 교회의 위대한 신학자들 / 91
    제6장 3세기의 신학 / 139
    제7장 아리우스 논쟁과 니케아 공의회 / 161
    제8장 니케아 공의회 전후의 신학 / 183
    제9장 기독론 논쟁 / 211
    제10장 사도적이었는가, 배교였는가? / 235

제2부 중세 시대 신학 / 239
    제11장 어거스틴의 신학 / 241
    제12장 어거스틴 이후의 서방 신학 / 267
    제13장 제4차에서 제6차 세계공의회까지의 동방신학 / 281
    제14장 카롤링거 르네상스 / 299
    제15장 12세기: 어둠이 걷히다 / 313
    제16장 이슬람 정복 이후의 동방 신학 / 337
    제17장 13세기 / 357
    제18장 중세시대 후기의 신학 / 379
    제19장 새벽인가, 황혼인가? / 395

제3부 종교개혁 시대부터 현대까지 / 399

    제20장 한 시대의 끝 / 401

    제21장 마틴 루터의 신학 / 415

    제22장 울리히 츠빙글리와 개혁주의의 시작 / 435

    제23장 재세례파와 급진 종교개혁 / 443

    제24장 칼빈의 개혁주의 신학 / 457

    제25장 영국의 종교개혁 / 481

    제26장 가톨릭 종교개혁 안의 신학 / 493

    제27장 개신교 정통신앙과 경건주의 / 517

    제28장 19세기 개신교 신학 / 559

    제29장 제1차 세계대전까지의 가톨릭교회 신학 / 583

    제30장 콘스탄티노플 함락 이후의 동방교회 신학 / 593

    제31장 20세기부터 21세기까지의 신학 / 601

마지막 개관 / 625

색인 629

머리말

이 책은 애빙던 출판사(Abingdon Press)에서 세 권으로 출판한 『기독교 사상사』의 요약본이다. 이 책을 준비하면서 오래전 설교자와 교수로서 배운 것을 경험하면서 이 요약본의 유익함을 다시 한번 깨달았다. 요약본을 저술하는 것은 쉬운 일이 아니다. 그러나 내가 짧은 강의와 설교를 좋아한다는 것, 그리고 종종 장황한 강연보다 짧은 강연에서 더 많은 유익을 얻는다는 것을 알고 있다. 그러므로 이 요약본이 기독교 사상의 발달을 이해하는 데 꼭 필요하지는 않은 상세한 정보에 시달리지 않고서 그 주제에 관심을 가진 사람들이 쉽게 접근할 수 있게 해주기를 바란다.

세 권으로 된 이전의 시리즈와 한 권으로 요약한 이 책과의 차이점은 무엇인가? 첫째, 다소 방대한 성경학적 각주가 삭제되었다. 각주가 아무리 상세하고 최근의 것이라도 인터넷 검색을 하면 인쇄된 책보다 더 최근의 정보를 쉽게 찾을 수 있다고 생각해서 생략했다. 따라서 더욱더 상세한 성경적 자료를 원하면 인터넷에서 검색하기를 바란다.

둘째, 더욱더 중요한 인물과 문제를 강조하기 위해 다소 모호한 문제와 논쟁, 그리고 그리 중요하지 않은 인물은 생략했거나 최소로 다루었다.

셋째, 몇 개의 장을 통합함으로써 다양한 신학자와 신학적 문제에서 주요한 동향과 관계를 쉽게 추적할 수 있게 하였다.

나는 이 과정에서 생략된 것이 그리 많지 않다고 생각한다. 결과적으로 기독교 신학과 교리가 역사적으로 어떻게 발달해왔는지에 관심을 가진 사람들이 기독교 사상의 발달사에 더 폭넓게 접근할 수 있다고 생각한다.

서론

　기독교 사상사는 다루는 자료의 본질 때문에 어쩔 수 없이 신학적인 일에 속한다. 역사가의 임무는 단순히 이제까지 발생한 것이나 생각되어 온 것들을 반복하는 데 있지 않다. 역사가는 사용해야 할 자료를 선정하는 일부터 시작해야 하는데, 이 과정에서 작용하는 규칙은 매우 주관적인 결정에 의존한다. 기독교 사상사를 저술하려는 사람은 미뉴(Migne)가 편집한 382권의 원자료의 내용을 모두 포함할 수 없다. 그런데 미뉴의 원자료도 12세기 이후의 것을 다루지 않는다. 이러한 자료 선정은 저자에 의존하는데, 이것은 기독교 사상사는 필연적으로 저자의 신학적 전제를 반영한다는 것을 의미하며, 기독교 사상사를 다루면서 그것이 신학적 전제와 전혀 상관없다고 주장하는 것은 착각이다. 동시에 기본적 개관에 필요하다고 간주된 사상이 있다.

　이 책 저자의 전제는 무엇인가? 독자가 반대할 권리를 행사하려면 이 문제에 정직하게 답변해야 한다. 본서의 저자는 교리의 발달을 다루면서 신학적 개념, 즉 진리의 본질에 대한 기독교의 견해부터 다루어야 하며, 그것이 성육신 교리에서 발견된다고 확신한다. 이 교리에 의하면 기독교의 진리는 구체적인 것과 제한된 것과 무상한 것과 결합해도 상실되거나 왜곡되지 않는다. 그 진리는 영원한 것이 역사적인 것과 결합하는 곳, 신이 육체가 되는 곳, 특정인이 특정 상황에서 "나는 진리이다"라고 말할 수 있는 곳에서 주어진다.

진리에 대한 이 개념을 밝히기 위해서 그것과 비교할 수 없으며 예수 그리스도라는 인간과 관련하여 성육신 교리를 부인하는 해석을 낳은 두 개의 개념과 비교해 보자. 첫째, 우리는 그 진리가 영원하고 영구하며 보편적인 것의 영역에만 존재하며, 그렇기 때문에 역사적인 것과 무상하고 개별적인 것 안에서 주어질 수 없다고 단정할 수 있다. 이 개념은 그리스인의 정신에 매우 매력적으로 작용했고, 그들의 정신을 통해서 서방 문명에 영향을 주었다. 둘째, 모든 진리가 상대적이라고, 즉 인간 사회에는 절대 진리가 존재할 수 없다고 말할 수 있을 것이다. 이 개념은 2, 3세기 전에 유행한 것으로서 우리가 인간적 지식의 상대성을 의식하게 된 과학적·역사적 연구의 결과이다.

이 두 가지 입장에 직면한 기독교는 진리가 구체적이고 역사적이고 특별한 상황에서 주어지며, 그 안에 담기고 감추어져 있지만, 모든 역사적 순간에 그 진실성을 잃지 않는다고 단언한다. 영원한 하나님의 말씀이 역사적인 예수의 인성 안에서, 최초의 제자들처럼 육체대로 본 적이 없고 직접 경험한 적이 없는 우리에게 온다. 우리는 그분의 역사적인 성육신 안에서만 이 말씀을 알지만, 그것이 영원한 말씀, 대대로 우리의 피난처이시고 앞으로도 피난처이실 말씀임을 안다. 그 말씀은 우리가 성육하신 주님을 전파하는 순간마다 우리에게 오신다.

진리와 역사의 관계에 대한 이러한 이해는 교리적 발달에 대한 우리의 해석과 평가의 출발점이 된다. 우리는 교리적 진리와 관련하여 역사적 상대주의의 그림자나 추측이 개입되지 않은 영원하고 불변하는 진리가 있다고 말할 수 없을 것이다. 교리의 진리는 하나님의 말씀이 절대적인 순종을 요구하면서 교회와 대면할 수 있는 분량에 따라 판단되어야 한다.

그렇다면 모든 교리가 똑같이 타당한가? 그렇지 않다. 교리는 교회가 하나님의 말씀을 증언하는 데 사용되는 인간의 말이다. 이런 의미에서 교리는 교회 선포의 일부이다. 그러나 하나님이 예수 그리스도 안에서 우리에게 오시며 인간적 활동의 대상이 되시므로, 우리는 하나의 교리의 정당성을 판단할 수 있다. 그러나 그러한 판단이 하나님의 판단이 아니라 우리의 판단임을 기억해야 한다. 교리는 오랜 세월 신앙의 중심을 공격하는 듯한 견해에 맞서며, 영성의 맥락 안에서, 기존의 예배 관습을 토대로, 심지어 정치적 음모의 결과로 형성된 신학적 고찰을 통해 구축된다. 또 교리가 언제 어떻게 교의가 되는가에 대해서 기독교인들의 의견이 일치한 적이 없었다. 이것이 내가 교리사(history of dogma)가 아닌 기독교 사상사(history of Christian thought)를 저술하려는 이유이다. 이것은 교리의 내용이 생겨나서 널리 받아들여지는 객관적인 과정보다는 교리의 공식적 진술에 더 관심을 기울이는 경향이 있다.

 나는 신학 공부를 위한 교과서의 필요성에 따라 주제를 정하고 제시했다. 역사가는 주제를 연대별로 제시할 수 있고 주제별로 제시할 수 있다. 이 책의 주목적이 기독교 사상사의 입문서 역할이므로, 본질적으로 연대순이지만 중요한 신학적 주제의 지속성을 염두에 두고 개요를 제시하기로 했다.

제1부

초대부터 칼케돈 공의회까지

제1장

기독교의 요람

누가복음에 반영된 전승에 의하면, 기독교가 구유에서 탄생했다고 한다. 우리는 종종 이 장면을 차분한 색조의 그림으로 표현하려 한다. 그러나 그 구유의 상황은 우리가 생각하는 것만큼 평온하지 않았다. 요셉과 마리아는 고향의 경제 상황과 아우구스투스 황제의 호구 조사령 때문에 다윗의 동네로 갔다(눅 2:1). 이 인구조사의 목적은 세금 징수에 있었고, 구유 주변의 세계에는 불평이 비등했다.

간단히 말해서, 기독교는 처음부터 "세상을 이처럼 사랑하사" 그 일부가 되려 하신 하나님의 메시지로서 존재해왔다. 기독교는 하나님의 본성에 대한 천상의 영원한 교리가 아니라 예수 그리스도 안에 세상에 현존하시는 하나님이다. 기독교 신앙은 성육신이며, 그렇기 때문에 구체적인 것과 역사적인 것 안에 존재한다. 그러므로 이러한 연구에서는 간략하게나마 기독교가 태어나서 첫걸음을 취한 세계를 묘사하는 일부터 시작해야 한다.

유대 세계

　기독교는 팔레스타인의 유대 사회에서 발흥했다. 예수는 유대인으로서 유대인과 함께 살다가 죽었다. 그분의 가르침은 유대인의 세계관 안에서 형성되었고, 그의 제자 역시 유대인으로서 그 가르침을 받아들였다. 후일 바울은 이방인들에게 복음을 전파하면서 여행할 때 회당에서 유대인들 가운데서 사명으로 시작했다. 그러므로 우리도 기독교가 태어난 유대 사회의 상황과 사상을 개관하면서 기독교 사상사를 시작해야 한다.

　팔레스타인의 지리적인 위치 때문에 그곳을 약속의 땅이라고 생각한 민족은 많은 불운을 겪었다. 팔레스타인은 이집트에서 아시리아, 아라비아에서 소아시아로 가는 통로였기 때문에 항상 근동 지방에서 발흥한 대국들의 제국주의적 탐욕의 대상이 되었다.

　수 세기 동안 이집트와 아시리아가 이 좁은 땅을 둘러싸고 싸웠다. 아시리아 다음의 바빌론도 팔레스타인을 물려받아 결국 예루살렘을 파괴하고 일부 유대인들을 추방했다. 페르시아의 키루스(Cyrus)는 바빌론을 정복한 후에 포로들의 귀환을 허락하고, 팔레스타인을 제국의 일부로 삼았다. 알렉산더 대왕이 페르시아를 정복하고 팔레스타인을 포함한 페르시아 제국을 합병했는데, 마케도니아 총독들이 팔레스타인을 다스리게 되었다. 기원전 323년에 알렉산더가 사망한 후 20년이 넘도록 불안한 시대가 지속했다. 그 시기가 끝날 무렵 알렉산더의 후계자들은 힘을 합쳤지만, 백 년 이상 알렉산더의 장군들에서 생겨난 두 가문이 팔레스타인 및 인근 지역을 차지하기 위해 싸웠다. 결국 셀류커스 왕조가 우위를 차지했지만, 마카비 왕조나 하스모니아 왕조의 주도하에 유대인들이 반란을 일으켰다. 그들은 종교의 자유를 획득했고, 얼마 후에 정치적 독립을 얻었다. 그러나 독립은 시리아의 내분 때문에 가능했고, 새로운 강대국 로마가 등장하면서 독립은 사라졌다. 기원전 63년에 폼페이우스가 예루살렘을 장악하고 성전을 더럽히고 지성소에까지 들어갔다. 그 이후로 팔레스타인은 로마 제국의 속국이었다. 이러한 상황에서 우리 주 예수님이 세상에 오셨다.

로마 지배하의 유대인들은 매우 다스리기 어려웠는데, 이는 만군의 주 앞에서 다른 신을 받아들이지 않는 그들의 종교의 배타성 때문이었다. 정복한 민족의 국가적 특징을 존중하는 정책을 추구한 로마는 유대인의 종교를 존중했다. 그 결과 팔레스타인의 많은 당파가 로마에 반역하지 않았다. 그러나 로마 총독들은 유대인 사회에서 인기를 얻지 못했다.

세월이 흐르면서 애국 투쟁으로 말미암아 율법이 유대인 민족정신의 상징이요 울타리가 되었다. 예언 운동이 쇠퇴하면서 율법이 종교 현장의 중심을 차지하게 되었다. 그 결과 성전에서의 예배와 백성들의 일상생활을 규제하기 위해 제사장들이 법제화한 율법은 새로운 종교적 계급제도 발흥의 근원이 되었다. 서기관들에게는 율법을 해석할 뿐만 아니라 보존해야 할 책임이 있었다. 그들은 여러 학파에 기질의 차이점에 따라 구분되었지만, 다양한 상황에서 율법을 적용하는 것과 관련하여 매우 많은 판례를 배출했다. 이 일은 히브리 종교가 점점 더 개인적으로 되어갔으며, 성전에서의 의식에 대한 관심이 쇠퇴했기 때문에 가능했다. 바리새인들은 오랫동안 투쟁하면서 사두개인들을 정복하기 시작했고, 개인적인 행위의 종교가 희생제사와 의식의 종교를 대체하고 있었다.

후일 심하게 오해받은 바리새파는 공정하게 다루어져야 한다. 종종 우리가 상상하는 것과는 달리 바리새파는 개인적 종교의 중요성을 강조했다. 이런 까닭에 보수적인 유대인들은 그들을 율법의 멍에를 풀어놓은 혁신적인 사람들이라고 비난했다. 성전 예배의 활력이 감소하고 있던 시기에 바리새인들은 백성들의 종교를 위한 매일의 안내자 역할을 할 수 있도록 율법을 해석하려고 노력했다. 바리새인들은 종교를 일상생활의 일부로 만들려 했다. 사두개파와 마찬가지로 그들의 종교는 율법에 중심을 두었지만, 성문법뿐만 아니라 구전의 율법에도 중심을 두었다. 수 세기 동안 전해져 내려온 이 전승과 해석의 구전 유산은 성문화된 율법을 일상생활의 구체적인 상황에 적용하는 데 기여했다.

사두개인들은 1세기 유대교 보수파였다. 그들은 유대 전통에서 발달한 구전의 법은 받아들이지 않았고 성문화된 법만 종교적 권위로 받아들였다. 따라서 그들은 부활, 장래의 생명, 후기 유대교의 복잡한 천사론과 귀신론, 그리고 예정론을 부인했다. 이 점에서 그들은 이 모든 것을 받아들인 바리새파를 반대했고, 그렇기 때문에 탈무드에서는 사두개파를 "쾌락주의자"라고 부른다. 그들의 종교는 회당과 그 가르침에 중심을 두지 않고 성전과 그 의식에 중심을 두었다. 따라서 성전이 멸망하고 나서 곧 그들이 사라진 것은 그리 놀라운 일이 아니다. 그러나 바리새파는 이 사건의 영향을 거의 받지 않았다.

1세기 내내 팔레스타인의 유대교에서 사두개파와 바리새파는 서로 타협하지 않았다. 거의 알려지지 않았거나 전혀 알려지지 않은 무수히 많은 분파와 집단이 있었다. 그중에 반드시 언급해야 할 것이 에세네파인데, 다수의 저자는 유명한 사해 사본을 그 집단의 것이라고 여긴다. 그러므로 이들이 다른 집단보다 더 많이 알려져 있다.

이처럼 유대교 안에 매우 다양한 강조점과 분파와 견해가 있었다. 그러나 이 다양성 때문에 성전과 율법과 종말론적인 소망에 중심을 둔 유대 종교의 본질적 통일성이 흐려져서는 안 된다. 만일 백성들의 신앙생활에서 성전의 위치나 율법의 범위에 대해 바리새파와 사두개파가 의견을 달리했어도, 그것이 유대인들에게 성전과 율법 모두가 유대교의 근본적인 측면이라는 사실을 가려서는 안 된다. 비록 율법에 순종하는 것은 어디에서나 가능하지만, 성전 예배는 예루살렘에서만 거행할 수 있다는 중요하지는 않지만 실질적인 차이점이 있었지만, 그들 사이에 직접적으로 반대되는 것은 없었다. 이런 까닭에 유대인의 종교 생활에서 율법에 대한 순종이 성전 예배를 대치하게 되었고, 그 결과 70년에 성전이 멸망했어도 유대 종교의 핵심은 파괴되지 않았다.

한편 이 분파들은 모두 유대교의 두 가지 주된 교리를 취했다: 윤리적 유일신교와 종말론적인 소망. 일찍부터 이스라엘의 하나님은 공의와 자비의 하나님으로서 백성들에게 예식적 의미에서만 아니라 사회적인 관계에서도 의롭고 깨끗한 행동을 요구하셨다. 분파의 다양성에도 불구하고 이 윤리적 유일신론은 계속 유대 종교의 주임이었다. 게다가 유대인들은 역사적으로 하나님의 자비와 공의에 의존하게 하는 많은 고난을 겪음으로 말미암아 소망이 중심적 역할을 하는 종교에 귀의하게 되었다. 어쨌든 모든 사람은 하나님이 이스라엘을 정치적·도덕적 불행에서 구해주실 것을 기대했다. 이 구원의 소망은 때로는 메시아에 중심을 두고, 때로는 "인자"(Son of Man)라는 거룩한 존재에 중심을 두면서 의미상의 미묘한 차이를 둔다. 메시아 소망은 일반적으로 다윗 왕국이 이 세상에 회복될 것이라는 기대와 결합했고, 메시아의 임무는 다윗의 보좌를 회복하고 그 위에 앉는 것이었다. 반면에 종말론 집단에서 더 빈번하게 등장하는 인자는 메시아보다 더 보편적인 인물이었고, 이 세상에 다윗의 통치를 세우기 위해 오시는 것이 아니라 새로운 시대, 새 하늘과 새 땅을 세우러 오실 것이었다. 인자는 메시아와는 달리 천상의 존재였으며, 그의 기능에는 죽은자들의 부활과 최후 심판이 포함되어 있었다. 세월이 흐르면서 이 두 경향이 결합했고, 1세기에는 메시아의 통치가 현시대의 마지막 단계이며 그다음에 인자가 세울 새 시대가 올 것이라는 중도적 입장이 등장했다. 어쨌든 유대인들은 여전히 소망의 민족이었다. 그들의 종교를 법적으로만 해석하는 것은 옳지 않을 것이다.

유대 종교에서 후일 삼위일체 신학의 기본 중 하나로 발달하게 될 또 다른 것은 지혜(Wisdom)라는 개념이었다. 랍비 유대교(Rabbinic Judaism)는 지혜를 완전히 위격화하지는 않은 것 같지만, 구약성경에서 그리스도(또는 성령)가 지혜라고 불린다는 후대 기독교의 주장을 위한 기초를 제공했다.

그러나 유대교는 팔레스타인 안에서만 신봉된 것이 아니었다. 유대인들은 메소포타미아, 이집트, 시리아, 소아시아. 로마 등지에 중요한 공동체를 형성했다. 이 유대인들은 이방인 개종자들과 함께 디아스포라(Diaspora)를 구성했는데, 그것은 1세기 유대교의 매우 중요한 현상으로서 초기 기독교의 형성과 확장에 기여했다.

디아스포라의 유대인들은 새로 정착한 지역 주민들과 동화되지 않고 정부 내에서 어느 정도의 자치를 누리는 독립 집단을 형성했다. 이집트에서처럼 대규모의 디아스포라 중심지의 유대인들은 강요 때문이 아니라 자발적으로 도시 내의 특정 지역에서 생활했다. 그들은 그곳에 자체의 지방 정부를 설립하고, 율법을 공부할 수 있는 회당을 세웠다. 제국은 그들을 어느 정도 합법적으로 인정하고, 유대인에게 안식일에 일하도록 강요하는 것을 금지하는 법과 같은 것을 존중하는 법을 마련해주었다. 그리하여 유대인 공동체는 자체의 법과 행정부를 소유하는 도시 내의 도시가 되었다. 이것은 로마 제국 내에서 다소 일반적인 관습이었다. 한편 전 세계에 흩어져 있는 디아스포라의 유대인들은 자기들이 율법과 성전에 의해 하나로 연합되어 있다고 느꼈다. 비록 그들 중 다수가 팔레스타인에 발을 딛지 못한 채 죽었지만, 20세 이상의 유대인 남성은 매년 성전에 헌금했다.

최소한 이론상으로 팔레스타인의 지도자들은 전 세계 모든 유대인의 지도자였다.

거의 초기부터 팔레스타인의 유대교와 디아스포라의 유대교 사이에 차이점이 생겨나기 시작했다. 가장 중요한 차이점은 언어였다. 디아스포라와 팔레스타인에서 히브리어 사용이 감소하고 있었고, 성경을 히브리어로 이해하기가 점점 더 어려워졌다. 팔레스타인에 사는 유대인 사회보다 디아스포라 유대인 사회에서 더 급속히 히브리어가 사라지고 있었다. 곧 팔레스타인의 유대 사회에서 구약성경이 아람어로 번역되기 시작했다. 처음에는 구두로 번역되었으나 나중에는 성문화된 형태로 번역되기 시작했다. 이 번역 과정은 디아스포라에서 한층 더 빠르고 완전하게 진행되었다. 이는 디아스포라의 유대인 세대들이 히브리어를 사용하지 않고 그 지방의 언어, 특히 교역과 통치의 언어인 그리스어를 사용하기 시작했기 때문이다.

이러한 유대교의 언어적 그리스화는 알렉산드리아에서 정점에 달했다. 알렉산드리아는 헬레니즘 문화의 중심이었고, 알렉산드리아의 유대인들은 유대교를 그 지역의 유식한 주민에게 접근할 수 있는 방식으로 제시하려 했다. 이런 목적에서 칠십인역(Septuagint, LXX)이라는 그리스어 구약성경 번역이 이루어졌다.

칠십인역은 그리스 문화권의 유대 사상 형성에 중요한 역할을 했다. 고대 히브리 개념을 번역하려면 성경의 사상과 맞지 않는 함의를 지닌 그리스 용어를 사용해야 했다. 한편 유식한 이방인들은 이제 구약성경을 읽고 유대인들과 그 정당성과 의의에 대해 논할 수 있었다. 그러므로 유대인들은 그 시대의 철학적 문헌을 더 잘 알아야 했고, 성경의 우월함을 분명히 드러낼 수 있도록 해석해야 했다. 그리하여 그들은 위대한 그리스 철학자들이 성경에서 그들의 가장 훌륭한 지혜를 모방했다고 주장하는 데까지 이르렀다.

기독교의 역사에서 칠십인역 성경은 말할 수 없이 중요했다. 칠십인역 은 최초로 알려진 기독교 저자들의 성경, 거의 모든 신약성경 저자들이 사용한 성경이었다. 따라서 칠십인역은 신약성서의 언어가 형성된 모태였으며, 현재 우리가 그 언어를 이해하기 위해 소유하는 가장 훌륭한 도구 중 하나이다.

칠십인역은 디아스포라, 특히 알렉산드리아 디아스포라에 거주한 유대인들의 정신 상태를 보여준다. 그리스화하는 경향이 그들을 사로잡았고, 그들은 유대교가 사람들의 생각처럼 야만적이지 않으며 진정한 그리스 사상과 밀접하게 연결되어 있음을 보여주어야 한다고 느꼈다.

유대인들에게 있어서 이러한 의도의 가장 큰 표현은 자기들의 전통을 예수와 같은 시대의 인물로서 유대교 성경을 아카데메이아의 가르침과 양립할 수 있도록 해석하려 한 알렉산드리아의 필로(Philo)에서 발견되는 그리스 문화에 맞추는 것이었다. 필로에 의하면, 성경은 알레고리를 사용하여 플라톤이 가르친 것과 같은 것을 가르친다. 따라서 현명한 해석자의 임무는 성경의 알레고리의 배후에서 발견할 수 있는 영원한 의미를 보여주는 것이다. 따라서 필로는 성경의 계시가 확실하다고 주장하는 동시에 플라톤주의에 맞추기 어려운 측면에서 벗어날 수 있었다. 그러나 필로가 율법의 역사적이고 문자적인 의미를 부인한 것이 아니라(그렇게 주장하는 것은 유대교로부터 배교하는 것이 될 것이다) 문자적 의미에 더하여 율법도 풍유적 의미를 가진다고 주장했음을 지적해야 한다.

필로의 하나님은 플라톤의 미(美)라는 개념과 족장들과 선지자의 하나님을 결합한 것이다. 하나님은 절대적으로 초월적인 분이시므로, 하나님과 세상 사이에 직접적인 관계가 있을 수 없다. 게다가 창조주 하나님은 선과 미라는 개념을 초월한다. 하나님은 본질적인 분이시며, 시간과 공간 안에서 발견되는 것이 아니며, 오히려 하나님 안에서 시간과 공간이 발견된다. 하나님은 절대적으로 초월적이시며, 필로는 하나님을 감정이 없는 냉정한 분으로 인식했기 때문에 하나님과 세상의 관계에는 매개자가 필요하다. 주된 매개자는 세상이 창조되기 전에 하나님이 지으신 로고스 또는 말씀이다. 이 로고스는 신적인 것의 형상이며, 하나님의 창조 도구이다.

필로는 전형적인 플라톤주의 방식으로 인간의 목적이 하나님을 보는 것이라고 말한다. 이해는 특정의 소유 방식을 함축하므로 우리는 하나님을 이해할 수 없으며, 우리는 결코 무한한 것을 소유할 수 없다. 그러나 우리는 직접적이고 직관적인 방식으로 하나님을 볼 수 있다. 영혼이 정화되는 오랜 상승 과정의 목표와 정점은 엑스터시이다. 몸은 영혼의 바닥짐이며, 이성은 감각을 반대한다. 그러므로 정화는 영혼을 몸의 노예로 삼고 있는 육체적인 정념에서 해방하는 데 있다. 여기에서 필로는 정념의 부재 또는 냉담(무감각, apathy)이 모든 인간의 목표라는 스토아 교리를 도입한다. 그러나 필로에게 냉담은 스토아 철학자의 경우처럼 윤리의 목표가 아니라 엑스터시로 안내하는 수단이다.

마지막으로 1세기 유대교에 대한 묘사를 완성하려면 유대교 내에 유포되어 있던 원–영지주의적(proto-Gnostic) 동향에 관해 언급해야 한다. 이 영지주의적 경향은 종말론적 이원론에서 발달한 듯하다. 이 사상의 추종자들은 자신의 종말론적 기대가 성취되지 않았을 때 역사를 초월한(trans-historical) 보편적 구원에서 피난처를 찾았다. 그러나 유대교에서 이 영지주의적 경향을 조금도 찾아볼 수 없고, 그 중에서 유대교 자체의 종말론에서 발달한 부분이 얼마나 되는지, 그리고 그것을 통하여 페르시아의 사고방식이 도입되었는지, 그리고 유대교 외부에 기인하는 것이 얼마나 되는지 결론지을 수 없다.

그리스–로마 세계

교훈적인 이유로 유대교를 기독교가 발달해온 나머지 세계와 분리했지만, 1세기에 지중해의 분지는 전무후무한 정치적·문화적 통일을 누렸다. 이 통일은 알렉산더 대왕의 정복(334-323BCE)과 뒤이은 로마제국의 세력 강화로 말미암은 그리스 사상 보급의 결과였다.

알렉산더 대왕의 정복은 문화적 공백 상태에서 이루어진 것이 아니었다. 그것은 이집트, 시리아, 페르시아, 메소포타미아 등 고대 문화권의 국가를 휩쓸었다. 이 각각의 국가에서는 알렉산더 시대 이전에도 그리스 문화의 영향이 감지되었지만, 정복 이후 수 세기 동안 지역 고유의 문화가 쇠퇴했다가 변형된 형태로 다시 등장했고 원래의 국경 너머로 멀리까지 팽창 확대되었다.

이 고대 근동 문화의 부흥은 서기 1세기에 발생했다. 이런 까닭에 초기 기독교의 그리스적 배경을 연구할 때 한편으로는 그리스 철학을, 다른 한편으로는 서방에 침입하려 하고 있던 많은 동방의 종교를 염두에 두어야 한다. 이러한 문화적·종교적 요인들이 정치적이고 행정적인 요인, 즉 로마 제국에 더해져야 한다.

알렉산더 대왕의 정복 이후 그리스 철학은 크게 변화되었다. 알렉산더 대왕의 스승이었던 아리스토텔레스의 사상은 사용되지 않았고, 대체로 식물학, 음악 등의 학문에서만 사용되었다. 플라톤의 아카데미는 529년에 유스티니아누스 황제가 폐쇄할 때까지 존속했는데, 플라톤은 그리스 문화 시대에 이 아카데미를 통해서 상당한 영향력을 발휘했다. 그의 영향력은 아카데미아의 영역 너머까지 확대되었다. 흥미롭게도 아리스토텔레스의 감화로 설립된 알렉산드리아의 박물관은 곧 플라톤의 정신에 사로잡혔고 플라톤주의의 주요 요새가 되었다. 따라서 아리스토텔레스가 그리스 문화에 기여한 바 있지만, 플라톤이 그 시대의 철학 형성에 더 큰 영향력을 발휘하였다.

그러나 플라톤주의에는 아리스토텔리스주의처럼 그 시대의 정신과 일치하지 않는 몇 가지 양상이 있었다. 그중에서 가장 중요한 것은 그 시대의 정치 상황과 관련된 것이었다. 플라톤의 사상도 아리스토텔레스의 사상처럼 고대 그리스의 도시국가라는 틀 안에서 구축되었다. 그러나 알렉산더 대왕 시대에 범세계적인 사회가 발달하면서 사람들은 자신이 거대한 세상에서 길을 잃었고, 신들이 다른 신들과 경쟁하며, 행동의 규칙이 새로운 관습과 다투고 있음을 발견했다. 이 시점에 개인에게 말할 뿐만 아니라 일상생활을 위한 규범을 제공해줄 철학이 필요했다. 그리스 철학 시대에는 스토아주의와 에피쿠로스주의가 이러한 욕구를 충족시켜주었다. 후일 고대 신들에 대한 불신이 팽배해지면서 철학이 그 자리를 대신하려 했고, 거기서부터 신플라톤주의처럼 종교적인 특성을 지닌 철학 체계가 생겨났다.

이러한 고대 철학자 중에서 초기 기독교 사상 발달에 가장 큰 영향을 미친 사람이 플라톤이다. 그의 가르침 중에서 지금 우리가 가장 크게 관심을 두는 것은 이원론적 세계관, 영혼의 불멸과 선재(pre-existence), 무의지적 기억(reminiscence)으로서의 지식, 그리고 선의 이데아 등이다.

일부 기독교학자들은 "세계"에 대한 기독교의 교리, 그리고 하늘과 땅에 관한 교리를 해석하는 수단으로 플라톤의 두 세계라는 교리를 사용했다. 플라톤의 가르침을 사용하면 우리 주위의 물질이 궁극적인 실재가 아니며 다른 질서에 속한 더 가치 있는 것이 있다는 것을 증명할 수 있었다. 박해받는 교회에는 그러한 교리가 매력이 있었음을 쉽게 이해할 수 있다. 그러나 곧 어떤 기독교인들은 창조의 교리를 부정하는 것으로 이루어진 물질계를 지향하는 태도를 취하게 되었다. 보이는 세계는 악의 본향이요 이데아의 세계가 인간 생활과 도덕의 목표라고 여기는 플라톤주의의 윤리적 세계 구분이 이러한 태도를 더 심화했다.

아주 초기부터 그리스 철학에서 장래의 생활에 대한 기독교 교리의 뒷받침을 찾고 있던 기독교인들은 영혼 불멸의 교리에 매력을 느꼈다. 플라톤의 체계는 장래 생활을 신의 선물로 여기지 않고 인간 내면에 있는 신적인 것의 본성적인 결과물로 보았다. 플라톤의 가르침은 영적인 것만 영존하므로 영혼의 영생과 몸의 영원한 죽음을 주장했다. 그것은 영혼 불멸뿐만 아니라 영혼의 선재와 환생도 가르쳤다. 일부 사상가는 플라톤 철학에 비추어 자신의 새로운 신앙을 해석하려 하여 이것을 부분적으로나 전체적으로 자신의 교리 체계에 포함하려 했지만, 이것은 기독교 신앙과는 매우 다른 것이었다.

플라톤의 지식론은 참지식을 획득하는 수단으로서의 감각에 대한 불신에 기초한다. 플라톤은 레미니선스 또는 기억의 이론을 통하여 지식을 설명했는데, 이것은 영혼선재설을 필요로 한다. 따라서 영혼선재설을 받아들이지 않은 기독교 사상의 주류는 지식을 레미니선스로 해석할 수 없었다. 그러나 기독교인들은 감각 인식(sensory perception)의 불신을 받아들였고, 그것이 수 세기 동안 어거스틴의 인식론을 통하여 기독교 사상을 지배했다.

마지막으로 플라톤의 선이라는 이데아는 하나님에 대한 기독교 사상 형성에 현저한 영향을 미쳤다. 여기에서 플라톤이 선이라는 이데아를 언급하는 데 사용한 것과 같은 용어로 하나님에 대해 말하는 관습이 생겨났다: 하나님은 무감각하고, 무한하고, 불가해하고, 무어라 묘사할 수 없는 분이시다.

플라톤주의 다음으로 기독교 사상의 발달에 큰 영향을 미친 철학 체계는 스토아주의였다. 스토아주의의 로고스 이론, 고귀한 도덕적 분위기, 그리고 자연법에 대한 교리는 기독교 사상에 심오한 영향을 미쳤다.

스토아주의 가르침에 따르면, 우주는 보편적 이성 또는 로고스에 종속한다. 이 로고스는 단순한 외적인 힘이 아니며, 사물의 구조 안에 새겨진 이성이다. 이러한 로고스의 개념이 플라톤의 사상과 결합하여 기독교의 로고스 교리를 발전시키게 되었다.

보편적 이성의 존재에서 사물, 특히 인간 생활의 자연 질서가 이어져 나온다. 이 질서는 스토아주의 학자들이 "자연법"이라고 부르는 것인데, 그들은 우리가 고결한 것에 순종하려면 그것이 우리의 존재에 새겨져야 한다고 여겼다. 세월이 흐르면서 기독교인들은 스토아주의 안에서 자기들의 엄격한 관습을 조롱하는 사람들에 대항하는 동맹을 발견했다. 신플라톤주의 외에 헬레니즘 시대의 다른 철학적 운동은 기독교에 거의 영향을 미치지 못했다.

그러나 초기 몇 세기의 특징은 각각의 철학 학파에서 발견할 수 있는 진리의 파편을 받아들이는 절충적 정신이었다. 가장 분명히 정의되는 체계인 플라톤주의와 스토아주의도 그리스도 이후 초기 몇 세기 동안 두 체계 중 하나를 신봉하면서 나머지 체계의 일부 요소를 전용하지 않은 사람을 찾아볼 수 없다.

앞에서 기독교가 발달한 틀을 이해하려면 헬레니즘 시대의 철학 체계들뿐만 아니라 당시 민족들의 충성을 요구하고 있던 종교들도 고려해야 한다고 말한 바 있다. 초기 기독교인들은 호메로스의 시에서 발견되는 올림푸스 종교를 대하지 못했다. 민족이 정체성을 상실하거나 개인이 집단과 관련하여 어느 정도 자율성을 소유하는 시대에는 집단적 특성, 그리고 신들과 국가의 친밀한 관계를 특징으로 하는 민족 종교가 존속할 수 없다. 이집트가 국가로서의 독립을 잃었을 때 고대 이집트의 종교는 온전하게 존속할 수 없었다. 마찬가지로 개인주의가 발달함에 따라 그리스의 종교는 변할 수밖에 없었다. 이런 까닭에 헬레니즘 시대에 민족종교와는 매우 다른 신비 제의가 인기를 얻었다.

이 종교들은 신비제의의 중심인 특별한 신화론적 양상을 지녔을 뿐만 아니라 민족종교들과는 달리 개인주의적이었다. 육체적 출생을 통해서가 아니라 입문 의식을 통해서 그 제의의 회원이 될 수 있었다. 이 입문 의식이 무엇으로 구성되는지는 정확하게 알 수 없다. 왜냐하면 신비제의는 비밀의식으로 유명했기 때문이다. 그러나 그 입문식이 개종자가 신과 연합하여 신적 능력과 불멸을 소유하는 수단이 되는 의식이었음을 알 수 있다.

사적인 특징 및 알려지지 않은 비밀의식을 행하는 이 종교들이 이상하게 보인다는 사실 때문에 헬레니즘 시대에 매우 매력적이었음을 간과해서는 안 된다. 개인주의적이고 세계주의적인 시대에 사람들은 집단적이고 국가적인 종교에 만족하지 못했다. 개인에게 호소한 신비제의는 시대 정신에 효과적으로 반응했기 때문에 크게 성장할 수 있었다.

헬레니즘 시대의 종교에는 우리의 관심을 끄는 두 가지 양상, 황제 제의와 그 시대의 종교적 혼합주의 경향이 있다. 그리스-로마 세계 대부분의 종교 생활에서 황제 숭배가 활력을 얻지 못했다. 만일 그것이 발달하는 기독교와 국가 간 갈등의 주요 요인이 되었다면, 그 이유는 단지 그것이 정치적 충성의 판단 기준으로 사용되었기 때문이었다. 반면에 헬레니즘 시대의 특징은 종교적 혼합주의였다. 지중해 세계의 여러 종교의 문화적, 상업적, 정치적 관계는 다양한 지역 신들의 상호 관계와 동등함으로 이어졌다. 이시스는 아프로디테와 데메테르와 동일시되었고, 제우스는 세라피스와 융합되었다. 다신론이 신비종교의 근본 구조였으므로, 각각의 신비종교들은 다른 종교의 것이라도 가치가 있다고 여겨지는 것이면 무엇이든지 받아들여 조정할 권위가 있다고 여겼다. 모든 제의가 경쟁적으로 다양한 교리를 폭넓게 포용했다.

기독교의 요람을 논의하면서 로마제국을 간과할 수 없다. 구조의 통일성과 커뮤니케이션 수단의 기능을 가진 로마제국은 기독교를 박해했지만, 기독교의 확장에 필요한 수단을 마련해 주었다. 제국의 행정 조직은 교회의 조직에 흔적을 남겼고, 로마의 법전은 표준법의 억힐을 했을 뿐만 아니라 라틴어 신학 어휘의 원천이기노 했다.

이 모든 것은 기독교가 진공상태에서 고독하게 생겨난 것이 아니라 세상 한복판에서 생겨나 그 안에서 행태를 취했으므로 세상을 떠나서는 기독교를 이해할 수 없다는 것을 보여준다.

제2장

사도 교부들의 신학

　현재 신약 정경의 일부를 형성하고 있는 것을 제외하고 현존하는 가장 초기의 기독교 저술은 사도 교부라고 불리는 사람들의 것이다. 그들이 사도 직후의 세대를 대변한다고 생각되었기 때문에 이러한 명칭이 주어졌다. 어떤 경우에 이것이 가능한 것처럼 보이지만, 다른 경우에는 단순히 상상의 산물이었다. "사도 교부들"(Apostolic Fathers)이라는 명칭은 17세기에 등장하여 다섯 개의 문헌에 적용되었다. 세월이 흐르면서 여기에 세 명이 추가되어 현재 사도 교부는 여덟 명이다: 로마의 클레멘트(Clement of Rome), 안디옥의 이그나티우스(Ignatius of Antioch), 서머나의 폴리캅(Polycarp of Smyrna), 헤르마스(Hermas), 히에라폴리스의 파피아스(Papias of Hierapolis), 『디다케』(Didache)의 저자, 『바나바 서신』(Epistle of Barnabas)의 서사, 『디오그네투스에게 보낸 편지』(Epistle of Diognetus)의 저자.

　『디오그네투스에게 보낸 편지』를 제외하고 이 글들은 모두 기독교인들에게 쓴 것이다. 그러므로 그것들은 신생 교회의 삶과 사상에 대한 개념을 주는 유익한 글이다. 사도 교부들의 글을 읽으면 내부의 분열, 박해, 그리고 유대교 및 이교와의 갈등이 제기한 문제를 이해할 수 있다.

이 저술들의 문학적 유형은 일정하지 않다. 그중에는 서신, 훈련 매뉴얼, 주석적이고 신학적인 논문, 환상과 예언 모음집, 기독교 변호 등이 있다. 이러한 다양성은 초대 교회의 삶의 여러 가지 측면을 보여주기 때문에 사도 교부들의 가치가 증대된다.

로마의 클레멘트

사도 교부들의 저술 중 그 연대를 어느 정도 정확하게 추정할 수 있는 첫째 저술은 1세기 말 무렵 로마의 감독이었던 클레멘트(Clement)의 『고린도 교회에 보낸 첫 번째 서신』(First Epistle to the Corinthians)이다. 이 서신을 쓴 이유는 서두에 분명히 제시된다. 그것은 바울의 서신을 통해서 잘 알려진 고린도 교회를 상기시켜준다. 이번에도 고린도 교회의 신자들은 분열되었고, 그중 일부가 반항적인 태도를 취했으므로 로마의 신자들은 염려했다. 그러므로 이 서신은 본질상 대체로 실질적인 것으로서 분열을 초래한 악덕과 일치를 강화하는 덕을 다루고 있으며, 그 밖의 신학적 주제는 그리 다루지 않는다.

클레멘트가 반역하는 사람들에게 반박하는 논거의 전거는 두 가지인 듯하다: 구약성경, 그리고 우주의 본성적 조화라는 스토아 교리.

그는 이 목적을 위해 구약성경을 사용한다: 그는 구약 역사의 주요 인물들을 언급하면서 그들이 얼마나 순종하고 환대하고 겸손했는지를 보여준다. 한편 그의 도덕적 가르침은 조화 또는 일치라는 스토아 철학의 주제를 역설한다. 조화는 하나님의 성품에서 파생되므로 창조 안에 분명히 드러나 있다. 하나님은 만물 안에 조화를 확립해 두셨다.

클레멘트의 기독론에는 구세주의 선재에 대한 의심이 전혀 없다. 예수는 육체에 따라서만 야곱의 후손이다. 의심스럽게 해석한 어느 본문에서는 그리스도의 고난을 "하나님의 고난"이라고 언급한다.

이 서신에서 사도적 승계에 기초를 둔 권위에 대한 최초의 주장이 발견된다. 예수님의 감화를 받은 사도들은 교회에 분명히 확립된 권위가 필요할 때가 올 것을 알고 있었다. 이 때문에 그들은 거룩한 사람들을 자기들의 뒤를 이을 후계자로 임명했고, 이 거룩한 사람들 역시 필요에 따라 후계자를 임명했다. 이 사람들은 회중에게서 권위를 받지 않으므로, 회중이 그들을 해임할 수 없다. 클레멘트는 교회를 지도할 책임을 맡은 이 사람들을 "감독과 집사"라고 부르나 그러나 종종 그는 감독을 "장로"라고 언급한다. 분명히 이 시기에는 감독과 장로가 분명히 구분되지 않았다.

클레멘트가 인기가 있었기 때문에 곧 그의 권위를 빙자하여 유포하려는 목적으로 그의 이름을 차용한 다양한 글이 등장했다. 이러한 글 중 가장 초기의 글이 고린도 교회에 보낸 『클레멘트의 두 번째 서신』(Second Epistle of Clement)이다. 이것은 훈계 또는 설교로서 2세기 초반에 저술된 듯하다. 이 글의 목적은 신자들이 사후에는 회개할 수 없으므로 세상에 있는 동안 회개하라고 권면하는 데 있다. 이처럼 회개하라는 호소는 같은 시대의 로마 문서로서 2세기 중반 로마의 기독교인들의 주된 관심사 중 하나를 증언하는 『헤르마스의 목자』(Sheperd of Hermas)에서도 발견된다.

『클레멘트의 두 번째 서신』(Second Epistle of Clement)도 교회의 교리와 종말론 때문에 흥미롭다. 저자는 이러한 문제에 관하여 해와 달이 있기 전에 교회가 존재했고 신자들은 육체 안에서 최후의 상을 받을 것이라고 선언한다.

디다케

『디다케』(Didache) 또는 『열두 사도의 교훈』(Doctrine of the Twelve Apostles)—didache라는 그리스어는 doctrine을 의미한다—는 현대에 발견된 문서 중에서 가장 중요한 것 중 하나이다. 그것은 수 세기 동안 잊혀 있다가 1875년에 이스탄불에서 발견되었다. 그것은 초기의 자료들을 사용하고 있지만, 1세기 말이나 2세기 초에 기독교 사상의 주류와는 거리가 먼 시리아나 팔레스타인의 작은 공동체에서 저술된 듯하다. 이것이 학자들이 이 문서의 기원과 연대를 추정하는 데서 발견하는 가장 큰 어려움, 즉 이 문서가 어떤 면에서는 사도 후 시대에 근접하면서도 다른 면에서는 사도들과 거리가 있다는 점을 설명해줄 수 있을 것이다.

『디다케』는 모두 16장으로 구성되어 있으며, 세 부분으로 나눌 수 있다. 제1부(1.1-6.2)는 "두 가지 길의 문서"라고 불린다. 나중에 다루겠지만, 이 문서는 『바나바 서신』에서도 발견되며, 『디다케』와 『바나바 서신』과 관계없이 존재해온 듯하다. 이 문서에 따르면 생명의 길과 죽음의 길이 있다. 생명의 길이란 하나님과 이웃을 사랑하는 사람, 악을 피하고 기독교인의 의무를 이행하는 사람들이 걷는 것이다. 죽음의 길은 저주받은 길이며, 그 길을 걷는 사람들은 거짓, 악덕, 위선, 탐욕 등에 빠진다.

제2부(6.3-10.7)는 전례에 관한 규정을 담고 있다. 제7장은 세례를 다루는데, 세례는 일반적으로 흐르는 물에서 침례 형식으로 이루어진다. 그러나 물이 부족할 때는 성부와 성자와 성자의 이름으로 세 번 머리에 물을 붓는다. 이것은 이러한 형식의 세례가 언급된 최초의 문서이다.

제8장에서는 금식과 기도와 관련하여 기독교인과 위선자, 즉 유대인을 구분한다. 위선자는 한 주의 둘째 날과 다섯째 날에 금식하고, 기독교인은 수요일과 금요일에 금식한다. 기도와 관련하여 기독교인은 하루에 세 번 주기도문으로 기도한다는 점에서 위선자들과 구분된다.

제9장과 제10장, 그리고 제14장은 『디다케』가 발견된 이후 계속 학문적으로 논란이 되어왔다. 제9장과 제10장은 빵과 포도주만 언급되는 식사를 다루는데, 그것은 성찬(Eucharist)이라고 불리며, 참석한 사람은 배불리 먹는다. 반면에 제14장은 주의 날에 죄고백 행위

다음에 행하는 식사를 언급하는데, 그것은 "희생제사"(sacrifice)로 간주된다. 문제는 여러 장 모두 하나의 예배를 언급한다고 이해해야 하는지, 아니면 제9장과 제10장은 애찬을 언급하고 제14장은 엄격한 의미의 성찬(Eucharist)을 언급한다고 이해해야 하는가이다.

『디다케』의 제3부(11-15장)은 일종의 훈련 규범이다. 11-13장은 거짓 선지자들의 문제를 다룬다. 참 예언자와 거짓 예언자를 어떻게 구분해야 하는가? 『디다케』의 대답은 행동으로 예언자들을 알 수 있다는 것이다. 돈을 요구하거나 식사 준비를 명하거나 자신이 가르침과 행동이 다른 사람은 거짓 예언자요 "그리스도의 장사꾼"(merchants of Christ)이다. 반면에 공동체는 참 예언자를 지원해 주고 부양해야 한다. 제15장은 주교와 집사에 대해 다룬다. 그들은 공동체에 의해 선출되어야 한다. 그러나 그들과 예언자의 관계는 설명되지 않는다. 결론(제16장)에서는 세상의 종말 및 그에 대비해야 할 필요성을 다룬다.

기독교 사상사의 관점에서 보면 『디다케』는 무엇보다도 일찍 일부 신학 조류를 사로잡았던 도덕주의와 율법주의의 표현으로서 중요하다. 따라서 예를 들어 위선자와 기독교인의 구분은 주로 금식일이 다른 것 또는 기독교인이 하루에 세 번 주기도문으로 기도하는 것에 기초를 둔다.

『디다케』는 또한 전례의 역사라는 관점에서도 중요하다. 왜냐하면, 거기에는 세례와 성찬에 관한 흥미로운 가르침이 포함되어 있기 때문이다. 『디다케』는 교회 조직의 역사의 자료로서 카리스마적 권위라는 원시 체계에서 교회 내에서 서서히 발달하고 있었던 교회 계급 조직으로 변천하는 시기를 드러내 준다. 『디다케』에서는 예언자들이 여전히 높이 존경받지만, 카리스마적 은사의 진정성을 인정하는 문제가 심각해지며, 주교와 집사들은 예언자들 다음에 등장한다. 후일 예언자들이 사라질 것이며, 그것이 교회 생활을 이끌어갈 성직 계층구조가 될 것이다.

안디옥의 이그나티우스

안디옥의 이그나티우스(Ignatius of Antioch)가 쓴 일곱 편지를 통해서 2세기 초 교회의 상황을 알 수 있다. 2세기 초 안디옥의 감독 이그나티우스는 로마 제국의 수도에서 사형 선고를 받았다. 아마 짐승에게 잡아먹혀 죽게 되었던 듯하다. 그는 죄수로서 로마 군인에게 호송되어 로마로 가면서 현재 남아있는 일곱 편의 편지를 썼다. 그가 염두에 둔 몇 가지 심오한 염려가 있었다. 그는 여러 해 동안 안디옥 교회를 지도했었다. 아마 그는 지도자를 잃고 이그나티우스를 정죄한 외부로부터 박해의 위협을 받고 내부에서는 기독교의 기본 진리라고 생각되는 것을 왜곡하는 거짓 교사들을 염려한 듯하다. 그의 앞에는 최후의 시험대가 될 도시 로마가 있었다. 그곳에서 그는 순교자로서 면류관을 얻거나 피로와 고난에 굴복하게 될 것이었다. 당시 그는 소아시아를 횡단하고 있었는데, 그의 주위에는 위로와 지도가 필요한 교회가 있었다. 그는 한동안 소식을 듣지 못하고 있는 안디옥 교회에서 무슨 일이 일어나고 있는지 염려했다. 그는 로마에서 일어날 일에 대해서도 염려했다. 그곳의 기독교인들이 그가 상상으로 이미 겪고 있는 순교의 고난에서 그를 구하려고 애쓰거나 그 자신이 마지막 순간에 약해질까 염려했다. 그는 자신이 안디옥에서 직면했던 것과 같은 문제들의 징후를 나타낸 소아시아에 대해서도 염려했다. 이 모든 일이 현재 남아 있는 일곱 편지에 담겨 있다. 이 편지 중 네 편은 스미르나(Smyrna)에서, 세 편은 트로아스(Troas)에서 쓴 것이다.

이그나티우스가 큰 압박을 느끼면서 한두 달 동안에 기록한 이 일곱 편지가 그의 신학을 상세하고 균형 있고 체계적으로 설명한다고 기대할 수 없다. 상황이 달랐다면 아마 다른 주제를 다루었을 수도 있을 것이다. 어쨌든 안디옥의 감독은 이 일곱 편의 편지를 쓰면서 대체로 거짓 교리 및 그것이 교회 내에 일으킨 분열에 관심을 두었다. 그러므로 그의 주목적은 그러한 거짓 교리를 공격하는 것, 그리고 교회의 일치의 중심인 감독의 권위를 강화하는 데 있었다.

이그나티우스는 두 종류의 거짓 교리를 다루고 있는 듯하다. 한편에는 예수 그리스도의 육체적인 생명을 부인하고 성찬을 받지 않는 사람들이 있었다. 이 사람들은 예수를 천상의 존재, 인간 생활의 구체적인 상황과 접촉하지 않는 존재, 대체로 혼합주의적 사유의 대상으로 생각한 듯하다. 이러한 관념, 예수의 몸을 단순히 환영이라고 보는 것을 가현설(docetism)이라 한다. 반면에 그리스도를 단순히 교사로 여기는 사람들이 있었다.

이그나티우스는 기독론의 관점에서 기독교의 교리가 위협받고 있다고 여겼다. 그러므로 그는 가현론자들의 교리에 강력히 반대했다. 예수 그리스도는 진실로 다윗의 후손이시며, 진실로 세상에 태어나셨고, 진실로 음식을 먹고 마셨고, 진실로 세례 요한에게서 세례받으셨고, 진실로 십자가에 못 박혔고, 진실로 죽은자들 가운데서 부활하셨다. 부활하고 승천하신 후에도 예수 그리스도는 여전히 육체 안에 존재하시며, 여전히 전보다 더 분명하게 자신을 드러내신다.

이그나티우스가 이렇게 그리스도의 인성의 실체를 주장하면서 그분의 신성을 내버려둔 것이 아니다. 오히려 그는 예수 그리스도를 "우리 하나님"이라고 분명히 진술했다. 예수 그리스도는 인간이 되신 하나님이시다. 그분은 시간을 초월하시며, 영원하시고 눈에 보이시지 않는다. 그러나 그분은 우리를 위하여 유형적이고 가시적으로 되셨다.

이그나티우스는 예수 그리스도 안에서 인성과 신성이 어떻게 연합할 수 있는지에 대해 의문을 제기하지 않았다. 예수 그리스도의 신성이 아버지 하나님의 신성과 어떻게 관련되는가에 대해서도 의문을 제기하지 않았다. 그의 관심은 기독교 신앙이 제기하는 사변적 문제에 있었던 것이 아니라 나사렛 예수의 역사적 존재 안에 하나님이 현존하신다고 주장하는 데 있었다.

그리스도의 사역을 해석하는 데 있어서 이그나티우스는 바울보다는 요한에 더 가깝다. 그리스도의 사역은 특히 계시이다. 그런데 우리의 문제는 단순히 지적 조명으로 극복할 수 있는 무지가 아니다.

이그나티우스의 신학에서 마귀가 중요한 역할을 하며, 적어도 부분적으로 그리스도의 사역은 마귀를 정복하는 것과 신자들을 이 승리에 동참하게 하는 데 있다.

하나님은 그리스도, 그리고 악한 자에 대한 그분의 승리 안에서 악한 세력의 도구인 죽음과 분열에 대한 승리를 우리에게 제공하신다. 이것이 이그나티우스가 끊임없이 불멸과 일치를 그리스도의 사역의 결과라고 강조한 이유이다. 이 그리스도의 사역은 교회와 성례전을 통해서 우리에게 임한다.

이그나티우스는 교회를 하나로 보았다. 그는 "보편 교회"(catholic church)에 대해서 말한 최초의 인물이다. 이러한 교회의 통일성은 기독교인들 간의 일치나 좋은 감정에 기인하는 것이 아니라 교회 안에 계시는 예수 그리스도의 임재에 기인한다. 이것은 아버지 하나님(감독), 그리스도(집사), 그리고 사도들(장로들)을 나타내는 성직 계층 제도에 기초를 둔다. 이그나티우스는 지역 교회에서의 감독의 중요성을 강조했다. 그는 군주적 감독제(monarchical episcopacy)를 증언한 최초의 증인이다. 교회 안에서 감독이 없이 어떤 일도 이루어져서는 안 된다. 감독에게 복종하지 않는 것은 하나님에게 복종하지 않는 것이다. 감독의 승인 없이 세례식이나 성찬식을 거행하는 것은 불법이다. 이그나티우스는 결혼도 감독의 허락을 받아야 한다고 조언했다.

하나님 아버지, 그리스도, 그리고 감독들과 장로들과 집사들을 통해서 사도들에게 종속되는 이 교회의 일치 안에서 우리는 그리스도와 연합한다. 이 일은 특히 성례전을 통해서 이루어진다. 교회는 인간의 제도 이상의 것이다. 이것은 이그나티우스가 기독교인들의 약점을 감추거나 무시하려 했다는 의미가 아니다. 그는 신자들이 행할 수 있는 분열과 천함을 너무 잘 알고 있었다. 그럼에도 불구하고 교회 안에, 인간의 비열함 안에 그리스도가 현존하신다.

이그나티우스는 성례전을 체계적으로 해석하지는 않았지만, 성찬을 매우 중요하게 여겼다. 그는 성찬은 "예수 그리스도의 몸", "불멸의 약"(medicine of immortality), "죽음의 해독제"(antidote for death)라고 불렀다. 기독교인의 생활에는 성찬이 필요하며, 이단자들만이 그것을 거부한다. 성찬 안에서 신자는 그리스도와 연합하며, 특히 그분의 수난과 연합한다. 더욱이 성찬 안에서 "마귀의 세력이 파괴되며, 믿음의 일치로 그의 파괴적 힘을 멸한다." 신자들은 그리스도께서 받으신 세례 의식을 되풀이할 때 그분의 깨끗하게 하는 능력에 참여한다. 이것이 그리스도께서 세례받으신 이유였다. 이는 그분이 세례를 받으시면서 우리를 정화해주는 물을 깨끗하게 하셨기 때문이다.

결론석으로 이그나티우스는 조직적이거나 사변적인 구성으로 기우는 신학자가 아니라 기독교의 근본 교리 중 일부의 중요성을 인식하고 그것들의 결과를 내다보는 신학자였다. 이것이 그의 교회와 목회에 대한 관심, 그리고 순교의 문턱에서 철저히 헌신하는 태도와 결합하였기 때문에 그의 서신은 고대 기독교가 우리에게 제공하는 귀한 문서가 된다.

스미르나의 폴리갑

사도 교부 중에는 이그나티우스의 순교와 관련하여 빌립보 교인들에게 편지를 쓴 사도 요한의 제자 폴리캅(Politcarp)이 있다. 이 문서의 신학적 관점은 이그나티우스나 요한복음의 관점과 비슷하지만, 그보다 더 실질적이다. 폴리캅은 요한복음이나 이그나티우스처럼 깊은 곳에 이르지 못했지만, 그들처럼 그리스도의 인성의 실재를 강조한다. 그는 구원론의 중심에 그리스도를 둔다.

여기서 『폴리갑의 순교』(Martyrdom od Polycarp)를 언급해야 할 듯하다. 그것은 순교의 본질에 대해 현재까지 보존되어오는 가장 고대의 문서이며, 스미르나(Smyrna) 교회가 사건이 발생한 직후에 필로멜리움(Philomelium) 교회 및 전체 교회에 보낸 편지이다. 이 문서는 이야기의 극적인 성격과 성실한 문체 때문에 매우 흥미롭다. 우리의 관점에서 보면 그것은 순교자의 유물을 보존하는 관습을 암시하는 가장 고대의 문서이며, 기독교인과 이교도 간의 갈등의 본질을 이해할 수 있는 실마리를 제공하기 때문에 특히 중요한 분서이다.

히에라폴리스의 파피아스

파피아스(Papias of Hierapolis)는 요한의 제자였는데, 후일 히에라폴리스의 감독이 되었다. 그는 자신이 들은 주님의 말씀이나 가르침 모두를 수집하여 다섯 권으로 된 『주님의 말씀 해설』(Exposition of the

Sayings of the Lord)을 작성하고 편찬했는데, 그중 몇 개의 단편만 남아 있으며, 기독교 사상사에서 그것들의 의의는 제한적이다.

고대에 파피아스는 종종 그의 천년왕국설—그리스도가 재림하신 후에 천 년 동안 세상을 다스리실 것이라는 견해— 때문에 논란이 되었다. 파피아스의 단편이 마태복음과 마가복음의 저자, 그리고 사도 요한과 장로 요한의 존재를 언급하기 때문에 최근에 학자들은 그것들에 대해 논해왔다.

바나바 서신

『바나바 서신』(Epistle of Barnabas)은 때때로 신약 정경에 포함되는데, 2세기 전반에 알렉산드리아에서 기록된 문서이다. 일부 고대 기독교 저술가들은 이 서신의 저자가 바울의 동료 바나바라고 주장하지만, 이것은 그의 저술이 아니다.

『바나바 서신』은 두 부분으로 구성되어 있다. 제1부(1~17장)는 교리적인 특성을 지니고, 제2부(18~21장)은 그보다는 실질적인 특성을 가진다.

교리적인 부분에서는 주로 구약성경 본문을 풍유적으로 해석한다. 한동안 그리스에 거주하는 유대인 사회에서 구약성경을 제대로 이해하는 것이 문제가 되었다. 기독교회가 출현하면서 기독교인과 유대인 사이에 논쟁이 발생했는데, 그 논쟁은 주로 구약성경의 바른 해석과 관련된 것이었다. 기독교인들은 신약성경과 구약성경을 이

어줄 해석 방법을 찾아야 했다. 그 방법의 하나가 풍유적 해석이었다. 그것은 구약의 교훈에서 기독교인들과 일부 유대인들이 받아들이기 어려운 원시의 본질을 제거하기 위해 이미 사용하고 있던 과정이었다.

이 서신에서 발견되는 풍유적 해석의 예로 돼지고기를 먹지 말라는 구약의 규정을 이해하는 방식을 들 수 있다. 이 문서의 저자에 따르면, 이 교훈은 자신이 편리한 대로 어느 때는 주인을 기억하고 다른 때는 기억하지 못하는 돼지 같은 사람들과 함께하지 말라고 말한다. 이것은 『바나바 서신』이 구약성경의 역사적 특성을 부인한다는 의미가 아니다. 구약성경의 대부분 이야기(narrative)는 역사적으로 참이며, 위-바나바(Pseudo-Barnabas)는 그것이 예수를 가리킨다고 주장하면서도 그것들을 의심하지 않는다. 따라서 바나바의 해석이 대체로 예표론적(typological)—사건이 발생했지만, 표면적인 것 이상의 의미를 지닌다는 의미—이라고 말할 수 있다.

『바나바 서신』의 제2부는 『디다케』 제1부에서 발견한 두 가지 길에 대한 가르침을 다룬다. 이 서신의 저자는 『디다케』의 자료 중 하나인 "두 가지 길의 문서"(Document of the Two Ways)에서 이 자료를 끌어냈다.

위-바나바의 교리적 관심은 대개 구약성경과 기독교의 관계에 있었지만, 그의 서신에서 그의 신학의 다른 면모를 발견할 수 있다. 그는 그리스도가 선재(先在)하셨고 창조에 참여하셨다고 주장했다. 하나님의 아들은 선지자들을 박해하고 죽인 사람들의 죄에 맞설 뿐만 아니라 인류에게 자신을 알리기 위해 세상에 오셨다. 인간은 그분의 선재하는 영광을 볼 수 없었다. 게다가 그리스도는 조상들에게 하신 약속을 성취하고, 사망을 멸하고, 부활을 보여주기 위해서, 즉 자신이 부활을 이루신 후에 심판하실 것을 보여 주기 위해 죽으셨다. 이 심판은 가까운 장래에 이루어질 것이다. 위-바나바는 하나님께서 엿새 동안에 세상을 지으셨으며, 하나님 앞에서는 천 년이 하루 같다는 것을 고려하여 세상이 육천 년이 될 때 하나님이 모든 것을 이루실 것이라고 믿었다.

헤르마스의 『목자』

사도 교부 중에서 가장 방대한 작품은 헤르마스의 목자(Shepherd of Hermas)이다. 헤르마스는 1세말 경부터 2세기 초의 인물이며, 그의 작품은 그가 로마 교회에서 예언자로 활동한 여러 단계에서 만들어진 자료들의 모음집이다. 그의 주된 관심은 일부 신자에게 열정과 헌신이 부족한 것, 특히 회심과 세례 이후에 범한 죄가 제기하는 문제에 있었다. 박해에 대한 두려움 때문에 배교했다가 나중에 자신의 약함을 뉘우친 사람들이 많았다. 그러한 사람들에게 소망이 있는가? 그들은 완전히 버림받은 사람으로 간주되어야 하는가? 그들이 용서받는다고 해도 다시 실족하지 않는다는 보장이 있는가? 『헤르마스의 목자』는 다섯 가지 환상과 열두 가지 계명, 그리고 열 가지 비유에서 이러한 질문을 다룬다.

제1부의 다섯 가지 환상은 박해 앞에서 회개하고 꿋꿋하라는 권면이다. 제1부의 중심은 세 번째 환상, 또는 "탑의 환상"(vision of the tower)이다. 이 환상에서 교회를 상징하는 여주인이 헤르마스에게 와서 많은 무리가 가져오는 돌로 짓고 있는 큰 탑을 보여 준다. 어떤 돌은 바다에서 건져 올린 것이고, 나머지 돌은 마른 땅에서 가져온 것이었다. 여주인은 헤르마스에게 자신, 즉 교회가 탑이며, 돌은 교회를 구성하는 사람이라고 설명한다. 좋은 돌은 거룩하게 사는 사람이며, 바다에서 건져 올린 돌은 주님을 위해 고난 당한 순교자들이다. 버려진 돌은 범죄했지만 뉘우칠 마음을 가진 사람들이며, 그러므로 공사 현장에서 멀리 버려지지 않는다. 잘못을 뉘우친다면 다시 사용될 것이다. 그 중에는 재물이 많은 사람이 있다. 그들은 둥근 돌 같아서 탑을 쌓은 데 적합하지 못하다. 또 산산조각이 나서 버려진 돌이 있는데, 그것은 위선자들, 악을 포기하지 않으므로 교회에 속하거나 구원받을 희망이 없는 자들이다.

제2부의 열두 계명은 기독교인의 의무를 요약한 것이다. 헤르마스는 이 계명에 복종하면 영생을 얻는다고 주장한다. 여기에서 헤르마스는 세례받은 후에 한 번 더 회개할 수 있으며, 두 번째 회개 후에 다시 죄를 범하는 사람은 용서받기 어렵다고 주장한다.

제3부의 열 가지 비유는 다섯 가지 환상의 가르침과 열두 계명의 가르침을 종합한 것으로서 특히 실천적이고 도덕적인 문제들을 다룬다. 아홉째 비유에 다시 탑의 환상이 등장하는데, 이번에는 죄인들의 회개를 허락하기 위해 탑 공사가 일시적으로 중단되었다고 말

한다.

헤르마스의 견해에 의하면, 기독교는 신자들이 따라야 하는 일련의 교훈이다. 여기에서 이그나티우스의 신비적인 의미나 위-바나바의 신학적 연구를 발견할 수 없다. 이 같은 죄 및 죄의 용서에 대한 실질적인 관심 때문에 헤르마스는 기독교 사상사에서 최초로 하나님의 계명이 요구하는 것 이상을 행할 수 있으며, 그로 말미암아 더 큰 영광을 얻을 수 있다는 이론을 제공한다. 비록 여기에 공적(功績)의 보고(寶庫)나 그것의 전이에 대한 언급이 없지만, 이 교리에서 후일 가톨릭교회의 회개 체계가 될 것의 뿌리를 발견할 수 있다.

헤르마스는 구세주를 "하나님의 아들"이라고 언급하고, 그를 성령과 동일시한다. 선재하시는 성령이 구주 안에 거하셨고, 구주는 거룩한 뜻에 복종하여 성령의 동역자가 되었다.

『목자』에서 발견되는 교회론을 체계적으로 완전하게 조직하기 어렵다. 이 문서의 저자는 교회가 매우 중요하다고 여겼다. 왜냐하면, 교회는 선재하며, 세상은 교회를 위해 창조되었기 때문이다. 그러나 헤르마스는 신재하는 교회와 사시의 글의 대상인바 어려움이 가능한 로마 교회의 관계를 명확하게 하려 하지 않는다. 헤르마스는 성직 계층제도라는 문제에 대해 분명하지 않다. 그는 "사도들과 감독들과 교사늘과 집사늘"을 언급하지만, 다른 구절에서 "교회를 주새하는 장로들"이라고 말한다. 어쨌든 그것이 2세기 중엽의 문서라는 점에 주목해야 한다.

사도 교부 시대의 다른 기독교 문헌

사도 교부에 포함되는 작품들 외에도 같은 시대의 기독교 저술들을 언급해야 한다. 그중 다수는 그리스도의 사역을 예견한 고대 유대교 본문이라고 주장되며, 그런 까닭에 일반적으로 구약 위경에 포함된다. 기독교의 위경 중 일부는 기독교인들이 수정한 유대교 문서이다.

마지막으로 신약성경 외경이 매우 많은데, 여기에서 그것에 대해 논할 수 없다. 그러나 사도 교부 시대에 속할 가능성이 많은 문서 중에서 『베드로 복음』(Gospel of Peter), 『베드로 계시록』(Revelation of Peter), 『히브리 복음』(Gospel according to the Hebrews), 『열두 사도의 서신』(Epistle of the Twelve Apostles)은 언급되어야 한다. 『베드로 복음』과 『베드로 계시록』은 1세기 말이나 2세기 초에 시리아에서 작성되었다. 『히브리 복음』은 2세기 초에 기록되었을 것인데, 기록된 장소는 알기 어렵다. 마지막으로 『열두 사도의 서신』은 2세기 초에 소아시아에서 기록된 듯하다.

개관

사도 교부들에 대해 연구해보면 특정 학파나 신학적 경향의 출발점을 발견하게 되는데, 역사가 진행됨에 따라 이러한 학파나 신학적 경향은 더욱 분명하게 발달한다.

다양한 경향 중에서 우선 소아시아와 시리아로 이루어지며, 한편으로는 로마와 대조되고 다른 한편으로는 알렉산드리아와 대조되는 경향을 언급할 수 있다. 이 소아시아의 기독교는 요한 문서, 이그나티우스의 작품, 폴리캅, 파피아스, 그리고 위경에 속하는 몇 개의 문서에 의해 알려져 있다. 이 문서들에서 기독교는 도덕적 가르침이 아니라 불멸을 획득하게 해주는 구주와의 연합이다. 따라서 근본적인 것은 단순히 특정의 윤리 강령을 따르는 것이 아니라 그리스도와 긴밀하게 연합하는 것이다. 이런 까닭에 이그나티우스는 성찬을 중요하게 여겼다. 또 그는 교회의 일치를 호소했는데, 이는 기독교인들은 자기들의 연합 안에서 그리스도와의 연합을 발견하기 때문이다.

로마에서는 다른 유형의 기독교가 시작되었다. 『클레멘트의 서신』과 헤르마스의 『목자』를 보면, 로마의 기독교는 도덕주의와 율법주의로 이어질 수 있는 실질적이고 윤리적인 방향을 취했다. 클레멘트와 헤르마스는 사변적인 생각이나 신비적 합일이 아닌 실질적인 순종에 관심을 두었다. 헤르마스의 의노가 부엇이었든 간에 그는 세례 후에 범한 죄의 회개에 관심을 보이는데, 그것은 후일 서방 기독교에서 복잡한 회개 체계로 발달하게 된다. 그는 처음으로 구원에 필요한 것 이상의 행위에 대해 말한 인물이다. 그러므로 이 구원은 예수 그리스도와의 합일로 말미암은 하나님의 선물이 아니라 그리스도 안에서 자비를 나타내시는 하나님이 계명에 복종하는 사람에게 주시는 상이다. 그리고 예수는 새 시대의 출발점이라기보다 새로운 법을 가르치시는 교사이다.

『바나바 서신』은 신생 알렉산드리아 학파가 배출한 최초의 문서이다. 이 학파의 배경은 알렉산드리아의 유대인 철학자 필로(Philo)이다. 이 학파는 로마에서 발견되는 윤리적 관심과 사변적 접근을 결합하며, 구약성경서의 역사적인 사건들보다는 앞에서 논한 두 가지 형태의 기독교에 더 관심을 두었다.

그러나 이러한 관점의 다양성 때문에 그 시대의 교회 안에 교리와 사상의 통일성이 없었다고 생각해서는 안 된다. 오히려 어떤 면에서 놀라운 통일성을 발견할 수 있다.

그리스도의 위격과 관련하여 사도 교부들은 모두 그분의 신성과 인성은 물론이요 그분이 선재하셨다고 주장한다. 그리스도와 아버지와 성령의 관계와 관련하여 헤르마스에게는 명료성이 부족하지만, 사도 교부들 모두 비록 원시적이지만 다양한 삼위일체 공식을 사용한다. 사도 교부들 모두 세례 안에서 정화의 능력을 본다. 그러나 그들은 사도 바울에게서 발견되는바 사망과 부활의 상징을 망각한 듯하다. 성찬과 관련하여 성찬 안에 그리스도의 현존에 대한 체계적이거나 분명한 논의를 발견할 수 없지만, 성찬이 기독교 예배의 중심이었음이 분명하다.

기독교 사상의 발달에 사도 교부들이 미친 영향은 획일적이지 않다. 그들 중 일부는 실질적으로 후대의 신자에게 알려지지 않았다. 헤르마스와 위-바나바 같은 교부들은 종종 신약성경 정경에 포함되었다. 그들 중 가장 유력한 사람은 클레멘트와 이그나티우스였다.

제3장

그리스의 변증가들

    2세기 중엽 많은 기독교 저술가들은 박해의 핵심이었던 억울한 거짓 비난에 맞서 신앙을 옹호하는 임무를 취했다. 그러한 저술의 대부분은 황제에게 쓴 것이었지만, 저자들은 그것들이 많은 유식한 사람들에게 널리 읽히기를 바랐다. 이것은 매우 중요한 사실이다. 왜냐하면 각처에서 기독교 공동체의 운명이 그 지방 여론에 달려 있었기 때문이다. 2세기 내내 기독교에 대한 로마 제국의 정책은 트라야누스 황제가 소 플리니우스(Pliny the Younger)에게 보낸 편지에 제시한바 당국자들이 기독교인들을 색출하지 말되 고발이 있을 때 그들을 벌하라는 것이었다.

    변증가들은 고발을 구분하지 않았지만, 두 종류의 고발이 있었다고 말할 수 있다: 대중의 가십에 불과한 것과 기독교 신앙과 관습에 대한 정교한 공격.

    일반적인 비난은 기독교인들의 관습에 대한 오해에서 비롯된 것으로서 관습과 신앙과 관련한 소문에 기초하였다. 사람들은 기독교인들이 근친상간한다고, 어린아이를 잡아먹는다고, 제사장의 성기를 숭배한다고, 그들의 신이 십자가에 달려 죽은 당나귀라는 등의 주장을 했다.

미누키우스 펠리스의 『옥타비우스』(Octavius)와 오리게네스(Origen)의 『켈수스 반박』(Contra Celsum)을 통해 알려진 대부분의 비난은 기독교인 교사들의 무지와 무능을 보여주는 것으로 이루어져 있었다. 기독교인 교사들이 실제로 사회의 최하층에 속한 무지한 사람들이라는 사실을 드러내려 했다. 이 기독교인들은 엄격한 의미에서 무신론자가 아니었겠지만, 최소한 끊임없이 하찮은 인간사에 개입하는 무가치한 신을 숭배했다. 그들의 복음에는 모순이 가득했고, 플라톤을 비롯한 그리스 철학자들에게서 취한 교리에서 선을 거의 발견할 수 없었다. 플라톤의 영혼 불멸과 환생의 교리를 오해한 것에 불과한 부활의 교리가 그 예였다. 게다가 기독교인들은 국가의 체제를 위협했다. 그들은 카이사르의 신성을 받아들이지 않았고, 국민으로서의 책임이나 군사적 책임을 이행하지 않았다.

2세기 그리스의 변증가들은 위와 같은 비난에 직면했다. 변증가들은 공상의 산물인 대중적인 소문을 부인하거나 그들의 예배 관습 일부를 설명할 수 있었다. 그러나 더 교묘한 공격에 대해서는 진지하게 논박해야 했다. 변증가들은 이러한 비난에 대처하기 위해서 이제 우리가 연구하려는 글을 저술했다.

아리스티데스

현존하는 가장 오래된 변증서는 아리스티데스(Aristides)의 것이다. 그는 138년 이전에 하드리아누스 황제에게 기독교를 옹호하는 글을 보냈다.

아리스티데스는 하나님의 본성과 세상에 관한 간단한 담론으로 시작한다. 하나님은 세상의 제1동인(first mover), 인류를 위해 만물을 지으신 분이다. 이것은 하나님을 경외하는 사람은 다른 것을 존중해야 한다는 의미이다. 하나님에게는 이름이 없으며, 시작도 없고 끝도 없고 구성요소도 없다는 식의 부정적인 용어로 언급되어야 한다.

아리스티데스는 이렇게 간단하게 도입한 후에 인류를 네 범주로 분류한다: 야만인, 그리스인, 유대인, 그리고 기독교인. 그리스인과 유대인은 물론이요, 야만인은 이성에 어긋나는 종교를 추종해왔다. 야만인은 강탈되지 않기 위해 지켜야 하는 신들을 만들어왔다. 이런 신들이 어떻게 그들을 지켜줄 능력을 지닐 수 있는가? 그리스인들은 자기들을 닮은 신들, 자기들보다 더 악한 신들을 만들어왔다. 이런 까닭에 그들은 간음하며 온갖 종류의 악을 범한다. 마지막으로 유대인들은 신이 하나뿐이라고 주장한다는 점에서는 그리스인들과 야만들보다는 낫지만, 우상을 숭배해왔다. 그들은 실제로 하나님이 아닌 천사들과 그늘 자신의 법을 경모한다. 진리를 발견한 사람은 오직 기독교인들뿐이다. 기독교인들은 신적인 혼합물을 가진 새로운 민족이며, 이 새 인류는 우월한 관습과 그 구성원들을 결속하는 사랑을 소유한다고 알려져 있다.

순교자 유스티누스

순교자 유스티누스(Justin Martyr, 103~165)는 저술의 수효와 방대함뿐만 아니라 사상의 깊이와 독창성 면에서 2세기 그리스 변증가들 중에 가장 중요한 인물이다. 철학자인 그는 지적인 순례를 통해 기독교에 귀의했는데, 『트리포와의 대화』(Dialogue with Trypho)에서 이에 대해 말한다. 그는 회심한 후에도 철학을 버리지 않았으며, 자신이 기독교 안에서 참된 철학을 발견했다고 주장했다. 이것이 그가 저술한 두 편의 변증서—2부로 이루어진 한 권의 변증서일 수도 있다—의 주제이다.

유스티누스는 기독교를 옹호하는 임무를 수행하면서 두 가지 기본적인 문제에 직면했다. 하나는 기독교 신앙과 고전 문화의 관계이고, 다른 하나는 기독교 신앙과 구약성경의 관계였다. 유스티누스는 첫 번째 문제에 대한 해답의 기초를 로고스 또는 말씀의 교리에 두었다. 이것은 유스티누스가 만들어낸 것이 아니다. 왜냐하면 로고스의 교리는 그리스와 헬레니즘 철학 안에서 오랜 역사를 가지고 있었기 때문이다. 유대-기독교 전통에서 알렉산드리아의 필로가 이미 로고스라는 그리스의 개념을 도입했고, 제4 복음서도 구세주의 신적이고 선재하는 본성을 표현하는 데 같은 용어를 사용했다. 실제로 유스티누스의 로고스 교리는 필로의 교리를 따르며, 그것이 그의 주된 출처인 듯하다.

유스티누스는 철학자들이 말한 것을 기초로 삼고서 모든 지식이 로고스의 산물이라고 언명한다. 이 로고스는 우주의 이성적인 원리일 뿐만 아니라 제4 복음서 서언에 등장하는 선재하시는 그리스도이다. 그러므로 유스티누스는 로고스와 관련된 이 두 가지 전통을 결합하여 모든 지식이 그리스도의 선물이며, 그러므로 고대의 지혜로운 사람들 모두가 "기독교인"이라고 결론짓는다. 이 고대 "기독교인들"은 "부분적으로" 말씀을 알았다. 그들은 말씀이 계시해준 진리를 알았지만, 말씀을 볼 수 없었다. 그러나 이 말씀이 육신이 되셨고, 그리하여 기독교인들은 말씀을 "완전히" 알고 있다. 옛사람들이 부분적으로 보았던 것을 기독교인들은 전체적으로 본다.

유스티누스는 『트리포와의 대화』(Dialogue with Trypho)에서 구약성경과 기독교 신앙의 관계를 논한다. 그는 구약성경이 두 가지 방식으로 신약성경을 언급한다고 여긴다: 신약성경에 기록된 사건을 가리키는 사건들에 의해서, 그리고 신약성경에서 실현될 것에 대한 예인에 의해서. 전자는 "예표"(type) 또는 "상징"(figure)이며, 후자는 "격언"(saying)이다. "격언"(saying)이란 기독교인들이 흔히 사용하는 구약성경서의 예언을 말한다.

"예표"(type)는 매우 흥미롭다. 이는 여기에서 장차 교부신학에서 매우 중요하게 되는 성경 해석 전통의 발달을 볼 수 있기 때문이다. 이 예표론적 해석에 따르면 구약성경에는 장차 발생할 사건들을 예시(豫示)하는 사건들이 있다. 따라서 유스티누스는 이스라엘 백성의 집에 바른 피를 흘린 유월절 양은 그리스도의 "예표"이다. 이는 구세주의 피로 말미암아 그를 믿는 사람들이 구원을 받기 때문이다. 마찬가지로 희생의 제물이 되어 구워진 양은 그리스도의 수난을 가리킨다. 왜냐하면, 양을 십자가 형태로 굽기 때문이다.

예표론적 해석을 알레고리(풍유)와 혼동해서는 안 된다. 알레고리에서는 구약성경의 사건들의 역사적 실체의 중요성이 새로운 신비적 의미의 배후로 사라질 조짐이 있는데 반해서, 유스티누스의 예표론에서는 역사적 사실 자체 안에서 의미를 발견해야 하기 때문이다.

유스티누스는 철학자들과 예언자들 안에서 말한 로고스를 중기 플라톤주의 방식으로 이해한다. 그의 견해에 의하면 하나님은 아버지라는 이름 외에 다른 이름이 없는 완전히 초월적인 분이시다. 하나님은 이 세상과 교제하기 위해서 로고스를 낳으셨는데, 그의 기능은 아버지와 창조 세계 사이의 중재자 역할을 하는 데 있다. 구약성경에서 하나님의 여러 가지 현현은 아버지의 현현이 아니라 로고스의 현현인데, 그는 하나님의 중재자요 계시자이다. 이런 까닭에 마치 아버지와 말씀이 별개의 신으로서 아버지가 절대적이고 말씀은 부차적인 분인 듯이, 아버지는 초월성과 불변성을 가진 분이요 말씀은 내재하며 변할 수 있다는 식으로 아버지와 말씀을 구분하는 경향이 나타난다. 유스티누스는 심지어 말씀을 "또 다른 하나님"(another God)이라고 부른다.

역사가들은 기독교 신앙과 이교 철학의 관계, 그리고 구약성경의 관계에 대한 말뿐만 아니라, 초대 교회 예배, 특히 세례와 성찬에 관해 전하는 정보 때문에 유스티누스를 중요하게 여긴다. 유스티누스는 성찬 안에서 예수의 살과 피를 받는다고 주장하지만, 떡이 그것을 먹는 사람들의 몸에 양분을 공급한다는 의미에서 음식이라고도 주장한다.

유스티누스는 플라톤의 교리와 기독교의 교리의 외관상의 유사성에 현혹되지 않았으며, 영혼이 본질상 유한하며 기독교인들은 보편적 불멸에 희망을 두지 않고 죽은 자들의 부활에 희망을 두어야 한다고 주장한다. 유스티누스의 종말론에는 그리스도의 재림에 대한 기대, 그리고 새 예루살렘에 천년왕국이 세워질 것에 대한 기대가 포함된다.

요컨대 유스티누스의 신학은 신의 계획안에 있는 헬레니즘과 유대교를 기독교적으로 해석하려 한 시도라고 말할 수 있다. 기독교는 유대교와 헬레니즘을 바르게 판단하기에 유일하게 좋은 지점이다. 유스티누스에게서 후일 다른 신학자들, 특히 이레내우스에게서 발달하게 될 교리사를 어렴풋이 볼 수 있다.

타티아누스

타티아누스(Tatian, 110~180)는 고대 기독교에서 아무리 노력해도 뚫을 수 없는 어둠의 장벽에 둘러싸였던 사람 중 하나이다. 타티아누스는 아시리아나 시리아에서 태어났고, 당시 로마에서 가르치고 있었던 유스티누스의 노력으로 기독교로 개종한 듯하다. 유스티누스가 순교한 후에 타티안은 자신의 학교를 세웠다. 몇 년 후에 로마를 떠나 시리아로 가서 이단적인 학교를 세웠다고 한다. 고대 기독교 저술가들은 그가 엔크라티테스파(Encratites)를 창시했다고 말하지만, 그의 이단에 대해서 알려진 것이 거의 없다. 180년경 타티아누스는 역사에서 사라졌다.

타티아누스는 『헬라인들에게 고함』(Address to the Greeks)에서 자신이 "야만인 종교"(babarian religion)라고 부르는 것이 그리스인의 문화와 종교보다 우월함을 보여주려 했다. 그리스 종교가 야만인의 종교보다 낫다고 생각해서는 안 된다. 왜냐하면 그리스인들은 성적으로 문란한 여인들, 조각가들의 모델 역할을 하는 여인들을 신으로 예배하며, 신들에 관해 유포되고 있는 이야기들은 모방할 가치가 전혀 없는 것들이다. 또 그리스인들은 모세가 호머(Homer)보다 시대적으로 앞선 사람이라는 것, 그리고 그리스 종교에서 발견할 수 있는 선이 구약성경에서 취한 것임을 기억해야 한다.

타티아누스는 이렇게 그리스 문명을 공격하면서 기독교인들의 "야만인 종교"를 설명한다. 그의 기독교 신학의 중심에는 하나님과 말씀 또는 로고스가 있다. 이 로고스는 마치 하나의 횃불로 많은 불을 붙여도 최초의 횃불이 소멸하지 않는 것처럼 하나님에게서 나온다. 이 로고스가 세상을 만들었는데, 그것은 선재하는 물질로 만든 것이 아니다. 왜냐하면 하나님 외에는 시작이 없는 것이 없기 때문이다. 이 창조에서 천사들과 인간은 자유로운 존재로 지어졌으며, 인간은 자유를 그릇 사용함으로써 악을 만들어왔다. 영혼은 불멸하지 않고 몸과 함께 죽으며, 나중에 몸과 함께 부활했다가 영원한 죽음을 맞는다. 그러나 진리를 아는 영혼은 몸이 멸망한 후에도 계속 생존한다.

아테나고라스

"철학자" 아테나고라스(Athenagoras)는 타티아누스와 같은 시대의 인물이지만, 그의 정신과 방식은 유스티누스의 제자 타티아누스와 매우 달랐다. 아테나고라스에 대해서는 알려진 것이 거의 없다. 그는 2세기 기독교 저술가 중에서 가장 뛰어난 문장력을 갖춘 인물이다. 그의 저술 중에서 『기독교인을 위한 탄원』(A Plea for the Christian)과 『죽은 자들의 부활에 대해서』(On the Resurrection of the Dead)가 보존되어온다.

하나님과 말씀의 관계에 관한 아테나고라스의 견해는 유스티누스의 견해와 비슷하지만, 그는 말씀과 성부의 통일성을 더 강조한다. 성자는 성부 안에 있고, 성부는 성자 안에 계시다. 또 하나님이 영원한 정신이므로, 로고스는 영원히 아버지 하나님 안에 존재하신다.

아테나고라스는 기독교인들이 음란하다는 비난을 단호히 배격했다. 이렇게 다른 종교들보다 도덕적으로 너 고등한 기독교인들이 그처럼 역겨운 행동을 할 수 있다고 믿을 수 있는가? 기독교인들은 결코 어린아이를 잡아먹을 수 없다. 이는 그들에게는 자살이나 유산이 금지되어 있기 때문이다. 또 그들은 근친상간을 범할 수 없다. 이는 그들은 순결을 더럽히는 생각을 정죄하며, 동정성을 가장 우월한 생활 방식으로 찬양하기 때문이다.

아테나고라스는 『죽은 자들의 부활에 대해서』(On the Resurrection of the Dead)에서 몸의 부활이 가능하다는 것을 나타내려고 노력하면서, 한편으로 그것이 하나님의 본성과 일치하며, 다른 한편으로는 인간의 본성 자체가 그것을 요구한다고 증명한다. 그는 죽은 자들의 부활과 영혼의 불멸 사이에 모순이 있다고 여기지 않지만, 영혼 불멸의 교리가 죽은 자들의 부활을 필요로 한다고 주장한다. 왜냐하면 영혼이 몸과 결합되어 있을 때만 인간이 존재하기 때문이다.

안디옥의 테오필루스

안디옥의 감독 테오필루스(Theophilus of Antioch)는 180년경 또는 그보다 약간 후에 『오토리쿠스에게 주는 글』(Three Books to Autolycus)을 저술했다. 이 책의 목적은 친구 오토리쿠스에게 기독교가 참되다는 것을 납득시키려는 데 있었다. 그러나 그의 저서는 유스티누스의 저술만큼 심오하지 않으며 아테나고라스의 글만큼 명쾌하지 못하다. 그리스 문화에 대한 그의 지식은 다소 피상적이었던 듯하며, 기독교에 대한 그의 변론 역시 피상적이었던 듯하다.

영혼이 순수한 사람들만 알 수 있는 하나님은 삼위이시다. 실제로 테오필루스는 "통일체"(unity)라는 용어를 사용한 최초의 기독교 저술가이다. 테오필루스도 유스티누스와 타티아누스와 아테나고라스처럼 삼위 중 제2 위격을 로고스라고 부른다. 그는 필로가 말씀에 대한 교리에 사용했던바 항상 하나님의 정신이나 마음 안에 존재해온 내재하는 말씀(immanent Word)과 만물보다 먼저 태어난 표현된 말씀(expressed Word)의 구분을 도입한다. 그러므로 표현된 말씀이라는 의미에서 말씀은 "창조의 맏아들"(the first-born of all creation)이라고 불린다. 이 구분이 후대의 논쟁에서 작용한다.

헤르미아스

헤르미아스(Hermias)가 저술한 『이교 철학자들 조롱』(Mockery of the Pagan Philosophers)은 2세기 그리스 변증서에 포함된다. 그러나 이 책의 저술 연대는 매우 의심스럽다. 일부 비평가들은 그것을 2세기의 것으로 여기지만, 다른 사람은 6세기 말이라고 여긴다. 이 책의 저자는 기독교 신학에 대해서는 그리 언급하지 않고, 고대의 다양한 철학자들의 상이한 방식에 초점을 둠으로써 그들 모두가 존경받을 가치가 없다는 것을 보여주려 했나. 이 산난한 분서에 긍정적인 가치가 있다면, 그것은 초기 기독교인의 유머 감각을 증언한다는 점일 것이다.

디오그네투스에게 보낸 서신

연대를 추정하기 어려운 또 다른 변증가, 『디오그네투스에게 보낸 서신』(The Epistle to Diognetus)을 쓴 익명 저자의 문체는 같은 시대의 다른 기독교 저술가들에 뒤지지 않으며, 그는 새로운 신앙을 훌륭하게 변호한다. 『디오그네투스에게 보낸 서신』은 타티아누스나 헤르미아스처럼 극단으로 흐르지 않으면서 이방 종교와 유대교의 관습을 논박하며, 기독교 신앙의 본질을 단순하고 긍정적으로 설명한다. 기독교 신앙은 인간의 지혜에서 나오는 것이 아니라 우주를 창조하신 하나님에게서 나온다. 이는 고난과 차별 속에서 영위하는 그 추종자들의 모범적인 삶에서 볼 수 있을 것이다. 기독교인들은 사회를 전복하려 하지 않으며, 자신의 활동과 기도로 사회에 기여한다.

사르디스의 멜리토

고대 기독교 저술가들이 언급한 몇 권의 변증서는 현재 남아있지 않으며, 그 신학적 내용을 알 길이 없다. 그러나 사르디스의 멜리토(Melito of Sardis)의 경우 변증서는 남아있지 않지만, 한 편의 설교가 남아 있다. 그 설교에서 그는 이스라엘의 역사를 요약하는데, 특히 출애굽과 유월절 제도를 강조하며, 이스라엘의 역사 전체를 예표론적으로 해석하여 그것이 예수 그리스도를 가리킨다고 여긴다. 이스라엘의 역사는 장차 추종자들을 노예 상태에서 구원하여 자유를 줄 사람, 요셉 안에서 팔리고, 모세 안에서 추방되고, 어린양 안에서 희생되고, 예언자들 안에서 수치를 당한 사람을 가리킨다.

이 설교에서 철학적인 개념이 한몫을 하지 않는다는 점에서 변증서와 다르지만, 그 신학은 다른 변증서와 일치한다. 그리스도는 선재하시고 거룩하시다. 이것이 강조되어 성부와 성자의 구분이 거의 상실되었다. 유스티누스처럼 멜리토는 성령을 믿지만, 성부와 성자에 대한 성령의 관계에 대한 교리를 발전시키지 않았다. 마지막으로 멜리토는 그리스도가 본질상 신인(神人)이라고 주장한다.

개관

사도 교부들에서 2세기의 그리스 변증가로 넘어가면서 분위기가 완전히 달라진다. 이제 우리는 초기 기독교와 주변 문화의 만남, 그리고 그것들의 관계를 해석하려는 기독교 사상가들의 다양한 노력을 목격하게 된다. 어떤 사람들은 이교 철학에서 발견할 수 있는 진리의 불티에 정당성을 부여하고, 어떤 사람들은 기독교와 헬레니즘 사이에 쓰라린 다툼 외에 다른 관계가 있을 수 없다고 여긴다. 한편 기독교인들은 이교도들이 이해할 수 있는 방식으로 신앙을 제시하려고 노력하면서 자기들의 사상을 체계화해야 했는데, 변증가들은 최초의 체계적인 기독교 신학자라고 말할 수 있을 것이다. 이 저술가들이 기독교 사상사에서 중요한 것은 로고스의 교리뿐만 아니라 기독교 신학을 체계화한 데 있는데, 그것은 신앙과 문화 사이에 대화의 길을 열어준다.

전반적으로 변증가들은 기독교 신앙을 도덕적이든지 철학적인 하나의 교리로 본 듯하다. 그리스도는 새로운 도덕 교사 또는 참된 철학을 가르치는 교사이다. 그러나 멜리토의 설교에서 그리스도가 죽음과 악의 세력의 정복자로 등장하며, 기독교가 그 승리에 참여하는 것으로 제시된다는 점을 잊어서는 안 된다. 다시 말해서 이교도들에게 그리스도를 교사요 계몽가로 제시하는 변증가들이 그리스도의 구원 사역에 대해 지녔던 이해는 그들의 저술에서 발견할 수 있는 것보다 더 넓고 심오했을 가능성이 있다.

어쨌든 변증가들은 기독교가 점진적으로 헬라화하는 데 기여했다. 유스티누스와 아네타고라스와 테오필루스, 그리고 헤르미아스와 타티아누스의 경우에서 보듯이 철학 앞에서의 그들의 위치는 같지 않다. 유스티누스와 아테나고라스처럼 철학적 도구를 많이 사용하는 사람들 사이에서 성육신 교리와 죽은 자들의 부활의 교리는 구심점을 잃지 않는다. 그럼에도 변증가들이 그리스 철학에서 취한 것으로서 신의 불멸을 강조하는 개념은 오랫동안 기독교 신학에 부담이 되었을 것이며, 후대에 삼위일체 논쟁과 기독론 논쟁을 더 어렵게 만드는 원인이었을 것이다.

한편 교회의 내면생활을 위협한 다른 문제가 있었는데, 그것은 최초의 이단들이었다. 다음 장에서는 이에 대해 살펴볼 것이다.

제4장

초기의 이단: 도전과 반응

    일찍부터 기독교회는 사람들이 그 신앙의 중요한 면을 위협한다고 여긴 다양한 해석과 싸워야 했다. 종교적으로나 문화적으로 다른 배경을 가진 사람들이 기독교로 개종했다. 이 다양한 배경은 그들의 기독교 신앙 해석에 영향을 미쳤다. 동시에 다른 종교 운동이 기독교 신앙의 중요한 요소들을 취하여 자기들의 체계에 합병하고 있었다. 결국 이단으로 간주된 사람들은 기독교 공동체 밖에서 일한 것이 아니었다. 그들은 동료들이 이해할 수 있는 용어로 복음을 설명하려 하는 신실한 기독교인으로 지치했다. 또 정통이라고 신인된 사람들이 모든 문제에 의견이 일치한 것이 아니었다. 그 시대 사람들은 그들을 구분하기가 어려웠을 것이다. 따라서 기독교에 대한 올바른 이해라고 주장하는 다양한 교리가 생겨났지만, 그중 다수는 전통적인 기독교 신앙의 근본 교리 일부에서 벗어나거나 어긋난 것처럼 보였다.

    이러한 교리의 다양성은 이미 신약성경에서 찾아 볼 수 있었다. 신약성경의 저자들은 끊임없이 그것을 종식시키려 한다. 갈라디아서, 골로새서, 요한 문서, 베드로전서 등은 그러한 교리들에 대한 초대 교인들의 갈등을 보여준다. 앞에서 안디옥의 이그나티우스가 예수 그리스도의 성육신을 부인한 사람들을 대적했음을 살펴보았다. 몇 년 후 유스티누스는 거짓 기독교라고 여기는 것을 가르치는 교사들을 공격했다. 더욱이 현재 보존되어 있지 않지만, 거의 모든 변증가들이 이단자들을 대적하는 글을 저술했다. 특히 2세기 후반에 이러한 교리들이 널리 퍼졌으며, 기독교 사상사에서 큰 의미가 있는 반작용이 교회 안에서 발생했다. 그러므로 후일 교회가 정통신앙의 옹호자로 간주한 신학자들에 대해 논하기 전에 그들이 반대한 교리들을 요약해 보려 한다.

기독교의 "유대화"

원시 교회가 직면한 최초의 교리적 문제는 유대교와의 관계와 관련된 것이었다. 이 문제의 점진적인 해법은 바울 서신과 사도행전에서 볼 수 있을 것이다. 그러나 바울의 해법, 어느 정도 변화되기는 했지만 결국 기독교인들 대다수가 받아들인 해법을 받아들이지 않는 사람들이 있었다.

기독교와 유대교의 관계라는 문제는 몇 단계로 제기되었다. 처음에 이 문제는 단지 기독교인이 구약의 율법을 따라야 하는지 그 여부와 관련되었다. 이 단계에서 자신은 율법에 복종하지만 다른 사람들에게 그것을 강요하지 않는 사람들, 그리고 율법을 따를 뿐만 아니라 참 기독교인이라면 모두가 율법에 복종해야 한다고 주장하는 극단적인 입장을 취하는 사람들이 있었다. 또 다른 단계에서 구약의 율법에 복종해야 할 뿐만 아니라 바울을 참 신앙에서 벗어난 배교자이며, 그리스도는 처음부터 하나님의 아들이 아니라 율법을 이행하는 도덕적 탁월성 때문에 입양된 것이라고 주장하는 사람들이 있었다. 이것은 에비온파(Ebionites)의 주장인데, 이 분파는 수 세기 동안 계속 존속한 듯하다.

에비온파는 선의 원리와 악의 원리가 있다고 주장했다. 악의 원리는 이 세대의 주이며, 선의 원리는 다음 세대에 다스릴 것이다. 한편 선의 원리는 선지자를 통해서 이 세상에 계시되는데, 그는 몇 개의 현현으로 이 세상에 왔다. 아담, 아벨, 이삭, 그리고 예수는 선의 선지자의 현현들이다. 그러나 아담의 시대 이후 선의 원리의 현현에 그와 대응하는 것이 동반되는데, 그것은 악의 원리의 목적에 기여한다. 가인, 이스마엘, 그리고 세례 요한은 악의 원리의 현현이며, 악의 원리는 여성원리(feminine principle)라고도 불린다.

이 사상 체계에서 예수는 우선적으로 남성원리(masculine principle) 또는 선의 원리의 선지자이다. 뿐만 아니라 예수는 하나님이 자기의 뜻을 신포하도록 선택하신 인간에 불과하나. 예수는 동성녀에게서 탄생한 것이 아니며, 세례를 받을 때 하늘로부터 그의 사명을 완수할 수 있는 능력을 받았다. 이 사명은 인간의 능력을 초월하는 일, 즉 인류를 구원하는 것이 아니리, 남성원리에 의해 주어진 율법에 복종하라고 호소하는 것이었다. 사실 에비온파 영성의 핵심은 율법이었다. 그리고 그들은 희생제사를 드리지 않았지만, 할례와 안식일 준수를 강조했다. 희생제사를 언급하는 구약의 율법은 하나님이 주신 것이 아니라 여성원리의 영향으로 성경에 추가된 것이다. 그러므로 에피파니우스(Epiphanius)는 에비온파가 율법을 엄격하게 지키면서도 모세오경 전체를 받아들이지는 않았다고 말한다.

여기에서 예수 그리스도를 고대 유대 종교와 병치할 수 있도록 조정한다면, 그분의 독특성이 위태로워진다. 이렇게 되면 예수는 독특하지 않고 중요하지도 않다. 그분은 하나님의 외아들이 아니라 일련의 선지자 중 하나에 불과해진다.

마지막으로 기독교와 유대교의 관계에 대해 논의하면서 기독교 자체뿐만 아니라 유대교까지 재해석하려는 시도가 있었다. 이것은 에비온파와 긴밀한 관계를 유지하면서 영지주의의 영향을 받은 기독교의 유대화의 형태이다. 이러한 유형의 기독교의 유대화 주요 주창자는 엘크사이(Elxai)인 듯하다. 그는 2세기 전반의 인물인데, 7세기에도 아라비아에서 그의 추종자들이 발견되었고, 모하메드는 그들에 대해 알기 위해 아라비아로 갔었다.

영지주의

"영지주의"(gnosticism)라는 일반적인 명칭에는 2세기에 성행한 몇 개의 종교적 교리가 포함되는데, 주된 특징은 종교혼합주의였다. 영지주의의 기원에 관해서는 학문적으로 논란이 많았다. 영지주의의 혼합주의적 본질 때문에 이 논란은 앞으로도 해소되지 않을 것이다. 영지주의는 동양의 신비종교, 바벨론의 천문학, 그리스 철학, 그리고 2세기에 유포되어 있던 모든 교리뿐만 아니라 페르시아의 이원론을 이용한다. 영지주의자들은 초기 기독교의 엄청난 호소력을 보였으며, 기독교에서 매우 가치가 있는 듯한 것을 취하여 자기들의 체계에 맞추어 개작하려 했다. 이 과정은 그것을 받아들이지 않은 기독교인들에게 급박한 도전이 되었다. 왜냐하면 영지주의가 기독교 교리를 잘못 전하고 있다는 것, 그리고 예수 그리스도를 영지주의 체계 안의 하나의 요소로 전환하면 안 되는 이유를 보여 주어야 했기 때문이다.

영지주의의 호소를 이해하려면 영지주의를 구원의 도로 해석해야 한다. 알렉산더 대왕의 정복에 이은 코즈모폴리터니즘(cosmopolitanism)에 대응하여 고대 민족종교들이 자신의 욕구를 만족시켜줄 수 없음을 발견한 사람들의 개인주의가 등장했다. 이런 까닭에 기독교가 세상에 진출하기 시작한 시대의 특징은 개인의 구원 추구, 그리고 기독교와 신비종교와 영지주의처럼 개인의 구원을 제공한다고 주장하는 종교의 꾸준한 성장이었다.

영지주의에 대한 우리의 지식은 대부분 영지주의 저술과 그들을 공격한 고대 기독교 저술가의 저술에서 얻어진다. 수십 년 전까지만 해도 보존되어온 영지주의 저술이 극소수라고 여겨졌다. 해결되지 않은 채 남은 문제는 영지주의를 반대하는 글들을 얼마나 신뢰할 수 있는가였다. 최근에 이집트에서 방대한 영지주의 자료가 발견되었고, 그로 말미암아 영지주의에 관한 우리의 지식이 증가하고 명확해졌다.

영지주의 학파는 다수였는데, 그들의 관계는 분명하지 않다. 유스티누스가 처음으로 주창한 옛 전승에 의하면, 영지주의의 창시자는 시몬 마구스(Simon Magus)이다. 시몬 마구스의 제자라고 전해진 메난더(Menander)는 기독교인이라기보다 유대 영지주의자였던 듯하다. 기독교의 복음을 재해석하려 한 최초의 영지주의자는 케린투스(Cerinthus)인 듯하다. 그는 1세기 말에 에베소에서 살았는데, 전승에 의하면 그곳에서 요한과 언쟁을 벌였다고 한다. 사투르니누스(Saturninus, Satornilus라고도 함)는 메난더의 제자이다. 그의 견해에 의하면 일곱 천사가 세상을 만들었는데, 그중 하나가 유대인의 하나님이었다. 이 천사들은 탁월한 하나님의 형상으로 무엇인가를 만들려 했으나 실패하고, 그 대신에 인류를 창조했다.

카르포크라테스파(Carpocratians)는 알렉산드리아에서 생겨난 듯하다. 이들은 알렉산드리아에서 두드러졌던 플라톤주의를 많이 사용했다. 120년부터 140년 사이에 활발히 활동했으며, 사도 마티아스의 제자였다고 주장하는 바실리데스의 고향이 알렉산드리아였다. 그의 주장으로는 하늘의 모든 실체의 기원은 성부이며, 그에게서 존재의 몇 계층이 방출되어 365개의 하늘이 생겨났다.

마지막으로 발렌티누스(Valentinus)는 가장 영향력 있는 기독교 영지주의자였던 듯하다. 이단 연구자들의 저술에서 발렌티누스의 교리의 윤곽을 도출해낼 수 있다. 모든 존재의 영원한 원리는 심연(Abyss)이다. 이것은 불가해한 것이다. 그 안에 침묵(Silence)이 있다. 심연은 침묵 안에서 두 개의 존재, 즉 정신(Mind)과 진리(Truth)를 낳았고, 그리하여 첫 번째 사조(四祖, tetrad)인 심연, 침묵, 정신, 진리가 완성되었다. 정신(남성)은 진리(여성)와 연합하여 말씀(Word)과 생명(Life)을 낳았다. 여기에서 다시 인간(Man)과 교회(Church)가 태어나서 팔조(八祖, Ogdoad)가 완성되었다. 이 과정은 마지막 애온(eon)인 지혜(Wisdom)가 자신의 한계를 뛰어넘어 짝의 참여 없이 새 존재를 낳을 때까지 계속되었다. 이 새 존재는 그 근원 때문에 유산(abortion)이며, 그렇기 때문에 애온의 충만 안에 무질서를 만들어낸다. 이렇게 이야기는 계속되어 마침내 심연이 세 개의 새로운 애온, 즉 그리스도와 성령과 예수를 낳는다. 결국 지혜의 정욕 때문에 인간의 몸 안에 갇힌 영에게 그노시스(조명)를 가져오기 위해 예수가 세례받을 때 그리스도가 내려왔다. 그러나 그리스도는 십자가에 달리기 전에 예수를 버렸으므로, 십자가에 달린 것은 예수뿐이다. 그리스도가 가져다준 그노시스 덕분에 영들은 원래 속해있던 충만(Plentitude)에 돌아갈 수 있다.

앞의 이야기는 발렌티누스의 체계에 관해 이단 연구가들이 말하는 것을 요약한 것이다. 그의 가르침은 최근에 발견된 『진리의 복음』(Gospel of Truth)이라는 문서에서도 발견할 수 있다. 이 문서는 발렌티누스가 쓴 것이다. 그 문서에는 위의 것과 매우 다른 내용이 들어 있다. 이는 비록 우주창조설과 관련된 추측이 배경의 일부이지만 그것을 강조하는 것이 아니라 참된 그노시스를 통해서 얻을 수 있는 구원을 강조하기 때문이다.

이로 보건대 반대자들은 영지주의의 사변적인 우주창조설의 난센스를 강조했지만, 영지주의가 구원의 종교라고 결론지을 수 있다. 영지주의에 따르면 구원은 물질과의 연합 때문에 노예가 된 영의 해방이다. 이 구원은 영이 에온의 영적 세계에서 분리하고 있는 장벽을 극복하게 해주는 은밀한 지식 또는 그노시스를 획득함으로써 획득된다.

구원의 교리는 우주 안에서의 인간의 위치에 대한 이해에 기초해야 하며, 이것이 다양한 영지주의 체계 안에 있는 복잡한 추론 구조의 역할이다. 영이 물질 안에 갇혀 있다면, 그 원인이 있어야 하는데, 영지주의가 추론에서 제공하려는 것이 그것이다.

마지막으로 영지주의의 윤리는 인류학과 우주론에 기초를 두었다. 우리 안에 선이 있다면 영 안에서 발견되어야 하는데 몸이 본성적으로 악하다면, 두 가지 상반되는 결론을 추출할 수 있을 것이다: 몸을 엄격하게 훈련하고 금욕생활을 하는 것, 또는 몸이 행하는 모든 것이 차이가 없는데, 이는 그것이 영의 깨끗함을 훼손할 수 없으며, 그렇기 때문에 우리는 몸이 제멋대로 행하도록 허락할 수 있다는 것. 이런 까닭에 일부 영지주의자들은 극단적인 금욕생활을 했고, 어떤 영지주의자들은 방탕하게 살았다.

일반적인 영지주의 견해를 기독교의 가르침과 결합할 때 기독교인들이 자기들의 신앙을 위협한다고 느끼는 기본적인 것이 세 가지였

다: 창조 및 세상에 대한 신적 통치의 교리, 구원의 교리, 그리고 기독론. 영지주의는 물질세계에서 영원하신 하나님의 솜씨를 본 것이 아니라 열등하고 악하거나 무지한 존재가 범한 오류의 결과를 보았기 때문에 기독교의 전통적인 창조 교리에 반대했다. 이러한 영지주의와 전통적인 기독교의 최초의 의견 충돌에서부터 구원의 교리에 관한 비슷한 의견 충돌이 이어졌다. 영지주의에 의하면 구원은 영과 관련이 없는 인간의 몸 안에 갇힌 불멸의 신적 영의 해방에 있다. 반대로 대부분 기독교인은 구원에 인간의 몸이 포함되며, 하나님의 구원 계획의 최종 성취는 몸의 부활이 없이 이루어지지 않을 것이라고 주장했다. 마지막으로 영지주의적 이원론을 기독론에 적용할 때 무서운 결과를 초래할 것이다. 만일 물질이 악하다면, 인간의 몸은 하나님 계시의 도구 역할을 할 수 없다. 그러므로 그 하나님을 우리에게 알리기 위해 오신 그리스도는 육체 안에서 오실 수 없었을 것이다. 그분은 단지 육체적인 외형을 지니셨을 것이다. 그분의 고난과 죽음도 실제의 일이었을 수 없다. 왜냐하면 신적인 영이 악하고 파괴적인 물질의 세력에 자신을 내어준다는 것을 생각할 수 없기 때문이다. 그러므로 영지주의는 가현설(Docetism)로 이어진다.

2~3세기에 영지주의는 기독교인들에게 급박한 문제를 제기했다. 기독교인들은 자기들의 신앙이 외부로부터의 공격뿐만 아니라 기독교가 가장 귀중하다고 여기는 것들을 그 시대 사람들이 쉽게 받아들일 수 있게 만들려 하는 교리의 위협을 받고 있다고 여겼다.

마르키온

초기 기독교회가 직면해야 했던바 그 메시지를 변형하여 해석하려는 많은 시도 중에서 가장 위험한 것은 마르키온(Marcion)의 해석이었다. 마르키온은 폰투스의 시노페(Sinope) 출신이었는데, 그의 부친이 그곳의 감독이었다. 그는 그곳을 떠나 소아시아로 갔다가 다시 로마로 갔다. 144년에 그곳 교회에서 축출되었다. 그는 마르키온 교회를 세웠는데, 이것은 그를 정통 기독교의 가장 위험한 경쟁자 중 하나로 만든 단계였다. 다양한 영지주의 교사들은 학교 이상의 것을 세우지 않은 교사들에 불과했다. 그런데 마르키온은 이미 존재하고 있는 교회와 경쟁하기 위해 교회를 설립했고, 곧 그 교회의 교인들이 무척 많아져서 충돌의 최종 결과가 매우 불확실하게 되었다.

영지주의가 이원론적인 것과 같은 의미에서 마르키온의 신학은 이원론적이다. 물질세계는 법과 정의가 다스린다. 이와 대조적으로 기독교 복음의 중심은 은혜이다. 그것은 가장 악한 죄인까지도 용서하는 사랑의 신의 복음이다. 그러므로 복음은 이 세상을 다스리는 신들과는 근본적으로 다른 신의 말씀이다.

이 세상을 다스리는 신은 유대인이 예배하는 신이다. 이 신은 만물을 만들고 "보시기에 좋았다"고 하신 신, 희생제사를 요구하는 신, 백성들을 전쟁으로 이끄는 신, 온 백성을 죽이라고 명령하는 신이다. 이 복수의 신 위에 또 다른 "미지의 신", 사랑이신 신이 있다. 이 신은 이 세상과 관련되지 않은 "이질적인 신"(foreign god)이다. 창조자는 공정하고 사납고 호전적인 데 반해 이 탁월하신 신은 다정하고 평화롭고 무한히 선하다.

마르키온은 그 이원론 때문에 영지주의와 유사하다. 주요 영지주의 교사들이 그렇듯이 마르키온의 주된 관심사도 악의 문제였던 것 같다. 마르키온도 그들처럼 물질, 특히 몸과 성에 대해 부정적인 견해를 가졌다. 그도 구약성경이 어느 정도 진리를 갖지만 열등한 신 또는 원리의 계시라고 인정했다.

그러나 마르키온의 신학에는 영지주의와 다른 몇 가지 특성이 있다. 첫째, 마르키온은 구원을 얻게 해주는 비밀 지식을 가지고 있다고 주장하지 않는다. 그의 주장에 의하면, 그의 교리는 바울이 전파한 기독교의 메시지를 세심하게 연구한 데 따른 것이다. 이 메시지는 바울서신과 누가복음에서 발견된다. 그러나 그 안에 가필된 유대화된 내용을 제거하려면 이것들을 개정해야 한다. 바울은 근본적으로 새로운 메시지, 그때까지 알려지지 않은 신의 계시의 메시지를 전한 사람이었다. 둘째, 마르키온은 영지주의 체계의 특징인 사변적 관심을 보이지 않는다. 그의 사상에서는 수비학(numerology), 우주발생론(cosmogony), 그리고 천문학이 중요하지 않았다. 마지막으로 마르키온은 조직에 대한 관심에서 영지주의를 뛰어넘었다. 영지주의 교사들은 학교를 세웠지만, 마르키온은 교회를 세웠다.

대부분의 기독교 지도자들이 받아들일 수 없었던 마르키온의 가르침은 영지주의를 받아들일 수 없게 한 것과 같은 것, 즉 가현설이었다. 마르키온도 영지주의자들처럼 그리스도가 참 인간이었음을 부인했다. 그가 그리스도의 삶에 관한 이야기에서 발견한 큰 걸림돌은 그의 탄생이었다. 만일 구주가 아기로 태어났다면, 창조주의 다스림 아래 있었을 것인데, 그것은 복음의 근본적인 새로움을 부인할 것이다. 이 때문에 마르키온은 그리스도가 티베리우스 통치 15년에 완전히 성장한 어른으로 등장했다고 주장한다.

요컨대 마르키온의 교리는 과장된 바울신학이다. 그는 바울서신과 바울의 동반자가 쓴 복음만으로 신약 정경을 구성하면서 기독교가 이방인 사도의 메시지에 비추어서만 이해되어야 한다고 믿고 있음을 나타냈다. 율법과 복음의 대조, 신적 은혜의 교리, 그의 과격한 그리스도 중심주의 등은 어떤 면에서 마르키온이 그 시대 사람들보다 더 분명하게 바울의 메시지를 파악하고 있었음을 보여준다. 사도 교부 시대에 이미 기독교를 새로운 도덕적 교리로 전환하고, 바울이 하나님의 거저 주시는 은사를 강조했음을 망각하는 경향이 있었다. 그에 대한 경고의 말이 필요했는데, 마르키온이 그 일을 하려 했다. 그러나 그는 바울의 메시지와 교회의 선포의 차이를 지나치게 강조함으로써 두 개의 신 이론, 구약성경에 대한 부정적인 견해, 가현설 등 바울의 메시지와 반대되는 주장을 취하게 되었다. 율법주의가 교회를 위협하고 있는 가운데 공로 없이 주어지는 하나님의 은혜를 발견해야 한다는 그의 호소는 필요하고 타당한 것이었다.

몬타누스주의

몬타누스(Montanus)는 2세기 후반에 기독교로 개종하고 세례를 받은 이교도 사제였다. 그는 세례받고 얼마 후에 자신이 성령을 받았다고 선언하고서 예언하기 시작했다. 곧 프리스킬라(Priscilla)와 막시밀라(Maximilla)라는 두 명의 여인이 그와 합류했는데, 그들도 예언했다. 이는 기이한 일이 아니었다. 왜냐하면, 여러 지역에서 성령의 감화를 받은 사람이 예언하는 것을 허락하는 관습이 있었기 때문이다. 새로운 것은 몬타누스와 동료들의 예언 내용이었다. 그들은 성령이 그들에게 주신 새로운 계시와 함께 새 세대가 시작되었다고 주장했다. 이 새 계시는 신약성경에 주어진 것에 어긋나지 않았지만, 윤리의 엄격함과 종말론적인 내용에서는 신약성경의 계시를 넘어섰다.

몬타누스파의 윤리강령은 매우 엄격했다. 순교는 그들이 추구해야 할 면류관이었다. 결혼을 철저히 악하다고 간주하지는 않았지만 매우 선한 것으로 간주하지도 않았다. 과부와 홀아비의 재혼이 허락되지 않았다. 이 법의 기초는 임박한 종말론적 기대에 있었다. 몬타누스와 두 여자 예언자들은 계시의 시대가 그들과 함께 끝나고 즉시 세상의 종말이 올 것이라고 주장했다.

몬타누스와 그의 추종사들은 성령의 새로운 계시와 선한 교회 조직이 모순된다고 여기지 않는 조직가들이었다. 그러므로 그들은 곧 성직 계급 구조를 채택했고, 그렇게 설립된 교회는 급속히 소아시아 전역에 퍼졌고, 나중에는 로마와 북아프리카까지 전해졌는데, 그곳에서 그 시대에 가장 유명한 라틴 신학자인 터툴리안(Tertullian)의 지지를 얻을 수 있었다.

기독교인들이 몬타누스주의를 반대한 이유는 두 가지였다: 실질적으로 몬타누스주의는 갓 형성된 교회의 구조를 약화했는데, 많은 사람은 이것이 신학적으로 다양한 이단을 반대하기 위해 필요하다고 여겼다. 신학적으로 새로운 계시를 받았다는 몬타누스파의 주장은 그리스도 안에서 주어진 계시의 합목적성을 위협했다.

단일신론

많은 사람이 기독교에 대한 분명한 이해를 찾기 위해서 영지주의를 향하고 있을 때, 다른 사람은 성부와 성자와 성령의 관계를 밝히려 하고 있었다. 단일신론자들에 대한 가장 초기의 언급은 원래 이 용어가 영지주의가 제안한 다수의 에온들과 마르키온이 주장한 신들의 이중성에 맞서 하나님의 통일성 또는 단일신론(Monarchianism)을 옹호하는 데 사용되었음을 보여준다.

반(反)로고스 신성파(神性派, alogoi: 로고스 교리를 거부했기 때문에 이런 이름이 붙여졌다) 이후 하나님의 통일성을 지키려는 시도로 서로 관련이 없는 두 개의 교리가 발달했다. 이 교리는 동적 단일신론(dynamic monarchianism)과 양태적 단일신론(modalistic monarchianism)이라고 불린다.

적절한 것은 아니지만 "동적 단일신론"이라는 용어는 전통적으로 그리스도 안에 있던 신성이 하나님에게서 나왔지만, 하나님이 아닌 비인격적 능력이라고 주장함으로써 신적 통일성을 보존하려는 시도를 언급하는 데 사용되었다. "능력" 또는 "힘"을 의미하는 것으로서 그리스도 안에 거한 비인격적 능력을 언급하는 데 사용된 그리스어 **dynamis** 때문에 동적(dynamic)이라고 불린다. 이 교리를 주장한 최초의 인물은 테오도투스(Theodotus)라고 알려져 있다. 그러나 대표적인 주창자는 사모사타의 바울(Paul of Samosata)이다.

  하나님의 통일성을 강조하면서도 예수 그리스도의 신성을 조금도 제한하지 않는 또 다른 교리가 있었다. 이 교리는 양태적 단일신론(modalistic monarchianism)이라고 불린다. 우리는 단일신론이라는 일반 명사가 동적 단일신론(dynamic monarchianism)과 양태적 단일신론이 직접적인 관계가 있다는 것을 의미하지 않는다는 것, 사실상 근본적으로 반대가 된다는 것을 분명히 해야 한다.

  양태적 단일신론은 그리스도의 완전한 신성을 부인하지 않고, 그것을 성부와 동일시했다. 이렇게 동일시하는 것은 성부가 그리스도 안에서 고난을 당했음을 암시하기 때문에, 때로 이 교리는 성부수난설(Patripassianism)이라고 불리기도 한다. 3세기 초에 사벨리우스(Sabellius)가 이 교리를 옹호한 가장 위대한 교사이며, 그 때문에 사벨리우스주의(Sabellianism)이라는 명칭이 생겨났다. 사벨리우스가 가르친 것을 정확하게 할 수 없지만, 아마 그는 신격 안에서의 모든 구분을 부인하고 성자와 성령이 대속과 감화라는 목적으로 활동하는 하나님의 계기적 현현양태(繼起的 顯現樣態)를 주장했을 것이다. 이는 태양이 빛을 발산하는 것과 같다.

반응

예상할 수 있듯이, 기독교 신앙을 이해하려는 다양한 시도와 교리는 2~3세기에 신학적 발달의 출발점이요 도전이 되었으며, 그 시대에 활발히 활동한 신학자들에게 자극을 주는 주요 요인이 되었다. 다음 장에서 이 신학자들에 대해 살펴보기 전에, 교회가 신앙을 위협한다고 여긴 다양한 견해와 체계를 논박하고 반박하는 데 사용한 몇 가지 수단을 요약해 보아야 한다.

2세기에 교회의 조직은 신속하고 궁극적인 결정을 할 수 있을 정도가 아니었지만, 교회는 이단에 대해서는 한결같이 반응했다. 학파들의 차이가 있었음에도 불구하고, 지중해 세계 전역의 정통 기독교인들은 이단과 싸우기 위해 비슷한 도구를 사용했다. 이 도구는 단지 다양한 이단을 대적하기 위해 제시할 수 있는 근본적인 논거, 즉 사도적 권위의 실질적이고 특별한 변형이었다. 이 권위가 신약 정경, 신앙의 규칙, 신조, 사도 전승 강조 등 이단을 반대하는 도구의 배후에 놓여 있는 궁극적인 논거이다.

인간 운동(human movement)의 정상적인 발달뿐만 아니라 이단들의 도전 때문에, 2세기의 교회는 획일적인 조직을 지향했는데, 이것이 "구 가톨릭교회"(Old Catholic Church)를 생겨나게 했다. 구 가톨릭교회 초기의 특징은 앞에서 언급한바 이단을 반대하는 다양한 도구의 출현인데, 그 직접적인 결과는 획일성을 향한 전반적인 경향이다.

  이단에 대적하는 첫 번째 도구는 사도 전승의 강조이다. 1세기 말에 로마의 클레멘트는 이단을 대적하기 위해서가 아니라 분리주의자들을 대적하기 위해서 사도 전승에 호소했었다. 몇 년 후 안디옥의 이그나티우스는 이단에 대적하면서 그리스도와 사도들의 대리인으로서 주교와 장로의 권위를 강조했다. 그러므로 클레멘트는 군주적 감독제(monarchical episcopacy)를 언급하지 않고서 사도 전승에 호소한 데 반해 이그나티우스는 사도 전승을 언급하지 않고서 주교의 권위에 호소했다. 곧 이단의 충격 때문에 기독교인들은 사도 전승과 군주적 감독제라는 사상을 결합하게 되었고, 현재의 교회를 사도 시대와 연합해주는 주교들의 띠를 강조하기 시작했다. 이 논거에 따르면, 사도들의 직접적인 계승자를 주교로 모시고 있음을 증명할 수 있는 교회들을 지적할 수 있다. 사도들이 많은 교회를 세우지 않았기 때문에 극소수에 불과한 이 교회들은 신앙의 참된 보관소이다. 신앙이 사도들이 세운 교회의 신앙과 일치하는 다른 교회들 역시 사도적이다.

  교회가 이단과의 싸움에서 사용한 또 다른 도구는 신약성경 정경이다. 이 도구는 이단자들에게서 취한 특이한 것이다. 최초의 신약성성 성경은 마르키온이 주창한 듯하다. 교회는 처음부터 구약을 성서로 받아들였고, 일찍부터 구약성서와 정경을 사용한 기독교 저술들이 있었다. 그러므로 교회가 마르키온에게서 인수한 것은 정경 문헌이라는 개념이 아니라 많은 기독교 문서 중에서 성경의 일부로 간주해야 할 것을 결정하게 만든 자극이었다. 교회의 신앙이 마르키온이나 일부 영지주의자들이 주장하는 것처럼 한 사도의 증언에 기초를 둔 것이 아님을 증명하기 위해서 다양한 복음이 포함되었을 수 있다.

최종적으로는 신약성경 정경에서 제외되었지만, 특정 시대와 장소에서 영감된 문서로 간주된 저술들이 있었다. 예를 들면 클레멘트의 『고린도 교회에 보낸 첫 번째 편지』(First Epistle to the Corinthians), 『클레멘트 2서』(Second Clement), 『바나바 서신』(Epistle of Barnabas), 『디다케』(Didache), 헤르마스의 『목자』(Shepherd) 등이다.

우리가 보기에는 사도 전승과 정경을 확정한 것이 일종의 종결 행동인 것 같지만, 당시에는 그것들이 전통을 개시하는 역할을 했다. 많은 이단자가 자기에게 비밀 전통을 수여했다고 주장하면서 특별한 사도의 권위를 주장하거나 사도 중 하나의 이름을 담고 있는 복음서의 권위를 주장한 데 반해, 교회는 모든 승계자에게 알려져 있고 다양한 증인, 즉 복음서를 기초로 하는 모든 사도의 열린 전승을 주장하였다. 이들은 항상 의견이 완전히 일치하지는 않지만, 문제가 되는 기본적인 문제에 관해서는 의견이 일치한다. 한편 권위를 정의하는 과정은 일부 사람들, 특히 여성의 특권 박탈로 이어졌다.

사도 전승과 신약 정경 형성 강조로는 하나의 교리가 사도적인지의 여부를 결정하기에는 부족했으므로 "신앙 규범"(rule of faith)이라는 개념이 필요해졌고, 동시에 정설의 증거로 신조의 중요성이 증가했다.

신약성경이 형성되고 있는 동안, 로마 교회는 현재의 사도신경의 핵심이 될 공식을 개발하고 있었는데, 그것은 "옛 로마 신경"(Ancient Roman Symbol, 약자로 "R")이라고 알려져 있다. 초기의 옛 로마신경은 긍정적인 공식이 아니라 세례 때에 학습 교인들에게 묻는 일련의 질문이었다. 3부로 된 고대의 세례의 공식을 따라 세 가지를 질문했는데, 처음에는 세례 지원자에게 성부와 성자와 성령을 믿는지를 묻는 것으로 한정되었다.

곧 로마 교회는 새로 세례받는 사람의 정통성을 확인하는 방식으로 이 질문을 사용해야 할 필요성이 크다는 것을 알게 되었다. 문제가 되는 것은 대체로 기독론과 관련이 있었으므로, 둘째 질문에 몇 절이 추가되었다. 그리하여 히폴리투스(Hippolytus)가 그의 『사도전승』(Apostolic Tradition, 3세기 초)에 인용한 것과 비슷한 세례 공식이 등장했다:

> 당신은 전능하신 아버지 하나님을 믿습니까?
>
> 당신은 하나님의 아들, 성령으로 말미암아 동정녀 마리아에게서 태어나 본디오 빌라도에게서 십자가에 달려 죽있다가 사흘만에 죽은 자들 가운데서 다시 살아나 하늘로 올라가 아버지의 우편에 앉아 계시다가 장차 산 자들과 죽은 자들을 심판하러 오실 예수 그리스도를 믿습니까?
>
> 당신은 성령과 거룩한 교회와 몸의 부활을 믿습니까?

옛 로마신경의 구조는 3부로 이루어진 고대 세례 문답을 발전시킨 것에 불과하다. 2세기에는 무엇보다 교회의 기독론이 중요했기 때문에, 이것은 기독론적 질문과 관련하여 더 중요했다.

옛 로마신경이 영지주의와 마르키온의 견해를 부인하는 방식에 비추어볼 때 이 신경의 목적이 이단, 특히 마르키온을 반대하는 데 있음이 분명하다. 첫 절에서 "전능하신"과 "아버지"라는 단어를 연합하여 사용한 것이 중요하다. 여기서 하나님의 본성을 묘사하기 위해서 사용된 그리스어는 단순히 하나님이 원하시는 모든 것을 행하는 능력을 소유했다는 의미에서 "전능"을 의미하는 것이 아니라 "모든 것을 다스리는"(all governing)이라는 의미이다. 이것은 우리가 사는 이 물질계를 다스리는 하나님은 아버지 하나님이시며, 그러므로 하나님이 다스리는 영적 세계와 하나님의 뜻과 상관없이 존재하는 물질세계를 구분할 수 없다는 의미이다. 이것은 당시 마르키온과 발렌티누스가 로마에서 주장하고 있었던 것과 대조를 이룬다.

둘째 절은 한층 더 이단에 반대하는 관심을 나타낸다. 우선 예수 그리스도의 아버지와 이 세상을 다스리는 하나님 사이에 동질성이 있는데, 마르키온을 이것을 부인하려 할 것이다. "동정녀" 마리아에 대한 언급은 에비온파를 배제하며, 예수가 여인에게서 태어났음을 지적하는 역할을 하는데, 대부분의 가현론자들은 이것을 받아들이지 않았다. 본디오 빌라도에 대한 언급 역시 그리스도가 십자가에 달려 죽어 장사지낸 일의 연대를 확정하고 역사적 본질을 강조한다. 마지막으로 심판에 관한 구절은 구약의 공의로우신 하나님과 신약의 자애롭고 용서하시는 하나님을 구분한 마르키온의 교리와 충돌한다.

셋째 절의 성령에 대한 언급은 옛 로마신경이 형성되기 이전의 것이지만, 몸의 부활에 대한 언급은 이단에 반대하려는 목적을 지닌 듯하다. 마르키온과 영지주의자들은 부활 교리를 거부했으며, 인간의 영의 불멸을 이야기했다.

이단의 도전은 장차 교회 생활에 큰 결과를 초래할 일련의 반작용을 야기했다. 신조, 신약 정경, 그리고 사도 전승의 교리가 그러한 반작용이다. 이 다양한 도구들은 그것을 사용하는 사람들의 정신 속에 있는 유기적 통일체였다.

제5장

초대 교회의 위대한 신학자들

이단들의 도전에 대한 또 다른 반응은 신학 활동이라는 커다란 결과를 초래했다. 전통적인 기독교보다 더 합리적인 기독교가 있음을 보여주려 한 사람들의 도전으로 말미암아 많은 신자들의 사상과 글이 등장했고, 그럼으로써 이단을 직접 부인하는 것 이상의 영향력을 가진 많은 신학적일 글이 저술되었다.

2세기 말부터 3세기 초에 활발하게 이단을 반대한 저술가들은 다양한 신학적 전통을 주창했다. 소아시아 태생인 이레네우스(Irenaeus)는 골(Gaul)에 살았나. 그는 소아시아 출신의 초기 저술가들에게서 볼 수 있는 유형의 신학의 대표자이다. 카르타고의 터툴리안(Tertullian)은 이레네우스를 모방하면서도 서방 교회에서 볼 수 있는 바 실질적이요 도덕적인 관심의 주창자였다. 마지막으로 알렉산드리아에서 활동한 클레멘트(Clement)와 오리겐(Origen)은 알렉산드리아의 지적 분위기를 대변한다.

이레네우스

이레네우스(Irenaeus)의 생애에 대해서는 알려진 것이 거의 없다. 그는 135년경에 소아시아의 스미르나(Smyrna)에서 태어난 듯하다. 그곳에서 그는 스미르나의 폴리갑을 알게 되었다. 늙은 폴리갑 주교가 순교할 때 이레네우스는 청년이었을 것이다. 170년 무렵 그는 골로 가서 리옹(Lyon)에 정착했다. 리옹에는 소아시아 출신 이민자들의 기독교 공동체가 있었다. 177년에 그 공동체의 장로였던 그는 로마의 감독에게 편지를 전하는 책임을 맡았다. 임무를 마치고 돌아오자마자 리옹의 감독 포티누스(Pothinus)가 순교했고, 그는 자신이 그의 후임 감독이 되어야 한다는 것을 알게 되었다. 이레네우스는 리옹의 주교로 교회를 이끌고, 그 지역에 사는 켈트족에게 복음을 전하고, 이단에 맞서 양들을 보호하고, 교회 내의 평화와 일치를 추구했다. 그는 교회의 일치와 평화에 대한 관심 때문에 로마의 주교 빅톨(Victor)이 부활절 날짜에 관한 의견의 불일치 때문에 소아시아 교회와의 교제를 깨려 한 유월절 논쟁에 개입했다.

기독교 사상사에서 이레네우스의 중요성은 이단과의 싸움, 그리고 기독교인들의 믿음을 강화하려는 관심에 있다. 이것들은 그가 현재 남아 있는 두 저서를 저술한 이유이다. 그는 순교했다고 알려졌지만, 자세한 내용은 알 수 없다. 그는 리옹에서 많은 기독교인이 살해된 202년에 사망한 듯하다.

이레네우스의 저서는 『이단 논박』(*Denunciation and Refutation of the*

*So-called Gnosis: Adversus haereses*라고 알려짐), 『사도적 설교의 증명』 (*The Demonstration of the Apostolic Preaching: Epideixis*라고 알려짐)이다. 그 외에도 여러 편의 저서가 있었지만, 현재 남아 있지 않다.

이레네우스의 신학을 자세히 설명하려는 사람은 자신이 몇 가지 사변적 원리로부터 모든 결론을 끌어내는 조직신학자를 다루는 것이 아니라는 것을 염두에 두어야 한다. 그러므로 그 신학의 주요 원리를 발견하려 하기보다 이레네우스가 『사도적 설교의 증명』에서 제안한 순서를 따르는 것이 가장 좋다: 창조주로부터 시작하여 궁극적인 완성에 이르기까지의 구원사를 추적하라.

이레네우스는 하나님이 만물을 지으셨으며 하나님의 뜻에 맞지 않는 것은 결코 존재할 수 없다고 주장한다. 심지어 마귀도 하나님이 지으셨고, 마귀의 현재의 능력은 일시적이고 제한적이다. 세상은 사탄이 다스리는 것이 아니라 하나님이 다스리신다. 마귀가 하나님의 창조 질서에 반항하고 넘어뜨릴 수 있지만, 하나님은 여전히 만물을 다스리신다.

하나님은 두 "손"—아들과 성령—으로 세상을 지으시고 다스리신다. 이레네우스가 삼위일체의 교리를 언급하는 대부분의 본문은 매우 간단하기 때문에 역사가들이 그 교리에 관한 결론을 끌어내기 어렵다. 이레네우스는 삼위일체 교리의 미묘한 면에 대해서 언급하지 않고, 삼위의 관계에 대해서 논하지 않으며, 다만 믿음의 선조들에게서 들은 것, 즉 하나님이 아버지와 아들과 영이시라고 주장한다. 여기에서 그는 하나님의 두 손이라는 은유와 말씀의 교리를 사용한다. 그러나 그는 "하나님의 말씀"이신 아들을 언급할 때 유스티누스가 했던 것처럼 하나님과 세상 사이의 중재자를 언급하는 데 그 용어를 사용하지 않았으며, 하나님과 말씀의 통일성을 강조했다. 이것이 하나님의 두 손과 관련된 은유의 의미이다: 하나님의 두 손은 창조 사역과 역사를 이끄는 데 개입되어 있다.

삼위 하나님은 거룩한 형상대로 인간을 지으셨다. 그러나 인간은 하나님의 형상이 아니다. 그 형상은 성자이시다. 우리는 그분 안에서 그분에 의해 창조되었다. 그러므로 하나님의 형상은 우리 안에서 발견되는 것이 아니라 우리가 성장하기 위해 지향해야 할 방향이다. 이는 마치 하나님이 인류를 창조하시면서 장래에 이루어질 말씀의 성육신을 모델로 사용하셨던 것과 같다. 우리는 의 안에서 그 형상을 따라 자라야 하며, 아담과 이브는 에덴동산에서 그렇게 성장해야 했다. 이 성장 사상은 이레네우스를 이해하는 데 중요하다. 이레네우스에 따르면, 아담과 이브는 하나님께서 그들을 완전한 존재가 되도록 의도하셨다는 의미에서 완전하게 피조된 것이 아니라, 하나님의 형상인 성자 안에서 발달하고 성장할 수 있도록 피조되었다. 이레네우스는 우리의 능력을 초월하는 능력을 받은 아담과 이브가 낙원에서 방황한 원래의 상태를 인정하지 않는다. 그의 견해에 의하면 아담과 이브는 창조 안에서 하나님의 목적의 시작일 뿐이다. 아담과 이브는 어린아이와 같았으며, 그들의 목적은 성장하여 하나님과 더 밀접한 관계를 유지하는 것이었다.

그러나 창조에 이어 사탄과 인간의 타락이 발생했다. 천사들도 하나님이 지으셨다. 그러나 그들은 성장을 목적으로 피조된 것이 아니라 완전히 성장한 상태로 피조되었다. 이것을 시기한 사탄은 아담과 이브를 유혹했는데, 이는 창조의 목적에 반대하려는 것이 아니라 하나님이 정하신 목적을 가속화하고, 하나님이 세우신 질서를 훼방하려는 것이었다. 사탄이 "너희가 하나님과 같이 될 것이다"라고 말한 것은 창조 안에서의 하나님의 목적을 인정한 것이다. 그러나 아담과 이브는 유혹에 굴복하여 하나님의 계획을 깨뜨렸고, 그럼으로써 죄와 사망의 종이 되었다. 타락이 인간의 발달 중단이라는 이러한 이해는 후일 서방 신학의 일반적인 이해와 매우 다르다는 점에 주목해야 한다. 이레네우스에 따르면, 타락은 아담과 이브가 소유했던 완전함의 상실이 아니라 그들의 적절한 성장의 중단이다.

죄와 사망은 인간을 사탄의 종이 되게 한 마귀의 도구이지만, 하나님의 능력은 이러한 악한 도구들마저 하나님의 목적을 성취하는 데 사용할 수 있다. 따라서 사망은 인간의 악한 가능성을 제한하는 데 기여하며, 인간이 죄의 노예가 된 것은 하나님의 선하심을 인정하고 그 은혜를 찬양해야 하는 원인이다.

타락에도 불구하고 하나님은 우리를 버리지 않고 사랑하신다. 그렇게 하시면서 태초부터 품으신 하나님의 계획을 추진하신다. 이 계획 또는 섭리는 하나이지만, 그리스도 안에서 완성되는 일련의 언약 안에 분명히 나타난다. 이레네우스는 이 언약 중 마지막 두 가지 언약, 즉 율법의 언약과 그리스도의 언약에 관해서만 자신의 사상을 개진한다.

율법은 인간의 죄악됨을 억제하기 위한 자애로운 계획의 일부로 하나님이 주신 것이다. 우리의 최종 목적은 율법에 순종하는 것이 아니다. 율법은 죄의 노예 상태와 다르고 반대되지만, 우리가 창조의 목적을 성취하는 데 필요한 자유에 미치지 못하는 형태의 노예 상태를 만들어낸다. 이런 까닭에 율법은 그것을 능가할 새 언약을 약속한다. 율법은 법일 뿐만 아니라 약속이다. 그러나 하나님은 우리를 인도하여 하나님의 뜻을 성취하게 하기 위한 수단으로 율법을 주셨으며, 그 뜻이 결코 변하지 않을 것이므로, 율법은 완전히 성취될 수 없다. 율법의 핵심—도덕률, 특히 십계명—은 여전히 우리의 복종을 요구한다. 따라서 이레네우스는 구약과 신약의 통일성을 강조하며, 그럼으로써 신약과 구약이 근본적으로 반대되는 것이라고 주장하려는 사람들의 가르침을 배격한다.

이레네우스의 신학의 중심은 그리스도이다. 그리스도는 창조와 대속 사이의 연속성의 기초이시다. 그리스도 안에서 구원을 주시는 하나님이 우리를 지으셨다. 우리는 하나님의 형상을 위해 하나님의 형상대로 지음 받았는데, 그 형상이 그리스도 안에서 우리 가운데 거하러 오셨다. 이것이 그리스도의 사역인데, 이레네우스는 이것을 "회복"(recapitulation)이라고 말한다.

"회복"은 이레네우스의 근본 교리 중 하나이며, 그의 신학을 이해하려면 이것을 이해해야 한다. 문자적으로 회복은 새로운 머리 아래 위치하는 것을 의미한다. 그것이 그리스도께서 행하신 것이다. 아담이 옛 인류의 머리였듯이, 그리스도는 새 인류의 머리가 되셨다.

그리스도의 회복은 새 출발점이지만, 이전 것과 밀접하게 연관된다. 세상의 역사에서 성육신은 새로운 출발이지만, 창조에 반대되지 않으며, 오히려 창조의 연속이요 성취이다. 그리스도는 새 아담이시며, 그 안에서 옛 아담의 역사가 반대 방향으로 되풀이된다. 우리는 아담 안에서 성자의 모양으로 피조되었고, 그리스도 안에서 성자가 인성을 취하신다. 인간이신 그리스도는 아담이 유혹에 넘어가지 않았으면 소유했을 모든 것이 되신다. 그리스도는 새 출발점이시다. 아담 안에서 마귀에게 자신을 내주었던 인간은 그 안에서 다시 아들이신 형상 안에서 자유롭게 자란다. 이런 까닭에 이레네우스는 아담과 그리스도의 유사점을 강조한다. 아담은 깨끗한 흙으로 지어졌고, 그리스도는 동정녀 마리아를 통해서 세상에 오셨다; 여인의 불순종으로 말미암아 타락이 발생했고, 또 다른 여인의 순종은 회복의 원인이 되었다; 아담은 낙원에서 유혹을 받았고, 예수는 광야에서 시험을 받으셨다; 나무로 말미암아 사망이 세상에 들어왔고, 십자가의 나무로 말미암아 우리에게 생명이 주어졌다.

그리스도의 회복이 지닌 또 하나의 근본적인 면은 사탄을 이기고 승리하신 것이다. 이레네우스는 구원사 전체를 하나님과 마귀의 투쟁, 하나님의 최종 승리로 끝날 투쟁으로 본다. 우리는 아담 안에서 마귀의 신하가 되었고, 그렇기 때문에 그리스도의 회복에는 사탄에 대한 승리 및 그로 말미암은 우리의 해방이 포함된다. 사탄은 아담을 통해서 우리를 피조된 목적인 하나님의 형상에서 멀어지게 했다. 그 형상이 그리스도 안에서 우리와 연합함으로써 사탄의 목적이 타도된다. 그러므로 그리스도의 첫 승리는 부활이 아닌 성육신에 있다. 하나님이 인간이 되실 때 사탄은 그의 궁극적인 멸망으로 이어질 큰 패배 중 최초의 패배를 맛본다.

이레네우스는 그리스도 안에서 연합한 신성과 인성을 서로 대립하는 두 본성으로 말하지 않는다. 인성은 하나님과의 연합을 누리도록 피조되었고, 그리스도 안에서 그 연합의 최종 목표가 성취된다. 그는 그리스도 안에 있는 신적인 것과 인간적인 것을 두 개의 "본질"(substance) 또는 "본성"(nature)으로 이해하지 않는다. 그보다는 그리스도 안에서 신성이 인성과 연합한다고 본다. 왜냐하면 그리스도는 하나님이 우리에게 하시는 말씀이며, 또한 그 말씀에 응답하는 인간이기 때문이다. 이레네우스는 이렇게 실체론적인 개념보다는 역동적인 개념을 사용하고, 신성이 인성과 반대된다고 정의하지 않음으로써 후일 기독론 논쟁을 일으키게 된 어려움을 피한다.

하나님이 그리스도 안에 성육하신 것은 악에 대한 승리의 시작에 불과하다. 그리스도의 삶 전체는 회복 사역의 일부인데, 그것은 완성될 때까지 계속된다. 하나님의 아들이 인성과 연합하여 인간의 삶을 살고 인간의 죽음을 죽는다. 그가 광야에서 받은 시험은 사탄에 대한 결정적인 승리인데, 이는 사탄이 이 새 아담을 타락시킬 수 없었기 때문이다. 그리스도는 평생 사역하시는 동안 완전한 인간으로 사셨고, 사탄의 노예가 되었던 생명을 구원하신다. 그분은 죽으시고 부활하시면서 사탄의 제국을 정복하기 위해서 악의 가장 강력한 무기인 죽음을 사용하셨다. 우리가 기다리는 최종 성취—만물이 그리스도에게 복종하게 될 때—가 마귀에 대한 그리스도의 마지막 승리일 것이다. 부활과 완성 사이에서 사는 우리는 이 수 세기 동안의 전투 중 휴전 시대에 사는 것이 아니라 그리스도께서 우리를 마지막 날로 인도하기 위해 효과적인 승리를 이루고 계시는 시기에 살고 있다.

이 회복 사역에서 교회가 중요한 역할을 한다. 아담이 인류의 머리였기 때문에 아담 안에서 모든 사람이 죄를 지었듯이, 그리스도가 교회의 머리이시기 때문에 그리스도 안에서 온 교회가 사탄을 정복한다. 그리스도가 마귀를 정복하심으로써 우리가 하나님의 형상을 충만히 성취할 때까지 자랄 가능성을 회복시켜 주셨지만, 그 가능성은 그리스도를 머리로 하는 몸 안에서만 주어진다. 교회는 그리스도의 몸이며, 그리스도는 그 안에서 세례와 성찬을 통해서 회복 사역을 전개하시며, 그것이 우리를 그리스도와 연합해준다.

이레네우스는 세례를 성찬만큼 주목하지 않지만, 성부와 성자와 성령의 이름으로 행하는 세례 안에서 신앙생활의 출발점을 보았음이 확실하다. 세례는 "영생의 인"(seal of eternal life)이며, "하나님께로의 거듭남"(rebirth unto God)이다. 즉 우리가 유한한 인간의 자녀가 아니라 영원하고 영존하시는 하나님의 자녀가 된다. 우리는 세례를 통해서 그리스도의 몸인 새 인류의 일부가 되며, 그럼으로써 그 몸의 머리이신 주 그리스도의 부활에 참여한다.

이레네우스는 이단, 특히 그들이 육체와 물질을 경멸하는 것을 논박하기 위해서만 성찬에 관해 논한다. 그리스도의 몸의 지체들은 성찬 안에서 양육되고, 주 그리스도와 연합되고 그분의 피와 생명에 참여한다. 신자들은 떡을 먹고 잔을 마실 때 그리스도의 살과 피로 양육되므로, 우리는 그리스도의 궁극적인 부활을 신뢰할 수 있게 된다. 이는 우리가 먹고 마시는 살과 피가 영원한 것이기 때문이다. 성찬 안에서 그리스도는 창조를 멸시하지 말라고 말씀하신다. 이는 주님이 자신을 믿는 사람들을 위해 창조의 일부인 떡과 포도주를 사용하셨기 때문이다.

교회가 진실로 그리스도의 몸일 경우에 우리를 그리스도와 연합시키는 이 사역을 성취할 수 있으므로, 교회는 바른 교리를 보존하고 가르쳐야 하며, 몸의 일치를 유지해야 한다. 이런 까닭에 이레네우스는 이단자로 여기는 사람들을 맹렬하게 공격했다: 그들은 "교회"라고 불리는 기관뿐만 아니라 그리스도의 사역의 효율성을 위협했다. 왜냐하면 그들은 거짓 교리를 가르치고 신자들의 몸을 분열시켰기 때문이다. 진리와 오류를 구분하는 표준은 사도들로부터 받은 교리이다. 영지주의자들이 주장하듯이 그들은 사도들이 비밀 지식을 소유했다고 가정하고서, 자기들이 세운 교회의 지도자, 즉 감독으로 임명할 수 있을 만큼 신뢰하는 사람 외에 다른 사람에게는 그 지식을 전하려 하지 않았다. 그들의 지위를 계승할 사람들에게만 참 교리를 맡기는 식으로 행하려 했다. 영지주의자들이 자기들의 교사들이 사도들에게서 비밀 교리를 받았다고 주장하는 것은 거짓이다.

이레네우스는 신학자로서 매우 중요하다. 성경과 교회의 교리에 기초를 둔 그의 신학은 거듭 신학적 쇄신의 원천이 되어왔다. 하나님의 계획과 그리스도 안에서의 회복 교리에서 나오는 우주적인 견해 때문에, 그를 역사의 신학적 의미를 추구한 최초의 기독교 저술가 중 하나였다고 말할 수 있을 것이다. 그는 연대적으로 사도들의 직계 승계자들과 3~4세기의 교회 사이에 위치하기 때문에 기독교 사상사에서 중요한 교차로에 있다고 볼 수 있다. 무엇보다도 그가 역사적으로 가장 위대한 신학자들 가운데 위치하게 된 것은 기독교의 독특한 우주적 본성을 강조한 데 있다.

터툴리안

흥미롭게도 라틴 기독교 문학과 신학의 기원은 로마가 아닌 북아프리카에서 발견된다. 서방교회의 신학 용어의 기본 형태는 북아프리카에서 취한 것이다. 터툴리안, 키프리안, 어거스틴 등 초대 시대의 중요한 라틴 기독교 저술가들이 그곳에서 활발히 활동했다.

터툴리안(Tertullian)은 몇 해 동안 로마에서 살았고, 40세에 회심한 후 고향 카르타고로 돌아왔다. 그곳에서 그는 자신의 새로운 신앙을 위하여 방대한 저술 활동을 했다. 그는 신앙을 왜곡하는 듯한 사람들과 박해하는 사람들에 맞서 이 신앙을 옹호했다. 그러나 3세기 초 —아마 207년—에 그는 아프리카 교회를 떠나 몬타누스주의자가 되었다. 이렇게 행동한 이유는 분명하지 않지만, 그는 몬타누스주의가 성직 계급의 세력 증대와 회개한 죄인을 다루는 일에 소홀한 데 대한 저항 정신을 구현하고 있다고 여긴 듯하다. 몬타누스주의의 이러한 특성이 도덕적으로 엄격했던 터툴리안의 관심을 끌었다.

터툴리안은 기독교로 개종한 후에 자신의 새 신앙을 변호하기 위해서 이교도들을 대상으로 몇 편의 글을 저술했다. 그중에서 가장 중요한 것은 197년에 저술한 『변증』(Apology)이다. 그는 온갖 종류의 이단을 대적하는 일련의 논쟁적 글을 저술했다. 그의 저서 『이단에 대한 규정』(Prescription against Heretics)과 『프락세아스를 반대하여』(Against Praxeas)에 대해서는 그의 신학을 다룰 때 논할 것이다. 다섯 권으로 된 『마르키온에 대항하여』(Against Marcion)는 역사가들이 마르키온에 대한 지식을 끌어내는 주된 전거이다. 터툴리안은 헤르모게네스(Hermogenes), 발렌티누스파, 그리고 영지주의자들과 가현설을 반대하는 글을 썼다. 이 글들은 기독교 사상에서 터툴리안의 신학을 위한 전거로서만 아니라 2세기 말과 3세기 초에 발생한 논쟁들을 위한 전거로서 중요하다. 마지막으로 터툴리안은 『회개에 관하여』(On Penance), 『인내에 관하여』(On Patience), 『아내에게』(To His Wife), 『금식에 관하여』(On Fasting), 『겸손에 관하여』(On Modesty) 등 도덕적이고 실질적인 몇 편의 글을 저술했다.

터툴리안은 특히 실질적이고 구체적인 사상가이다. 그의 저서들은 단순히 저술 자체나 사색하는 즐거움을 위해 저술된 것이 아니라 명확하고 실질적인 목적으로 저술되었다. 이 저서 중에서 그의 사상을 소개하는 가장 훌륭한 것은 『이단에 대한 규정』(Prescription against Heretics)일 것이다.

로마의 법률 업무에서 규정(praescriptio)은 재판에 관련된 당사자가 제기하는 논거였는데, 재판의 특별한 측면을 언급하는 것이 아니라 소송 절차를 언급했다. 따라서 규정은 종종 상대방의 행동이 규칙에 어긋나므로 절차가 계속되어서는 안 된다고 주장하는 반론이기도 하다. 그러므로 터툴리안은 『이단에 대한 규정』을 저술하면서 이단자들의 교리에 대해 논하려 한 것이 아니라 이단자들이 정설에 반대할 권리가 없다고 주장하려 했다.

『이단에 대한 규정』 1~7장은 이단들 전반에 대해 다루는데, 그것들이 신앙의 차원으로 전환된 고대 철학자들의 오류에 불과하다고 주장한다. 이는 이단자들과 철학자들 모두 인류와 악과 관련하여 같은 질문을 제기하기 때문이다. 철학과 계시를 혼동한 결과 계시에 성실하지 못하게 된다. "아테네가 예루살렘과 무슨 상관이 있는가? 아카데미와 교회가 어떻게 일치하는가? 이단자들과 기독교가 어떻게 조화를 이루는가?"(『규정』 7).

터툴리안은 반-지성적이라는 비난을 받아왔다. 그러나 그는 걷잡을 수 없이 비이성적인 사람이 아니었다. 그는 십자가 처형이나 세례의 능력처럼 너무 놀라워서 이해할 수 없는 것들이 있다고 믿었다. 이것은 믿음이 이성적인 불가능성에 기초를 두어야 한다는 일반적인 주장이 아니다. 그는 억제되지 않은 거리낌 없는 사색이 아주 멀리 벗어날 수 있으며, 기독교인에게는 하나님의 실질적인 계시가 중요하다고 믿었다.

『이단에 대한 규정』의 핵심은 제15장이다. 거기서 터툴리안은 성경에 기초한 이단자들과의 논의는 규칙에 위배된다고 주장한다. 왜냐하면 이단자들에게는 성경에 대한 청구권이 없기 때문이다. 그는 이런 관점에서 그 책의 논거를 전개하면서, 성경은 교회에 속하는 것이며 교회만이 성경을 사용할 수 있다고 주장한다. 신앙 규범에 요약된 참 교리와 성경은 사도들이 그 후계자들에게 주었고, 그 후계자들이 또 자신의 후계자들에게 주면서 오늘날까지 이어져 온다. 이단자들은 자기들이 사도들의 합법적인 계승자임을 증명할 수 없는데 반해 교회는 그 유산에 대한 권리를 증명할 수 있다. 정통 교회는 이 승계와 교리의 일치를 보여줄 수 있고, 그것을 근거로 성경을 자신의 유산이라고 주장할 수 있다. 이단자들은 그렇게 할 수 없다. 왜냐하면 그들은 건방지게도 새로운 교리를 가르치기 때문이다. 그러므로 그들에게는 성경에 호소할 권리가 없다.

   터툴리안의 논거는 매우 결정적인 것처럼 보였다. 그러나 사도 교회의 권위와 성경을 해석하는 독점권을 옹호하는 글을 쓰고 나서 얼마 후에 터툴리안은 교회와 결별하고 몬타누스주의자가 되었다. 이것이 정통신앙(orthodoxy)과의 결별이 아니었지만, 터툴리안은 이제 자신이 『이단에 대한 규정』에서 제외했던 것처럼 보이는 이단자들에 대적하는 논증을 해야 한다고 느꼈다. 이것이 터툴리안이 『프락세아스를 반대하여』(Against Praxeas)를 비롯한 몇 권의 중요한 저서를 저술한 이유 중 하나이다. 터툴리안의 논문의 몇 가지 표현과 용어 사용은 수 세기 후에 공식으로 받아들여질 것을 예시하는 듯하다는 점에서 중요하다. 이는 기독론뿐만 아니라 삼위일체 교리에서도 그러하다.

프락세아스에 대해서는 알려진 것이 전혀 없다. 그는 소아시아 출신이며, 그곳에서 몬타누스주의와 양태론적 단일신론을 알게 된 듯하다. 그는 양태론적 단일신론을 받아들이고 몬타누스주를 배격했다. 그는 로마로 가서 환영을 받았고, 그곳에서 몬타누스주의와 싸우고 단일신론을 전파하는 일에 힘썼다. 이런 까닭에 터툴리안은 "프락세아스는 로마에서 마귀를 위해 이중으로 봉사했다: 그는 예언을 몰아내고, 이단을 도입했다; 그는 보혜사를 도망치게 하고, 성부를 십자가에 못 박았다"(『프락세아스를 반대하여』, 1)라고 말했다. 터툴리안은 프락세아스의 주장에 반박하기 위해 삼위일체 교리를 전개하면서 그 시대의 법률 용어를 사용하고, 그 후 수 세기 동안 교회가 사용하게 될 용어인 "본질"(substance)과 "위격"(person)을 도입했다. 여기에서 "본질"은 형이상학적으로 이해하지 않고 법적인 의미로 이해해야 한다. 이 문맥에서 "본질"은 사람이 사용하기 위해 소유하는 속성과 권리이다. 군주국가에서 황제의 본질은 제국이며, 로마제국에서 흔히 있었던바 이것이 황제와 그 아들이 같은 본질을 소유할 수 있게 해준다. "위격"은 "합법적인 사람"으로 이해되어야 한다. "위격"은 특정의 "본질"을 소유한 사람이다. 여러 위격이 하나의 본질을 함께 소유할 수 있고, 한 위격이 하나 이상의 본질을 소유할 수 있다. 이것이 삼위일체 및 그리스도의 위격과 관련한 터툴리안의 교리의 핵심이다.

터툴리안은 본질과 위격의 개념을 기초로 성부와 성자와 성령의 차이를 부인하지 않으면서 그들의 일치를 주장한다: 삼위는 나뉘지 않은 하나의 본질에 참여하지만, 이것은 서로 다른 세 위격이 되는 것을 방해하지 않는다. 장차 서방 교회가 하나님의 세 본성을 표현하기 위해 수 세기 동안 사용하게 될 기본 공식을 제안한 터툴리안의 천재성을 인정해야 한다.

터툴리안의 기독론도 『프락세아스를 반대하여』에서 훌륭하게 표현된다. 그의 기독론은 가현론에 반대한다. 터툴리안의 모든 저서는 그리스도의 몸의 실체를 확인하는 데 대한 관심을 나타낸다. 터툴리안에게 있어서 그리스도의 몸은 하나의 교리가 아니라 기독교의 구원론이 의존하는 기준점이다. 한편 양태론적 단일신론을 반대한 터툴리안은 그리스도의 인성의 실재를 인정해야 할 뿐만 아니라 인성과 신성이 연관된 방식도 확언해야 했다. 결과적으로 터툴리안은 하나님 안에 세 위격과 하나의 본질이 있듯이, 예수 그리스도 안에 두 본질, 즉 신성과 인성이 있으며, 그것들 모두 한 위격에 속해 있다고 선언한다. 이 연합 안에서 두 본질 또는 본성의 속성이 완전하게 보존되고 그리스도의 행동에 나타난다. 따라서 그리스도의 행동 안에서 인성의 특성뿐만 아니라 신성의 능력도 볼 수 있다.

터툴리안의 신학에서 또 하나의 중요한 것은 영혼 유전과 원죄에 관한 교리인데, 여기에서 그의 스토아주의적 견해 및 그것이 서방 신학 형성에 미친 영향의 결과를 볼 수 있다. 터툴리안의 스토아주의는 그로 하여금 영혼을 유형적 존재로 인식하게 했고, 그로 말미암아 그는 부모의 몸에서 몸이 생겨나듯이, 영혼도 그 부모에게서 파생된다고 주장했다. 영혼유전설(traducianism)이라는 이 교리를 기초로 터툴리안은 영혼이 부모에게서 자녀에게 유전되듯이 죄도 유전된다고 주장했다. 따라서 원죄는 자녀가 부모에게서 몸을 물려받듯이 물려받은 유산이 된다. 이것이 터툴리안이 원죄를 이해한 방식이며, 그의 영향으로 말미암아 서방에서 일반적인 견해가 되었다.

터툴리안이 세례에 관해 말한 것은 기독교 예배의 역사에 중요하다. 왜냐하면 그는 『세례에 관하여』(On Baptism)에서 그 시대에 북아프리카에서 성례를 집례한 방식을 알려주기 때문이다. 세례의 효력에 대한 그의 견해는 다소 현실적이다. 그는 "우리가 행하는 물세례는 전에 눈멀었을 때 지은 죄를 씻어줌으로써 우리를 자유롭게 해주고 영생에 들어갈 수 있게 해준다는 점에서 행복한 것이다"라고 선언하면서 그 주제에 관한 글을 시작한다. 성찬에 관해서는 분명하거나 상세하게 언급하지 않는데, 그가 그것을 상징적으로 해석했는지 사실적으로 해석했는지에 관하여 의문이 있다.

기독교 사상사에서 터툴리안은 매우 중요하다. 이는 그가 신학적 문제를 표현할 수 있는 라틴어 용어를 사용하기 시작했기 때문이다. 그는 라틴어 신학 용어를 제시하면서 라틴 신학 전체에 자신의 개성을 새겨놓았다. 기독교적·이교적인 주위 환경의 산물이었던 그의 율법주의는 라틴 기독교의 특징이었던바 율법주의적 경향을 강화하는 요인이 되었다. "기독교인의 피는 씨앗이다", "아테네가 예루살렘과 무슨 상관이 있는가?" "영혼은 본성적으로 기독교적이다." 등 그가 사용한 표현은 서구 문명의 공통된 유산의 일부가 되었다. 사도 전승, 영혼의 기원, 원죄 등에 관한 그의 교리는 기독교 사상의 발달에 심오한 영향을 미쳤다. 그의 삼위일체 공식과 기독론은 그 교리의 후대의 발달의 선구였다. 그의 신학 작업의 많은 부분에 몬타누스주의 신앙의 흔적이 있지만, 그럼에도 그는 이러한 일을 성취할 수 있었다.

알렉산드리아 학파: 클레멘트와 오리겐

앞에서 몇 가지 측면에서는 다르지만 몇 가지 접촉점이 있는 두 가지 신학적 입장에 대해 살펴보았다. 여기서는 같은 시대의 것이지만 앞의 두 가지 입장과 매우 다른 신학적 흐름인 알렉산드리아의 신학에 대해 살펴보려 한다.

2세기 말부터 3세기 초에 알렉산드리아는 로마 제국의 주요 도시 중 하나였다. 정치적으로나 경제적으로 알렉산드리아만큼 중요한 도시는 로마와 안디옥뿐이었다. 알렉산드리아의 도서관에는 그 시대로서는 놀라운 지식의 보고가 소장되어 있었다. 뮤즈에게 헌정된 박물관은 가장 유명한 작가들과 과학자들과 철학자들이 모여 일한 일종의 대학이었다.

알렉산드리아에서 발달한 사상은 그 지리적 위치 때문에 특별하다. 온갖 종류의 교리가 알렉산드리아에 모여 하나의 절충적인 교리를 형성했다. 기독교 시대가 시작되기 오래전에 알렉산드리아에 많은 유대인이 살고 있었다. 그들은 그곳에서 알렉산드리아의 분위기의 영향을 보여주는 방식으로 성경을 번역하고 자기들의 종교를 해석했다. 알렉산드리아에는 유대인과 그들의 성경뿐만 아니라 바벨론인들과 그들의 천문학, 페르시아인들과 그들의 이원론 등 많은 민족과 그들의 신비종교가 도입되어 있었다.

알렉산드리아에서 경쟁하고서 혼합된 모든 종류의 사상 체계 중에서 가장 유력한 것은 플로티누스의 신플라톤주의였다. 플로티누스(Plotinus)는 그 시대의 모든 철학자처럼 스토아주의뿐만 아니라 플라톤과 아리스토텔레스를 의지한 절충주의자였다. 그의 체계는 형언할 수 없는 일자(ineffable One), 인간이 부여할 수 있는 모든 명사와 본질을 초월하는 분과 함께 시작한다. 이 절대적인 초월자에게서 존재하는 모든 것이 나오는데, 이는 창의 행위에 의한 것이 아니라, 향수에서 향기가 퍼져 나오는 것 같은 유출(emanation)에 의한 것이다.

유출은 완전한 일자에게서 나와 불완전함과 다양성을 향한다. 첫째, 지성(Intellect)이 있는데, 그것은 플라톤의 데미우르고스(Demiurge)와 필로의 로고스(Logos)의 특성을 결합한다. 다음으로 세계영혼(Soul of the World)이 있는데, 인간의 영혼은 이것의 일부이다. 이런 식으로 존재의 계층구조가 전개되는데, 그 마지막 단계는 다양성의 최종단계라는 의미에서의 물질이다. 이 틀 안에서 우리 각 사람은 몸 안에 갇힌 영혼이다. 그러므로 우리의 임무는 몸의 속박을 극복하고 엑스터시라고 부르는바 일자와의 신비적 연합에 이르는 것이다.

신플라톤주의의 영향을 많이 받은 클레멘트(Clement)와 오리겐(Origen)은 이레네우스나 터툴리안과는 매우 다른 방식을 보여주었다.

알렉산드리아의 기독교 신학교의 역사적 발달을 재구성하기 어렵다. 판테누스(Pantaenus)가 철학자들이 운영하거나 유스티누스가 로마에서 운영한 학교와 같은 사립 학교를 알렉산드리아에 세운 듯하다. 판테누스가 사망한 후 그의 후임으로 그 학교의 수장이 된 사람이 클레멘트이다. 클레멘트가 셉티무스 세베루스의 박해 때문에 알렉산드리아를 떠나면서 그 학교는 폐쇄된 듯하다. 오리겐은 18살 때 세례 지원자 교육을 맡았다. 나중에 그의 명성이 커지고 많은 사람이 그의 높은 차원의 지식에 관심을 보였기 때문에 오리겐은 판테누스나 클레멘트가 세운 것과 비슷한 고등 학문을 위한 학교를 세웠다. 그는 세례지원자 교육을 헤라클라스(Heraclas)에게 맡겼다. 그러므로 여기에서 알렉산드리아 학파(school of Alexandria)라는 용어는 특별한 기관을 언급하는 것이 아니라 신학 학파나 경향이라는 의미로 사용된다. 판테누스, 클레멘트, 그리고 오리겐이 주도한 이 신학 학파가 요리문답 기관과 고등학문을 통해서 많은 일을 했음을 잊어서는 안 된다.

판테누스의 작품은 모두 유실되었으므로, 여기서 다루어야 할 첫 번째 신학자는 클레멘트이다. 클레멘트의 생애에 대해서는 거의 알려져 있지 않다. 그가 젊었을 때의 종교가 이교였으므로 부모가 이교도였다고 가정할 수 있다. 원래 아테네 출신인 그는 지혜를 추구하여 이탈리아, 시리아, 팔레스타인 등지를 전전하다가 알렉산드리아에서 판테누스를 만났고, 그에게서 영적으로 그를 이끌어주는 빛을 찾았다. 그는 판테누스와 함께 일하다가 200년 무렵 그의 후계자가 되었지만, 곧 셉티무스 세베루스의 박해 때문에 알렉산드리아를 떠났다. 그 후의 삶에 대해서는 더욱 알려져 있지 않다. 그는 카파도키아와 안디옥을 방문했고, 211년부터 216년 사이에 사망했다.

후대의 저술가들이 인용한 몇 개의 단편 외에 후대를 위해 보존된 클레멘트의 저술은 다섯 편이다: 『이교도에게 보내는 권면』(Exhortation to the Heathen), 『교사』(The Instructor), 『잡록집』(The Stromata), 『부자가 구원받을 것인가?』(Who is the Rich Mans That Shall be Saved?), 『테오도투스 초록』(Excerpts from Theodotus).

클레멘트의 신학을 요약하기 위한 가장 좋은 출발점은 그가 기독교의 진리와 그리스 철학에서 발견되는 진리의 관계를 인식한 방법이다. 이 점에서 클레멘트는 자신을 유스티누스와 아테나고라스의 전통 안에 두며, 타티안과 터툴리안의 태도에 반대한다.

클레멘트는 그리스 철학에서 진리를 발견할 수 있음을 의심하지 않았으며, 서로 상이하고 부분적으로 상반되는 두 가지 설명을 제공히는데, 이 둘은 이전의 기독교 저술기들이 제공했던 것들이다. 그는 때때로 철학자들이 히브리인들에게서 가장 훌륭한 관념을 취했다고 주장한다. 그는 또한 유대인들이 율법을 받은 것과 비슷한 방식으로 철학자들이 하나님의 직접적인 활동으로 말미암아 진리를 알았다고 주장한다. 유대인들에게 율법이 주어진 것과 같은 목적—그들을 그리스도에게 인도해주는 하녀 역할을 하는 것—으로 그리스인들에게 철학이 주어졌다. 더욱이 철학은 하나님이 그리스인들과 맺은 언약이며, 유대인들에게 예언자가 있듯이 그들의 언약 아래 호머, 피타고라스, 플라톤 등 영감을 받은 사람들이 있었다. 진리는 하나이며, 하나님에게서 온다. 그러므로 기독교인들은 철학 안에서 그들에게 계시된 것과 같은 진리의 반영을 볼 수 있고, 또 보아야 한다. 이것이 자신을 오류로 이끌어갈까 염려하는 사람은 원수를 극복할 수 있는 진리의 힘에 대한 믿음이 부족한 사람이다.

이것은 진리를 아는 데 믿음이 필요하지 않다는 의미가 아니다. 철학자들도 모든 논증의 기초가 되는 제1 원리를 증명할 수 없다는 데 동의한다. 이 제1 원리는 의지의 행위, 즉 믿음으로만 받아들일 수 있다. 믿음이 지식의 출발점이라고 말하는 것만으로는 충분하지 못하다. 거기에 믿음을 위해서 지식도 필요하다고 덧붙여야 한다. 믿음은 어느 원리가 참인지에 관한 단순한 추측이나 자의적인 결정이 아니다.

"지식은 믿어지는 것이다"(knowledge is to be believed)라는 원리는 자율적인 철학을 전개하려 하는 사람들에게 주는 클레멘트의 대답의 핵심이다. "믿음은 알려지는 것이다"(faith is to be known)는 이단자에 대한 그의 반박의 핵심이다. 이단자들은 진짜 주화와 거짓 주화를 구분하는 데 필요한 지식이 없어 그것을 구분하지 못하는 사람들과 같다. 믿음이 자의적인 결정이 아니며 지식이 주는 도움을 사용해야 한다면, 이단자들에게는 참믿음이 없다. 왜냐하면 그들의 "믿음"은 성경에 대한 지식에 기초를 둔 것이 아니라 그들의 기호에 기초를 두고 있기 때문이다.

클레멘트는 성경이 하나님의 감동으로 된 것임을 의심하지 않는다. 이 점을 확신했기 때문에 그는 영감설을 전개하지 않는다. 성경 안에서 하나님이 말씀하시며, 이것이 실제로 성경을 기록한 사람들과 관련되는 방식은 중요한 문제가 되지 않는다.

중요한 것은 하나님이 성경에서 말씀하시는 방식을 결정하는 것이다. 성경에서 하나님의 말씀의 문자적 표현을 발견하기를 바라는 사람은 결과적으로 하나님이 성경 속에서 알레고리나 상징을 통해서 말씀하신다고 생각하는 사람과 판이하게 해석할 것이다. 알렉산드리아의 필로의 유대교와 『바나바 서신』의 성경 해석 전통에 충실한 클레멘트는 풍유적 해석이 성경 해석의 주된 도구 중 하나라고 믿었다.

그러나 클레멘트가 풍유적 해석으로 기울었음을 과장하지 않아야 한다. 왜냐하면 그는 많은 풍유적 해석자들과는 달리 성경의 역사적 의미를 포기하지 않으려고 노력하기 때문이다. 예를 들어 『바나바 서신』의 저자는 악한 천사가 유대인들로 하여금 율법을 문자적으로 해석하게 했다고 생각했지만, 클레멘트는 성경에 문자적이고 역사적인 의미가 있다고 거듭 말한다. 클레멘트는 이러한 성경의 역사적 의미, 그리고 풍유적 해석에서 나오는 자유와 깊이를 유지하기 위해서 성경이 다양한 의미를 지닌다는 교리를 제안한다. 이 교리는 전형적으로 플라톤적인 우주론적 관념에 기초를 두고 있는데, 이에 따르면 이 세상의 실체들은 영원한 진리의 상징이다. 이 세상의 사물들이 참이지만 궁극적인 실재의 세계를 가리키는 상징으로서 가장 가치가 있듯이, 성경의 역사적·문자적인 의미는 참이지만, 그 본문은 우주의 심오한 진리를 보여주는 상징이나 풍유로 해석될 때 가장 가치가 크다. 모든 본문은 최소한 문자적 의미와 영적인 의미를 지닌다. 이것이 클레멘트의 성경 해석의 기본 규칙이다. 그러나 때때로 클레멘트는 영적인 의미 안에서 몇 가지 차원을 발견한다.

문자적 의미란 본문 안에 숨겨진 의미를 찾으려 하지 않은 채 본문 자체에서 발견되는 것이다. 이것은 문자적 의미가 본문의 직해주의적이거나 순진한 해석에서 나온다는 의미가 아니다. 그러므로 풍유적 해석을 통해 발견할 수 있는 "추가 의미"와 대조하여 그것을 "첫째 의미"라고 하는 편이 더 정확할 수 있다. 이 첫째 의미가 본문에서 발견되는 단어의 문자적 의미와 일치하는 경우가 있다. 구약성경의 역사적인 본문이 그러하다. 그러나 첫째 의미가 문자적이거나 순진한 의미가 아닌 경우가 있는데, 이는 그러한 해석이 철저히 거짓일 수 있기 때문이다. 성경에서 발견되는 비유, 은유, 풍유 등이 그러한 경우인데, 그것의 첫째 의미는 직해주의적 해석이 아니라 상징적 의미이다.

이러한 성경 본문의 기본 의미가 최고의 의미는 아니며, 심오한 이해를 원하는 기독교인들은 여기에 만족해서는 안 된다. 이것은 첫째 의미가 중요하지 않다거나, 그것을 고려하지 않는다고 해서 성경의 진리를 버리는 것이 아닐 수 있다는 의미가 아니다. 첫째 의미는 본문이 지닌 다른 의미의 출발점이다. 특히 역사적 본문과 예언적 본문의 경우에 이 문자적인 첫째 의미를 부인하는 것은 하나님의 행위와 약속을 부인하는 것을 암시할 수 있다. 특정 본문의 문자적 의미를 부인하기 위해 제시할 수 있는 이유는 하나뿐이다. 즉 그것이 하나님에게 합당하지 않은 것을 말한다는 것이다. 그러므로 하나님을 의인화하여 언급하는 본문은 의인화된 용어가 그 자체를 넘어서는 것을 가리키는 풍유임을 나타낼 수 있도록 해석되어야 한다.

모든 본문에는 기본 의미를 넘어서는 하나 이상의 "추가 의미"가 있다. 이것을 풍유적 해석을 통해서 발견해내야 한다. 하나님의 풍부하심을 고려할 때, 특정 본문에 하나의 가르침만 있다고 여기는 것은 어리석은 일이다. 하나님은 사랑이 많고 자비하시므로 하나의 본문은 각 사람의 인식 수준에 알맞은 차원에서 가장 지혜로운 사람과 가장 무식한 사람에게 말한다. 그러므로 기독교라는 철학 안에서 가장 높은 계층에 도달하고자 하는 기독교인은 성경 본문의 첫째 의미, 또는 문자적 의미의 배후에서 풍유적이거나 영적인 의미를 찾아야 하는데, 그것은 여러 가지 귀중한 해석으로 펼쳐질 수 있다. 성경 본문이 다양하게 해석될 수 있다는 이 교리가 클레멘트의 풍유적 해석의 출발점인데, 이것이 그의 신학 작업의 주요 특징 중 하나이다. 그러나 클레멘트의 풍유적 해석이 특정 한계 또는 해석 원리 안에서 이루어졌음을 염두에 두어야 한다.

성경 해석 원리 중 첫째 원리에 대해서는 위에서 논의한 바 있다: 풍유적으로 해석할 때 하나님의 성품과 권위에 대해 이미 알려진 것에 어긋나지 않는 한 문자적 의미를 무시해서는 안 된다. 성경 본문이 언급하는 역사적 진리는 사라지지 않는다. 그러므로 이삭을 제물로 드리려 한 것은 역사적인 사건인 동시에 예수 그리스도의 희생을 가리키는 상징 또는 예표이다.

클레멘트의 둘째 해석 원리는 성경의 각 본문은 다른 본문들을 고려하여 해석되어야 한다는 것이다. 이것은 모든 본문이 전후의 문맥 안에서 이해되어야 한다는 것을 의미한다. 클레멘트는 매우 넓은 의미에서 이 해석 원리를 이해하기 때문에 다소 풍유적인 해석에 참여한다. 그가 이 원리를 적용한 방식은 주로 같은 사상, 같은 명사, 같은 사물, 또는 같은 숫자 등이 등장하는 다른 본문에서 그것이 풍유적으로 어떻게 이해되어야 하는지를 알아보고, 그다음에 그 의미를 자신이 다루고 있는 본문에 적용하는 것이다. 성경의 다른 부분에 있는 다양한 본문에 호소함으로써 특정 본문에서 예상하지 못했던 것을 발견할 수 있다. 클레멘트가 사용한 비평적·역사적 도구들은 그 시대의 제한을 받았지만, 이 방법은 결과적으로 가장 과장된 해석을 낳았다. 그러나 이 원리 안에 풍유적 해석을 성경적 사상의 틀 안에 두려는 시도가 있음을 잊지 말아야 한다. 클레멘트가 이 원리를 적용한 방식의 예를 들자면, 예수님이 제자들에게 자기의 몸을 먹고 피를 마셔야 한다고 말씀하신 요한복음 6장의 의미를 밝히기 위해서 클레멘트는 창세기 4장 10절에 호소한다: "네 아우의 핏소리가 땅에서부터 내게 호소하느니라." 클레멘트는 이 본문의 권위에 따라 성경에서 "피"가 말씀을 상징하며, 그렇기 때문에 주님이 언급하시는 피가 곧 말씀이라고 주장한다.

클레멘트의 주요 특징 중 하나는 성경 안에서 여러 차원의 의미를 구분한 것, 그리고 철학적 연구를 지향하는 성향에서 야기된다. 그 특징은 그가 단순한 기독교인과 "참된 영지자"를 구분한 데서 나타난다. 클레멘트는 모든 기독교인이 소유하는 단순한 믿음을 넘어서서 영원한 진리에 대한 더 깊은 이해, 진리 추구에 매진하는 소수의 특혜를 받은 사람들을 위해 예비된 탁월한 "영지"를 획득할 수 있다고 믿는다. 클레멘트가 이단자들의 "거짓 영지"와 대조하는 이 "참된 영지"는 지적이며 윤리적이다. 클레멘트가 자주 말하는 다양한 수단으로 이 영지를 획득할 수 있다. 그러나 클레멘트는 그것의 내적 관계를 분명히 밝히지 않는다: 개인적 영감; 풍유적 성경 해석; 플라톤적 변증법; 그가 반복하여 언급하지만 그 특성과 내용과 전달 수단을 결정할 수 없는 비밀 전승 등. 어쨌든 중요한 것은 클레멘트의 사상이 매우 난해하기 때문에, 그의 글이 알렉산드리아 교회의 신학을 반영하는 것이 아니라 알렉산드리아에 거주하는 지적인 기독교인들의 신학을 반영한다는 점을 이해해야 한다.

위에서 클레멘트의 신학의 기본 원리와 특성을 다루었으므로, 이제는 그 내용을 다루려 한다. 클레멘트는 하나님에 대해 말할 때 주로 부정의 용어로 말해야 한다고 주장하는 신플라톤주의 교리에 동의한다. 하나님에게는 속성이 없으며, 하나님은 본질의 범주를 초월하신다. 하나님에 대해서 식섭석으로 발할 수 있는 것이 없다. 이는 신적인 것은 정의될 수 없기 때문이다. 그러나 플라톤주의적인 이러한 주장에 클레멘트의 기독교 신앙의 결과를 추가해야 한다: 하나님은 삼위일체이시다. 말씀은 성부 곁에 영원히 서신다. 말씀은 모든 지식의 근원이시며, 특히 하나님의 지식의 근원이시다. 말씀은 창조의 원리이다. 왜냐하면 "지은 것이 하나도 그가 없이는 된 것" 없기 때문이다. 이 하나님의 말씀, 모든 지식과 모든 피조물의 근원이 예수 그리스도 안에 성육하셨다. 성육신은 과거 말씀이 유대인과 이방인 사이에서 행하신 사역이 지향한 정점이다. 말씀이 그리스인들에게 철학을 고취했고 유대인들에게 율법을 고취했으므로, 유대인과 그리스인 모두 사람들을 성육하신 말씀이신 그리스도에게로 인도하는 시녀 역할을 한다.

클레멘트가 성육신에 중요성을 부여했지만, 그가 그 사건을 이해한 방식이 터툴리안이나 이레네우스의 관점에서 바람직한 것과 많이 다르다는 점을 지적해야 한다. 터툴리안의 견해에 따르면, 말씀이 인성을 취하셨고, 그리스도가 영으로나 몸으로 인간이셨음에 의심의 여지가 없다. 그러나 이 신성과 인성의 연합 때문에 인성의 근본적인 특성 일부가 상실된다. 그러므로 클레멘트는 자가당착으로 보이는 어느 구절에서 예수가 음식물을 드신 것은 그것이 필요로 하셨기 때문이 아니라 자기의 몸이 참된 몸임을 보여주기 위해서였다고 주장한다.

클레멘트는 분명한 성령론을 전개하지 않는다. 말씀을 신자들을 조명하고 감화하시는 분으로 제시하는 방식 때문에, 성령에게 유사한 기능을 배정하기 어려웠던 듯하다. 이 문맥에서 클레멘트가 "위격"이라는 용어를 사용하지 않지만, 이것은 클레멘트가 성령을 삼위의 나머지 두 위격과 구분하지 않는다는 의미가 아니다. 그에게 있어서 성령은 우리를 하나님에게 이끌어주는 결합(화합)의 원리이다. 어쨌든 클레멘트가 하나님의 세 본성을 확인하고 있음에는 의심의 여지가 없다. 이는 그의 저술에서 삼위일체 공식이 빈번하게 나타나기 때문이다.

삼위 하나님은 창조주이시다. 세상은 하나님의 활동 결과이다. 그것은 단순히 신성에서 유출된 것이 아니며, 단순히 선재하는 물질의 배치도 아니다. 창조는 시간 밖에서 발생했다. 이 교리 때문에 클레멘트는 자신이 성경뿐만 아니라 철학자에게서도 도움을 발견할 수 있다고 믿는다. 창조를 우주 보존과 혼동하지 말아야 한다. 이는 클레멘트는 태초에 만물을 지으신 하나님은 더는 창조하시지 않으며 사물의 보존과 증식을 태초에 확립된 자연 질서에 맡겨 두신다고 믿기 때문이다.

창조에는 인간과 이 세상뿐만 아니라 천사들을 비롯한 천상의 존재들도 포함된다. 하나님께서 우주를 창조하실 때 사용하신 칠 일을 반영하여 모든 창조는 근본 구조로 "칠"이라는 숫자를 소유한다. 천사들은 일곱 계층이며, 행성은 일곱이며, 묘성(昴星) 안에 일곱 별이 있다. 그러므로 클레멘트는 플라톤주의의 영향을 받아서 기독교 신학의 특징이 될 관심 중 하나—우주 및 천군들의 계층적이고 수적인 구조에 관한 연구—를 예증한다.

어떤 면에서 클레멘트의 인간론은 아주 다른 성향을 지닌 신학자 이레네우스의 인간론에 접근한다. 클레멘트도 이레네우스처럼 인류가 어린아이처럼 순진하게 피조되었고, 장차 성장하여 완전함을 이

룸으로써 창조의 목적을 성취해야 한다고 여겼다. 하나님이 의도하시기 전에 인간이 성적 능력을 사용했기 때문에 발생한 타락으로 말미암아 우리는 죄와 사망에 예속되었다. 그러나 클레멘트는 아담이 인류의 머리가 아니라 각 사람 안에서 발생하는 것을 나타내는 상징이라고 여긴다는 점에서 이레네우스와 매우 다르다. 태어나는 아이는 "아담의 저주" 아래 있지 않다. 그렇지만 결국 우리 모두가 죄를 짓고 아담처럼 된다. 그때 우리는 마귀에게 예속되며, 죄와 사망의 노예가 된다. 이것은 인간의 자유가 완전히 파괴된다는 의미가 아니다. 반대로 하나님은 말씀으로 믿음을 제공하신다. 우리는 자유를 발휘하여 그것을 받아들일 것인지 아닌지를 결정해야 한다. 이 믿음은 새 생명의 시작에 불과하며, 클레멘트는 이것을 죄로 말미암아 중단된 성장의 재개, 또는 신화의 과정이라고 묘사한다. 클레멘트는 믿음에 두려움과 희망이 따라야 하는데, 그것은 사랑으로 이어지고, 궁극적으로 "참 영지"로 이어진다고 주장한다. 이러한 성장이 현세에서 발생해야 하는지, 죽음 너머에서도 신화의 과정이 계속될 수 있는지는 클레멘트의 저술에서 분명한 언급이 없다.

 클레멘트의 구원론을 지나치게 개인주의적으로 해석하지 않아야 한다. 이는 구원 과정에서 교회가 중요한 역할을 하기 때문이다. 교회는 신자들의 어머니이며, 그 안에서 조명과 신화의 과정이 이루어지는데, 그것이 신자를 "참 영지자의 삶"으로 인도한다. 신자는 세례를 통해서 교회에 들어가며, 성찬에 의해 그 안에서 양육된다. 세례는 죄 씻음이며, 그 안에서 조명이 이루어진다. 세례 안에서 빛의 충만을 받는 것이 아니다. 세례는 완전함을 향한 성장의 출발점에 불과하다. 반면에 성찬은 믿음을 육성하며 수찬자가 불멸에 참여하게 해주는 효과적인 방법이다.

클레멘트의 신학의 중요성은 말씀의 교리가 주도하는 방법에 있다. 이 교리는 그가 이교 철학을 성경과 연결하는 교량이다. 그것은 또한 전체 역사 안에서 일치의 원리, 특히 신약과 구약 사이의 일치의 원리이기도 하다. 말씀의 조명과 참여는 "참 영지자"의 탁월한 삶의 기초이다. 반면에 말씀의 교리 안에서 그리스 전통과 기독교 전통 사이의 해결되지 않은 갈등을 분명하게 볼 수 있다: 해결되지 않은 채 긴장 속에 병행하며 존재하는바 플라톤적 요소와 성경에서 취한 요소를 그 교리에서 발견할 수 있다. 이 긴장 때문에 클레멘트는 기독교 사상사에서 매우 중요하다. 클레멘트는 자신의 근본 사상 중 일부, 특히 이 신학의 기본 정신을 오리겐에게 전할 수 있었다는 점에서 기독교 사상사에서 중요하다. 오리겐은 그것을 인상적인 신학 체계로 체계화했다.

오리겐은 클레멘트와는 달리 기독교 가정에서 태어났다. 그의 부친 레오니다스(Leonidas)는 셉티무스 세베루스 황제의 박해 기간인 202년에 순교했다. 당시 오리겐은 아버지에게 죽기까지 신실하라고 권면했고, 그 자신도 순교를 갈망했기 때문에 그의 모친은 그가 밖에 나가 체포되는 것을 막으려고 옷을 숨겨두었다. 부친이 순교한 직후에 오리겐은 생계를 위해 문학과 철학을 가르치기 시작했다. 곧 교회의 교육 사역을 계속해야 할 필요를 느낀 데메투리우스

(Demetrius) 주교가 오리겐에게 그 책임을 맡겼는데, 당시 클레멘트 문하에서 수학했던 오리겐은 18살이었다. 오리겐은 열정적으로 그 책임을 수행했다. 그는 집중적인 연구에 몰두했을 뿐만 아니라 엄격했는데, 그 때문에 항상 철학자 생활의 중요한 면모를 취했다. 곧 그의 명성이 퍼졌고, 제자들이 많아져서 그들 모두를 가르칠 수 없게 되었다. 그는 세례 지원자 교육을 제자 헤라클라스(Heraclas)에게 맡기고, 자신은 더 깊은 지식을 추구하는 사람들의 교육에 집중했다.

그리하여 오리겐은 고대 철학자들, 저스틴와 판테누스(Pantaenus) 등이 세운 학교와 비슷하게 고등 학습을 위한 학교를 세웠다. 그는 그 학교에서의 교육을 통해서 매우 유명해졌기 때문에 이교도들도 이 위대한 철학자의 말에 관심을 기울였는데, 그중에는 아라비아의 총독과 황제의 모친도 있었다. 그는 데메트리우스 주교와의 갈등 때문에 알렉산드리아를 떠나 카이사레아에 정착하여 여생을 그곳에서 보냈다.

오리겐은 오랫동안 가르치고 많은 글을 저술한 후 자신이 부친에게 기대했고 부러워했던 삶, 『순교에의 권면』(Exhortation to Martyrdom)에서 가르친 것을 자신의 삶으로 증명할 기회를 얻었다. 데키우스(Decius) 황제 통치 때 기독교인들에 대한 큰 박해가 발생했다. 이 박해는 기독교인들을 죽이려는 것이 아니라 신앙을 버리게 하는 데 목적을 둔 조직적이고 체계적인 것이었다. 그러므로 당시 순교자들은 죽임을 당하기보다는 오랫동안 투옥되어 고문을 당했다. 오리겐은 며칠 동안 고문을 받았는데, 유세비우스의 증언에 의하면 그의 행동이 매우 바람직했다고 한다. 오리겐이 감옥에서 어떻게 석방되었는지에 대한 기록이 없지만, 그는 고문의 후유증으로 약 70세에 두로에서 죽었다고 기록되어 있다.

그의 저술은 그 목록을 여기에 제시할 수 없을 만큼 방대하다. 세월이 흐르면서 그의 저술은 대부분 유실되었지만, 현재 남아 있는 글들은 여전히 인상적이다.

오리겐의 저작물에 대해 생각하려면 성경 연구자로서의 그의 작업에서부터 시작해야 한다. 오리겐은 항상 자신을 성경 해석자로 여겼고, 그 일에 가장 큰 노력을 기울였다. 오리겐의 저작물의 이러한 측면을 보여주는 작품으로 『6개 국어 대역 성경』(Hexapla), 『난외 주해』(Scholia), 설교집, 그리고 많은 주해서가 있다. 기독교 사상사에서 『6개 국어 대역 성경』은 학생들에게 성경 원문을 규명하는 데 필요한 도구를 제공하려는 최초의 시도이다. 대부분 유실되고 단편만 남아 있는 『헥사플라』는 히브리어 본문, 히브리어 본문의 그리스어 음역, 그리고 당시 유포되어 있던 네 개의 그리스어 역본을 여섯 개이 난에 병행하여 제시한다. 오리겐이 다른 번역본을 입수할 수 있었다면, 그것을 또 하나의 난에 포함했을 것이다. 결과적으로 시편 등의 부분에서는 헥사플라가 아홉 개 난으로 확대되었다. 오리겐은 70인역 본문을 히브리어 본문과 비교하고, 히브리어 본문에 없지만 70인역에 첨가된 것, 생략된 것, 변경된 것 등을 지적하기 위해서 의구표(疑句標)를 사용했다. 『난외 주해』(Scholia)는 해석이 특별히 다르거나 흥미로운 본문들을 짤막하게 설명한 것이다. 그것들은 현재 몇 개의 단편만 남아있다. 오리겐의 설교는 대부분 남아 있지 않지만, 남아있는 것들은 그의 설교의 본질을 보여준다. 그것은 대체로 도덕적인 권면이고, 성경 주석에서 흔히 등장하는 사변(思辨)은 그의 주된 주제가 되지 않는다.

오리겐은 그의 주해에서 그의 성경 해석 방법과 능력을 제대로 사용했다. 그의 주해서 중 완전하게 남아 있는 것이 전혀 없지만, 다소 많은 부분이 남아있는 주해가 몇 편 있다. 그것들은 오리겐의 성경 해석 방법을 알 수 있게 해주는 주요 전거이며, 그의 신학의 나머지 부분을 알게 해주는 중요한 단서가 된다.

이 주해서 외에 변증, 체계적 논문, 그리고 기독교 사상사에서는 그리 흥미롭지 않은 실질적인 글들이 있다.

오리겐의 변증서의 제목은 『켈수스를 논박함』(Contra Celsus)이다. 켈수스(Celsus)는 이교 철학자로서 몇 해 전에 『참된 토론』(The True Word)이라는 책을 저술했었다. 그 책은 기독교의 관습뿐만 아니라 새로운 믿음의 성경과 교리에 대한 신랄한 공격이었다. 오리겐은 켈수스의 논거들을 차례로 논박했다. 그것은 이교 신앙과 기독교의 만남의 역사에서 매우 중요하다.

오리겐의 『기독교 원리』(On First Principles)는 위대한 조직신학 서적이다. 네 권으로 이루어진 이 책은 오리겐의 초기 저서(약 220년 경)이다. 이 저서의 대부분이 루피누스(Rufinus)의 라틴어 역본으로 남아 있다. 루피누스는 오리겐의 견해 중에서 지나치게 대담하다고 생각되는 것을 바로잡았다. 그러므로 이 책을 읽을 때 그 안에 루피누스가 고친 것이 있는지 의심해야 하며, 오리겐의 다른 저서에서 원문의 의미 발견에 도움이 될 단서를 찾아야 한다.

오리겐이 성경 주석 방법은 그의 신학 해석을 위한 가장 좋은 출발점이다. 왜냐하면 그의 주된 신학적 관심이 성경 주석이기 때문이다. 그의 저술은 대부분은 주해이며, 『기독교 원리』(On First Principles)의 주된 관심은 성경 본문 해석이다.

오리겐은 성경을 문자적으로 해석하지 않았지만, 성경 말씀의 축자영감설을 굳게 믿었다. 성경에 있는 단어와 문자에 신비가 담겨 있다. 이런 까닭에 오리겐은 원래의 성경 본문을 회복하는 일이 중요하다고 여겼다.

그러나 성경의 참된 의미가 항상 문자적 해석에서 나오는 것은 아니다. 오히려 하나님께서 터무니없는 것처럼 보이는 본문도 영감하셨다는 사실이 성경을 "영적으로" 해석해야 할 필요성을 증명해준다. 여기에서 성경 본문이 서로 보완해주는 세 가지 의미를 지닌다는 교리가 등장한다: 문자적 의미(또는 자연적 의미), 도덕적 의미(또는 심적 의미), 그리고 지적 의미(또는 영적 의미).

위의 말은 오리겐이 성경의 문자적 의미를 무시했다는 의미가 아니다. 그는 신약성경의 기적이나 구약성경의 역사적 자료를 다룰 때 기록된 사건의 의미를 풍유적으로 해석하기 전에 그것의 역사적 실체를 강조한다. 그러나 어떤 경우에 문자적 의미를 무시해야 한다고 주장한다. 모든 성경 본문이 영적 의미를 갖지만, 모든 본문을 문자적으로 해석해야 하는 것은 아니다. 그러므로 오리겐은 레위기에 기록된 일부 율법을 주석하면서 그것을 유대인들처럼 해석하여 하나님이 그것들을 주셨다고 주장하는 것은 부끄러운 일이라고 말한다. 문자적 해석에 의하면 로마법, 아테네의 법, 스파르타의 법 등 인간의 법이 레위기의 법보다 고등하다는 것을 부인할 수 없다. 그러나 교회에서 가르치는 것처럼 영적으로 해석하면, 레위기의 율법이 하나님에게서 기원한 것임이 분명해진다. 모든 것을 문자적으로 해석한 것은 마르키온파와 유대인들의 잘못이다. 오리겐은 성경의 영적 의미 안에서 자신이 좋아했고 기독교인들과 유대인과 이교도를 망라한 알렉산드리아 사상의 특징이었던 사변적 비상에서 도약할 수 있었다. 또 그는 이 영적 주해로 말미암아 자신의 사상의 두 기둥인 플라톤 철학과 성경 중 어느 것도 포기할 필요성을 느끼지 않고서 플라톤 철학과 성경의 메시지의 접촉점을 발견할 수 있었다. 물론 그는 의식적으로 자신이 성경적 교리라고 여기는 것과 비교하여 고전 전통을 옹호한 적이 없다.

그러나 영적 해석이 항상 엄격한 의미에서 풍유적인 것은 아니었다. 오리겐은 교회의 삶과 믿음에 열중했으므로 바울과 유스티누스 같은 사람들이 확립한 예표론적 해석 전통을 따르는 경향이 있었다. 그러므로 오리겐의 영적 성경 해석에서 근본적인 것은 예표론이었다. 그의 저술에서 그리스도의 수난의 예표인 이삭을 제물로 바친 것, 또는 세례의 예표인 할례 등 전통적인 주제가 발견된다.

이 예표론 전통은 오리겐이 성경과 관련이 없는 교리에 대한 성경적 지원을 발견하기 위해서 본문의 역사적 의미를 버리고 풍유적 해석을 사용하는 것을 방해하지 않는다. 오리겐이 이렇게 했기 때문에 일부 역사가들은 오리겐의 사상이 지엽적으로만 기독교와 관련된 철학 체계라고 해석할 정도이다. 그러한 해석은 과장된 것이지만, 오리겐에게서 발견되는 것처럼 성경 본문을 부당하게 풍유화하는 것의 위험을 상기시켜 주는 역할을 한다.

오리겐의 신학에는 성경 해석에서 그를 억제하고 이끌어준 또 하나의 요소가 있다: 교회의 신앙 규범. 앞 장에서 말했듯이 "신앙 규범"(rule of faith)은 변치 않는 공식이나 성문화된 공식이 아니라 교회의 전통적인 설교와 가르침이었으며, 그 내용은 장소에 따라 변화가 있었다. 그러나 신앙 규범이 단언하며 오리겐이 부인할 수 없었던 근본 교리가 있었다. 그러므로 신양 규범은 부분적으로 오리겐의 신학을 교회의 전통 교리의 범주 안에 유지해주는 역할을 했다.

신앙 규범 제1조는 하나님에 대해 언급한다. 오리겐에 의하면, 인간의 지성으로는 하나님을 이해할 수 없다. 육체의 감각으로나 지적 감각으로도 하나님을 볼 수 없다. 왜냐하면 신적 본질을 관상할 수 있는 정신이 없기 때문이다. 하니님에 대힌 인간의 지식이 아무리 완벽해도, 인간은 하나님이 우리의 지성으로 인식할 수 있는 것보다 더 높으시다는 것을 상기해야 한다. 하나님은 본질에 대한 모든 정의를 초월하시는 단순하고 지적인 본성이시다. 성경에서 하나님에 적용하고 있는 신인동형론적 표현은 하나님이 창조세계와 인간과 관련하시는 방식의 일면을 보여주기 위한 것이라고 풍유적으로 이해되어야 한다. 만일 하나님에 대해 문자적인 의미로 말할 수 있는 것이 있다면, 그것은 하나님이 한 분이라는 것이다. 절대적인 통일체, 무상한 세상의 다양성과 반대되는 통일체—당대의 플라톤주의의 특징적인 주제 중 하나였던 것—가 하나님의 존재의 주된 속성이다.

이 형언할 수 없는 한 분은 신앙 규범의 삼위 하나님이시다. 오리겐은 "삼위일체"라는 용어를 알고 자주 사용했지만, 삼위일체 교리의 발달에도 기여했다. 왜냐하면 그의 신학은 약 1세기 후에 교회를 흔들어놓은 삼위일체 논쟁의 주요 근원이기 때문이다.

오리겐은 당시 확립된 신앙 규범을 따라 하나님이 아버지와 아들과 성령이시라고 단언한다. 그러나 신앙 규범은 이 삼위의 정확한 관계에 관해서 약간의 자유를 허락했다. 여기에서 오리겐은 독창성과 사변 능력을 발휘한다.

오리겐이 성부와 성자의 관계를 언급하는 데서 두 개의 조류 또는 경향을 발견할 수 있는데, 오리겐은 이 둘의 균형을 이룰 수 있었지만, 후일 그의 추종자들은 이것 때문에 두 개의 대립 집단으로 분열했다. 첫째 경향은 성자의 신성과 영원성을 강조하고, 성자와 성부를 동등하게 여긴다. 둘째 경향은 성부와 성자의 차이를 강조한다. 오리겐은 성부와 성자를 구분하여 성자를 제한하는 정의를 거부하지만, 본질과 정의를 초월하시는 하나님이 우리에게 알려지려면 어느 정도의 제한이 필요하다. 성자는 하나님의 형상, 하나님의 이름, 하나님의 얼굴이다. 성부는 절대적인 통일체이다; 성자 안에 다양성이 있으며, 그렇기 때문에 세상이나 인간들과 관계할 수 있다. 중기 플라톤주의나 신플라톤주의의 영향을 받은 신학 체계의 정형적인 특징은 이러한 사고의 틀 안에서 말씀은 형언할 수 없는 한 분 하나님과 세상의 다양성 사이의 중재자가 되신다.

오리겐의 삼위일체 신학에서 성자를 성부보다 열등하거나 덜 신적으로 만드는 경향을 탐지할 수 있다. 오리겐이 대적한 이단 중 하나가 양태론적 단일신론이었음을 기억한다면, 이것을 쉽게 이해할 수 있을 것이다. 양태론적 단일신론은 궁극적으로 성부와 성자와 성령을 동일한 하나님의 세 가지 일시적 현현으로 간주한다.

대부분의 오리겐의 제자들은 오리겐의 신학 안에 있는 해결되지 않은 긴장을 유지하지 못했다. 그들은 곧 두 집단으로 나뉘었는데, 하나는 아들의 참된 신성 및 아버지와의 동등성을 강조했고, 나머지 하나는 성자를 종속적 존재로 여김으로써 성자와 성부를 구분하려 했다.

오리겐은 성령이 성부에게서 발현하며, 시간적으로 현세에서 시작되는 피조물이 아니라 성부와 성자와 함께 영원하다고 주장한다. 삼위 중 제3위와 관련하여 오리겐에게는 성자의 경우에 지적한 것과 같은 긴장이 있다. 여기에서도 오리겐이 성령을 신적인 것으로 믿었다는 점에는 의심의 여지가 없다.

마지막으로 오리겐은 삼위일체의 세 위격은 피조물과의 관계에서 각기 다른 기능과 활동 분야를 지닌다고 믿는다. 그러므로 모든 피조물의 존재는 아버지에게서 나오며, 이성적인 피조물 안에서 성자가 활동하며, 성화된 이성적 피조물 안에서 성령의 개입을 볼 수 있다.

 오리겐의 창조론은 플라톤의 관념론이 그의 신학에 미친 영향을 보여준다. 성자의 영원한 발생을 증명하는 데 기여하며 성부가 항상 성부여야 한다는 신격에 대한 관념에 기초를 둔다는 논거는 오리겐으로 하여금 창조가 영원하다고 주장하게 한다. 이는 전능하신 창조주라면 그러한 분이어야 하기 때문이다. 이 영원한 창조의 특성은 오리겐의 플라톤적 관념론에 의해서 결정된다. 따라서 그는 유형적 창조가 아닌 영원한 창조를 상정한다. 하나님께서 처음 창조하신 세상은 가시적 세상이 아니라 순수한 지성(intellect)으로 구성된 세상이었다. 지성은 하나님의 창조 활동의 최초의 수혜자이며, 장차 하나님의 구원하시는 활동의 최종 수혜자가 될 것이다. 지성은 하나님의 말씀인 하나님의 형성을 관상하는 것을 목적으로 삼도록 창조되었다. 지성은 자유로운 존재이기도 한데, 그 때문에 하나님의 형상을 관상하는 일을 포기하고 다양성에 시선을 둘 수 있다. 피조된 존재는 본질 때문이 아니라 자신의 자유를 사용하기 때문에 선하거나 악하다.

 하나님이 지으신 일부 지성은 그 자유를 사용하여 하나님의 형상을 외면함으로써 "영혼"(soul)이 되었다. 그러나 모두가 같은 분량으로 엇나간 것이 아니며, 그러므로 이성적 존재는 다양하며 위계에 따라 정리된다. 이 위계는 다수이며, 성경에서 말하는 천상의 존재 모두가 포함된다. 기본적으로 이것은 세 차원으로 구성된다: 영원한 몸을 지닌 천상의 존재, 타락하여 세상에 떨어져 육체적인 몸을 지닌 인간, 그리고 인간보다 더 음탕한 몸을 가진 귀신들.

이성적 존재의 근원에 관한 이러한 사변 때문에 오리겐은 이중 창조론을 따르게 되는데, 이것은 필로에게서 끌어낸 것이다. 이 교리에 의하면 창세기에서 발견되는 두 개의 창조 이야기는 두 가지 신적 활동에 상응한다. 첫째는 순수한 지성의 창조인데, 이 지성에 관하여 성경은 하나님이 그들을 "남자와 여자"로 만드셨다고, 즉 각기 다른 성의 존재가 아니라 성적 구분이 없이 지으셨다고 주장한다. 또 하나의 이야기는 눈에 보이는 이 세상 창조를 언급한다. 그것은 타락한 영들을 심판하기 위한 장의 역할을 하기 위해서 만들어졌고, 하나님은 그 안에서 여인의 몸보다 남자의 몸을 먼저 만드심으로써 성적 구분을 확립하셨다.

우리는 이 세상에서 자유를 사용하여 하나님의 목적인바 모든 지적 존재들의 통일성과 조화를 향해 복귀하기 위해서 심판의 시기를 통과하고 있다. 그 목적을 성취하는 과정에서 존재의 위계의 한 단계에서 다음 단계로 이동하게 해줄 일련의 성육 과정을 통과해야 할 수 있다. 오리겐은 단지 그 가능성만 주장한 뿐이다.

원래의 통일성을 회복시키려는 신적인 목적에는 모든 이성적 존재가 포함된다. 귀신들—그리고 악의 원리이며 자신의 타락이 모든 지성의 타락의 원인이 된 마귀—도 이 복석의 일부이며, 결국 지성은 말씀 관상에 완전히 헌신함으로써 원래 상태로 복귀할 것이다. 이것은 지옥과 저주가 영원한 것이 아님을 암시한다. 오리겐은 그것들을 일부 존재들이 거쳐야 할 정화—병을 치유하려는 목적을 지닌 일종의 열병—라고 해석한다.

그러나 우리는 마귀와 귀신들을 대적하여 싸움을 계속해야 한다. 종국에는 마귀가 구원받겠지만, 지금은 우리의 대적이며, 되도록 많은 이성적 존재들, 특히 인간의 영혼을 자신에게로 끌어내리려 마음먹고 있다. 더욱이 우리 모두는 범죄했으므로(만일 범죄하지 않았다면 이 세상에 있지 않을 것이다) 마귀에게 예속되었고, 마귀는 악한 힘으로 우리를 다스리고 있다.

게다가 우리는 타락했기 때문에 현재의 상태에서 자신을 해방하여 이전의 순수히 지적인 상태로 돌아가기 위해 자신의 자유를 사용할 수 없다. 이 어려움을 극복하기 위해서 말씀이 육신이 되셨다. 성육의 목적은 마귀의 세력을 파괴하는 것, 그리고 구원받기 위해 필요한 조명을 우리에게 주는 데 있다. 그리스도는 마귀의 정복자이며, 신자들을 조명해주시는 분이시다.

하나님의 말씀이 육신이 되어 타락한 지성과 결합하셨고, 그것을 통해서 인간의 몸과 다르지 않은 몸과 연합하셨다. 그러나 그 몸의 근원은 다르다. 오리겐은 이렇게 말씀이 인간의 몸뿐만 아니라 피조된 지성—타락하지는 않았지만, 본질에서 인간의 영혼과 비슷한 것—과 결합하셨다고 주장하면서 그리스도 안에 인간의 몸뿐만 아니라 인간의 지성도 상정해야 할 필요성에 대한 통찰을 보여주었다. 후일 알렉산드리아의 신학자들은 이 이해를 무시했다.

그리스도 안에서 인성과 신성이 결합하였으므로 인성에 상응하는 활동과 상태를 신성에 기인하는 것으로 여길 수 있고, 그와 반대로 여길 수 있다. 이것이 속성의 교류(communicatio idiomatum) 교리로서 후일 알렉산드리아 기독론의 주된 교리 중 하나가 되었다.

앞에서 말했듯이, 하나님의 아들의 성육신의 목적은 우리를 마귀의 권세에서 자유롭게 하고 구원의 길을 보여주려는데 있다. 그리스도는 삶 전체를 통해서 마귀에게 승리하셨지만, 특히 그의 성육신과 죽음과 부활에서 가장 크게 승리하셨다. 그리스도는 마귀의 영역에 침입하심으로써 승리의 사역을 시작하셨다. 구세주의 외관상의 약함에 속은 마귀는 그리스도를 자신의 제국 가장 깊은 어둠 속으로 인도했고, 그리스도는 그곳에서 죽은 자들 가운데서 승리하여 돌아오심으로써 그를 패배시켰다. 그 후 그렇게 행하기를 원하는 죽은 자들은 그를 따름으로써 사망과 그 주인 사탄의 발톱을 피했다.

그리스도 사역의 또 다른 기본 측면은 우리에게 구원의 길을 보여주는 것이다. 우리가 지성으로서 하나님과 교제하는 원래의 상태에 돌아가는 데 필요한 신적 실재에 대한 관상을 우리 자신의 노력으로 획득할 수 없기 때문에 말씀이 육신이 되셨다. 그러므로 그리스도는 승리하신 구세주이실 뿐만 아니라 우리의 모범이요 계몽자이시다. 우리는 그리스도 안에서 하나님을 보며, 구원받기 위해서 어떻게 살아야 하는지도 본다.

오리겐의 창조론에 대응하는 종말론은 앞에서 창조와 관련하여 지적한 바 있는 플라톤의 영향을 보여준다. 그것은 순수히 유심론적 종말론인데, 그 안에서 모든 지성이 원래대로 하나님과 화합하고 교제하는 상태로 돌아올 것이다. 그러나 그 보편적 회복―만유 구원

(apokatastasis)—이 마지막은 아니다. 왜냐하면 이 세상 다음에 영원히 이어지는 다른 세상이 있을 것이기 때문이다. 지성은 자유로우며 이 세상이 완성된 후에도 계속 존재할 것이므로, 이 세대에 발생한 것이 다시 발생할 것이며 다시 물질계와 회복 과정이 존재할 것이라고 기대해야 한다. 여기에서 오리겐은 사변적 호기심에 끌려 장차 올 세상의 본질에 대해 논하며, 반드시 자신의 견해를 따를 필요가 없다고 분명히 진술한다.

장차 올 세상은 스토아 철학자들이 주장한 것처럼 현재 우리가 알고 있는 세상의 반복이 아닐 것이다. 그 세상은 이 세상과 다른 것인데, 지금보다 좋을지 나쁠지 알 수 없다. 어쨌든 오리겐은 한 가지를 분명히 말할 수 있었는데, 그것은 그리스도께서 이 세상에서 최종적으로 수난을 당하셨고 장래의 세상에서는 다시 수난을 당하시지 않는다는 것이다.

앞에서 언급한 오리겐의 신학에 대한 설명이 주는 느낌에도 불구하고, 오리겐은 사변의 자유를 얻기 위해서 교회의 삶과 신앙과 자신을 대조하는 개인주의자가 아니었다. 그는 자신의 매우 개인적이고 특징적인 사변적 비상을 시작할 때 그것이 개인적인 견해와 관련된 일이며, 신앙 규범은 쟁점이 되는 것과 관련하여 언급하지 않는다는 점을 분명히 했다. 또 오리겐은 구원 계획에서의 교회와 성례전의 역할을 인정한다. 교회 밖에는 구원이 없다. 그러나 오리겐은 교회를 위계적 통일체로 해석하지 않고 신앙 공동체로 해석한다. 성례전은 참여하는 사람의 성화를 위해 작용하며, 성찬 안에 그리스도가 실제로 현존하신다. 지적 은사를 받은 신자는 이 일반적인 해석을 뛰어넘어 성례전의 상징적 의미를 이해한다.

오리겐은 알렉산드리아 학파의 가장 위대한 신학자였다. 그의 대담한 생각 때문에 그를 따르는 제자가 많았지만, 적도 많았다. 결과적으로 각기 다른 시기에 여러 종교회의가 그가 주장했거나 주장했다고 가정되는 견해를 정죄했다. 그의 추종자 중에는 기적을 행하는 사람 그레고리(Gregory the Wonderworker), 폰투스의 복음전도자(evangelizer of Pontus), 최초의 교회사가인 카이사레아의 유세비우스, 헤라글라스의 뒤를 이어 알렉산드리아의 감독이 된 대 디오니시우스(Dionysius the Great) 등이 있다. 그는 푸아티에의 힐라리(Hilary of Poitiers)와 밀란의 암브로스(Ambrose) 같은 서방의 신학자들뿐만 아니라 아타나시우스(Athanasius), 대 바실(Basil the Great), 나지안주스의 그레고리(Gregory of Nazianzus), 닛사의 그레고리(Gregory of Nyssa) 등 동방교회의 가장 위대한 신학자들에게도 영향을 미쳤다. 이들 모두 오리겐의 신학 전체를 받아들인 것은 아니다. 처음에 올림푸스의 메토디우스(Methodius of Olympus) 같은 신학자들이 개별적으로 공격했고, 나중에 553년에 유스티니아누스가 콘스탄티노플에 소집한 공의회―제5차 세계 공의회―에서 오리겐의 견해가 정죄되었을 때 변호하려 한 사람이 없었다.

오리겐의 신학과 클레멘트의 신학의 근본적인 차이는 오리겐은 신 중심적(theocentric)인데 반해 클레멘트의 신학의 중심은 말씀의 교리라는 데 있다. 클레멘트의 경우에 말씀은 이교 철학과 기독교 계시의 접촉점이었으며, 이것이 그의 신학의 결정적 요인이었다. 오리겐의 경우에 모든 것은 삼위 하나님, 특히 성부를 중심으로 회전하는 듯하다. 클레멘트는 조명자이신 말씀의 교리를 특별히 강조함으로써 위험한 교리, 즉 말씀의 특별한 조명을 받은 사람들만 획득할 수 있는 "영지적" 또는 귀족적 기독교라는 교리에 도달한다. 이것은 기독교를 말씀의 조명을 통해서 받아야 하는 탁월한 진리로 축소하려는 경향을 지닌 클레멘트의 출발점의 직접적인 결과이다. 오리겐은 말씀의 교리에서 출발하지 않고, 성경보다는 플라톤주의에 의해 결정되는 주요 성품을 지닌 하나님에게서 출발한다. 이러한 출발점의 결과는 많은 기독교인이 받아들일 수 없는 일련의 교리, 예를 들면 세상의 영원성, 영혼들의 선재와 환생, 장래의 세계들의 존재, 마귀의 궁극적인 구원 등을 낳았다.

오리겐은 적어도 두 가지 면에서 클레멘트를 능가한다: 신학 체계의 넓은 범위와 일관성, 그리고 담대한 교리. 전자는 오리겐을 동방 신학의 주된 근원이 되게 했다. 후자는 그 신학 때문에 거듭 그가 정죄된 원인이다.

이 장 전체를 돌이켜 보면서 사도 교부 시대에 있었던 초기 단계를 지닌 세 가지 신학 유형의 발달을 목격하고 있음을 깨닫는다. 첫째 유형은 이레네우스가 대표하는 것으로서 가장 초기의 것이며, 그것의 대부분을 터툴리안과 클레멘트에게서 발견할 수 있다. 그것은 하나님께서 창조를 그 의도된 목표로 가져가시는 과정으로서의 역사라는 주제에 중심을 둔다. 반대로 터툴리안의 저술에서 강조점은 하나님의 법, 그리고 그 법에 순종하기 위해서 우리가 행해야 하는 것에 있다. 마지막으로 알렉산드리아, 특히 오리겐의 저술에서 강조점은 진리, 플라톤주의 전통의 방식으로 인식된 진리에 있다. 결국 서방에서는 터툴리안의 신학 유형이 규범적인 것이 되었고, 동방신학은 이레네우스의 유형에서 일부 요소를 취하고 오리겐에게서 일부 요소를 취하게 되었다. 서방에서는 기독교 역사의 여러 시점에서 터툴리안의 유형을 지나치게 제한적이라고 여겨 오리겐의 유형을 약간 변형한 것에 의존하기도 했다. 일반적으로 전례의 일부 요소 안에 거의 독점적으로 이레네우스 유형의 신학이 남아 있다. 최근에 여러 가지 상황으로 말미암아 그것을 재발견, 최소한 그것의 일부 특징과 통찰을 재발견하게 되었다.

제6장

3세기의 신학

   3세기에 알렉산드리아의 신학과 서방 신학 사이에는 현저한 차이가 있었다. 일반적으로 그들의 차이점은 사도 교부 시대에 이미 살펴본 것들이다: 알렉산드리아 신학자들의 사변적인 관심과 대조적인 서방 기독교의 실질적 특성, 그리스 세계에서의 플라톤의 영향과 대조적인 서방 라틴 세계에서의 스토아주의의 영향, 로마에서의 율법주의적 경향과는 대조적인바 알렉산드리아에서의 풍유에 대한 관심.

   이것은 서방 신학에 관심이나 중요성이 부족했다는 의미가 아니다. 3세기 서방 교회는 죄사함과 교회의 본질에 관심을 기울였는데, 이것들은 후대의 신학 발달과 논의에서 중요한 주제이다. 이 기간에 서방 세계에서 신학과 문예 활동의 중심지는 로마와 북아프리카였다. 로마 교회는 최초의 위대한 신학자인 히폴리투스(Hyppolytus)와 노바티안(Novatian)을 배출했는데, 두 사람 모두 분파주의였고 대립 교황으로 간주되었다. 한편 북아프리카에서는 터툴리안이 시작한 전통이 지속되었다. 이 지역에서 몇 명의 중요한 저술가가 배출되었는데, 이 책에서는 키프리안(Cyprian)에 관심을 둘 것이다.

히폴리투스

히폴리투스(Hyppolytus)의 삶에 대해서는 알려진 것이 거의 없다. 그는 로마의 기독교인들에게서 존경을 받았다. 217년에 칼리스투스(Callistus)가 로마의 감독이 되었을 때 히폴리투스는 그를 인정하지 않았고, 그 결과로 야기된 분열 상태가 235년까지 계속되었다.

히폴리투스는 이레네우스의 영향을 많이 받았다. 그는 이단의 교리에 관한 정보의 대부분을 이레네우스에게서 얻었다. 히폴리투스도 이레네우스처럼 구약성경을 예표론적으로 해석했다. 그의 사상에서 회복의 교리(doctrine of recapitulation)가 중요한 역할을 한다. 그러므로 히폴리투스를 소아시아의 사도 교부들과 이레네우스에게서 비롯된 전통 안에 둘 수 있을 것이다.

히폴리투스의 신학에는 특별히 우리의 관심을 끄는 두 가지 면이 있다: 도덕적 엄격주의와 삼위일체론. 히폴리투스의 도덕적 엄격함은 그를 회개 체계의 발달에 중요한 논쟁으로 이끌었다는 점에서 중요하다. 헤르마스의 『목자』에서 살펴본 것처럼 초대교회 시대에는 세례받을 때 회개한 후에도 다시 회개할 수 있고, 세례받은 후에 범한 죄를 용서받을 수 있다고 여겼던 듯하다. 그러나 2세기 말경부터 3세기 초에 자살, 간음, 배교 등의 죄를 지은 사람을 교회가 용서할 수 없고, 용서해서도 안 된다는 것이 일반적인 견해였다. 이것은 히폴리투스만 아니라 터툴리안과 오리겐의 견해이기도 하다.

교회의 도덕적 장점을 유지하려는 경향인 지닌 동시에 특정 죄의 사함을 부인한 것은 복음의 특징인 사랑과 용서의 정신을 부인하는 것이기도 했다. 그리하여 조만간 어떤 대가를 치르더라도 교회의 도덕적 깨끗함을 보존하려 하는 사람들과 복음적 사랑을 위해 도덕적 엄격함을 희생할 수 있다고 믿는 사람들 사이의 갈등이 발생하게 된다. 이것이 칼리스투스(Callistus)와 히폴리투스가 충돌한 기본 원인 중 하나이다.

칼리스투스는 간음죄를 범한 사람에게 회개와 회복의 은혜를 제공하려 한 듯하다. 그의 개인적인 동기는 알 수 없다. 왜냐하면 히폴리투스가 그의 인격에 대해 말한 것을 믿기 어렵기 때문이다. 어쨌든 칼리스투스는 밀과 가라지의 비유, 그리고 깨끗한 짐승뿐만 아니라 더러운 짐승도 들어간 노아의 방주의 예에 호소했다. 개인적이고 신학적인 이유로 칼리스투스를 신뢰할 수 없었던 히폴리투스는 이것을 교회 생활에 받아들일 수 없는 방종을 도입하려는 시도로 보았다.

엄격한 히폴리투스였지만 교회 안에서 서서히 발달해온 참회 제도에 반대하지는 않았다. 그는 자신이 전통적인 체계에 반대하는 것이 아니라 칼리스투스의 혁신적인 사상에 반대한다고 주장했다. 죄를 사해주는 감독의 권력을 포함하는 참회 제도는 히폴리투스의 기독교 신앙의 근본적인 부분이었다. 그러므로 논쟁은 교회가 죄를 사할 권위를 가지는지와 관련된 것이 아니라 그 기능의 범위와 적용에 관련된 것이었다.

삼위일체론도 칼리스투스와 히폴리투스 사이에 벌어진 논쟁의 초점이었다. 앞에서 터툴리안이 로마에 거주하면서 양태론적 단일신론을 내세운 프락세아스에 대항하여 삼위일체론을 전개했음을 살펴본 바 있다. 히폴리투스는 그리스도가 곧 아버지이며, 아버지 자신이 태어나 고난을 당하고 죽으셨다고 주장한 스미르나의 노에투스(Noetus), 그리고 양태론을 강력하게 옹호했기 때문에 후일 사벨리우스주의라고 알려진 양태론을 주장한 사벨리우스(Sabellius)에 반대하여 삼위일체론을 전개했다. 이 점에 관한 칼리스투스의 입장은 분명하지 않다. 히폴리투스가 전개한 삼위일체 신학은 노에투스와 사벨리우스의 양태론, 칼리스투스의 그리 분명하지 않은 교리와 반대된다. 히폴리투스는 자신이 터툴리안의 『프락세아스에 대항하여』에서 발견한 선례를 활용했다. 따라서 히폴리투스도 터툴리안처럼 말씀을 부차적인 하나님(secondary God)으로 전환하였고, 그럼으로써 칼리스투스는 그가 "이신론(二神論)"을 주장한다고 비난할 기회를 얻었다.

히폴리투스의 성자 종속설(聖子 從屬說)은 말씀의 발생이 성부의 뜻과 세상을 창조한 신의 목적에 의존하는 방식에서 분명하게 나타난다. 히폴리투스는 성자종속설 경향을 지닌 변증가들의 말씀에 대한 이해를 받아들이며, 내적인 말씀과 표현된 말씀의 구분을 되풀이한다. 그러나 히폴리투스는 저스틴이나 오리겐이 말한 것처럼 "두 신"

이 있다는 것을 부인하므로, 이 성자종속설은 제한적이다. 그의 교리는 말씀의 신성을 부인하지 않고, 또 성부와 전혀 다른 말씀의 영원한 존재를 부인하지만, 말씀의 신성을 인정한다.

터툴리안의 주장처럼 이 모든 것은 성부와 성자와 성령이 되시는 하나님의 특별한 경륜으로 이해되어야 한다. 이것도 터툴리안의 영향을 분명히 보여준다 터툴리안도 신격 내의 관계를 자체의 경륜에 의해 삼위가 되시는 유기적 일체로 이해한다.

히폴리투스의 기독론 역시 터툴리안이 열어놓은 길을 따른다. 히폴리투스도 터툴리안처럼 예수 그리스도 안에서 인성과 신성이 고유의 특성을 보유한 상태로 연합했다고 주장한다.

히폴리투스는 지리적으로, 그리고 신학적으로나 문화적으로 리옹의 이레네우스와 카르타고의 터툴리안 사이에 위치한다. 그는 그리스어로 저술했으며, 그의 신학의 기본 틀은 이레네우스의 것과 같다. 그러나 그는 종종 터툴리안을 통해서 이레네우스를 이해했고, 죄인의 회복, 신론, 기독론 등의 문제와 관련해서는 리옹의 이레네우스보디 아프리카의 터툴리안에 더 가깝다. 그러므로 그는 이레네우스의 영향과 터툴리안의 영향력을 보존하는 데 이바지할 긴 사슬 안에 있는 하나의 연결고리이다.

노바티안

노바티안(Novatian)의 생애에 대해서는 아주 조금만 알려져 있는

데, 그것은 3세기 서방 교회에서 배교한 자의 회복이라는 문제의 중요성을 상기시켜주는 역할을 한다. 이 문제가 칼리스투스와 히폴리투스 사이의 분쟁에 개입된 요인 중 하나임은 이미 살펴보았다. 노바티안도 같은 문제 때문에 기존의 주교제도와 결렬함으로써 로마 교회 내에 새로운 분파를 일으켰다. 이 분파는 노바티안의 사후에까지 지속했다. 그의 교회는 동방으로 퍼졌고, 후일 그곳에서 몬타누스파 경향의 집단과 합병했다.

문제는 칼리스투스와 그의 추종자들이 승리한 싸움인 간음한 사람들에 관한 것이 아니라 박해 때 배교했던 사람들에 관한 것이었다. 이번에도 로마 교회의 코넬리우스(Cornelius) 주교는 죄인들을 용서하려 했다. 노바티안은 이에 반대했는데, 그의 태도는 30년 전 히폴리투스가 취한 태도와 같았다. 히폴리투스의 경우처럼 그것은 회개와 보속과 사죄의 본질에 관한 교리적 논쟁이 아니라 그것의 범위에 관한 논의였다. 분열 자체는 노바티안의 신학에 거의 영향을 미치지 않았는데, 이것은 그가 교회의 신성함을 강조한 데서 볼 수 있을 것이다.

교리적 관점에서 노바티안은 『삼위일체론』(On the Trinity)이라는 저서 때문에 중요하다. 그는 이 책에서 하나님의 아들의 신성 및 성부와의 차이점을 증명하려 한다. 예수 그리스도는 신인 동시에 인간이시다. 인간이신 예수는 인자(Son of Man)라고 불리며, 신으로서의 예수는 하나님의 아들(Son of God)이라 불린다. 그리스도의 신성은 구원론적 이유로 필요하다: 불멸이 "신성의 열매"이며 그리스도의 목적은 불멸을 주는 것이므로, 그리스도는 신이어야 한다. 성자는 태초부터 하나님 안에 존재했고, 성부는 시간이 시작되기 전에 자기 뜻에 따라 아들을 낳았으며, 아버지와 아들 사이에 본질의 교용(交用, communication of substance)이 있다. 그리스도 안에서 하나님의 아들이 사람의 아들과 연합하는데, 이 두 "본성"의 연합으로 하나님의 아들은 육신을 입은 사람의 아들이 되고, 사람의 아들은 말씀을 받아 하나님의 아들이 된다.

노바티안의 글의 요지는 성자는 하나님이며 그리스도 안에 신성이 있다는 것을 증명하려는 것이 아니라 사벨리우스주의의 맞서 성자와 성부가 다르다는 것을 증명하려는 데 있다. 이 목적으로 그는 성자의 종속을 강조하였고, 그로 말미암아 어떤 사람들은 그를 아리우스주의의 선구자로 보았다. 노바티안의 성자종속설 경향의 출발점은 불변하시고 고통을 느끼지 않는 아버지, 그리고 인간과 세상과 그 사건과 접촉하고 관계할 수 있는 아들의 차이점이다.

터툴리안이 프락세아스를 논박할 때 했던 것처럼 그는 사벨리우스주의를 반박하면서 성부와 성자의 차이를 강조했기 때문에 성자가 성부보다 열등하거나 하찮게 되었다. 이것은 그가 성자의 신성을 의심했다는 의미가 아니다. 성령에 관한 노바티안의 견해도 동일하다: 성령은 하나님이시다. 그러나 노바티안은 성령을 성부와 성자보다 열등하게 여김으로써 하나의 구분된 위격으로 표현할 수 있었다.

기독교 사상사에서 노바티안은 3세기 서방 교회의 교리적 발달과 교회적 발달이라는 두 가지 양상의 해석자라는 점에서 중요하다. 한편으로 그는 회개 제도의 성장과 더불어 발달했고 3세기에 서방 교회가 관심을 두었던 논쟁에 개입했다. 다른 한편으로 그는 서방의 삼위일체 신학에서의 터툴리안의 영향력을 보여준다.

키프리안

아프리카 교회에서 터툴리안과 어거스틴 사이의 가장 유명한 인물은 카르타고의 키프리안(Cyprian of Cartage)이다. 그는 3세기 초에 부유한 이교 가정에서 태어났고, 약 40세 때에 회심했다. 그는 세례받은 후 엄격하게 살면서 재산을 팔아 가난한 사람들에게 나누어 주었다. 248년(또는 249년)에 그는 대중의 환호를 받으면서 카르타고의 주교로 선출되었다. 처음에 그는 주교직을 피하려 했으나, 결국 그것을 하나님의 뜻으로 여겨 받아들였고, 그리하여 그의 삶의 새 단계가 시작되었다.

그는 9년 동안 주교직을 수행하면서 대단한 목회 사역을 했다. 주교 활동에 필요한 구체적인 문제가 동기가 되어 그는 대체로 실질적인 글을 저술했다. 그의 신학은 그가 스승이라고 부른 터툴리안의 영향을 받았다. 키프리안은 터툴리안을 닮았지만, 목회적 책임 때문에 대체로 도덕적이고 실질적이고 훈육적인 일에 관심을 기울였다. 그의 저술 중 일부는 터툴리안의 저술을 개정하고 주석을 단 것에 불과하다.

250년 초에 반세기 동안의 비교적 평화로운 시대가 끝나고 데키우스 황제의 박해가 시작되었고, 그는 도망쳐서 숨어 지냈다. 그는 유랑생활을 하면서 주로 서신을 통해 교회 생활을 계속 지도했다. 자신들의 주교를 잃은 로마의 성직자들은 편지로 키프리안에게 유감을 표시했다. 그는 카르타고에 머물면 교회에 더 큰 고난을 초래할 것이며, 자신이 목회자의 임무를 포기하지 않았다고 답변했다.

마침내 박해가 끝나고, 251년 초에 키프리안은 양 떼에게 돌아왔지만, 어려운 문제에 직면했다. 박해 때에 신앙을 버렸던 많은 사람은 교회에 돌아오기를 원했다. 키프리안은 그들에게 기회를 주되 주교들의 책임 아래 적절한 징계와 질서가 있어야 한다고 여겼다. 박해 때에 용감하게 행동하여 도덕적으로 큰 영향력을 지니고 있던 고백자들은 이 정책에 반대하면서, 변절했다가 회개했다고 주장하는 사람들을 즉시 교회에 받아들이라고 요구했다. 결국 로마에서 노바티안의 주도로 했던 것처럼 배교했던 사람들을 받아들이는 문제 때문에 교회가 분열했다.

키프리안은 자기 입장을 분명히 하기 위해서 『교회의 일치에 관하여』(On the Unity of the Church)와 『배교자들에 관하여』(On the Lapsed)를 저술했다. 배교자들에 관한 키프리안의 입장은 다음과 같았다: 회개를 거부한 사람은 임종할 때 용서받을 수 없다; 증명서를 구입하여 제사에 참석하지 않는 신자는 조건 없이 교회로 받아들인다; 제사에 참석한 자들이 임종할 때나 새로운 박해 때에 회개의 진실성을 보인다면 교회로 받아들인다; 변절한 성직자는 해임되어야 한다. 분파와 관련하여 키프리안은 그 분파를 따른 사람을 출교하라고 권했다. 이 두 가지 문제에서 공의회는 카르타고 주교의 제안을 따랐다. 분파는 얼마 동안 지속하였으며 후일 로마의 노바티안 파와 연합하여 강해졌지만, 이로써 논쟁이 종식되었다.

또 다른 두 가지 문제―250년에 발생한 흑사병, 그리고 세례와 관련한 논쟁―를 계기로 키프리안의 가장 훌륭한 신학적 저술이 탄생했다. 북아프리카에서 흑사병이 발생했을 때 데메트리아누스(Demetrianus)라는 이교도가 그 재앙이 기독교인 때문에 신들이 내린 벌이라고 주장했다. 키프리안은 이에 반박하기 위해 간단하면서도 통렬한 『데메트리아누스에게』(*To Demetraius*)를 저술했다. 또 그들을 도우려는 신실한 사람에게 죽음을 두려워하지 말고 그 상황에서 필요한 자선을 행하라는 글을 썼다.

분파주의자에게서 받은 세례가 유효한가, 그리고 회개한 분파주의자가 다시 세례를 받아야 하는가에 관해 논쟁이 벌어졌다. 이 문제에 관한 관습은 제국의 지역에 따라 달랐다: 북아프리카와 소아시아에서는 분파주의자에게 세례받은 사람에게 다시 세례를 준 데 반해, 로마에서는 이전에 받은 세례가 유효하다고 간주하여 회심한 분파주의자는 다시 세례를 받지 않았다. 이 때문에 키프리안과 로마의 주교 스테픈이 충돌했다. 키프리안에게 상담한 사람들의 관심의 원인은 다양성이었다. 이로 말미암아 발생한 논쟁이 길어졌고, 스테픈은 아프리카 교회와 교제를 끊겠다고 키프리안을 위협했다. 그러나 로마의 주교는 이 위협을 실천에 옮기기 전에 죽었고, 1년 후에 키프리안이 순교했다. 이로써 논쟁이 끝났지만, 로마 교회는 영향력을 계속 발휘했고, 언제부터인지 알 수 없지만 4세기 초에 아프리카에서는 분파주의자들의 세례를 받아들였다.

이러한 논쟁들이 벌어진 상황에서 키프리안은 자신의 교회론을 전개했다. 그 교리는 기독교 사상사에 대한 키프리안의 주요 공적이다. 이레네우스와 터툴리안이 교회와 사도 전승의 중요성을 강조함으로써 이단자와 분파주의자를 대적했고, 클레멘트와 오리겐은 구원 계획에서 교회가 매우 중요하다고 생각했지만, 그 중 누구도 교회론을 전개하지 않았다. 키프리안도 체계적으로 교회론을 전개하려 하지 않았지만, 그가 개입된 논쟁과 그로 말미암아 저술한 논문을 통해서 후일 매우 중요하게 된 교회론의 형태를 갖추었다.

키프리안은 교회를 구원에 필요한 방주로 본다. 노아 시대에 방주에 타지 않은 사람은 구원받지 못했듯이, 지금은 교회 안에 있는 사람만 구원받을 수 있다. "교회 밖에는 구원이 없다"(서신 73.21), "교회를 어머니로 가지지 못한 자는 하나님을 아버지로 가질 수 없다"(교회의 일치에 관하여, 6). 이런 까닭에 키프리안은 이단자나 분파주의지에게서 받은 세례에 대해 단호한 태도를 취했다. 어떤 방식으로든지 교회 안에 있지 않은 사람의 세례는 유효할 수 없다.

그 안에 있지 않으면 구원받을 수 없는 이 교회를 어떻게 알아보고 정의할 수 있는가? 키프리안에 따르면 이 교회는 진리와 일치의 교회이다. 키프리안은 진리가 교회의 본질적 특징 중 하나라고 주장하지만, 분파주의자를 반대하기 때문에 일치를 강조하게 되었다. 그는 일치가 없는 진리를 인정하지 않는다. 이는 진리의 토대는 사랑이며, 일치가 없는 곳에 사랑이 없기 때문이다.

교회의 일치는 주교단에 있다. 주교들은 사도의 계승자이며, 거기에서 비롯된 그들의 권위는 그리스도께서 사도들에게 주신 것과 같다. 주교는 교회 안에 있고, 교회는 주교 안에 있다; 주교가 없는 곳에는 교회가 없다. 주교단은 하나이지만, 이는 모든 주교가 "주교 중의 주교"에 예속되는 본질의 위계에 기인하는 것이 아니라 각 주교가 주교단 전체를 대변한다는 사실에 기인한다. "주교단은 하나이며, 주교단 내의 각 사람이 전체를 대신하여 주교단의 각 부분을 맡는다." 이런 까닭에 각 주교는 단일체인 위계와 상관없이 독립하여 자기 교구를 다스려야 한다.

키프리안은 다양한 관습과 관련하여 많은 관용과 유연성을 보여준다. 주교단의 통일성 때문에 주교들은 중요한 문제에 대해 서로 상담해야 하지만, 주교는 다른 주교에게 명령할 권리를 갖지 않는다. 로마 교구에 관한 키프리안의 입장을 이해하는 데 있어서 주교단에 관한 이 견해가 중요하다. 키프리안은 한편으로 사도들 중에서 베드로의 수위성과 교회 전반을 위한 로마 교회의 중요성을 찬양한다. "로마 교회는 사제의 일치의 근원이 되는 주된 교회이다"(서신 71.3). 한편 키프리안은 로마의 주교에게 자기 교구의 내부 문제에 대한 사법권을 허락하지 않았다. 베드로의 권위가 다른 사도들의 권위보다 우선이지만 우월하지는 않듯이, 로마교회가 수위권 때문에 다른 교회들 위에 군림할 권위를 갖는 것이 아니다. 그러므로 키프리안은 다른 주교들의 우호적인 권면에 귀를 기울여야 했고 공의회의 논의에 복종해야 했지만, 모든 주교가 자율성을 소유하는 연합된 주교단을 생각했다. 아프리카 교회에서의 그의 통치 방법은 주교의 자율성에 대한 이러한 이해를 보여준다; 키프리안은 동료들에게 영향을 미칠 결정을 해야 할 때마다 그들을 공의회에 소집했다.

　요약하자면, 교회의 일치는 주교단 안에 있고, 모든 주교가 주교단을 공동 재산처럼 공유한다. 이 일치는 진리에 추가되어야 하는 것이 아니라 기독교 진리의 본질적인 부분이므로, 일치가 없는 곳에는 진리도 없다. 일치가 없는 곳에 구원도 없다. 일치가 없는 곳에 세례나 성찬이나 참 순교도 없다. 일치는 "주교 중의 주교"에게 예속되는 데 있는 것이 아니라, 모든 주교의 공통된 믿음과 사랑과 교제 안에 있다.

오리겐 이후의 동방 신학

　동방의 신학에서 오리겐의 흔적은 사라지지 않았다. 가장 위대한 그리스 신학자는 수 세기 동안 매우 다양하게 영향력을 나타냈다. 그의 신학이 거듭 정죄 되었지만, 그의 글이 읽히고 그의 신학의 일부 양상들이 널리 퍼지는 것을 막을 수 없었다.

　3세기 동방 신학의 한 가지 특징은 신학 분야에서 오리겐이 우월한 것이었다. 가장 유명한 신학자들이 그의 추종자들이었다. 그를 추종하지 않은 신학자들은 그를 대적했기 때문에 중요하다. 오리겐주의 안에는 다양한 파벌의 주요 신학교들이 있었다. 사모사타의 바울의 경우처럼 완전히 독립된 신학이 생겨났을 때 오리겐주의자들은 그에 반대하여 결국 그것을 정죄하는 데 성공했다.

오리겐이 사망한 후 알렉산드리아뿐만 아니라 카이사레아를 비롯하여 그의 제자들이 정착한 동방의 여러 지역에 그가 추진해온 신학 전통이 존속했다. 알렉산드리아에서는 헤라클라스(Heraclas), 대 디오니시우스(Dionysius the Great), 테오그노스투스(Theognostus), 피에리우스(Pierius) 등의 신학자들이 판테누스와 클레멘트와 오리겐의 전통을 이어갔다. 이 알렉산드리아 신학자들의 저술들은 단편들만 남아있지만, 그들은 4세기 초에 다시 등장할 전통을 이어가는 데 기여했다. 카이사레아에서는 알렉산드리아에서 피에리우스에게서 수학했고, 후일 카이사레아의 주교가 된 팜필루스(Pampilus)가 오리겐의 저서들을 보존하고 확대했는데, 이것이 팜필루스의 제자로서 오리겐주의자인 카이사레아의 유세비우스가 귀중하고 유명한 『교회사』(Church History)를 저술할 수 있었던 주요 이유 중 하나이다. 제국의 다른 지역의 유명한 오리겐주의자는 네오카이사레아의 그레고리(기적을 행하는 자)와 안디옥의 루치안(Lucian)이 있다. 그들의 작업은 엄청난 결과를 가져왔다. 3세기에 오리겐주의 내에서 나타난 다양한 경향을 설명하기 전에 그 시대에 오리겐주의와 완전히 독립된 것처럼 보이는 중요한 신학자인 사모사타의 바울(Paul of Samosata)에 대해 먼저 논하고, 그다음에 오리겐주의를 대적한 올림푸스의 메토디우스(Methodius of Olympus)에 대해 논하려 한다.

사모사타의 바울

사모사타의 바울(Paul of Samosata)은 260년경에 안디옥의 주교로 선출되었다. 얼마 후 안디옥의 기독교인들은 주교의 행동과 가르침에 항의했다. 가장 신랄한 비난은 그가 그리스도께 찬송하는 것을 허락하지 않는다는 것이었다. 결국 그의 견해는 역동적 단일신론(力動的 單一神論, dynamic monarchianism)이라고 알려졌다.

사모사타의 바울의 주된 관심은 기독교적 일신론을 주장하는 데 있었다. 안디옥의 유대인들은 강력한 소수집단이었고, 팔미라(Palmyra)의 일반적인 종교적 경향은 현저하게 일신론을 향해 진보했다. 기독교는 이교의 논쟁에서 유일하신 하나님의 존재를 주장했다. 이러한 상황 때문에 바울은 성부와 성자와 성령의 차이를 희생하면서 하나님의 통일성을 강조하게 했다.

바울은 성부와 성자와 성령이 하나님이 나타나시는 세 가지 양식이라고 주장하는 양태론의 방식을 따르지 않았다. 그는 예수 안에 하나님의 능력(dynamics)이 거했다고 주장함으로써 일신론을 유지하려 했다. 그러나 그 능력이 모세와 선지자 안에도 거했으므로, 예수 안에 있는 하나님의 현존은 다른 사람 안에 거했거나 거할 수 있는 것과 양적으로만 다르다. 예수는 신이 아니었다. 예수가 원래 메시아로 태어난 것이 아니고 예수 안에 있는 로고스가 강력하게 작용하여 메시아가 되었다고 주장하였다. 또 예수가 하나님의 양자(養子)가 되어 신성을 부여받았다고 주장하였다.

사모사타의 바울의 교리는 터툴리안, 히폴리투스, 그리고 오리겐에게서 발견되는 성자종속설 경향과 구분되어야 한다. 극단적으로 표현된 성자종속설은 성자와 성령을 성부보다 열등한 존재로 간주함으로써 하나님의 통일성을 지키지만, 그것은 사모사타의 바울과는 다른 견해이다. 바울은 성부와 다르지만 어떤 고등한 존재가 예수 안에 성육했다는 사상을 거부함으로써 하나님의 통일성을 지켰다. 이것이 그가 동일본질(*homousios*)이라는 용어를 사용한 상황일 것이다. 동일본질이라는 용어는 4세기의 논쟁에서 중요했다.

적어도 신론과 기독론에서 바울의 신학은 오리겐주의자들을 비롯한 동방 신학자들과 충돌할 수밖에 없었다. 그는 아버지와 동등한 위격으로서의 말씀의 존재를 부인했고, 특히 말씀이 예수 그리스도 안에 있는 인성과 연합했다는 것을 부인했는데, 그것이 대부분의 교회 지도자들과 안디옥의 많은 평신도를 분개하게 했다. 결국 그는 종교회의에서 해임되었다. 그러나 그는 정치적인 요인으로 말미암아 271년까지 자기 교구를 유지했다.

올림푸스의 메토디우스

사모사타의 바울이 정죄되고 해임된 데는 정치적인 함축이 있었음을 부인할 수 없지만, 동방의 신학에서 그것은 오리겐주의의 영향과 관련이 없는 중요한 마지막 신학 체계의 종식을 표시한다. 이때부터 3~4세기까지 오리겐과 그의 추종자들에 대한 항의가 거듭되었지만,

이러한 항의 자체가 위대한 알렉산드리아의 교사 오리겐의 영향을 보여주었다. 올림푸스의 메토디우스가 그것을 보여주는 탁월한 예이다.

메토디우스는 네 가지와 관련하여 오리겐에 반대했다: 세상의 영원함, 영혼의 선재, 유심론적 종말론(spiritualistic eschatology), 그리고 풍유적 성경 해석. 그는 멜리토, 파피아스, 이레네우스 등에서 찾을 수 있는 신학 전통의 관점에서 그 교리들을 공격했다. 메토디우스는 멜리토와 파피아스와 이레네우스 등처럼 구약성경의 예표론적 해석, 천년왕국설, 그리고 구원사를 회복(recapitulation), 또는 아담의 사역과 그리스도의 사역 대조 등으로 해석하는 것 등에 찬성한다. 그러나 오리겐의 풍유적 성경 해석을 공격하면서도 그에 못지않게 풍유적인 해석에 몰두한 방식에서 오리겐의 영향을 볼 수 있다. 그가 오리겐의 이성주의를 논박하면서 이성을 사용한 방식에서도 볼 수 있다.

오리겐주의 신학

오리겐이 사망한 직후의 오리겐주의의 발달에 대해서는 알려진 것이 거의 없다. 오리겐 학파에 속했던 카이사레아의 유세비우스가 3세기와 4세기 초에 주요 오리겐주의자 몇 사람과 관련된 풍부한 자료를 기록했지만, 이 자료는 대체로 전기와 관련된 것으로서 그 시대의 주요 신학 조류에 대한 우리의 지식에 그리 보탬이 되지 않는다. 한편 그보다 후대의 저술에는 3세기 오리겐주의자에 대한 언급과 인용문이 있다. 그것들은 기독교 사상사에서 매우 귀중하다. 왜냐하면 그것을 통해서 오리겐에서부터 아리우스주의 위기로 이어지는 신학적 발달 현상을 재구성할 수 있기 때문이다. 그러나 이러한 언급은 아리우스주의 문제가 제기된 후, 다시 말해서 삼위일체론이 신학적 논의의 중심을 차지하고 있을 때 이루어진 것이기 때문에, 현재 보존되어있는 단편과 자료가 왜곡되었을 수 있을 뿐만 아니라 4세기의 논쟁이 인용된 3세기의 자료를 선정하는 데 기여함으로써 오리겐에서부터 310년대까지의 기간에 역사가들이 편파적인 신학적 관심을 갖게 되었다는 의미에서 이 4세기 저술가들의 증언이 그 이전의 신학자의 입장에 대한 균형된 표현이라고 여길 수 없다는 것을 잊지 말아야 한다. 그러므로 3세기의 오리겐주의 신학(Origenist Theology)을 연구할 때 삼위일체에 관한 질문, 특히 성부와 성자의 관계를 언급하는 문제에 초점을 두게 된다. 그러나 우리가 활용할 수 있는 소수의 자료의 배후에 삼위일체에 대한 언급뿐만 아니라 성경주석, 인간론, 성례에 관한 이론 등에서 대단히 많은 신학 활동이 있었음을 잊지 말아야 한다.

오리겐 사후의 신학의 경로를 예증하기 위해서 그 시대의 가장 유명한 세 명의 오리겐주의자들의 사상에 대해 간단히 논하려 한다: 네오카에사레아의 그레고리(Gregory of Neocaesarea), 알렉산드리아의 디오니시우스(Dionysius of Alexandria), 그리고 안디옥의 루치아노(Lucian of Antioch).

기적을 행한 사람으로 알려진 그레고리는 성자의 영원한 신성을 강조하는 신조를 남겼다. 그는 성자를 성부와 구분하는 것에 대해서는 성부는 보이지 않고 성자는 보이며, 성부는 썩지 않고 성자는 썩는다는 것 등 성자가 성부만큼 거룩하지 않다고 제시하는 설명이 옳지 않다는 것 외에는 둘의 구분에 대해 거의 말하지 않는다. 이 신조는 오리겐의 교리의 두 가지 측면 중 하나를 반영한다. 오리겐은 아들의 신성을 인정하는 동시에 그가 성부에게 종속된다고 주장하는데, 그레고리는 이 교리의 첫째 면을 취하고 둘째 면을 무시한다. 오리겐을 추종하는 사람 중 이러한 경향을 취하는 사람은 "우파 오리겐주의자"라고 불린다.

그와 반대로 일부 오리겐주의자들은 오리겐의 교리의 성자종속설적인 면을 강조했다. 이들은 "좌파 오리겐주의자"라고 불린다. 이들은 삼위의 구분을 없앤 사벨리우스주의의 위협을 두려워했다. 그들은 성자종속설이 성부와 성자를 분명하게 구분하며 온갖 종류의 양태론을 파괴하는 수단이라고 보았다. 이러한 관심을 알렉산드리아의 디오니시우스와 안디옥의 루치아노에게서 볼 수 있다.

대 디오니시우스라고 알려진 알렉산드리아의 디오니시우스는 매우 탁월한 오리겐의 추종자였다. 그는 헤라클라스의 후임으로 알렉산드리아의 주교요 요리문답학교의 교장이 되었다. 데키우스 황제와 발레리우스 황제의 박해 때 그는 알렉산드리아에서 추방되었지만, 다시 주교직에 복귀하여 264년에 사망할 때까지 그 직책을 유지했다. 그의 저서는 대부분 유실되었고, 후대의 저술가들이 인용한 몇 개의 단편만 보존되었다. 그 단편 중 가장 중요한 것은 로마의 디오니시우스와 주고받은 서신을 언급하는 것이다. 그것은 사벨리우스주의의 위협에 직면하여 좌파 오리겐주의로 기운 어느 오리겐주의자가 성부와 성자의 구분을 지나치게 강조함으로써 그가 돌보는 교인 중 일부가 분개했음을 보여준다.

디오니시우스는 극단적인 사벨리우스주의를 두려워했기 때문에 설교에 성부와 성자의 구분을 강조하는 구절과 예화를 사용했다. 그러한 구절과 예화 중 일부는 성자가 피조물이었다고 암시하는 듯했다. 디오니시우스는 성자가 존재하지 않았던 때가 있으며, 그가 성부와 다른 본질을 소유한다고 주장했다. 일부 신자는 디오니시우스 주교의 이러한 교리에 대해 염려하여 로마의 디오니시우스 주교에게 견해를 묻는 편지를 보내기로 했다.

그리하여 두 주교가 주고받은 편지는 동방과 서방에서 각기 다른 언어를 사용하는 데서 야기된 어려움을 보여준다. 서방에서는 터툴리안의 시대 이후로 성부와 성자와 성령의 공동 신성을 언급하기 위해서 본질(substance)이라는 용어를 사용하고, 삼위 각각을 언급하기 위해서 위격(person)이라는 용어를 사용했다. 이러한 언어 장벽을 극복하기 위해서 위격(persona)를 프로소폰(prosopon)으로 번역했는데, 프로스폰은 "위격"뿐만 아니라 "얼굴" 또는 "가면"을 의미한다. 그러므로 동방의 기독교인들은 서방의 신학 안에서 세 개의 신적인 위격을 하나님이 계시되는 얼굴 또는 양식으로 만드는 양태론적인 경향을 보았다. 한편 동방에서의 용어 사용도 애매했다. ousia와

hypostasis가 호환적으로 사용되었는데, 이는 두 단어 모두 몇 개의 개체가 공유하는 공동 본질뿐만 아니라 하나의 사물의 특별한 생존을 의미할 수 있으며, 두 단어 모두 substantia라는 라틴어로 번역될 수 있었기 때문이다. 그러므로 로마의 디오니시우스 같은 서방 신학자는 동방의 동료 성직자가 세 개의 hypostasis에 대해 말하고 있음을 알게 되었을 때 이것을 삼신론적 용어로, 또는 용납할 수 없는 성자종속설로 해석할 수밖에 없었다. 알렉산드리아의 주교와 로마의 주교가 주고받은 서신에서 볼 수 있는 이러한 난제는 4세기 말에 오래 지속한 논쟁이 끝나고 기본 용어의 모호함이 밝혀질 때까지 동방과 서방의 소통을 방해하는 장애물이 되었다.

마지막으로 엄청난 결과를 초래한 글을 저술한 오리겐주의자, 안디옥에 알렉산드리아의 학교와 경쟁하게 될 학교를 설립한 안디옥의 루치아노에 대해 언급해야 한다. 그는 모든 면에서 오리겐주의자였던 것처럼 보이지만, 오리겐의 풍유적 해석에 반대하고 역사적이고 문법적인 방법으로 성경을 공부할 것을 제안했다. 이 방법을 따르면 성경 본문을 해석자에게 유리하게 다루기 어려웠다. 그러므로 이단에 직면한 4세기의 알렉산드리아의 위대한 교사들은 비록 신학적 임무를 더 어렵게 하는 일이었지만, 풍유적 해석을 버리고 본질싱 더 임격하고 과학적인 해석 방법을 택해야 했다. 이후 이 방법을 사용하는 것이 안디옥 학파의 특징이 되었다.

기독교 사상사에서 루치아노의 중요성은 그가 성경해석 방법에 기여한 데 있는 것이 아니라 그의 삼위일체론에 있다. 그가 사망하고 나서 몇 년 후에 아리우스 논쟁이 벌어졌을 때 아리우스주의 지도자들은 모두 루치아노의 옛 제자들이었으며, 그들은 스스로를 "공동-루치아노주의자들"(co-Lucianists)이라고 불렀다.

제7장

아리우스 논쟁과 니케아 공의회

교회사에서 4세기는 새 시대의 출발점이었다. 기독교 사상사에서 콘스탄티누스 황제는 박해받는 교회를 용인된(tolerated) 교회로 바꾸었고, 특히 콘스탄티노플을 건설한 후에는 혜택받는(favored) 교회로 바꾸었다. 이러한 새로운 상황에 따른 직접적인 결과 중 하나는 4세기가 위대한 교부의 시대였다는 것이다. 이는 이전에 순교를 위한 훈련과 이교의 고발을 반박하는 데 쏟았던 에너지를 다른 활동에 쏟을 수 있게 되었기 때문이다. 이것이 4세기에 아타나시우스(Athanasius), 카파도키아 교부들, 제롬, 암브로스, 어거스틴, 최초의 교회사가인 카이사레아의 유세비우스 등 뛰어난 인물들이 풍부했던 이유 중 하나이다. 어떤 신자들은 국가로 말미암는 순교가 불가능해졌기에 수도생활이라는 대체 순교에 헌신했으므로, 4세기에 수천 명의 은둔수사들이 이집트 사막으로 들어갔다. 그전까지 장례식 등의 미미한 표현에 제한되어 있던 기독교 예술이 하늘과 땅의 주이신 그리스도에게 초점을 두는 승리의 예술이 되었다. 이제 그리스도와 황제의 유사성이 확립되었기 때문에 비교적 단순했던 전례가 제국 궁전의 관례를 취하기 시작했다. 전례의 발달에 맞추어 교회가 건축되기 시작했다.

이런 새로운 상태에 부정적인 결과도 따랐다. 첫째, 곧 대규모 개종이 시작되었는데, 그것은 어쩔 수 없이 깊은 확신과 교회의 도덕적인 삶과 관련이 없는 대규모 개종이 시작되었다. 둘째, 제국의 보호로 말미암아 권력자들이 교회에 합류하여 신앙 공동체 안에서 권력을 유지하고 발휘할 수 있게 되었다. 마지막으로, 기독교인들에게 신학을 발달시킬 수 있는 가능성을 부여한 제국의 보호에는 하나의 신학적 견해를 제국이 정죄하거나 찬성할 수 있는 가능성이 포함되어 있었는데, 이 때문에 전과는 달리 신학 논쟁에 정치적 요인이 개입되었다. 이런 일이 아리우스 논쟁에서 발생했다.

알렉산드리아 교회의 장로 아리우스(Arius)는 예수의 신성을 해석하는 문제로 그 교회의 주교 알렉산더(Alexander)와 충돌했다. 알렉산더는 예수 안에 성육하신 말씀의 신성을 반드시 유지해야 한다고 느끼는 "우파 오리겐주의자"였다. 아리우스와 그의 추종자들은 구원에 대해서 알렉산더가 위협한다고 여긴 견해를 옹호하고 있었던 듯하다. 이 해석에 따르면, 아리우스와 그의 "동료 루치아노주의자들"(fellow-Lucianists)은 예수가 참 인간이어야 하며, 그의 신성은 본질이 아니라 의지에 의해서, 즉 신자들이 모방하고 반복할 수 있는 용어로 진술되어야 한다는 데 관심을 두었다. 이러한 관점에서 아리우스의 주된 관심은 구주는 본받을 수 있는 분이어야 한다는 데 있었다. 아리우스는 우리가 성자를 따르고 양자가 되려면 성자가 입양으로 하나님의 아들이 되었다는 것이 중요하다고 여겼다. 이 해석을 후기의 아리우스주의에 적용하기 어렵지만. 초기 아리우스주의의 핵심은 사모사타의 바울이 나타냈던바 구주의 인성을 지키려는 데 대한 관심이었다. 이것 역시 아리우스주의가 초기부터 사모사타의 바울의 가르침과 관심을 유지했다고 해석되는 이유를 설명해준다. 만일 초기 아리우스주의를 신격에 대한 사변이 아니라 그리스도의 사역에 대한 특별한 이해에서 생겨난 것으로 해석한다면, 알렉산드리아에서 아리우스주의가 대중에게 호소력—흔히 아리우스 개인의 인기에 기초한다고 설명되는 호소력—을 지녔던 것을 이해할 수 있다.

예수 안에 성육하신 분이 본성적으로 신인지, 아니면 입양되어 신이 된 피조물인지에 관한 질문이 제기되었을 때, 아리우스와 그 추종자들은 후자의 견해를 선택했다. 이 점에서 알렉산더와 그 지지자들은 아리우스주의를 받아들일 수 없다고 여겼고, 그 후 그들은 아리우스가 구원과 성자의 구원 사역에 대해 말한 것이 아니라 그분이 완전하고 영원한 신이 아닌 것에 대해 말한 것을 강조했다.

아리우스주의는 알렉산드리아 주민들의 큰 지지를 받았다. 알렉산드리아 주민들은 "그분이 존재하지 않은 때가 있었다"라고 찬송하며 돌아다녔다. 한편 알렉산더는 온갖 수단을 동원하여 아리우스의 교리를 공격했다. 그들은 여기에서 언급할 필요가 없는 일련의 사건이 벌어진 후에 종교회의를 소집했는데, 약 백 명의 이집트 주교들이 참석하여 아리우스를 정죄하고 해임했다. 그러나 아리우스는 자신이 패배했다고 생각하지 않았고, "동료 루치아노주의자들"(fellow-Lucianists)에게 편지를 보내어 지원을 얻었다. 특히 그들 중 가장 영향력이 있는 니코메디아의 유세비우스(Eusebius of Nicomedia)의 지지를 받았다. 유세비우스는 알렉산드리아 주교의 항의에도 불구하고 아리우스를 자기 교구에 받아들이고 보호해 주었다.

그리하여 논쟁은 교회 전체에 영향을 미칠 수 있는 분열로 확대되었다. 기독교가 제국을 결속하는 역할을 해주기를 기대했고 북아프리카에서 벌어진 도나투스 논쟁에 개입할 필요성을 느꼈던 콘스탄티누스 황제에게 이 소식이 전해졌다. 그는 종교 문제에 관한 고문인 코르도바의 호시우스(Hosius) 주교를 동방으로 보냈다. 호시우스는 분쟁 당사자들에게 분쟁을 평화롭게 해결하라고 요청하는 황제의 편지를 가져갔다. 호시우스가 불화의 원인이 심각하여 화해의 노력만으로 해결할 수 없다고 알려 주었으므로, 콘스탄티누스 황제는 공의회를 소집하여 아리우스 문제뿐만 아니라 해결이 필요한 몇 가지 문제를 다루려 했다.

공의회는 325년에 비티니아(Bythinia)에서 개최되었는데, 300명 이상의 주교가 참석했다. 이 주교들은 박해를 생생하게 기억하고 있었으므로, 사람들은 황제가 소집하여 이렇게 많은 주교가 모인 것을 기적이라고 느꼈다. 공의회에 참석한 주교들 중 소수만 논의되어야 할 주요 문제에 관해 확고한 견해를 가지고 있었다. 아리우스는 주교가 아니었기 때문에 공의회에 참석하지 못했다. 니코메디아의 유세비우스가 이끈 "동료 루키안주의자들"의 소집단은 처음에는 쉽게 다수의 지지를 얻을 수 있을 것이라고 생각했다. 반면에 알렉산드리아의 알렉산더가 이끌었고 단일신론 경향의 주교들을 포함한 소수의 집단은 아리우스주의에 대한 정죄를 성취하려 했다. 그러나 대부분의 주교는 당면한 문제의 중요성을 이해하지 못한 듯했다. 그들은 사벨리우스주의를 두려워했기 때문에 성자종속설을 강력하게 정죄하는 것을 피하려 했다. 게다가 하나님의 통일성보다는 제국의 통일에 더 큰 관심을 지녔던 황제는 가능한 다수의 주교가 받아들일 수 있는 공식을 찾으려 했다.

정확한 논의 과정은 분명하지 않다. 니코메디아의 유세비우스는 자신 및 아리우스를 포함한 동료 루키안 주의자들의 가르침을 밝히는 진술을 했다. 얼마 동안 성경적 용어를 사용하여 성자가 피조물이 아니라고 선언하는 문서를 작성하려 했다. 그러나 아리우스파는 그에 반대할 수 있는 모든 본문을 나름대로 해석했다. 논란 끝에 황제가 개입하여 성사의 완서한 시성을 분명히 하기 위해서 신조에 "동일본질"(homoousios)이라는 단어를 추가하라고 제안했다. 그리하여 한 집단에 그 용어를 포함하는 신앙 진술의 초안을 작성하는 임무가 주어졌다. 그 결과 작성된 다음의 신조를 공의회가 받아들였다:

우리는 눈에 보이거나 보이지 않는 일체의 사물들의 창조주이신 전능하신 성부 한 하나님을 믿는다. 또한 우리는 주 예수 그리스도를 믿으니 그는 하나님의 아들이시오 성부의 본질로서 비롯된 하나님의 독생자이며 하나님의 하나님이시오 빛 중의 빛이시오 진정한 하나님 중에 하나님이시니 그는 창조되지 않고 성부와 동일 본질로서 잉태되셨으니 그를 통하여 천상과 지상의 만물이 창조되었다. 그는 우리 인간들과 우리들의 구원을 위해 이 땅에 내려 오셔서 성육신 하시고 인간이 되심으로 고난을 받으시고 제 삼일에 부활하시어 승천하셨으니 산자와 죽은 자를 심판하러 오실 것이다. 우리는 또한 성령을 믿는다. 그러나 그가 존재하지 않을 때가 있었다고 말하는 자들, 잉태하기 이전에는 존재하지 않았다고 주장하는 자들, 혹은 무에서 그가 비롯되었다는 자들, 혹은 하나님의 아들이 서로 다른 본질 혹은 정수라고 주장하는 자들, 혹은 그가 창조 되었다거나 변화 될 수 있다고 주장하는 자들을 보면 교회는 저주하는 바이다. 아멘

니케아에서 채택된 신조의 중요성은 "성부의 본질로서 비롯된"과 "진정한 하나님 중에 하나님이시니 그는 창조되지 않고 성부와 동일 본질로서 잉태되셨으니"라는 표현에 있다. 또 "우리들의 구원을 위해"라는 구절이 신조에서 중심 역할을 한다는 점에도 주목해야 한다. 그 구절 앞부분에서는 성자의 영원한 신성이 강조되며, 뒷부분은 그의 성육신과 고난과 승천에 대해 말한다. 그러므로 니케아 신조는 성자가 참된 우리의 구주가 되기 위해서 그를 종속적인 피조물로 만들 필요가 없다는 점을 분명히 하려 한다. 마지막으로 끝부분에 저주를 추가함으로써 아리우스주의 해석의 여지를 남겨두지 않는다. 이러한 본문들을 볼 때 니케아 신조의 의도는 이제 이단으로

간주해야 할 아리우스주의가 설 여지를 남겨두지 않는 데 있었다.

니케아에 모인 주교들이 자기들이 받아들였으며 궁극적으로 보편 교회의 신조가 될 이 신조를 어떻게 이해했는지는 알기 어렵다. 이 신조에 동의한 사람들은 각기 자신의 신학적 전통에 따라 그것을 달리 해석했을 것이라고 짐작할 수 있다. 공의회에서 서방 교회를 대표한 소수의 신학자들에게 있어서 동일본질(homoousios)이라는 용어는 터툴리안 시대 이후 서방의 전통적 교리가 된 본질의 통일성에 근접하는 번역인 것처럼 보였다. 동방의 주교들은 동일본질을 성자의 신성뿐만 아니라 성부와 성자 사이의 절대적인 통일성, 즉 사벨리우스주의자들이 주장하는 대로 근본적인 구분이 없는 통일성을 확인하는 것으로 해석했다. 셋째, 아리우스를 정죄하려는 목적으로 회의에 참석한 알렉산더를 추종하는 소수 집단은 이 용어를 성자의 영원성과 신성을 확인하는 것으로 해석하려 했는데, 이것이 아리우스와 우파 오리겐주의자들 사이의 갈등의 핵심이었다. 이 공식은 그들이 원하는 것만큼 명쾌하지는 않았지만, 성자가 피조물이었다고 주장하려는 시도를 분명히 거부한 것이었다. 넷째, 대다수의 주교들은 아리우스주의보다 사벨리우스주의를 두려워했다. 만일 공의회의 주력체였던 이 집단이 니케아 신조를 받아들이고 그에 서명했다면, 그것은 우선적으로 니코메디아의 유세비우스의 설명의 결과이고, 둘째로는 황제의 영향력 때문이고, 셋째로는 동일본질(homoousios)을 하나님의 절대적이고 본질적인 통일성을 확인하는 것이 아니라 성자의 신성을 확인하는 것으로 해석했을 가능성 때문이다. 마지막으로, 아리우스파는 그 신조를 다양한 방식으로 해석하고 다양한 태도를 취했다. 추방 위협은 받은 그들 대부분은 양심을 거스르지 않고서 황제의 뜻에 복종할 수 있도록 해석하려고 노력하면서 이 신조와 저주에 서명했다. 어떤 사람들은 그 신조를 받아들였지만 저주에는 서명하기를 거부했고, 두 명은 철저히 서명을 거부했다. 문서에 서명하지 않은 사람들은 황제의 명령으로 추방되었고, 아리우스의 책들은 불태워졌다.

요약하자면, 니케아 신조는 매우 애매했다. 성자의 신성 확인을 주 목적으로 삼았던 그 신조는 신적 통일성의 확인으로 해석될 수도 있다. 이것 및 니케아 신조가 성자와 성부와 성령의 구분에 관해 언급하지 않는다는 사실 때문에 곧 그것이 사벨리우스주의에 양보한 것이 아닌가 하는 의심을 낳았다. 이것이 니케아에서 아리우스주의가 정 되었음에도 그것을 교회에서 몰아냈음을 충분히 증명하지 못했으며, 50년이 넘도록 논쟁이 계속된 이유이다.

약 50년 동안 니케아 신조를 옹호한 사람들이 우세했다. 로마와 알렉산드리아와 안디옥 등 세 개의 주요 주교좌는 니케아의 결정과 신조를 지지하는 사람들이 차지했고, 콜도바의 호시우스는 황제의 고문이 되었다. 그러나 이 상황은 오래 가지 못했다. 곧 회유적 자세를 취한 아리우스파는 반 아리우스파가 고집스럽고 배반하는 자들임을 황제에게 이해시켰다. 또 그들은 일부 보수적인 주교들을 니케아 신조가 사벨리우스주의에 양보한 것이라고 확신하게 했다. 니코메디아의 유세비우스의 추방 생활도 오래 지속하지 못했다. 왜냐하면 그는 곧 아리우스주의의 가장 극단적인 결정을 선포하려는 전략이 잘못된 것이었음을 깨달았기 때문이다. 그는 콘스탄티누스 황제와 화해한 후에 황제의 여름 별장이 있는 자신의 교구 니코메디아로 돌아왔고, 황제의 총애를 얻었다. 아리우스도 자신이 교회와 타협할 준비가 되어 있다고 주장하는 편지를 황제에게 보냈는데, 황제는 이를 근거로 그의 귀환을 허락했다.

아리우스파는 니케아 공의회 이후 몇 년 동안은 황제의 자부심인 이 공의회의 결정을 공격하지 않았고, 니케아 신조의 주요 지지자들을 조직적으로 공격했다.

알렉산드리아의 알렉산더는 328년에 사망했고, 그의 동료였고 니케아 공의회에 참석했던 아타나시우스(Athanasius)가 그의 후계자가 되었다. 아타나시우스는 신학적으로 알렉산더의 노선을 따랐는데, 곧 니케아 신앙의 가장 강력한 지지자로 알려졌다. 동방에서 아리우스파의 주된 반대자는 안디옥의 유스타티우스(Eustathius of Antioch), 안키라의 마르셀루스(Marcellus of Ancyra), 그리고 알렉산드리아의 아타나시우스였다. 니코메디아의 유세비우스는 이들을 개인적으로 공격하면서 도덕적이거나 징계적 고발 형태를 취했지만, 그의 실질적인 표적은 니케아의 결정이었던 듯하다.

니코메디아의 유세비우스의 첫 번째 공격 대상은 안디옥의 유스타티우스였다. 니케아 공의회가 개최되고 나서 5년 후인 330년에 니코메디아의 유세비우스는 유스타티우스를 간음자요 폭군이요 이단자로 정죄하려 했고, 쉽게 그를 해임할 수 있었다. 유스타티우스는 황제에게 호소했지만 소용이 없었다. 이는 니코메디아의 유세비우스와 그의 추종자들이 그가 콘스탄티누스 황제의 모친에 대해 무례한 말을 했다고 고발했기 때문이었다. 결국 유스타티우스는 트라키아로 추방되었고, 그곳에서 아리우스파를 대적하는 몇 권의 저서를 저술하고 얼마 후에 사망했다. 그러나 그의 역사는 그곳에서 끝나지 않았다. 안디옥에 있는 그의 추종자들은 그의 정죄뿐만 아니라 그의 후계자 임명을 받아들이지 않았다. 그리하여 야기된 분열이 여러 해 동안 지속하였고, 그로 말미암아 동방교회가 동요했다.

유스타티우스보다 훨씬 두려운 사람은 알렉산드리아의 신임 주교 아타나시우스였다. 전통적으로 신학 활동의 중심지라는 특권을 누려온 이 교구의 중요성, 그리고 서방과의 긴밀한 관계 때문에 알렉산드리아의 주교는 무서운 원수였다. 그런데 그 교구의 주교좌를 차지한 사람이 역사적으로 가장 위대한 교회 지도자 중 하나라는 점에서 인격적인 요인이 추가되었다. 아타나시우스는 포기를 모르며 공격 방법을 아는 아리우스의 대적자였다. 게다가 그는 기독교의 중심 진리를 분명히 파악하고 있었으며, 중요한 것과 부수적인 것을 구분하는 특별한 능력을 지니고 있었다. 이런 까닭에 그는 여러 해 동안 니케아 신앙의 옹호자였으며, 니코데미아의 유세비우스를 비롯한 아리우스파의 주요 공격 대상이었다.

331년에 아타나시우스가 적들의 고발을 당하여 황제 앞에서 자신을 변호해야 했다. 그 결과 그는 자기 교구를 떠나야 했는데, 그것이 그의 여러 차례의 추방 생활 중 첫 추방 생활이었다. 그는 니케아 신앙을 옹호해야 한다는 확신 때문에 추방 기간에 서방을 방문하여 유대를 맺었는데, 그 일은 후일 유익한 결과를 낳았다.

아리우스주의에 대해 공격적 자세를 취한 최초의 인물 안키라의 마르셀루스(Marcellus of Ancyra)에게는 일신론을 지지하는 경향이 있었기 때문에 그를 정죄하는 것은 그리 어렵지 않았다. 아리우스가 사망하던 해인 336년에 콘스탄티노플 종교회의는 사모사타의 바울의 교리를 가르쳤다는 죄목으로 마르셀루스를 정죄하고 해임했고, 황제는 그를 추방했다.

간단히 말해서, 330년부터 칠 년 후에 콘스탄티누스 황제가 사망할 때까지 그 "위대한 공의회"의 옹호자들은 거듭 패배했다. 황제의 주된 관심은 신학적인 것보다 정치적인 데 있었는데, 이것이 니코메디아의 유세비우스의 정치적 능력과 결합하여 아리우스주의에 유리하게 작용했다. 니케아 신앙의 주요 옹호자 중 일부가 자신의 교리가 사벨리우스주의와 다름을 보여주지 못했기 때문에 상황은 한층 더 악화되었다.

콘스탄티누스 대제가 사망한 후 콘스탄틴 2세(Constantine II), 콘스탄스(Constans), 콘스탄티우스(Contantius) 등 세 아들이 그의 뒤를 이었다. 동방은 콘스탄티우스가 다스리고, 나머지 두 형제가 서방을 나누어 다스렸다. 콘스탄스는 이탈리아와 일리리아(Illyria)를, 콘스탄틴 2세는 골(Gaul)과 북아프리카를 차지했다.

아리우스주의는 서방에 뿌리를 내리지 못했다. 왜냐하면 서방에서는 사벨리우스주의를 두려워하지 않았고, "한 본질과 세 위격"이라는 공식이 평범한 공식, 최소한 앞부분이 니케아의 공식과 일치하는 공식이 되었기 때문이다. 그러나 서방의 두 황제의 관계가 완전히 우호적이지 않았으므로, 340년에 콘스탄틴 2세가 사망할 때 전쟁이 계속되었다. 서방에서의 통치 경쟁 때문에 동방에 대한 영향력이 감소하였으므로, 콘스탄티우스는 아리우스파를 지지하고 니케아파의 활동을 제한하는 정책을 추진할 수 있다고 여겼다. 339년에 아타나시우스가 두 번째로 알렉산드리아에서 추방되어 로마로 갔다.

콘스탄틴 2세가 사망한 후 콘스탄스가 서방을 통합했다. 콘스탄티우스는 형의 소원에 따라 정책을 완화했고, 니케아 신앙의 옹호자들은 잠시 숨을 돌릴 수 있게 되었다. 아타나시우스는 346년에 알렉산드리아로 귀환했다. 그러나 콘스탄티우스는 아리우스파를 지지하는 정책을 포기하지 않았다. 콘스탄스와 서방의 영향 때문에 그것을 완화했을 뿐이었다.

아리우스파의 세력이 날마다 커지는 듯했다. 니케아 공의회를 반대한 우르사치우스(Ursacius), 발렌스(Valens), 제르미누니우스(Germinius) 등 세 주교가 개인적으로 콘스탄티우스의 고문이 되었다. 콘스탄티우스는 350년에 콘스탄스가 사망하면서 제국의 절대군주가 되었다. 5년 후 아리우스파 고문들은 황제에게 "시르미움의 신성모독"(blasphemy of Sirmium)이라고 알려진 공식, 성자가 성부보다 열등하다고 선언하며 *"ousia"* 나 *"substantia"* 에 관한 논의를 금하는 공식을 제안했다. 이것은 니케아 공의회를 정죄하는 것에 버금가는 것으로서 아리우스파가 정면공격을 할 수 있을 만큼 강해졌다고 생각한다는 것을 보여주는 일이었다. 황제는 이 공식을 지지했고, "호모우시우스" 공식이 인기를 얻은 적이 없는 동방에서만 아니라 본질의 일치가 교회의 전통적인 교리인 서방에까지 그것을 도입하려 했다. 그는 이 칙령을 도입하기 위해 폭력적인 방법을 사용했다. 코르도바의 호시우스와 리베리우스(Liberius) 교황도 황제의 요구에 굴복하여 그 "신성모독"에 서명했다.

니케아 신조에 반대한 사람들 모두의 의견이 일치한 것은 아니었다. 4세기 중반에 "호모우시우스" 공식에 반대한 사람들이 최소한 세 갈래—상이본질파(anomoeans), 동일본질파(homoeans), 유사본질파(homoiousians)—로 분열했다.

극단적 아리우스파인 상이본질파는 성자가 모든 면에서 성부와 다르다고 주장했다. 성자는 성부와 같은 본질(*homoousios*)이나 비슷한 본질(*homoiousis*)을 소유하지 않고, 다른 본질을 소유한다. 성자를 하나님이라 부를 수 있는 것은 그의 본질 때문이 아니라 그가 성부의 능력이나 활동에 동참하기 때문이다. 엄격한 의미에서 성부만이 하나님이시다. 왜냐하면 성자는 "피조되지 않은 분의 피조물"이기 때문이다. 극도로 이성주의적인 이 견해의 주 주창자는 아에티우스(Aetius)와 유노미우스(Eunomius)였다.

동일본질파(homoeans)는 "유사한"(similiar)이라는 의미의 라틴어에서 유래한 것으로서 "정치적 아리우스파"라고도 알려져 있다. 그들은 성부와 성자의 관계가 유사성의 관계라고 주장하지만, 결코 그런 의미로 정의한 것이 아니다. 두 개의 사물이 유사하지만 또한 다르므로, 이 견해는 상황에 따라 다양하게 해석될 수 있다. 그러나 우르사치우스(Ursacius)와 발렌스(Valens) 같은 이 집단의 지도자들은 투철한 아리우스파였으며, 상황이 허락될 때마다 상이본질파를 지원했다. 동일본질파는 본질(homoiousis) 문제를 피하려 했다. 이는 본질의 문제는 그들로 하여금 성부와 성자의 유사성의 특성을 정의하게 할 것이기 때문이었다. 이것이 우르사키우스와 발렌스가 콘스탄티우스 황제에게 성부와 성자의 본질의 유사성이나 동일본질과 관련한 논의를 금지하라고 조언한 이유일 것이다.

"비슷한 본질의"이라는 헬라어 homoiousios에서 유래한 유사본질파(homoiousians)는 준-아리우스파(semi-Arians)라고 불리기도 하는데, 이들은 니케아 신조와 관련한 불안에서 생겨난 집단이다. 그것은 니케아 신조가 아리우스주의를 정죄했다는 사실과 관련된 것이 아니라 사벨리우스주의에 대한 명백한 개방성과 관련이 있었다. 이 집단은 "시르미움의 신성모독" 이후 온건한 신학자들이 사벨리우스주의뿐만 아니라 아리우스주의를 대적해야 할 필요성을 느꼈을 때 등장했다. "시르미움의 신성모독"은 성자가 본질에서 성부와 다르며, 둘의 관계가 "동일본질"(homoousios), 또는 "유사본질"(homoiousious)이라는 용어로 표현될 수 없다고 주장했다. 이때 현재까지 보존되어오는 본문에 "유사본질"이라는 용어가 처음 등장했지만, 그것이 공격받았다는 사실은 일부 신학자들이 이미 사벨리우스주의와 아리우스주의를 피하는 수단으로 그것을 사용하기 시작했음을 암시한다. 어쨌든 "시르미움의 신성모독" 이후 안키라의 바질

(Basil of Ancyra)의 주도로 유사본질파라고 불리는 집단이 등장했다. 바질 외에 예루살렘의 키릴(Cyril of Jeresalem)과 안디옥의 멜레티우스(Meletius of Antioch) 등이 이끄는 유사본질파는 니케아파뿐만 아니라 아리우스주의에 반대했지만, 점차 자기들의 견해가 유사본질 옹호자들의 견해와 일치한다는 것을 깨달았다.

유사본질파는 358년 바질의 주도로 안키라에 소집된 종교회의가 최초의 유사본질 공식을 작성하면서 윤곽을 드러냈다. 이 공식에서 "시르미움의 신성모독"에 대한 보수적인 다수의 반작용을 볼 수 있다. 여기에서 성부와 성자의 본질적 유사성이 단정적으로 단언된다. 창조주와 피조물의 차이와 관련하여 성자는 분명히 피조물 가운데 있지 않고 성부 다음에 있다고 언급된다. 이것은 성부와 성자의 전적인 동일성이 있다는 의미가 아니다. 이는 그 둘의 본질(ousiai)이 하나가 아니라 둘이기 때문이다. 이 집단은 콘스탄티우스가 분열된 제국의 통일을 위한 수단을 회복해줄 중도를 찾기 위해서 그것을 지지하면서 큰 승리를 거두었다. 이 논의에서 사용된 용어들에 정확성이 부족한 것은 4세기의 교회가 성부와 성자의 관계를 명확히 하려 할 때 직면한 어려움 중 하나이다.

이것이 콘스탄티우스의 사망 및 그의 후계자로서 이교도였기 때문에 신학 논쟁에 관심이 없었던 배교자 줄리안(Julian)이 신학 논쟁에서 정치의 영향을 제거하고 쌍방이 주로 신학적 수단을 통해서 승리를 추구하도록 했을 때의 상황이다.

이때 아타나시우스가 궁극적으로 니케아 신앙의 승리로 이어질 결

정적인 조치를 했다: 362년에 알렉산드리아에서 개최된 종교회의는 의미가 같으면 언어적 차이가 중요하지 않다고 선포했다. 따라서 "세 위격"이라는 표현이 삼신론을 지지하지 않는 것으로 해석되며, "하나의 본질"이 사벨리우스의 방식으로 해석되지 않는 한, "세 위격"과 "하나의 본질"이라는 표현을 받아들일 수 있게 되었다. 이렇게 결정함으로써 니케아파는 보수적 다수와의 동맹으로 가는 길을 열었다. 이제 일반적으로 받아들여지는 공식과 아리우스파에 대한 결정적인 정죄에 이르기 위해서 다양한 용어들의 의미를 설명하는 오랜 과정이 남았다.

362년에 개최된 알렉산드리아 종교회의의 중요성은 그 회의의 회유적 정신뿐만 아니라 성령과 관련한 입장에 기인한다. 아리우스주의는 말씀의 절대적인 신성을 부인하고 성령에 관해서도 같은 결론에 이르렀다. 니케아에 모인 주교들은 말씀의 신성에 주목했지만, 성령 문제는 그리 강조하지 않고 "그리고 성령 안에서"라는 표현을 그대로 유지했다. 그러므로 니케아 공의회는 삼위에 관한 문제 전체를 논의한 것이 아니다. 그러나 니케아 공의회부터 362년에 개최된 알렉산드리아 종교회의 때까지 일부 신학자는 당면한 문제를 설명하고 정의하려 하면서 성령의 신성 문제에 더 관심을 기울였다. 더욱이 성자의 신성에 관한 오랜 논쟁 때문에 대다수의 신학자는 성자의 신성을 어떤 식으로든지 단언해야 할 필요가 있다는 결론에 이르렀지만, 성령에 관해서는 상황이 달랐다. 이는 그때까지 충분한 논의가 이루어지지 않았었기 때문이다. 세바스테의 유스타티우스

(Eustathius of Sebaste)와 니코메디아의 마라톤(Marathon of Nicomedia) 등 일부 신학자들은 성자와 성부의 동일본질을 인정했지만, 성령의 동일본질은 인정하려 하지 않았다. 대체로 언어 문제에서는 다소 유연했던 362년의 종교회의는 성령훼방론자(Pneumatomachian)라 불리는 이 신학자들의 견해에서 용납할 수 없는 오류를 발견했다. 결국 그 종교회의는 성령이 피조물이라는 견해와 아리우스주의를 정죄했고, 그럼으로써 삼위일체 교리를 궁극적으로 확언하는 길을 열어놓았다. 그 종교회의로 말미암아 엄수 니케아파와 보수적인 유사본질파가 연합할 수 있는 길이 열리고 논의의 폭이 넓어져서 성령을 포함할 수 있게 되었다.

그 후 아리우스파의 명분이 사라졌다. 얼마 후에 줄리안 황제가 아타나시우스를 추방했고, 발렌스가 다시 그를 추방했지만, 이 두 차례의 짧은 추방은 니케아파 이상의 진보를 멈추지 못했다. 363년에 안디옥에서 개최된 종교회의는 니케아 신조에 대해 지지를 선언하고, "호모우시우스"라는 용어가 성자가 본질에 따라 아버지를 닮았다고 설명했고, 또 성자를 피조물이라고 주장하는 아리우스수의 이단을 정죄하는 것이 이 종교회의의 유일한 목적이라고 설명했다. 그러므로 안디옥에서도 1년 전에 알렉산드리아에서 표출되었던바 동일본질파와 유사본질파 사이의 화해의 정신을 발견할 수 있다.

줄리안 황제의 짧은 통치(361-363)는 이 문제에 관한 제국의 정책의 전환점이었다. 줄리안 이전에 아리우스주의를 지원한 황제들—어떤 의미에서 콘스탄티투스 대제와 그의 아들 콘스탄티우스—은 가장 강력한 황제들이었던 데 반해 니케아 신조를 지원한 황제들은 논쟁의 중심에서 멀리 떨어진 서방을 다스렸고 동방의 황제들만큼 강력하지 못했다. 이교도인 줄리안 황제의 짧은 통치 후에 오랜 기간 황제들은 니케아 공의회에 우호적이었거나 아리우스주의를 지원하지 않았다. 발렌티니아누스 2세는 예외였는데, 그는 모친 유스티나(Justina)와 함께 아리우스주의를 고수했다. 반면에 4세기 후반에 가장 강력한 황제인 테오도시우스(Theodosius)는 니케아의 이상을 지원했고, 381년에 콘스탄티노플 공의회를 개최했다. 이 공의회에서 아리우스주의가 최종적으로 정죄 되었다.

동일본질파와 유사본질파—즉 엄격한 니케아파와 보수적인 다수파— 사이의 동맹이 더 강력해졌다. 362년 종교회의의 결정은 그 동맹을 형성하고 강화하는 일련의 조처를 위한 출발점에 불과했다. 그러한 조처들 중에서 가장 중요한 것은 아타나시우스와 유사본질파의 지도자인 안키라의 바실이 주고받은 서신이다. 그리하여 아타나시우스의 생의 말년에 논쟁의 최종적인 해결이 시작되었다.

그러나 장차 대다수의 주교와 신학자들이 이해할 공식을 발전시킨 것은 다른 세대였다. 이 새로운 니케아 세대의 주요 인물은 세 명의 카파도키아 교부들—카이사레아의 바질(Basil of Caesarea), 닛사의 그레고리(Gregory of Nyssa), 그리고 나지안주스의 그레고리(Gregory of Nazianzus)—이었다. 이 세 신학자는 매우 중요하기 때문에 나중에 별도로 다루겠지만, 여기에서는 그들이 니케아 신앙의 최종 승리에 기여한 것에 대해 간단히 다루려 한다.

362년에 개최된 알렉산드리아 종교회의는 성부와 성자와 성령의 관계를 언급하는 데 사용되는 용어에 혼란이 있음을 지적했지만, 이러한 용어 사용 문제에 대한 적극적인 해결책을 제시하지 못했다. 그 종교회의는 "위격"(hypostasis)이라는 단어가 모호하다는 것, 따라서 "하나의 위격" 또는 "세 위격"이라고 말하는 것이 옳다고 여겼다. 이는 두 구절에서 같은 용어가 다른 의미로 사용되었기 때문이다. 이 종교회의는 어떤 의미에서 하나님 안에 단 하나의 위격이 있고, 다른 의미에서는 세 위격이 있다고 확인하는 것 외에 다른 해결책을 찾지 못했다.

카파도키아 교부들은 신격 안에 있는 통일성과 다양성을 더 분명히 정의하며 이 문제에 관해 양측의 견해를 표현할 수 있는 용어를 찾는 책임을 맡았다. 그들의 해결책은 우시아(ousia)와 휘포스타시스(hypostasis)의 차이점에 기초를 두었다. 철학 서적과 니케아 공의회의 결정에서 이 두 용어는 동의어로 사용되었고, 라틴어 *substantia*로 번역되었다. 그러나 이 두 용어는 같은 종에 속하는 모든 개체의 공통 본질을 언급할 뿐만 아니라 하나의 사물의 개별적인 본질도 언급하기 때문에 모호했다. 카파도키아 교부들은 휘포스타시스는 사물의 독특한 본질을 언급하고, 우시아는 하나의 종에 속하는 다양한 개체의 공통 본질을 언급하는 것으로 구분했다. 그들은 하나님 안에 세 위격과 하나의 본질이 있다고, 다시 말해서 하나의 신적 본질 안에 참여하는 세 개의 독특한 본질이 있다고 단언했다. 이 공식은 서방에게는 다소 혼란스러운 것이었다. 서방에는 그것을 하나의 본질과 세 위격이라는 터툴리안의 공식에 의해 해석하려는 경향이 있었다. 서방 신학자들은 세 개의 신적 위격을 말하는 것을 세 개의 신적 본질이 있다는 의미, 즉 세 분의 하나님이 있다는 의미로 보았다. 그러나 우시아의 통일성을 포함하는 카파도키아 교부들의 공식은 결국 서방을 만족하게 했다.

테오도시우스 황제가 381년에 소집한 콘스탄티노플에 공의회—제2차 세계 공의회—에서 카파도키아 교부들의 공식이 승리했다. 이 공의회에 서방의 주교들은 참석하지 않았지만, 동방의 주교들 다수가 참석했고, 그 직후에 서방 교회는 공의회의 교리적 결정을 받아들였다. 콘스탄티노플에 모인 주교들은 새운 신조를 작성하지 않고 니케아 신조를 재확인했고, 아폴리나리우스주의(Apollinarianism), 그리고 원래 형태의 아리우스주의뿐만 아니라 새로운 형태의 아리우스주의—상이본질파, 동일본질파, 그리고 성령훼방론파—를 정죄했다.

콘스탄티노플 공의회의 조치로 신학적 논의에서 아리우스주의는 중요한 요인이 되지 못하게 되었다. 그러나 이것이 그 교리의 종말은 아니었다. 왜냐하면 그것은 이미 게르만족 사회에 널리 퍼져 있었기 때문이다. 후일 이 민족은 서방을 침입할 때 아리우스파 신앙을 가져갔다. 그리하여 북아프리카에는 반달족, 스페인에는 비스고트족, 이탈리아에는 롬바르드족이 아리우스파 왕국을 세웠다. 유일하게 프랑크족은 아리우스주의가 아닌 정통 기독교 신앙에 귀의한 민족이다. 그 결과 그때까지 실질적으로 그 교리의 도전을 받은 적이 없었던 서방은 고통스러운 싸움에 직면해야 했다. 이 싸움에서 신학은 주요 역할을 하지 않았다. 그것은 강한 자들이 약한 자들의 사회에 자신의 믿음을 심고 정복자들을 정복하는 고등한 문명을 심는 것과 관련된 문제였다. 처음에 아리우스파 야만족들은 자기들이 침입한 지역의 정통파 신자들을 박해했다. 그러나 그들은 곧 정복민의 문화를 흡수하고, 그와 더불어 니케아 신앙도 흡수하기 시작했으므로, 위대한 아리우스파 왕국들이 차례로 정통 신앙을 받아들였다.

아리우스주의가 패배한 원인은 부분적으로 상대편의 지적 우월성에 있고, 부분적으로 오랜 논쟁 기간에 서방이 항상 니케아파에 우호적이었다는 점, 또 부분적으로는 미묘한 구분과 관련하여 아리우스파가 분열된 데 반해 상대측은 서로 연합하고 한층 더 광범위하게 제휴한 데 있다. 그러나 아리우스주의가 패배한 주된 원인 중 하나는 아리우스주의의 내적 본질 안에 있다. 아리우스주의는 기독교에 절대적인 하나님이 아니지만 상대적 의미에서 신인 존재들을 예배하는 관습을 도입했다고 해석할 수 있다. 아리우스파가 극단적인 형식으로 자기들의 교리를 표현할 때나 볼 수 있었던 것처럼 일반적으로 양심적인 기독교인들은 구세주의 신성을 제한적으로 이해하는 것에 강하게 반발했다. 아리우스주의만큼 이성적이지 않았고 그 실질적 의미를 분명히 설명하는 데 빈세기 이상이 소요되었지만, 니케아 신조는 "하나님이 그리스도 안에서 세상과 화해하셨다"는 근본 교리를 더 분명하고 근본적인 방식으로 단언할 수 있었다.

제8장

니케아 공의회 전후의 신학

이 책 제7장에서는 니케아 공의회에서부터 콘스탄티노플 공의회에 이르기까지 이어진 논쟁에 초점을 두었을 뿐 그 논쟁에 기여한 사람들의 신학에는 관심을 기울이지 못했다. 따라서 제8장에서는 먼저 니케아 공의회에서부터 칼케돈 공의회에 이르는 시기에 니케아 신앙을 옹호한 아타나시우스와 카파도키아 교부들을 다루고, 그다음에 콘스탄티노플 공의회 직후에 서방의 삼위일체 신학 형성에 공헌한 히포의 어거스틴(Augustine of Hippo)을 다루려 한다.

아타나시우스의 신학

아타나시우스(Athanasius)의 생애와 업적은 4세기 신학적 논의의 발달과 뗄 수 없이 연결되어 있기 때문에, 아타나시우스의 전기를 배제하고서는 신학적 논의의 발달사를 이야기할 수 없다. 아타나시우스는 니케아 신조의 상징이 되었고, 그의 거듭된 추방과 귀환은 교리적·정치적 바람의 방향을 보여주는 풍향계 역할을 한다. 이런 까닭에 앞 장에서 니케아 공의회 이후 아리우스 논쟁의 과정을 기록하면서 아타나시우스의 생애를 간단히 다루었다. 여기서는 아타나시우스가 고대 알렉산드리아 교구를 다스린 가장 훌륭한 주교인 동시에 그 시대의 가장 위대한 신학자였다고 말하는 것으로 충분할 것이다. 이 장의 목적은 그 위대한 교회 지도자의 삶에 대해 이미 말한 것을 되풀이하려는 것이 아니라 그가 아리우스주의를 대적하여 고통스러운 싸움을 하게 된 주요 신학적 관심사가 무엇이었는지를 보여주며, 그의 신학의 주요 측면을 요약하는 데 있다.

아타나시우스는 조직적이거나 사변적인 사상가가 아닌 목사였다. 이것은 그의 사상이 차분하지 못했다거나 체계적이지 못했다는 의미가 아니라, 그의 저술과 신학이 하나의 체계에 필요한 요소들을 기초로 하기보다는 매 순간 필요한 것에 대한 반응으로 발달했다는 의미이다. 그러므로 그의 저서에서 신학 전체를 제시해주는 것을 찾으려는 것은 헛수고일 것이다. 그의 저술은 모두 목회적이고 논쟁적이고 주석적이며, 그중에는 전기도 있다. 그는 자신의 저술에서 단순한 즐거움이나 호기심 때문에 신학을 연구하려 하지 않았다. 그의 저술 중에서 가장 오래된 것은 『이교도 논박』(Against the Heathen)과 『성육신론』(On the Incarnation)이라는 두 편의 논문으로 출판되었다. 이것들은 아리우스 논쟁이 시작되기 전에 저술된 듯하지만, 특히 두 번째 논문에 후일 아타나시우스가 아리우스파와의 논쟁의 출발점으로 삼은 신학 원리들이 들어 있다.

아타나시우스의 신학은 순수히 사변적인 것보다 종교적인 문제에 더 관심을 지닌다. 하나의 교리의 진위는 기독교의 원리를 표현하는 방식과 분량에 기초하여 판단되어야 한다. 아타나시우스의 경우에 그러한 원리는 일신론, 그리고 구원론이다.

아리우스 논쟁이 전개되기 전에도 아타나시우스는 하나님의 본성, 그리고 인간이 신을 알 수 있는 수단에 관해 생각했었다. 이것이 『이교도 논박』(Against the Heathen)과 『성육신론』(On the Incarnation)에 나타나 있다. 그는 『이교도 논박』(Against the Heathen)에서 고대 변증가들과 비슷한 방식으로 이교의 다신론을 공격한 후에 하나님을 알 수 있는 수단에 대해 논하는데, 그것은 주로 영혼과 세상이다. 영혼을 연구함으로써 하나님의 본성에 대해 무엇인가를 추론할 수 있을 것이다. 영혼은 보이지 않고 불멸하는데, 그렇기 때문에 영혼은 가시적이고 유한한 모든 것보다 우월하다. 참 하나님도 영혼처럼 보이지 않고 불멸하셔야 한다. 죄가 하나님을 보는 것을 방해하지만, 본성상 영혼은 하나님을 볼 수 있다. 영혼은 하나님의 형상과 모양을 따라 지어졌으며, 그 이도는 하나님이 말씀인 그 형상이 빛나는 거울처럼 되는 데 있다. 죄가 그 거울을 흐려놓았기 때문에 먼저 깨끗이 하지 않는 한 그 안에 있는 말씀을 볼 수 없다. 이것은 오리겐 시대 이후 알렉산드리아의 신학 전통의 일부가 된 플라톤적 주제이다. 반면에 영혼은 창조를 통해서 하나님을 알 수 있다. 이는 우주의 질서가 하나님이 존재하신다는 것뿐만 아니라 한 분이심을 보여주기 때문이다. 만일 하나님이 한 분 이상이라면, 우주에서 목적의 통일성을 볼 수 없을 것이다.

더욱이 자연의 질서와 이성은 하나님이 자연을 창조하시고 신적인 이성, 지혜 또는 말씀을 통해서 그것을 다스리신다는 것을 보여준다. 이 말씀을 스토아적 로고스, 즉 자연의 질서인 비인격적인 원리로 이해해서는 안 된다. 세상을 다스리시는 하나님의 말씀은 살아계신 하나님의 로고스이시다. 그것이 곧 하나님이신 말씀이다. 이 로고스 또는 말씀은 인간의 말처럼 단순한 소리가 아니라 아버지 하나님의 불변하는 형상이다. 그분은 하나님의 독생자이시다. 만물은 무에서 피조되었으므로 말씀이 항상 그것들을 존재하게 해주시지 않는다면 멸망할 수밖에 없으므로, 말씀이 피조된 만물에 개입하셨다. 그러므로 말씀은 우주 안에서 세상을 구성하는 상반되는 원리들―추위와 더위, 공기와 물 등―를 관리하고 다스림으로써 그것들이 서로를 파괴하지 않고 조화롭게 공존할 수 있게 하는 질서의 근원이며 존속시키는 분이다.

이것은 아타나시우스가 아리우스 논쟁에 개입하기 전에 이전의 신학자들과는 다른 말씀의 교리를 전개했음을 보여준다. 아타나시우스 이전에 많은 신학자에게는 말씀이 성부에 종속한다는 것에 기초하여 성부와 성자를 구분하는 경향이 있었다. 아리우스 논쟁 중에 아타나시우스가 보여주었듯이, 이 견해는 말씀을 부차적인 신으로 바꾸기 때문에 기독교적 일신론과 양립할 수 없었다. 반면에 아타나시우스는 구세주가 하나님이라고 확신했다. 그러므로 엄격한 의미에서 말씀이 하나님이라고 단언하는 것 외에 대안이 없었다.

『이교도 논박』(Against the Heathen)은 기독교의 일신론이 아타나시우스가 신학을 세운 기둥 중 하나임을 보여주는 데 반해 『성육신론』(On the Incarnation)은 그 신학의 기초가 되는 또 다른 기둥, 즉 구원론을 보여준다. 아타나시우스의 견해에 의하면, 우리에게 필요한 구원은 창조와 연결되어 있다. 왜냐하면 그것은 우리의 타락한 본성의 재창조이기 때문이다. 자비하신 하나님은 인간을 창조하시면서 무에서 지어진 이 피조물이 무로 돌아가는 것을 원하신 것이 아니다. 이 필연성을 피하고자 하나님은 자기의 형상을 따라 인류를 지으셨고, 그렇기 때문에 우리는 말씀과 교제함으로써 존재와 이성에 참여할 수 있다. 이처럼 인간은 본질상 죽게 되어 있지만, 창조 행위 안에서 불멸이라는 선물을 받았으며, 지음 받을 때의 하나님의 형상을 제대로 반영하는 한 불멸을 유지할 것이다.

그러나 인간은 범죄하여 그 형상을 버렸고, 그 후로 사망의 포로가 되었다. 그러므로 죄는 우리가 고쳐야 할 단순한 잘못이 아니며, 갚아야 할 빚이 아니며, 또 우리가 하나님께 가는 길을 잊었기에 그것을 기억해야 하는 것도 아니다. 죄는 멸망으로 이어지는 것으로서 새 창조의 역사를 통해서만 몰아낼 수 있는 분열의 요소를 창조 안에 도입한 것이다.

여기에서 유일하신 하나님이 인류를 구원하실 수 있다는 결론이 나온다. 만일 구원이 새 창조라면, 창조주만이 그것을 이루실 수 있다. 게다가 구원은 일종의 신화(divinization)이다. 이것도 구세주가 하나님이셔야 한다는 것을 필요로 한다. 왜냐하면 하나님만이 신적인 것과 비슷한 실존을 주실 수 있기 때문이다.

  이것이 기독교의 일신론을 파괴하고 다신론으로 끌고 가는 아리우스주의에 대한 아타나시우스의 반대의 기초이다. 만일 한 분 하나님을 말할 수 있도록 성자가 성부의 본성에 참여하지 않는다면, 그리고 교회가 항상 해온 것처럼 우리가 성자를 예배한다면, 기독교인들이 다신론을 정죄해야 할 이유가 없다. 왜냐하면 그들은 사실상 다신론을 실천하고 있기 때문이다. 게다가 말씀을 전적으로 초월자이신 하나님과 세상 사이의 중간 존재로 보는 교리는 제기된 문제를 해결하지 못한다. 왜냐하면 그렇게 되면 하나님과 말씀, 그리고 말씀과 창조 사이에 중간 존재를 두어야 하며, 그렇게 되면 어려움이 끝없이 증가할 것이기 때문이다. 마찬가지로 만일 성자가 변할 수 있으며, 신적 본성의 결과가 아닌 성부의 의도적 행위의 결과라면, 그를 통해서 불변하시는 하나님을 볼 수 없다. 만일 성자가 우리에게 아버지 하나님을 계시한다면, 이는 그분이 아버지보다 못하기 때문이 아니라 아버지를 닮았기 때문일 것이다. 게다가 아리우스의 교리는 구원의 가능성을 파괴한다. 왜냐하면 하나님이 아닌 존재는 창조를 회복할 수 없기 때문이다. 만일 하나님이 창조주라면, 또한 구세주이셔야 한다. 마지막으로, 신화는 구세주의 사역의 일부이며, 하나님만이 이 일을 이루실 수 있으므로, 구세주는 하나님이어야 한다.

  아타나시우스의 신론은 그를 역사적으로 가장 위대한 신학자가 되게 한 균형과 통찰력을 보여준다. 그는 하나님을 초월적 존재로 보지만, 이것을 하나님이 피조물과 직접 접촉할 수 없다는 식으로 해석해서는 안 된다. 하나님은 세상과 분리하여 세상 위에 존재하시지만, 창조 사역 안에서 세상과 직접적인 관계를 세우셨으며, 지금도 세상을 존속하게 하기 위해서 세상과 접촉하고 계시다. 이 하나님은 영원 전부터 성부와 성자와 성령으로 존재하시는 삼위 하나님이시다. 아타나시우스는 아리우스주의를 논박하면서 삼위일체론의 발달에 기여했다. 그러나 아리우스주의와의 싸움으로 성부와 성자의 관계에 지나친 관심을 기울였기 때문에 성령에 관한 논의는 뒷전으로 밀려났다. 후일 성령훼방론자들이 등장함에 따라 아타나시우스는 이 점에 관한 교리를 전개하고, 성령도 성부와 같은 본질에 속한다고 주장했다.

  아타나시우스의 삼위일체 신학의 약점은 삼위일체 내의 통일성과 다수성을 표현할 수 있는 확실한 용어가 부족했다는 점이다. 362년에 알렉산드리아에서 개최된 종교회의가 취한 조치에서 볼 수 있듯이, 아타나시우스는 그러한 용어의 필요성을 의식했지만 개발하지 않았다. 그 일은 카파도키아 교부들이 하게 되었다. 그의 다른 신학 작업에서처럼 여기에서도 아타나시우스는 자신이 예리한 종교적 통찰력을 지닌 인물임을 보여주었지만, 공식적인 사상의 체계화에는 관심이나 재능이 없었다. 아타나시우스가 없었다면 카파도키아 교부들의 작업이 불가능했을 것이다. 또 카파도키아 교부들이 없었다면, 아타나시우스의 작업이 궁극적인 결실을 보지 못했을 것이다.

  아타나시우스는 말씀과 예수의 인성의 관계에 관해서 예수 안에 인간의 이성적 영혼이 없었고 말씀이 그 영혼을 대신했다고 여겼던 듯하다. 후일 아폴리나리스주의(Apollinarianism)라고 불린 이 교리는 381년에 개최된 콘스탄티노플 공의회에서 배격되었다. 아타나시우스는 의식하지 못했던 듯하지만, 그리스도에 대한 이러한 해석은 그의 구세론 원리와 일치하지 않는다. 왜냐하면 카파도키아 교부들이 지적했듯이, 인간 본성을 죄에서 해방하기 위해 말씀이 인간 본성을 취하셨고, 인간 영혼이 죄에 개입되어 있으므로, 말씀이 그 영혼을 구하려면 인간 본성을 취하셔야 했다.

또 아타나시우스는 알렉산드리아 학파 기독론의 특징적인 방식으로 그리스도 안에 있는 인성과 신성의 통일성을 강조한다. 이 연합의 조건 중 하나에 해당하는 말이 다른 조건에 전이될 수 있다. 이것은 속성의 교류(communicatio idiomatum)라고 불리는 전형적인 알렉산드리아 학파의 교리이다. 예를 들어 아타나시우스는 예배는 하나님께만 드려야 하지만, 인간 예수를 예배하는 것이 올바르다고 주장한다. 그 결과 아타나시우스는 마리아가 하나님의 어머니 또는 신을 낳은 자(Theotokos)라고 주장한다. 마리아가 하나님의 어머니임을 부인하는 것은 하나님이 마리아에게서 태어났음을 부인하는 것과 같으며, 이것은 곧 말씀의 성육을 부인하는 것이 될 것이다.

결론적으로 아타나시우스는 알렉산드리아 학파의 가장 큰 약점인 지나친 사변에서는 벗어났지만, 전형적인 알렉산드리아 학파 신학자이다. 아타나시우스는 알렉산드리아 학파의 사변적 방법 대신에 기독교 신학의 기본 원리들을 취하고, 그러한 관점에서 다른 교리들을 판단한다. 이 원리들은 일신론과 구원론이며, 아타나시우스는 그것들을 기초로 하여 아리우스주의를 공격했다.

아타나시우스의 관심과 지적 재능의 특성이 그가 아리우스주의를 받아들일 수 없는 이유를 분명하게 나타내게 했지만, 아타나시우스는 아리우스주의를 받아들일 수 없다고 여기는 사람들의 집결지 역할을 할 공식을 전개할 수 없었다. 이 일은 위대한 세 명의 카파도키아 교부들이 해냈다.

위대한 카파도키아 교부들

위대한 카파도키아 교부들(the Great Cappadocians)이란 4세기 후반 신학 분야에서 가장 중요한 세 명의 주교와 신학자에게 주어진 명칭이다. 그들은 "대 바실"이라고 알려진 카파도키아의 카이사레아의 주교 바실(Basil), 그의 동생으로서 닛사(Nyssa)라는 작은 마을의 주교가 된 그레고리, 그리고 두 사람의 친구로서 잠시 콘스탄티노플 총대주교로 활동했던 나지안주스의 그레고리(Gregory of Nazianzus)이다. 이 세 친구는 니케아 신조의 승리를 거두기 위해서 긴밀하게 협력하여 일했다. 그들의 삼위일체론은 실질적으로 세 사람 모두의 것이다. 이것은 그들이 다른 모든 문제에 관해 의견이 일치했다는 의미가 아니며, 그러므로 그들을 개별적으로 연구해야 할 필요가 있다.

흔히 "세 명의 카파도키아 교부들"을 말하지만, 그들 외에 네 번째 인물이 있다. 그에 관한 저술이 거의 없지만, 세 명의 교부 중 적어도 두 사람에게 미친 그의 영향력에 주목해야 한다. 그는 바실과 닛사의 그레고리 형제의 누이 마크리나(Marcrina)이다. 그녀는 자신의 지혜와 명성에 빠져 있던 바실을 깨우쳐 주었다. 후일 그는 그녀의 삶을 따랐다. 닛사의 그레고리는 그녀를 "교사"(the Teacher)라고 말했으며, 자기의 글을 읽는 사람들이 당연히 그녀를 알 것으로 생각한 듯하다. 안타깝게도 그녀의 가르침을 재구성할 자료가 거의 남아 있지 않다. 그러나 교회의 교부 중에 여성도 있었음을 상기하려면 그녀를 언급해야 한다.

바실(300?~379)은 세 교부 중에서 가장 연장자이고 가장 유명했다. 비교적 유복한 가정에서 태어났고, 어려서부터 그의 기독교 신앙이 중심이었던 가정에서 신앙생활을 했다. 누이 마크리나의 수도생활은 동생 바실의 정신에 감명을 주었다. 그의 동생 그레고리와 피터(Peter)도 결국 주교가 되었는데, 그레고리는 닛사의 주교가 되었고, 피터는 세바스테의 주교가 되었다. 바실은 처음에는 카이사레아에서 수학했고, 나중에는 콘스탄티노플과 아테네에서 수학했다. 바실은 카이사레아에서 후일 친구요 협력자가 될 나지안주스의 주교가 된 젊은 그레고리를 만났다. 두 사람은 나중에 아테네에서 다시 만나 우정을 키웠다.

나지안주스의 그레고리(329?~389?)는 아주 다른 성격의 소유자로서 때로는 약한 모습을 보일 만큼 민감했다. 이런 까닭에 그레고리는 잠시 교직 생활을 한 것 외에는 수도 생활을 계속했다. 그레고리는 바실과는 다른 재능의 소유자였다. 바실은 관리자요 정치가였고, 그레고리는 유창한 웅변가였다.

또 한 사람의 카파도키아 교부인 닛사의 그레고리(335?~394?)는 바실의 동생이다. 그는 수사학을 공부한 주교였지만, 설교자나 조직가가 아니라 세 교부 중에서 가장 뛰어난 신비주의 주창자였다. 신학자로서의 재능, 특히 체계적인 작업 재능은 나머지 두 사람의 재능을 능가했다.

카이사레아의 바실

바실은 단지 즐거움만을 위해서 신학 연구를 한 것이 아니다. 그는 기독교 교리를 체계적으로 설명하기 위한 글을 쓰지 않았다. 그의 교의적 저서들은 그 시대의 잘못된 신앙, 특히 아리우스주의와 성령훼방론자들의 잘못을 논박하려는 목적을 지니고 있다. 그는 이러한 목적을 염두에 두고서 가장 중요한 저서인 『유노미우스 논박』(Against Eunomius)과 『성령론』(On the Holy Spirit)을 저술했다. 『유노미우스 논박』은 아리우스주의의 상이본질파인 유노미우스가 제기한 논거에 대한 반박이고, 『성령론』은 "영광이 성부와 성자와 성령께"라는 영광송을 옹호한 것이다. 바실은 동생인 닛사의 그레고리만큼은 아니지만 논리적·언어적인 정확성에 관심을 두었는데, 그로 말미암아 궁극적으로 삼위일체 논쟁의 결정적인 해법—한 본질과 세 위격—으로 이어질 공식을 처음으로 단언하고 옹호했다. 그는 이 두 용어가 동의어가 아니며, 신격을 언급할 때 불분명하게 사용해서는 안 된다고 주장했다. 후일 나지안주스의 그레고리와 닛사의 그레고리는 카이사레아의이 바실이 삼위일체론의 발달에 기여한 것을 물려받았고, 그들의 노력으로 최종 승리를 거두었다.

바실은 이전의 신학자들보다 더 성령에 관심을 기울임으로써 삼위일체론의 발달에 공헌했다. 니케아 공의회는 성령에 대해서는 간략하게 언급하는 데 그쳤다. 아타나시우스는 성령훼방론자들이 이 문제를 부각하기 전에는 이 문제에 대해 깊이 생각하지 않았다. 바실의 시대에 성령훼방론자들의 세력이 강해지고, 어떤 사람들이 성자에 대해서는 언급하면서도 성령과 관련된 것을 언급하지 않는다는 이유로 아리우스주의를 포기하려 했을 때, 성령의 본성을 분명히 설명하려 하지 않고서는 아리우스주의를 공격할 수 없었다. 이런 까닭에 바실은 성령과 성부와 성자의 동일본질성을 나타내려 했다. 세 명의 카파도키아 교부들 외에 그 시대의 탁월한 교회 지도자들이 성령에 관한 글을 저술할 필요를 느꼈다는 데서 이 문제가 당시 제기되고 있었음이 드러난다. 그들 중에서 이고니온의 암필로키우스(Amphilochius of Iconium), 맹인 디디모(Dydimus the Blind), 밀라노의 암브로시우스(Ambrose of Milan) 등의 글을 언급해야 한다.

바실은 이전의 신학자들보다 더 성령에 관심을 기울임으로써 삼위일체론의 발달에 공헌했다. 니케아 공의회는 성령에 대해서는 간략하게 언급하는 데 그쳤다. 아타나시우스는 성령훼방론자들이 이 문제를 부각하기 전에는 이 문제에 대해 깊이 생각하지 않았다. 바실의 시대에 성령훼방론자들의 세력이 강해지고, 어떤 사람들이 성자에 대해서는 언급하면서도 성령과 관련된 것을 언급하지 않는다는 이유로 아리우스주의를 포기하려 했을 때, 성령의 본성을 분명히 설명하려 하지 않고서는 아리우스주의를 공격할 수 없었다. 이런 까닭에 바실은 성령과 성부와 성자의 동일본질성을 나타내려 했다. 세 명의 카파도키아 교부들 외에 그 시대의 탁월한 교회 지도자들이 성령에 관한 글을 저술할 필요를 느꼈다는 데서 이 문제가 당시 제기되고 있었음이 드러난다. 그들 중에서 이고니온의 암필로키우스(Amphilochius of Iconium), 맹인 디디모(Dydimus the Blind), 밀라노의 암브로시우스(Ambrose of Milan) 등의 글을 언급해야 한다.

나지안주스의 그레고리

카파도키아 교부 중에서 바실은 조직가요 외교가였던 데 반해 나지안주스의 그레고리(Gregory of Nazianzus)는 웅변가요 시인이었다. 그의 본성은 고요하고 평화로웠고, 심미적 감성이 풍부했고, 수도적 은둔생활을 따르려는 경향을 지녔는데, 한두 차례 이러한 생활을 실천하기도 했다. 당시 교회가 큰 싸움에 휘말려 있었는데, 책임감이 강한 그는 평온한 생활을 포기하고 주교의 임무를 맡았다. 체계적인 논문이 아닌 시와 설교와 서신에서 그의 훌륭한 신학적인 글이 발견된다. 그레고리의 설교는 그의 수사학적 능력을 보여주며, 신학적으로나 도덕적으로 가장 어려운 문제를 다룬다. 그의 시는 고상한 예술적 취향을 보여주며, 대부분의 시는 신학적 특징을 지닌다. 마지막으로 그의 서신은 매우 모범적인 것이었는데, 그는 서신의 문체와 내용에 감명을 받은 어느 친척의 충고를 받아들여 그것을 출판하기로 했다. 그중 일부 편지에서 그는 신학적인 문제, 특히 기독론과 관련된 문제들을 명확하고 통찰력 있게 논하는데, 후일 에베소 공의회와 칼케돈 공의회에서 이 주제에 관한 그의 해석이 채택되었다.

여기에서 가장 흥미로운 것은 그레고리가 니케아 신조의 최종 승리에 기여했다는 점인데, 이와 관련하여 먼저 그의 삼위일체론을 설명하려 한다. 바실의 경우에서처럼, 신학적으로 그레고리의 가장 큰 적은 아리우스파, 특히 유노미우스와 상이본질파, 그리고 성령훼방론파였다. 그가 다수의 설교와 서신과 시, 특히 『다섯 신학 논설』(Five Theological Orations)에서 공격한 대상이 그들이었다. 여기에서 그는 신학적 연구와 논의의 원리를 다룬다. 그는 항상 온갖 유형의 청중 앞에서 신학적 논의를 일삼는 아리우스파의 관습을 공격한다. 신학적 논의는 정신이 이해할 수 있는 주제만 다루어야 하며, 정신이 이해할 수 있는 데까지만 논의해야 한다. 게다가 모든 사람이 이러한 주제들을 논의할 수는 없는데, 이는 어떤 사람에게는 논의되는 것을 이해하는 데 필요한 지성이 부족할 뿐만 아니라 논의되는 것을 받아들이는 데 필요한 덕을 소유한 사람이 극소수이기 때문이다.

그다음에 그레고리는 니케아 신조를 공격한 유노미우스의 논거를 직접 겨냥한다. 니케아 신조의 논리적인 불가능성을 보여주는 것을 목적으로 삼은 논거 중 다수는 양도논법으로 이루어진다. 그레고리는 이 양도논법을 차례로 거론하면서 각각의 논거에 오류가 있음을 보여준다. 그러나 그레고리의 논거의 핵심은 "성부"와 "성자"와 "성령"이 관계의 용어이며, 그들의 상호 관계 안에서 이해되어야 한다는 주장에 있다. 마지막으로 그레고리는 성령에 대해 논하면서 성령이 신성에 관한 모든 서술어를 속성으로 지니신 하나님이라고 주장한다.

그레고리의 교리가 바실의 교리를 능가하는 점은 성령의 신성—바실은 그레고리만큼 공공연하게 말하지는 않지만, 성령의 신성을 받아들였다—이 아니라 삼위일체의 세 위격의 관계이다. 속성을 기초로 성부와 성자와 성령을 구분하면서 절대적 초월자이신 성부와 성자 또는 말씀을 구분하려는 시도는 성자종속설로 이어지고, 결국은 아리우스주의로 이어진다. 아타나시우스는 이것을 의식하였기 때문에 초월자이신 성부가 성자보다는 피조세계와 더 멀리 떨어져 계신 것으로 이해하려는 시도를 부인하였다.

아리우스주의의 기초 중 하나를 파괴하는바 이렇게 성부와 성자의 동등한 초월성을 강조하는 것으로는 니케아 신조가 사벨리우스주의와 어떻게 다른지 증명할 수 없었다. 이것이 카파도키아 교부들이 해야 할 큰일이었다. 그레고리는 삼위일체 내의 세 위격의 내적 관계를 기초로 이 문제를 다루었다. 그레고리의 견해에 의하면 삼위일체의 세 위격 사이에 수립할 수 있는 유일한 특성은 각 위격의 근원과 관련된 것이었다. 이 특성은 본질과는 관련이 없고 다만 각 위격들의 근원과 관련이 있다. 곧 동방뿐만 아니라 서방에서도 그레고리가 수립한 근원의 세 가지 특성을 삼위일체 내에 존재하는 구분을 표현하는 방법으로 받아들였다: 성부의 특성은 잉태되지 않았다는 것이며, 성자의 특성은 잉태됨이며, 성령의 특성은 발출(發出)이다. 그레고리는 이 세 용어를 사용하여 카파도키아 교부들의 특징적인 공식―하나의 본질(ousia)과 세 위격(hypostsis)―에 의미를 더했다.

그레고리는 삼위일체에 관한 가르침뿐만 아니라 기독론적 설명에서 교리의 발달에 기여했다. 그는 특히 아폴리나리스의 교리를 반대하면서 후일 기독론 논쟁을 해결하는 수단으로 사용될 공식을 제공했다.

닛사의 그레고리

관리자로서의 닛사의 그레고리(Gregory of Nyssa)에게는 그의 형이요 수석 대주교인 카이사레아의 바실의 슬픔과 절망에 공감하는 능력이 부족했다. 또 연설가요 작가로서의 그레고리는 이름이 같은 나지안주스의 그레고리와 같은 경지에 이르지 못했다. 그러나 신학자요 신비 체험의 해설자로서의 그레고리는 그 시대 동방 교회 사람들 대부분을 능가한다. 어쨌든 세 명의 카파도키아 교부들의 작업이 긴밀한 협력과 상호 간의 감화 안에서 이루어졌다는 것, 그리고 그레고리에게는 두 명의 친구와 협력하여 행한 것을 성취할 능력이 있었다는 것을 잊어서는 안 된다.

닛사의 그레고리는 저술에서 다른 카파도키아 신학자보다 이교 철학을 더 많이 활용했다. 오리겐의 저술을 꾸준히 읽은 그레고리는 신학 연구에 철학이 유용하다는 점에 대해 오리겐과 의견을 같이한다. 그러나 그는 철학에 있는 신학적인 위험성을 오리겐보다 더 크게 의식했다. 그레고리도 오리겐처럼 종종 성경을 풍유적으로 해석한다. 이러한 경향은 그의 신비적 저술에 더 현저하게 나타나는데, 그러한 저술에서 사람들과 역사적 사건이 신비적 상승의 다양한 단계를 나타내는 상징이 된다. 그러나 그레고리는 그러한 저술에서도 성경적 계시의 역사적 특성을 잊지 않는다. 그러나 그레고리에게 미친 오리갠의 영향은 성경해석 원리를 능가한다. 그레고리의 기질과 관심은 오리겐과 비슷하며, 그렇기 때문에 그는 오리겐의 저술을 신학 원리의 전거로 사용한다. 그레고리도 오리겐처럼 지성의 자유라는 교리 위에 자신의 신학 체계를 세우며, 은혜의 교리가 위험해진 것처럼 보일 정도로 자유를 강조한다. 악의 기원은 자율적 부정의 원리 안에서가 아니라 피조된 지성의 자유 안에서 발견되어야 한다.

악은 존재하는 본질이 아니라 하나의 부재, 부정성으로만 존재한다. 그러므로 악은 영원하지 않으며, 하나님이 만유의 주로서 마유 안에 계시는 날이 오면 악은 더이상 존재하지 않을 것이며, 악한 사람들이 구원받을 것이다. 그레고리는 무조건 오리겐을 따르지는 않았다. 그는 오리겐의 원리를 취하여 그 시대 상황에 적용했다. 당시 신학은 오리겐의 결론 일부를 수정해야 하는 상황에 처해 있었다. 오리겐과 그레고리의 이중 관계의 예를 영혼선재설에서 찾아볼 수 있다. 오리겐은 영혼이 피조물이지만 태초부터 존재했었기 때문에 영혼이 존재하지 않았던 때가 없다고 주장했다. 오리겐은 이렇게 진술하면서 기독교의 창조론과 신플라톤주의의 유출설 사이에서 차이점을 찾지 못했음을 나타냈다. 후일 특히 아리우스 논쟁 기간에 신학자들은 "피조물"이라는 단어의 의미를 깊이 생각하고서 피조물이 영원할 수 없다고 결론지었다. 그러므로 그레고리는 영혼이 하나님의 마음 안에만 선재한다고 주장한다.

몇 가지 점에서 그레고리는 자신이 오리겐보다 더 관념론자임을 나타낸다. 예를 들어 그는 엄격한 의미에서 지적인 피조물과 하나님만이 본질적이며, 몸은 무게, 색, 형태 등 자질과 이데아의 공존이다.

이런 까닭에 닛사의 그레고리도 오리겐처럼 평가하기 어려운 신학자이다. 따라서 혹자는 그가 신플라톤주의적 범주에 지나치게 연결되어 있다고 이해함으로써 그의 진정한 신학적 관심사 및 삼위일체론을 명확히 설명하는 데 대한 공헌을 공정하게 판단하지 못한다.

그레고리의 삼위일체론 중 얼마가 그의 독창적인 것이며 얼마가 그의 형이요 교사인 바실에게서 끌어온 것인지 판단하기 어렵지만, 최소한 그레고리의 삼위일체론을 자세히 설명하고, 그의 신플라톤주의적 신념과 관심이 그 시대 사람들이 직면한 어려운 문제 중 일부를 해결하고 명확하게 설명하는 데 얼마나 도움이 되었는지 보여줄 수 있다.

그레고리는 『세 하나님들이 아니다』(On Not Three Gods)라는 글에서 아블라비우스(Ablabius)에게 답한다. 아블라비우스는 베드로와 야고보와 요한이 같은 본성을 가지고 있지만 세 사람이라고 말한다면, 삼위일체의 세 위격에 대해 똑같이 행하여 세 하나님이라고 말하지 말아야 할 이유를 물었다. 그레고리는 베드로와 야고보와 요한이 "세 사람"이라고 말하는 것은 우리의 언어 습관에 따른 다소 부정확한 말이라고 답변한다. 인성은 하나이며, 베드로 안에 있는 사람은 요한 안에 있는 사람과 같다. 그렇게 생각하는 데 익숙하지 않은 사람에게는 이상하게 들리겠지만, 그러한 설명은 그레고리의 플라톤적 전통에서 유래된 것이다.

이런 관점에서 그레고리는 베드로와 야고보와 요한의 인성에 대한 말에서 부정확한 언어 사용을 받아들일 수 있지만, 그처럼 부정확한 표현을 신성에 적용하는 것은 비극적인 일이라고 말한다. 베드로와 야고보의 본질적인 통일성을 부인하는 것은 철학적인 오류이지만, 하나님의 통일성을 부인하는 것은 불경이다. 그레고리는 다른 논문에서 이것이 예수 그리스도가 하나님이심을 부인하는 사람들의 불경이라고 덧붙여 말한다. 만일 그들이 예수 그리스도를 경모한다면, 그들의 전제는 그들이 참 하나님이 아닌 분을 예배하는 불경한 사람임을 보여준다; 만일 그들이 예수 그리스도를 예배하지 않는다면, 그들은 그리스도를 예배하기를 거부하는 "유대인들"이다.

여러 사람을 말하지만 여러 신을 말하지 않는 또 다른 이유가 있다: 다양한 사람의 작용은 복수이면서 개별적이지만, 신적인 세 위격의 작용은 항상 세 위격 공동의 작용이다. 이것은 세 위격의 외적 관계를 기초로 그들의 차이점을 세울 수 없다는 의미이다. 그레고리는 세 위격 간에 능력이나 영광의 차이가 있다고 가정하는 성자종속설을 기초로 그렇게 구분할 수 없다고 덧붙인다. 삼위일체의 내적 관계를 기초로 해야만 구분할 수 있다.

닛사의 그레고리의 기독론은 나지안주스의 그레고리의 기독론만큼 심오하지 못하다. 그러나 그도 아풀리나리스를 대적하여 그리스도의 인성의 참됨을 옹호한다. 성육신 안에서 인성과 신성의 구분이 사라지지 않지만, 그 연합으로 말미암아 속성의 교류가 존재한다. 이런 까닭에 그레고리는 마리아가 단순히 "인간 예수의 어머니"가 아니라 "하나님의 어머니"라고 주장한다. 그러나 마리아가 예수를 낳은 후에도 "그 출산이 처녀성을 파괴하지 않았으므로" 계속 육체적으로 처녀였다는 주장에는 관념론적이고 가현설적인 경향이 있다.

마지막으로 그레고리의 신비신학에 관해 언급해야 한다. 그의 신비주의는 전형적으로 신플라톤주의적이며, 꾸준히 영속적으로 진보하는 일련의 정화와 상승의 단계라는 틀 안에서 발달했다. 그레고리의 신학의 이러한 측면은 후일 아레오파고의 디우니시우스라는 이름으로 몇 권의 글을 쓴 미지의 작가의 사상에 많은 영향을 주었다. 그로 말미암아 중세 신비주의 안에서 그레고리의 영향력을 느낄 수 있다. 이에 관해서는 이 책 제2부에서 다룰 것이다.

교회 생활의 다른 분야에서의 큰 업적—바실의 경우에 전례와 행정, 나지안주스의 경우에는 수사학과 시, 닛사의 그레고리의 신비주의— 외에 세 명의 카파도키아 교부의 업적은 삼위일체론을 명확하게 정의하고 옹호한 데 있다. 그들은 성령훼방론파와 아리우스주의를 패배시킨 도구였다. 바실은 나머지 두 사람의 작업을 위한 기초를 놓았고, 전례 혁신을 통해서 삼위일체론을 알려 주었다. 나지안주스의 그레고리는 가장 훌륭한 언어 자원을 니케아 신조에 이용할 수 있게 했고, 전에 아리우스파가 행했던 것처럼 삼위일체론의 대중화에 기여할 찬송을 작곡했다. 닛사의 그레고리는 바실과 나지안주스의 그레고리가 놓은 토대 위에서 그들의 교리에 정확성과 논리적인 일관성을 부여했다.

아타나시우스와 카파도키아 교부들의 차이점 중 일부는 그들이 서로 다른 역사적 상황에 놓여 있었던 데 기인하고, 일부는 그들의 다양한 신학 방법에 기인한다. 아타나시우스와 카파도키아 교부들은 각기 다른 아리우스파를 대적하여 싸웠다. 아타나시우스는 아직 최종적인 결과를 드러내지 않은 아리우스주의를 대면했고, 그렇기 때문에 아리우스주의가 기독교 신앙에 주는 부정적인 결과라고 생각하는 것을 보여줌으로써 아리우스주의를 반박하고 정죄해야 했다. 반면에 카파도키아 교부들은 이미 결과가 알려진 성숙한 아리우스주의를 대면했다. 그러므로 그들의 임무는 아리우스주의의 결과를 찾아내는 데 있는 것이 아니라 아리우스주의의 결과를 논박하고 대안을 제시하는 데 있었다.

카파도키아 교부들은 아타나시우스의 신학 방법과는 다른 방법을 사용했다. 아타나시우스는 성자의 신성과 관련된 모든 문제를 구세론적 결과와 관련지었다. 반면에 카파도키아 교부들은 항상 삼위일체론을 구세론과 연결하지 않고, 논리적이고 성경적인 논거들을 사용했다. 그들에게 문제가 된 것은 구세론의 출발점이 아니라 기독교의 기본 교리였다. 싸움은 거의 끝나고 있었으며, 카파도키아 교부들의 임무는 교회의 신앙을 체계화하고 논리적으로 설명하는 데 있었다. 이것이 아타나시우스가 버린 오리겐주의 분위기를 닛사의 그레고리에게서 다시 보게 되는 이유 중 하나일 것이다.

서방의 삼위일체론

서방에서는 아리우스주의가 동방에서만큼 큰 위협이 되지 않았다. 여기에는 세 가지 원인이 있는 듯했다: 라틴 기독교의 삼위일체론 전통; 더 긴박한 듯이 보이는 실질적인 문제에 몰두에 있었다는 점; 그리고 스토아주의의 영향. 터툴리안이 이미 서방교회 역사에서 사용될 삼위일체 공식—"한 본질과 세 위격"—을 발전시켰다는 점을 기억하면 첫째 이유를 이해할 수 있다. 이것이 서방의 실질적 경향과 결합함으로써 아리우스 논쟁이 동방에서처럼 확대되는 것을 방지했다. 마지막으로 서방에서 스토아주의가 가장 일반적인 철학이었다는 사실 덕분에 신플라톤주의적인 동방이 처한 위험 중 일부를 피할 수 있었다. 앞에서 양태론을 논박하려는 목적의 삼위일체론 논의가 어떻게 성자족속설로 기울었는지 살펴보았다. 그러나 이것은 결코 극단적인 아리우스주의에 이르지 않았는데, 이는 신의 초월성을 강조하는 알렉산드리아 신학의 영향이 서방에서는 거의 느꺼지지 않았기 때문이었다. 하나님을 절대적인 초월자로 인식할 때, 아리우스주의의 경우처럼 말씀을 하나님과 세상 사이의 중간 존재로 보려는 유혹을 느끼게 된다. 신의 내재를 강조하는 스토아주의의 영향이 서방을 아리우스주의의 침탈에서 구하는 데 기여했다.

이것은 아리우스주의와 삼위일체론 논쟁이 서방에 침투하지 않았다는 의미가 아니다. 서방에 아리우스주의가 영향을 미친 시기와 장소가 있었다. 콘스탄티우스 황제 때 서방은 아리우스주의를 지원하는 제국의 압력을 받았다. 몇 년 후 유스티나(Justina)가 아들 발렌티니아누스 2세(Valentinian II)가 다스리는 지역에 기독교를 도입하려 했을 때 밀라노의 암브로시우스의 지도 아래 이루어진 대중의 반응은 서방에서 아리우스주의가 내적 활력을 지니지 못했음을 보여주었다.

그럼에도 불구하고, 동방에서 맹위를 떨치고 있었던 논쟁에 관련된 문제를 깊이 되새겨보려는 많은 서적이 서방에서 배출되었다. 그 서적들은 처음에는 동방에서 저술된 글들의 일반적인 개요를 따랐는데, 그중에는 동방교회 서적의 개정판에 불과한 것도 있었다. 그러나 서방은 서서히 삼위일체론을 논하고 표현하는 나름의 형태를 발전시켰는데, 이 일은 동방에서 논쟁이 해결된 후에 저술된 성 어거스틴의 『삼위일체론』(On the Trinity)에서 절정에 달했다.

4세기 중엽 푸아티에의 힐라리우스(Hilary of Poitiers)가 12권으로 이루어진 『삼위일체론』(On the Trinity)을 저술했는데, 그 책은 그가 추방되어 동방에서 생활하면서 받은 영향을 반영한다. 이 책의 중요성은 독창성에 있는 것이 아니라, 아리우스 논쟁에서 위험에 처했던 문제들과 니케아 신조를 지지하는 논거들을 요약한 논문을 라틴어권 세계에 제공했다는 데 있다.

이탈리아 북부에서 니케아 신조를 옹호한 성 암브로스도 삼위일체론에 새롭게 공헌한 것이 없다. 그는 유능한 교회 지도자요 설교자로서 니케아 신앙을 옹호했다. 그라티아누스 황제가 성령에 관한 글을 써달라고 요청했을 때, 암브로스는 그 주제에 관한 바실을 글을 취하여 조금 개작하였다.

서방에서 아리우스주의를 대적한 또 다른 인물은 사르디니아에서 활동한 칼라리스의 루시퍼(Lucifer of Calaris)이다. 그는 라틴어로 된 저서에서 공개적으로 콘스탄티우스 황제를 공격하고 그에 대해 불쾌한 발언도 했다. 그가 사망한 후 교회가 아리우스주의자였던 사람들을 쉽게 복귀시키는 것을 받아들이지 않은 사람들은 그를 자기들의 상징으로 삼았다. 이런 까닭에 그들은 루시퍼파(Luciferians)라고 불렸다. 이 분파는 교리적인 내용이 부족했기 때문에 오래 존속하지 못했다. 그러나 이 분파에서 몇 명의 유능한 교사와 저술가가 배출되었는데, 그중에서 중요한 인물은 『아리우스파를 대적하여 정통 신앙에 관하여』(On the Orthodox Faith against the Arians)를 저술한 엘비라의 그레고리(Gregory of Elvira)이다.

5세기 초에 서방은 어거스틴과 더불어 깊이와 독창성을 나타냈다. 어거스틴은 15권으로 구성된 『삼위일체론』(On the Trinity, 399~419)에서 동방과 서방의 삼위일체 신학의 차이점의 출발점이 될 방법을 결정했다. 그러므로 여기에서 어거스틴의 삼위일체론에 대해 논해야 한다. 그의 신학에 대한 일반적인 논의는 이 책 제2부에서 다룰 것이다.

어거스틴은 삼위일체론이 의심을 초월하는 신앙에 달려있다고 여겼다. 그러므로 그는 이전의 다른 작가들의 글과는 달리 그의 저서 『삼위일체론』에서 성부와 성자와 성령의 본질적인 통일성을 증명하기보다 성자와 성령의 신성의 증거를 제공하는 데 몰두한다. 어거스틴은 카파도키아 교부들의 신학을 직접 안 것이 아니라 힐라리우스를 통해서 알게 되었지만, 그는 카파도키아 교부들이 놓은 것을 기초로 삼았다.

어거스틴도 카파도키아 교보들처럼 삼위의 위격들의 차이가 그들의 외적 활동에 기인하는 것이 아니라 내적 관계에 기인한다는 점을 분명히 했다. 이것은 "말씀이 육신이 되셨다"라고 말할 때처럼 삼위의 특별한 행위를 한 위격의 것으로 돌리는 것이 불가능하다거나 옳지 않다는 의미가 아니다. 실제로 인간의 어휘와 정신의 한계 때문에 하나님의 각각의 행위 안에서 삼위일체가 어떻게 전체로 활동하는지를 이해하거나 표현할 수 없으며, 그렇기 때문에 그러한 행위들을 삼위 중 한 위격의 것으로 돌리는 것이다. 중세 시대 신학자들은 이것을 "전유"(appropriation)라고 불렀다.

어거스틴은 삼위일체론을 다루면서 그리스 신학자들을 따랐지만, 카파도키아 교부들 같은 신학자들은 위격들 또는 휘포스타시스(hypostasis)의 다양성을 출발점으로 삼고, 거기서부터 본질 또는 우시아(ousia)의 통일성으로 이동했다. 어거스틴은 반대로 하나님의 본질적인 통일성에서 시작하여 위격들의 구분으로 이동한다. 그는 휘포스타시스에 대한 카파도키아 교부들의 의미를 이해하지 못했고, 그것을 본질(substantia)이라고 번역했다. 어거스틴과 그리스 신학자들의 다른 점은 순수한 언어적 차이 이상의 것이다. 어거스틴은 카파도키아 교부들만큼 위격의 다양성에 중요성을 부여하지 않았다. 신적 통일성과 단순성을 이해한 방식으로 말미암아 그는 개종한 플라톤주의 지성인 마리우스 빅토리누스(Marius Victorinus)처럼 하나님을 "삼중의 존재"(triple being)라고 말하는 시도를 배격했다.

어거스틴은 삼위일체 사상에 두 가지 큰 공헌―성령 발현설과 피조물 안에 삼위일체의 흔적이 있다는 교리―을 했는데, 그것의 출발점은 신적 관계들이라는 주제이다.

어거스틴 이전의 신학자들은 성자의 발생과 성령의 발현의 차이를 표현하는 데 어려움을 느꼈다. 아리우스파는 성자와 성령 모두 그 존재가 성부에게서 유래했는데, 어떻게 하나는 성자라고 불리고 또 하나는 그렇게 불리지 않을 수 있느냐고 질문함으로써 이러한 난제들로부터 유익을 얻었다. 어거스틴은 자신이 성자의 발생과 성령의 발현을 구분하는 방법에 대해 무지하다고 고백하는 데서부터 시작한다. 그는 나중에 성령은 성부와 성자 사이에 존재하는 사랑의 유대라는 이론을 제안하는데, 이것은 서방에서 일반적인 이론이 되었다. 성령 발현에 관한 이러한 이해는 그 결과 때문에 특히 중요하다. 왜냐하면 중세 시대에 동방 신학자들과 서방 신학자들 사이에 벌어진 필리오케(Filioque) 논쟁의 근원이 여기에 있기 때문이다.

어거스틴이 삼위일체 사상의 발달에 기여한 또 한 가지는 vistigia Trinitatis라는 이론, 즉 삼위일체의 흔적을 피조물 안에서 발견할 수 있다는 이론이다. 모든 피조물, 특히 인간의 영혼 안에서 조물주의 삼위일체의 본성을 볼 수 있다. 이것은 어거스틴 이전의 신학자들이 공통으로 사용한 절차인바 자연 질서에 속한 특정의 사물을 삼위일체론을 설명하거나 예증하는 데 사용할 수 있다는 것보다는 만물은 삼위 하나님에 의해 피조되었다는 사실 때문에 삼위일체의 흔적을 지니고 있다는 것을 의미한다. 중세 시대 신학자들은 이 교리를 체계적으로 발달시켰다. 그들은 다양한 피조물 안에 있는 삼위일체의 그림자, 흔직, 형상, 모양 등을 구분하려 했다. 그러나 어거스틴은 삼위 하나님의 형상과 모양—이것이 창세기 1장 26절에 "우리가 사람을 만들고"라고 복수형으로 사용된 이유이다—으로 지어진 인간에 관심을 두었다. 어거스틴은 인간의 영혼 안에 있는 삼위일체의 흔적을 나타내기 위해서 셋으로 이루어진 몇 개의 용어를 사용하지만, 가장 흔하고 후일 기독교 사상에서 유냉한 셋은 기억과 이해와 의지를 언급하는 것, 셋이면서 서로 구분됨에도 불구하고 하나의 정신인 것이다. 그러므로 어거스틴은 가능한 한도까지 삼위일체 내의 내적 관계를 이해하기 위해서 영혼의 기능의 내적 관계들을 사용한다. 어거스틴은 심오한 심리학적 감성을 가진 인물이었다.

요컨대 어거스틴은 후일 서방 삼위일체 신학이 적어도 세 가지 기본적인 점에서 따르게 될 길을 지적했다고 말할 수 있다: 위격들의 다양성보다 신적 통일성을 강조한 것, 성령 발현설, 인간 심리 분야에서의 삼위일체의 흔적(vestigia Trinitatis) 이론.

그중 첫째 요점은 다른 신학자들 안에 존재하는 삼신론의 위험을 피하면서 과거 보수적인 동방의 주교들이 니케아의 동일본질론(homoousios)의 결과가 될 것이라고 우려했던 사벨리우스주의에 매우 근접했다. 둘째 요점은 서방의 성령론이 지향하는 길을 설명하고 지적하는 데 기여했으며, 이것의 가장 중요한 결과는 후일의 필리오케(Filioque) 논쟁이다. 세 번째 요점은 중세시대 서방 신학에서 중요했으며, 궁극적으로 피조물 안에 있는 삼위일체의 흔적을 관상함으로써 하나님께에 이르려 한 신비신학의 기본 틀이 되었다.

제9장

기독론 논쟁

앞에서 다룬 논쟁들은 성자의 신성 문제, 그리고 성자의 신성이 성자를 성부와 성령과 어떻게 연관 짓느냐 하는 문제를 중심으로 했다. 신학자들이 성자의 신성 문제가 해결되었다고 생각한 후에 제기해야 할 또 다른 문제가 있다.

기독교 사상사의 가장 초기에서도 이 질문에 대한 몇 가지 가능한 답변을 볼 수 있었다. 우선 그리스도의 신성을 인정하고 인성을 부인할 수도 있다. 다수의 기독교인은 가현설이라고 불리는 이 해법을 정죄했다. 왜냐하면 그것은 가장 중요한 성육신 교리를 무의미하게 만들었기 때문이다. 한편 그리스도의 인성을 인정하며 그리스도 안에 있는 하나님의 계시를 그의 도덕적 탁월함의 결과라고 말할 수 있다. 에비온 종파의 것으로 볼 수 있는 이 주장 역시 "그리스도 안에 하나님이 계셨다"라고 단언하는 다수 기독교인의 종교적 감성을 만족시키지 못했다.

대부분 기독교인은 때에 따라 이편저편으로 기울었지만, 이 두 가지 입장 사이에 섰다. 양극단 중 하나에 근접한 사모사타의 바울은 배격되었다. 그러나 정통적인 기독론을 취한 신학자들—이그나티우스, 이레내우스, 오리겐, 터툴리안—은 예수 그리스도 안에서 인성과 신성의 연합에 관해 정확하게 정의하려 하지 않았다. 4세기, 특히 아리우스 논쟁 초기에 삼위일체 문제에 대한 관심이 컸기 때문에 신학자들은 기독론을 신중하게 생각하게 되었다. 예를 들어 아리우스의 기독론은 터툴리안 시대부터 서방 교회와 니케아 공의회에 참석했던 일부 동방의 주교들—특히 안디옥의 유스타티우스—이 정설로 여겨온 것과 달랐지만, 니케아 신조에는 그러한 기독론을 반대하는 표현이 없었다. 그들은 구주의 신성이라는 문제에 대해 논했지만, 그분의 신성과 인성의 관계를 숙고하려는 사람은 거의 없었다.

기독론의 세 가지 유형

  기독교의 지적·교리적 중심지들은 여러 해 동안 각기 나름의 전형적인 기독론 질문을 형성했다. 서방의 중심지는 안디옥과 알렉산드리아였다. 서방에서는 터툴리안 시대부터 기독론의 기본 교리가 확립되었다. 니케아 공의회보다 1세기 전에 터툴리안은 그리스도 안에 있는 본성들의 이중성, 그리고 그의 표현을 따르자면 하나의 위격 안에서 이 "두 본질"(substance)이 연합하는 방식이라는 문제에 직면했었다. 그의 해답에는 정확성과 명확성이 결여되어 있었고, 그것은 오랜 논쟁을 통해서만 획득되었지만, 그의 해답은 4~5세기의 많은 제안보다 탁월했다. 왜냐하면 터툴리안은 말씀의 신성을 강조하는 동시에 이성적인 영혼을 포함하여 예수 그리스도의 인성을 인정해야 할 필요성을 의식하고 있었기 때문이다.

서방 신학자들은 그리스도 안에서 두 본질이 하나의 위격 안에 결합하여 있다는 터툴리안의 공식을 즉시 받아들이지 않았다. 그들은 대부분 그의 "두 본성" 교리를 따랐지만 "한 위격"의 통일성에 대한 언급을 받아들이지 않았다. 그러나 그들의 기독론은 기본적으로 터툴리안의 것과 같았으며, 두 본성의 실재를 강조했고, 또 그것들이 연합하되 신인 양성이 공존한다는 것을 강조했다. 후일 서방의 위대한 교사로 명성을 얻은 어거스틴은 위격(persona)이라는 용어를 기독론적인 맥락으로 회복시키고, 그럼으로써 다시 서방을 한 위격 안에 있는 두 본성이라는 터툴리안의 공식으로 이끌었다. 그리하여 서방은 그리스도 안에 있는 인성과 신성의 혼동과 두 본성의 극단적인 구분 사이의 중간 입장을 발달시켰다. 그러므로 동방에서 기독론 논쟁이 맹렬히 계속되는 동안 서방은 깊이 개입하지 않은 채 관심을 가지고 지켜보았다. 이는 그 논쟁이 서방에서는 중요한 문제가 아니었기 때문이다. 논쟁이 끝나고 합의가 이루어졌을 때 터툴리안의 공식이 다양한 이론을 결합하는 고리 역할을 했다.

동방의 상황은 서방과 달랐다. 이는 시로 충돌할 수밖에 없는 두 개의 기독론적 경향으로 분열되어 있었기 때문이다: 안디옥 학파와 알렉산드리아 학파. 그러나 이 두 경향이 그 이름을 취한 두 도시와 완전히 동일한 것은 아니었다. 그것은 알렉산드리아에 중심을 두었지만, 안디옥에도 추종자들이 있는 헬레니즘 경향의 이론, 그리고 안디옥에 중심을 두었고 강력하게 시리아의 요소를 지니고 있으며 복음서의 이야기들과 예수의 참된 인성을 강조하는 신학 사이의 갈등이라는 문제였다. 알렉산드리아의 신학자들은 실질적으로 동질 집단이었던 데 반해, 안디옥을 중심으로 한 신학자들은 두 파—알렉산드리아를 모방한 파와 전형적인 안디옥파—로 분열되어 있었다. 이런 까닭에 안디옥은 종종 두 집단의 싸움터가 되었다. 알렉산드리아는 안디옥파 가르침의 침범을 받은 적이 없었다. 3세기 중엽에 이미 안디옥에 이러한 다양한 동향이 존재했다. 사모사타의 바울과 그 반대자들 사이의 논쟁은 150년 후에 동방 기독교계를 분열시킨 큰 전쟁에서 발생한 사건들 중 하나였다.

4세기 초에 시리아파가 안디옥의 유스타티우스와 함께 그 주교좌를 다시 차지했다. 유스타티우스의 경우에도 사모사타의 바울이 겪은 일이 반복되었다. 이번에는 타당한 이유가 없었지만 오리겐을 추종하는 시리아파는 시리아의 주교를 해임하고 반오리겐주의 경향을 정죄했다.

여기서 잠시 유스타티우스의 기독론을 살펴보기로 한다. 그의 기독론에는 후일 안디옥 학파와 알렉산드리아 학파를 분리하게 될 근본적인 특징들이 있었다. 유스타티우스도 사모사타의 바울처럼 예수 그리스도 안에서 발견되는 신성이 인격적인 것이 아니라고 믿었는데, 곧 안디옥 학파 내의 그의 후계자들은 이 교리를 버렸다. 그는 그리스도의 인성의 실체를 지키는 데 관심을 가지고 있었고, 두 본성의 참된 연합을 희생시키면서 인성과 신성을 구분함으로써 이 목적을 성취하려 했다. 그리하여 그리스도 안에서의 인성과 신성의 연합은 인간의 의지가 항상 신의 의지를 원하는 방식으로 두 의지가 결합한 결과라고 여겼다. 게다가 예수는 인간의 몸과 혼을 가진 참 인간, 다른 인간들처럼 실제로 자라고 성장한 인간이었다. "지혜"가 성전 안에 거하듯이, 비인격적인 하나님이 그리스도 안에 거하시만, 인격은 인간적인 것이었다.

이렇게 그리스도의 두 본성의 구분을 강조하고 그의 인간성의 진성(眞性)을 강조하는 경향은 유스타티우스의 추종자들에게서도 지속하였다. 그들 중에서 타르수스의 디오도르(Diodore of Tarsus)와 몹수에스티아의 테오도르(Theodore of Mopsuestia)에 대해 간단히 언급하기로 한다.

타르수스의 디오도르는 그 시대에 가장 유명한 신학자 중 하나였다. 그의 제자 중에 몹수에스티아의 테오도르와 요한 크리소스톰(John Chrysostom) 같은 유명한 지도자들이 있다. 그의 저술의 대부분은 성경 주석이다. 그는 알렉산드리아의 풍유적 해석과는 달리 안디옥의 루치안(Lucian of Antioch)이 도입한 역사적·문법적인 주석 방법을 따랐다. 디오도르도 안디옥 학파의 다른 신학자들처럼 성경의 문자적 의미를 강조함으로써 복음서가 제시하는 역사적 예수에 관심을 기울였다. 디오도르는 예수 그리스도의 인성과 신성의 구분을 강조했다. 말씀은 "마치 성전 안에" 거하는 것처럼, 또는 "구약의 선지자들 안에 거한 것처럼" 예수 안에 거했는데, 예수의 경우에 그 연합은 영구적이었다.

  디오도르는 그리스도 안에서의 신성과 인성의 연합에 속성의 교류가 있어야 한다는 조건, 즉 그리스도의 인성의 속성들을 말씀의 속성으로 단정할 수 있다고 강조한 알렉산드리아 학파의 기독론을 반대하면서 그리스도의 인성과 신성의 구분을 강조하게 된 듯하다. 그럼에도 알렉산드리아의 신학자들은 예수 그리스도의 인성이 훼손되었다는 식으로, 즉 예수에게 이성적인 인간 영혼이 결여되었다는 식으로 이 원리를 적용하려 했다. 디오도르는 알렉산드리아 신학자들의 오류를 보았지만, 속성의 교류를 강조해야 할 필요성을 확신한 것은 아닌 듯하다. 이로 말미암아 그는 말씀이 육체만 아니라 인간과 연합했다고 주장하는 기독론을 제안했는데, 이것은 일반적으로 받아들여지지 않았다. 그러나 그는 극단적으로 말씀과 "그가 취한 인간"(assumed man)을 구분함으로써 그 둘 사이에 속성의 교류가 존재할 수 없게 되었다.

  몹수에스타의 테오도르의 교리는 전통적인 안디옥 학파의 형태를 따른다. 그러므로 비록 그 시대의 신학 현상에 맞추어 조정했지만 디오도르의 교리와 매우 유사하다. 테오도르는 디오도르보다 30년 후에 사망했다. 테오도르는 옛 안디옥의 전통을 따라 그리스도의 통일성보다는 두 본성의 구분을 강조했다. 그러나 테오도르는 디오도르처럼 극단적으로 그리스도 안에 두 명의 성자 또는 두 명의 주님이 있다고 주장하지 않았다. 육신을 취하는 자와 취함을 받은 자 사이에는 구분이 있지만, 또한 확고하고 영구한 연합이 있다. 테오도르는 인성과 신성의 구분과 연합과 관련하여 터툴리안이 말했고 후일 모든 정통 기독교인들이 주장한 것처럼 "한 위격" 안에 있는 "두 본성"의 연합을 말했다.

테오도르는 그 이전의 유스타티우스와 디오도르처럼 예수 그리스도 안에 있는 하나님의 현존을 성자가 그 안에 거하는 것으로 해석했다. 이 현존은 하나님이 세상에 편재하시는 것과는 다르다. 하나님은 "본성과 능력 때문에" 세상에 현존하시지만, "자비로우신 뜻 때문에" 예수 그리스도 안에 현존하신다. 성인들과 선지자들 안에도 이런 식으로 거하신다. 예수 그리스도의 경우에는 특별히 하나님이 "아들 안에 거하는 것처럼" 그 안에 거하신다고 덧붙여야 한다. 예수 그리스도 안에 거하시는 하나님은 비인격적인 힘(impersonal force)이 아니라 삼위 중 제2위, 두 본성 사이에 절대적인 조화가 존재하는 방식으로 인성을 취하신 분이시다. 그러나 이 "결합" 때문에 예수 그리스도의 인간성에서 인간적인 특성이 제거되지는 않으며, 그러므로 베들레헴의 아기가 갈릴리의 교사로 성장할 수 있었다. 이것은 전형적인 안디옥 학파의 주세이다.

테오도르의 주장에 따르면, 말씀이 "취하신 인간"(assumed human)은 인간적 속성들의 주체로 존속하는데, 이것들은 관계에 의해서만 가능하다는 보호장치가 있지 않은 한 말씀으로 전이될 수 없다. 진정한 속성의 교류는 한 방향으로만 진행한다: 말씀의 속성이 인간에게로 확대될 수 있지만, 이것의 역은 성립되지 않는다.

그러므로 예수 그리스도 안에서의 "인격의 통일성"에 대한 테오도르의 주장은 그리스도 안에 하나인 것처럼 보이도록 조화롭게 행동하는 두 사람이 있다는 말이라는 인상을 준다. 여기에서 테오도르가 예수 그리스도의 "인격"에 적용하는 프로소폰(prosopon)이라는 용어가 함축적으로 외모를 의미할 수 있다는 점을 기억해야 한다. 알렉산드리아 학파에서 그리스도의 인성을 희생시키면서 통일성을 강조할 때만큼은 아니지만, 이 점에서 성육신 교리가 위험해지는 듯하다.

간단히 말해서 안디옥 학파 교리의 특징은 알렉산드리아 학파의 "로고스-육체"(Logos-flesh) 교리와 대조적인 "로고스-인간"(Logos-human) 기독론이라 할 수 있을 것이다. 다시 말해서 알렉산드리아 신학자들, 특히 4세기의 신학자들은 말씀과 인간 육체의 연합을 강조한 데 반해 안디옥의 신학자들은 말씀과 완전한 인간의 연합을 상정해야 할 필요성을 느꼈다. 한편 안디옥의 신학자들은 예수 그리스도라는 인간의 통일성과 관련하여 어느 정도 양보하려 한 데 반해 알렉산드리아의 신학자들은 구세주의 인성을 희생하면서라도 이 통일성을 보존하고 강조해야 할 것을 주장했다.

아폴리나리스

알렉산드리아의 기독론은 안디옥의 기독론과 매우 달랐다. 클레멘트 이후 신플라톤적 경향의 알렉산드리아의 신학자들은 예수의 인간적인 완전함이 손상되더라도 말씀의 불변성이 유지되어야 한다고 믿었다. 앞에서 그리스도가 음식을 먹을 필요가 없었다는 클레멘트의 주장이 지닌 가현설적 경향을 살펴본 바 있다. 오리겐도 가현설을 정죄해야 한다고 느끼면서도 예수의 육체의 체질이 다른 인간들과 달랐다고 진술했다.

이러한 관점은 3~4세기에 계속 발달하여 예수 그리스도 안에 성자의 인격적 임재 및 신성과의 연합을 상정해야 할 필요성으로 말미암아 "로고스-육체" 기독론이 생겨났다. 이 이론에 따르면 말씀이 취한 것은 인간성(humanity)이 아닌 인간의 육체(human flesh)였다. 이 이론의 최초의 중요한 대표자는 라오디게아의 아폴리나리스(Apollinaris)이다. 아폴리나리스는 그의 기독론을 형성하면서 안디옥 학파와는 달리 새로운 관심을 나타냈다: 예수 그리스도의 인격의 진정성, 그리고 말씀의 불변성.

부분적으로 아리우스주의를 논박하면서 품게 된 아폴리나리스의 기독론은 인간이 몸과 영과 혼, 또는 "이성적인 혼"으로 구성되어 있다는 전제에서 생겨났다. 이 구분에서 "혼"은 오늘날 이해하는 것과는 달리 몸에 생명을 주는 생명력에 불과하다. 그러므로 혼은 의식적(conscious)인 것이 아니고 비인격적인 것이다. 한편 모든 이성적인 기능은 영 또는 이성적인 혼의 것으로 간주되며, 이것이 인격의 소재지(seat of personality)가 된다.

아폴리나리스는 그리스도 안에서 말씀이 인성과 연합하면서도 불변성을 잃지 않는 방식을 설명할 수 있다고 생각했다: 그리스도 안에서 말씀이 영의 자리를 차지함으로써 그 안에서 인간의 몸과 혼이 신적 이성과 결합했다. 이렇게 하여 인성과 신성이 새 본성을 형성하지 않으면서 연합하는 방식을 설명하면서 말씀의 불변성을 확인하려 했다. 그리스도는 몸과 혼, 또는 생명력(vital principle)이 인간의 것이기 때문에 인간이지만, 이성적인 혼이 하나님의 말씀이기 때문에 신적인 분이시다. 만일 그리스도 안에서 자체의 인격과 이성을 지닌 완전한 인간이 하나님의 아들과 연합되었다면, 결과적으로 두 사람이 발생할 것이다. 이것은 그리스도 안에서 하나님이 인성과 결합하셨다고 진술하는 성육신의 실체를 파괴할 것이다. 아폴리나리스가 발견한 해답은 그리스도의 인성을 훼손하여 이성적인 기능을 제거하고 그 자리에 말씀을 놓은 것이었다.

이러한 아폴리나리스의 가르침 안에서 로고스-육체 형식의 기독론의 결론을 발견하게 된다. 아폴리나리스는 논리적으로 정확한 정신적 능력을 추가한 데 불과하다.

일반적으로 동방과 서방에서는 아폴리나리스와 그의 이론에 강력하게 반대했다. 서방에서는 교황 다마수스 1세(366~384) 시대에 거듭 아폴리나리스를 정죄했는데, 거기에는 항상 구원론적 이유가 개입되었다. 동방의 카파도키아 교부들은 아폴리나리스의 가르침을 논박해야 한다고 여겼다. 그들은 아폴리나리스의 기독론에 숨어 있는 위험성을 인식한 최초의 인물에 포함된다. 그들도 대부분의 그리스 교부들처럼 신화(deification)의 교리가 기독교 구원론의 핵심을 이룬다고 여겼다. 아타나시우스는 이레네우스와 마찬가지로 하나님이 인간성을 취하신 목적은 인간의 삶에 참여하는 것뿐만 아니라 인간이 신적 생명에 참여하려 데 있었다고 말했다. 카파도키아 교부들은 아폴리나리스가 이것을 무시했으므로 정죄 되어야 한다고 주장했다.

제2차 세계 공의회라고 알려진바 381년 콘스탄티노플에 개최된 공의회는 카파도키아 교부들을 비롯한 신학자들이 제기한 반론에 기초하여 아폴리나리스의 기독론을 정죄했다.

카파도키아 교부들의 기독론이 라오디게아의 주교 아폴리나리스의 기독론과 그리 다르지 않은 것처럼 보였기 때문에, 그들은 아폴리나리스를 정죄한 데 대해 비판을 받았다. 만일 우리가 카파도키아 교부들의 관점에서 본다면, 그들이 자신의 기독론과 아폴리나리스의 기독론 사이의 차이를 느낀 이유를 이해할 수 있을 것이다. 대부분의 초기 그리스 신학자들처럼 카파도키아 교부들은 구원이 본질적으로 신화에 있다고 여겼다. 말씀이 육신이 되신 것은 인류에게 본보기를 제공하거나 하나님께 진 빚을 갚기 위해서가 아니라 우리를 구속해온 악의 세력을 파괴하고 신화의 길을 열어주기 위해서이다. 하나님이 인간성을 취하셨으므로 인간성이 신화할 수 있다. 그러므로 카파도키아 교부들이 중요하게 여긴 것은 그리스도 안에서 하나님이 인간성을 취하셨다는 것이지, 그분의 인간성이 우리의 인간성과 같다거나 자유롭다는 것이 아니었다. 이런 까닭에 그들은 그리스도 안에서 인성과 신성이 연합하되, 인성이 신성 안에서 상실되어 성육신의 구원론적 의의가 파괴되지 않는다고 묘사했다.

네스토리우스 논쟁과 에베소 공의회

아폴리나리스의 이론을 정죄한 것은 기독론 문제의 해법이 아니었다. 카파도키아 교부들은 라오디게아의 신학자 아폴리나리스를 정죄할 필요가 있다고 확신했지만, 그에 대해 제시할 대안을 가지고 있지 않았다. 아폴리나리스가 정죄 되면서 알렉산드리아 학파의 기독론은 심각한 타격을 입었지만, 그것은 동방의 신학에서 여전히 강력한 조류였으므로 안디옥 학파의 기독론과 충돌할 수밖에 없었다. 게다가 5세기에 십자가에 달리신 겸손한 주님의 교회는 비잔틴 왕궁에서 벌어진 싸움 못지않게 특권과 권력을 위한 쓰라린 싸움에 개입되었다. 로마, 알렉산드리아, 안디옥, 콘스탄티노플 등 모든 대교구가 주도권을 얻기 위해 경쟁 교부들과 싸웠고, 이러한 정치적 이해관계가 자체의 신학적 결정에 영향을 미치는 것을 허락했다.

5세기의 기독론 논쟁들은 428년 안디옥의 네스토리우스(Nestorius)가 콘스탄티노플 총대주교구를 차지하면서 시작되었다고 말할 수 있다. 네스보리우스는 성모 마리아에게 적용되는 "신을 넣은 자"(theotokos)라는 호칭에 반대하는 입장을 표현했다. 그 무렵 대부분 기독교인이 이 호칭을 사용하고 있었다. 알렉산드리아의 신학자들은 그것은 속성 교류의 결과로 여겼다. 그러나 네스토리우스는 성모 마리아에게 적용된 "신을 낳은 자"라는 호칭에서 예수 그리스도 안에 있는 신적인 것과 인간적인 것의 혼동을 보았다. 그는 마리아를 그리스도를 낳은 자라고 부를 수 있지만, 신을 낳은 자라고 불러서는 안 된다고 여겼다.

알렉산드리아 총대주교 키릴은 네스토리우스가 "신을 낳은 자"라는 호칭을 반대하는 설교를 한다는 것을 알게 되었고, 네스토리우스를 정죄하는 데 도움이 될 수 있는 모든 힘을 모았다. 그는 로마 교구의 지원을 받았다. 이는 콘스탄티노플 공의회에서 콘스탄티노플이 로마 교구와 비슷한 지위를 주장한 이후 알렉산드리아는 그 교구의 주장에 맞서 로마를 동맹으로 의지할 수 있었기 때문이었다.

한편 네스토리우스는 안디옥의 총대주교 요한의 지지를 받았는데, 그는 알렉산드리아 총대주교만큼 강력하지는 않았지만 논쟁이 진행되는 동안 충분히 증명된 것처럼 무시할 수 없는 강력한 인물이었다.

키릴과 네스토리우스가 서로를 정죄한 것이 동방 교회 내에 문제를 일으켰으므로, 발렌티니아누스 3세와 테오도시우스 2세는 에베소에 공의회를 소집했다. 공의회가 개최되는 날 네스토리우스의 지지자들은 소수만 에베소에 도착했지만, 키릴은 78명의 주교와 황제의 특사의 항의를 무시하고 회의를 개최했다. 그날 몇 시간 동안의 짧은 회의에서 네스토리우스는 해명할 기회를 얻지 못한 채 정죄 되고 해임되었다. 안디옥의 총대주교 요한 일행은 나흘 후에 도착했다. 그들은 공의회의 결정을 알고서 따로 모임을 갖고 자기들의 모임이 진정한 공의회라고 선언했다. 교황의 특사들도 에베소에 도착했다. 그들은 키릴의 회의에 합류했고, 네스토리우스에 대한 정죄문을 작성하고, 거기에 요한이 주최한 경쟁 공의회에 참석한 사람들 모두를 추가했다.

  돌이킬 수 없는 분열이 될 것을 염려한 테오도시우스 2세는 네스토리우스와 요한, 그리고 키릴을 감옥에 가두라고 명령했다. 그러나 곧 키릴이 황제의 지지를 확보했고, 결국 네스토리우스는 해임되어 안디옥으로 돌아갔다. 그동안 콘스탄티노플에 새 총대주교가 임명되었다.

  이것이 논쟁의 끝이 아니었다. 많은 신학자들은 키릴이 네스토리우스를 저주한 것 자체가 이단적이라고 주장했다. 그리하여 네스토리우스만 관련되었던 논쟁에 키릴이 개입되었다. 알렉산드리아의 기독론과 다른 기독론 전통을 가진 로마는 키릴의 견해가 당혹스럽다는 것을 깨달았다.

  결국 많이 고려하고 타협한 끝에 네스토리우스는 정죄 되어 외딴 곳에 유배되었다. 그는 그곳에서 사람들에게 잊혔는데, 몇 년 후 콘스탄티노플 사람들은 그에게 어떤 일이 있었는지 알지 못하게 되었다. 그러나 그는 칼케돈 공의회(451) 이후까지 살았고, 이 공의회가 자신의 가르침의 정당성을 입증했다고 주장했다. 그는 말년에 외딴 유배지에서 자신을 알리고 자신이 옳았다는 것을 세상에 보여주려고 노력했다. 이는 그의 교리가 칼케돈의 교리와 일치했기 때문이다.

  네스토리우스가 정말 이단자였는가? 그의 교리가 기독교 신앙의 핵심 원리 일부를 부인했는가? 그는 키릴만큼 야심과 정치적 능력이 없기 때문에 정죄 되었는가? 그를 정죄한 사람들은 그의 교리를 제대로 이해했는가? 아니면 그들은 그의 사상을 희화화한 것을 정죄했는가? 이러한 질문에 관해 학자들의 의견이 일치하지 않는다. 이 질문들은 네스토리우스 논쟁을 후대의 문제에 비추어 해석하려는 일부 역사가들의 경향 때문에 더욱 복잡해진다. 많은 개신교인들은 네스토리우스가 "신의 모친"이라는 호칭에 반대했다는 것을 근거로 그를 개신교의 선구자로 본다.

그리스도 안에 있는 두 본성의 진정성을 강조하고 각각의 위격(프로스폰)을 주장하면서 네스토리우스는 두 본성의 연합의 진정한 의미를 주장하기 어려운 입장에 처했다. 그의 견해에 의하면 이 연합은 두 본성이 혼동되지 않아야 하며 동시에 연합 행위에 동참하는 나름의 조건을 보유하는 결합(conjunction)이었다. 그러므로 그는 당시 알렉산드리아의 신학자들뿐만 아니라 서방, 그리고 다소 중도적인 안디옥 신학자들도 어느 정도 받아들이고 있던 속성 교류를 받아들일 수 없었다. 이것이 그가 마리아에게 적용된바 "신을 낳은 자"라는 호칭에 반대한 기초이다. 마리아는 신성을 위한 도구 또는 성전 역할을 하는 인간의 모친이지 신의 모친이 아니다. 마리아는 "인간을 낳은 자", 더 정확하게는 "그리스도를 낳은 자"이지 신을 낳은 자가 아니다. 이와 반대의 주장을 하는 것은 본성의 혼동일 것이며, 인성도 아니고 신성도 아닌 중간의 본성인 제3의 본성을 만들어낼 것이다.

네스토리우스의 취약한 부분은 그리스도의 인성과 신성을 지나치게 구분한 것, 그리고 두 본성의 연합에 대해 강력한 용어로 말하지 못한 것이었다. 만일 두 본성의 관계가 각 단계에서 두 본성을 구분하고 구분해야만 하는 것이라면, 어떻게 하나님이 우리 가운데 거하셨다고 말할 수 있겠는가? 그러므로 네스토리우스 논쟁은 단순히 마리아가 신의 모친인지 아닌지와 관련된 것이 아니라 예수 그리스도의 위격과 사역과 관련된 것이었다. 그러나 네스토리우스가 다른 신학적 관심사로 말미암아 당시 예배와 신앙 안에 굳게 뿌리를 내리고 있었던바 마리아에게 부여된 호칭을 공격한 것은 그로서는 매우 불행한 일이었다.

키릴은 네스토리우스의 분리적(divisive) 기독론에 맞서 자신의 기독론을 발전시켰다. 그 기초에는 인간이 육화한(incarnate) 영이며, 그 결과 영은 혼이 아닌 육과 결합함으로써 인간이 된다는 사상이 놓여 있다. 이 관점에서 보면 육화 과정에서 혼은 중요하지 않다. 게다가 키릴은 정통주의 저술가의 것이라고 여겼지만 실제로는 아폴리나리스파의 것인 본문에서 "하나님의 말씀의 성육한 하나의 본성"이라는 공식을 발견했으므로, 키릴에게는 아폴리나리스주의 경향이 있었다. 아폴리나리스주의에서 사용되는 이 공식은 그리스도의 인간성의 완전성(integrity)을 부인했는데, 그것이 혼을 소유하지 않기 때문에 "본성"이라고 부를 수 없었다. 키릴이 이 공식을 정통적 전통의 일부로 받아들였기 때문에 그의 입장이 불안해졌다.

그러나 네스토리우스 논쟁, 그리고 후일 안디옥의 요한과 협상으로 말미암아 그는 자신의 기독론을 명백히 정의하고 상술하게 되었다. 키릴의 기독론에 의하면 그리스도 안에서 인성과 신성이 위격적으로 결합(hypostatic union)한다. 이 용어는 키릴에게는 새로운 것이었으며, 후일 정설의 표식이 되었다. 주님의 인성은 홀로 존속하지 않기 때문에 자체의 위격을 소유하지 않는다. 주님의 인성의 존속 원리는 말씀 안에 있다.

그리스도 안에서 인성과 신성의 "위격적 결합"이라는 교리가 속성교류의 기초이다. 마리아 안에 그리스도의 신성이 존재하기 시작했기 때문이 아니라 말씀과의 결합에 의해서만 존속하며 그에 관한 모든 서술어가 말씀에 적용되어야 하는 인성의 모친이기 때문에 마리아는 하나님의 어머니이다. 그러므로 하나님이 처녀에게서 태어나셨다는 것뿐만 아니라 하나님이 갈릴리에서 행하시고 고난을 받으시고 죽으셨다는 것을 말해야 한다.

칼케돈 공의회

키릴은 네스토리우스와 싸우면서 억누르기 힘든 영향력을 펼쳤다. 과거의 협력자 중 다수는 참믿음에는 구세주의 하나의 본성에 대한 믿음이 필요하며, 두 본성을 주장하는 안디옥 학파의 교리는 배교에 버금가는 것이라고 확신했다. 안디옥 학파의 많은 신학자는 알렉산드리아 학파의 신학에 대해 비슷한 혐오감을 느꼈고, 433년의 평화협정을 결정적인 것으로 받아들이지 않았다. 그러므로 간신히 이루어진 미묘한 균형 상태가 오래갈 수 없었다. 상황이 변하면 언제라도 다시 싸움이 벌어질 것이었다.

444년에 디오스코루스(Dioscorus)가 키릴의 후임이 되었을 때의 상황은 안디옥 교구에 굴욕을 주고 안디옥 학파의 기독론을 최종적으로 파괴하기에 알맞은 듯했다. 안디옥의 주교는 교회 문제에 적극적으로 참여하기보다 수도생활에 더 관심이 있었기 때문에 교구 행정을 키루스의 테오도르(Theodore of Cyrus)에게 맡기고 있었다. 많은 사람이 박식한 테오도르를 존경했지만, 테오도르는 네스토리우스와의 친밀한 개인적 유대 관계 때문에 의심을 받았다.

디오스코루스는 테오도르와 안디옥 학파의 유대가 약한 것을 알았다. 그는 황제를 설득하여 안디옥의 기독론을 겨냥한 네스토리우스 반대 칙령을 반포하게 하려고 권력자들을 매수했다. 이 칙령으로 말미암아 안디옥 사람들이 크게 실망했기 때문에 그 후 디오스코루스는 테오도르와 그의 추종자들이 제멋대로 행동한다고 주장할 수 있었다.

디오스코루스는 안디옥을 대적한 싸움에서 알렉산드리아의 최종적인 승리를 거두는 데 몰두했으므로 유티케스의 사례를 그 목적을 위한 수단으로 사용했다. 유티케스(Eutyches)는 콘스탄티노플의 수도사였는데, 그가 황제의 시종의 대부였기 때문에 많은 사람이 그들 칭송하고 존경했다. 그는 교리적으로 네스토리우스주의 및 그와 유사한 모든 것을 반대했지만, 자신의 기독론을 정확한 용어로 제시하지 못했다.

양측에서 책략과 술책이 오간 후에 유티케스는 콘스탄티노플 종교회의에 출두했다. 그는 자신이 황제의 사절에게 유티케스를 확실히 정죄하라고 지시한 디오스코루스의 계획에 사용된 도구에 불과하다는 것을 알지 못했다. 유티케스가 정죄되면 디오스코루스는 유티케스 사건의 승리자가 될 수 있었고, 자신의 지위를 회복하는 데 성공하면 적에게 치명타를 가할 수 있었다. 디오스코루스가 기대한 대로 유티케스는 콘스탄티노플 종교회의에서 정죄 되었다.

유티케스의 교리가 정확하게 어떤 것인지 확인하기 어렵다. 그는 구주가 "연합 이전에 두 본성을" 소유하셨다고 단언했지만 "우리와 동질"이라는 것과 "성육하신 후에 두 본성을" 지니셨다는 공식을 받아들이지 않았다. 후일 그가 그리스도의 인간으로서의 몸이 하늘에서 내려오셨다고 말했다는 주장이 제기되었다. 이것은 과장된 것인 듯하며, 유티케스는 성육신 때문에 그리스도의 몸이 신화되었으므로 "우리와 동질"이 아니라고 가르친 듯하다. 어쨌든 교황 레오가 말한 대로 유티케스는 "대단히 고집스럽고 매우 무지했다."

콘스탄티노플 종교회의에서 정죄된 유티케스는 로마의 주교 레오를 비롯한 주요 주교구의 주교들에게 호소했다. 유티케스 재판을 주재한 콘스탄티노플 총대주교 플라비아누스도 로마에 서신을 보냈다. 이 일은 디오스코루스가 바랐던 일이었던 듯하다. 왜냐하면 지역적인 갈등이 보편적인 것이 되었으므로 디오스코루스가 어렵지 않게 통제할 수 있는 총공의회를 소집할 이유가 생겼기 때문이다.

황제는 449년에 에베소 공의회를 소집했다. 이 공의회에는 130명의 주교가 참석했다. 황제가 회의 주재자로 임명한 디오스코루스는 자기 정책에 대한 반대를 용납하지 않았다. 그런데 디오스코루스의 예상과는 달리 로마가 그를 반대했다. 이는 교황 레오가 콘스탄티노플의 플라비우스에게 유티케스의 정죄를 지지하는 토무스 앗 플라비아눔(Tome)이라는 서신을 보냈기 때문이다. 이 서신은 회유하는 듯한 분위기를 띠었지만, 유티케스를 정죄해야 한다고 분명히 진술하며, 레오의 기독론적 입장을 제시한다. 교황의 견해에 따르면, 유티케스는 진리의 제자가 아니기 때문에 오신의 스승들 가운데 하나로 간주되어야 하며(Tome, 1), 그의 주요 잘못은 구세주와 인간의 동질성을 부인한 데 있었다. 이는 성육신의 영광이 그리스도의 인성을 파괴하지 않기 때문이다. 동정심을 나타낸다고 해서 하나님이 변하는 것이 아니듯이, 위엄이 인간을 삼키지 않기 때문이다(Tome, 4). 두 본성은 결합한 후에도 구분이 필요하다.

 레오가 기독론을 이렇게 해석한 것은 혁신적인 것이 아니고 독창적인 것도 아니었다. 그의 공식은 250년 전 터툴리안이 사용한 것과 같았다.

 이렇게 유티케스를 중심으로 벌어진 논쟁에서 알렉산드리아와 안디옥과 서방 등 고대 교회의 세 가지 주요 기독론이 만났다. 이 세 가지 기독론은 예수 그리스도 안에서 신성과 인성의 결합을 인정해야 한다는 데 의견을 같이하지만, 그 방식에 관해서는 일치하지 않았다.

 449년의 에베소 공의회에서 이 세 가지 기독론이 만난 결과를 예측할 수 있다. 디오스코루스는 황제의 지지를 받고 있었다. 게다가 그는 어떤 대가를 치르더라도 "참믿음"의 승리를 성취하는 데 몰두한 많은 주교와 광신적인 수도사들을 동반했다. 안디옥 측의 가장 유능한 수호자인 키루스의 테오도르는 황제로부터 공의회에 참석하지 말라는 명령을 받았다. 황제는 공의회 개최 이틀 전에 발표한 칙령에서 디오스코루스를 회의 주재자로 임명하고, 니케아 공의회(325)와 에베소 공의회(431)에 참석한 주교들이 선포한 믿음에 무엇을 더하거나 제하려 하는 사람에게 침묵을 명할 권한을 부여했다.

이러한 상황에서 개최된 449년의 에베소 공의회는 후일 레오가 말한 대로 "강도들의 회의"(robbers' synod)에 불과했다. 플라비아누스와 교황 사절들이 항의했지만, 레오의 교서 토무스는 낭독되지 못했다. 플라비아누스는 난폭하게 다루어져서 며칠 후에 사망한 듯하다. 공의회는 안디옥 기독론의 주요 주창자들을 정죄하고 해임했다.

교황 레오는 강도들의 모임으로 간주한 공의회의 결정과 교령을 받아들이려 하지 않았다. 그는 주교들과 수도사들과 정치가들, 심지어 황실 가족들에게 편지를 보냈지만, 그의 노력은 수포로 돌아갔다.

강도 회의 이후 일 년이 못 되어 상황이 급변했다. 황제가 말에서 떨어져 사망했고, 그의 누이 풀케리아(Pulcheria)와 남편 마르키아누스(Marcian)가 그의 뒤를 이었다. 풀케리아는 교황 레오에게 희망을 주는 사람 중 하나였는데, 그녀는 남편과 함께 에베소 공의회에서 결정된 것을 무효로 하기 시작했다. 그들은 451년에 칼케돈에 새 공의회를 소집했는데, 이 공의회는 제4차 세계 공의회라고 불린다.

공의회는 교황 사절들의 요청으로 디오스코루스와 449년 종교회의 문제를 다루기 시작했다. 디오스코루스는 정죄 되어 해임되고 추방되었다. 그는 얼마 후에 유배지에서 그를 참믿음의 수호자로 여긴 단성론자들, 즉 단일 본성을 지지하는 사람들의 존경을 받으면서 사망했다. 그러나 그가 자신의 교리를 강요하기 위해 주교구의 영향력과 권세를 이용한 광신자라고 여긴 정통파에서는 그를 거의 기억하지 못했다. 강도 회의에 참석했던 그의 동료들은 잘못을 고백하고 용서를 받았다. 449년에 디오스코루스와 그 추종자들이 해임했던 주교들이 자기 주교구로 복귀했다.

신앙고백을 작성하는 데서 몇 가지 난제가 대두되었다. 제 3차 세계 공의회(에베소, 431)에서 결의한 교회법 제7조는 니케아에서 결의된 것과 다른 신앙을 제안하거나 작성해서는 안 된다고 말한다. 많은 사람은 이것이 새로운 신조를 제시하는 것을 금하며 칼케돈 공의회가 교리적인 공식을 작성하는 데 반대하는 것이라고 이해했다.

오랜 논의 끝에 칼케돈 신조(Definition of Faith)라고 알려진 공식이 작성되었다:

> 우리는 교부들의 가르침을 본받아 다음의 사실을 고백해야 할 것을 만장일치로 가르치는 바이다. 우리 주 예수 그리스도는 아버지 하나님과 완전히 동일하신 하나님이시며, 이 동일하신 분(예수 그리스도)이 신성에 있어서 완전하시고 인성에 있어서 완전하시며, 참 하나님이시며 참 인간이시고, 이성적 영혼(a rational soul)과 몸으로 구성되셨다. 그는 신성에 있어서 아버지와 동일 본질이시고 인성에 있어서 우리와 동일 본질이시지만 죄를 제외하고는 우

리와 똑같으시다. 그는 신성에 관한 한 시간 이전에 아버지로부터 태어나셨고, 그의 인성에 관하여는 이 동일하신 분이 마지막 날에 우리와 우리의 구원을 위해서 동정녀 마리아에게서 나셨으니, 이 마리아는 하나님의 어머니이시다. 이 동일하신 그리스도는 하나님의 아들이시요, 주님이시요, 독특하게 태어나신 분이신데, 우리에게 두 본성으로 되어 있으심이 알려진 바 이 두 본성은 혼돈이 없고, 변화도 없으며, 분리될 수도 없고, 동떨어질 수도 없는 연합체이다. 그런데 이 두 본성은 이 연합으로 인해 결코 없어질 수 없으며, 각 본성의 속성들은 한 위격(one Person)과 한 본체(one hypostasis) 안에서 둘 다 보존되고 함께 역사한다. 주 예수 그리스도는 두 위격(two prosopa)으로 나뉘시거나 분리되실 수 없다. 이분은 동일하신 아들이시요, 독특하게 태어나신 분이시요, 신적인 로고스이시다. 이에 관하여는 구약의 예언자들, 복음서의 예수 그리스도 자신이 가르치시는 바요, 교부들의 신조가 우리에게 전하는 바이다.

칼케돈에 모인 주교들은 이 신조를 작성하고 받아들이고 레오의 교서 토무스와 키릴의 교리 서신들을 승인하면서, 자기들이 니케아 공의회의 신조와 다른 신앙을 가르치는 것을 금하는 에베소 공의회의 결정을 범하고 있다고 생각하지 않았다. 칼케돈 신조가 니케아의 신앙을 대공의회 이후의 논쟁들과 연결하고 있음에도 불구하고, 그들은 그것을 니케아 신앙에 관한 주석으로 여겼다. 유티케스처럼 구세주의 본성을 혼동한 사람들뿐만 아니라 네스토리우스처럼 두 본성을 분리한 사람들을 정죄한 칼케돈 신조가 제안하는 대로 해석되겠지만, 니케아 신조는 여전히 교회의 신조일 것이다. 유티케스와 키릴이 사용한 "두 본성"이라는 표현은 명시적으로 정죄 되지 않았다. "두 본성 안에"라는 표현은 받아들여졌지만, 네스토리우스가 그것을 사용했다고 생각되는 방식은 거부되었다.

칼케돈 공의회를 소집한 황제 마르키아누스와 풀케리아의 목적은 성취된 듯했다. 공의회는 과거의 이단과 극단적인 견해를 정죄한 후에 대부분의 주교들의 동의로 신조를 작성했다. 그러나 그들이 이루어낸 일치는 외양에 그쳤다. 강력한 소수 집단들이 신조를 받아들이려 하지 않았고, 그 결과 생겨난 반대 집단들은 21세기까지 독립하여 존속하고 있다. 칼케돈 공의회의 결정을 받아들인 사람들도 신조를 해석하는 방식에 관해서는 의견이 달랐다. 이러한 차이점이 때로 불화로 이어졌다. 로마는 칼케돈 공의회에서 결정된바 콘스탄티노플 주교구에 로마와 동등한 특권을 부여한 제28조를 거부함으로써 공의회의 권위를 손상했다. 결과적으로 기독론 논쟁은 수 세기 동안 계속되었다. 그러한 후대의 논쟁에 대해서는 이 책 제2부에서 다룰 것이다.

제10장

사도적이었는가, 배교였는가?

칼케돈 공의회에 참석했던 주교들은 성 유페미아 대성당을 떠나면서 자기들이 사도들의 신앙에 충실했다고 확신한 듯하다. 그들의 생각이 올바른 것이었을까? 오순절부터 칼케돈 공의회에 이르기까지의 기독교 사상의 발달을 헛된 철학과 교리적인 세부 내용을 위해 원복음을 버린 배교로 볼 수 있지 않을까? 원래의 유대 메시지가 헬라화되어 실질적으로 유대적인 것이 되지 못한 것은 아닌가? 그럴 수도 있을 것이다. 그러나 관련된 문제들이 얼핏 볼 때 드러나는 것보다 더 복잡하다는 것을 보여주는 요인들이 있다.

첫째, 만일 기독교가 성육신의 메시지, 즉 우리 중 하나가 되심으로써 이 세상에 오신 하나님의 메시지라면, 헬라화함으로써 헬레니즘 세계에 들어가신 것을 어떻게 탓할 수 있는가? 그 대안은 원래의 공식을 보존해왔지만, 그 주위 세상에 들어가지 않았을 엄격하고 비성육신적 기독교일 것이다.

둘째, 기독교 신학이 발달해온 과정에 포함된 위험을 제대로 인식했는지를 고려해야 한다. 헬레니즘은 단순히 일반적인 문화적 자세가 아니었다. 거기에는 기독교가 원래의 메시지에 충실하는 것을 위협할 수 있는 내용이 있었다. 고전 그리스 철학은 헬레니즘 정신을 형성한 주된 요인이었고, 기본적으로 정적(靜的)으로 이해되었다. 기독교인들이 하나님을 "부동의 원동자"(prime unmoved mover)라고 말하기 시작했을 때, 이것이 역사와 하나님의 관계 및 하나님이 예수 그리스도 안에서 역사의 일부가 되신 것에 대한 그들의 이해에 어떤 영향을 미쳤을까? 인간적인 특징을 모두 부정함으로써 하나님을 정의하면서 어떻게 그렇게 정의된 하나님이 인간이 되셨다고 단언할 수 있었을까? 그러므로 기독교 사상이 발달하면서 접하게 된 많은 어려움은 원래 유대-기독교 전통에서 하나님에 대해 말한 것을 그리스 전통에서 이성을 통해서 신에 관한 것으로 알려진 것과 조화를 이루게 하려는 데 따른 결과였다.

마지막으로, 4세기 초에 시작된 콘스탄틴주의화(constantinization, 기독교의 내재주의적 세속화 현상) 과정이 기독교 사상의 발달에 어느 정도 영향을 미쳤는지 질문해야 한다. 정치적으로 무력하고 박해받던 초기 교회와 그 후 제국의 권력의 지원을 받으며 종종 거기에 굴종하던 교회 사이에는 엄청난 차이가 있다. 이처럼 변화하는 상황이 기독교 사상의 발달에 영향을 미쳤다는 사실은 449년의 강도 회의 때부터 이 년 후에 개최된 칼케돈 공의회 사이에 벌어진 사건들을 보면 알 수 있다. 권력은 신학에 공공연하게 영향을 미쳤지만, 신학을 하는 사람들의 사회적 관점의 변화는 미묘한 영향을 미쳤다. 이제 그러한 영향력의 예를 살펴보려 한다.

제2부

중세 신학

제11장

어거스틴의 신학

이 책 제1부에서는 칼케돈 공의회가 개최된 451년까지를 다루었다. 그러나 제1부의 마지막 부분에서는 동방에서 벌어진 기독론 논쟁만 다루고, 삼위일체 논쟁 이후의 서방 신학의 발달은 다루지 않았다. 이제 서방에 대해 다루려 한다.

어거스틴은 한 시대의 끝인 동시에 다른 시대의 시작을 알리는 인물이다. 그는 고대 기독교의 마지막 저술가이며, 중세 신학의 선구자이다. 고대 신학의 주요 흐름들이 그에게서 만나며, 그에게서 중세 스콜라주의뿐만 아니라 16세기 개신교 신학이 흘러나온다.

그의 신학은 추상적인 묵상이나 하나의 체계에 필요한 조건들 때문에 발달한 것이 아니라, 평생 다양한 문제들을 직면한 상황에서 발달했다.

어거스틴은 AD 354년에 북아프리카의 타가스테(Tagaste)라는 작은 마을에서 기독교인 어머니 모니카와 이교도 아버지 사이에서 태어났다. 그의 청년기와 회심에 대한 정보의 주된 전거는 그의 『고백록』(Confession)이다. 그것은 어거스틴의 불신앙과 반항에도 불구하고 하나님께서 일찍부터 어떻게 그를 인도해주셨는지를 보여주려는 영적 자서전이다.

그는 17세 때 카르타고에 가서 수사학을 공부했다. 그는 방탕하게 살면서 어떤 여자와 동거했는데, 일 년 후에 아데오다투스(Adeodatus)라는 아들이 태어났다.

이 무렵 그는 자신의 문체를 개선하기 위해서 키케로의 『호르텐시우스』(Hortensius)를 공부했는데, 거기서 진리를 탐구하려는 강력한 부름을 발견했다. 그러나 이 진리 탐구는 젊은 어거스틴을 정통 기독교 신앙이 아닌 마니교로 이끌었다.

마니교

마니교(Manichaeism) 교리는 우리 자신의 신적 기원을 알게 하며 물질의 속박에서 해방해주는 계시를 통해서 인간 상황의 신비에 대한 해답을 제공하려는 고대 영지주의 패턴을 따른다. 이 교리에 따르면, 인간의 영은 신적 본질의 일부이며, 그 운명을 성취하려면 본질로 돌아가야 한다. 그것은 이 세상에서 악의 원리와 결합한 결과인 끔찍한 괴로움을 겪는다. 반면에 선의 원리는 몇 명의 예언자를 통해서 계시되는데, 그중 중요한 예언자는 붓다, 조로아스터, 그리고 예수이다. 마니(Mani)는 이 예언자 계보에 속하는 최후의 인물이다. 마니 이전의 예언자들은 불완전하고 부분적인 계시만 남겼지만, 마니는 궁극적인 진리를 계시했다.

어거스틴은 9년 동안 "듣는 자"로서 마니교를 신봉했다. 그는 단순히 "듣는 자"(hearer)였고, "완전자"(perfect) 계층에 합류하려 하지 않았던 듯하다. 이 교리에서 그를 매료시킨 것은 우주에 대한 합리적인 설명을 제공한다는 약속이었다. 어거스틴은 하나님의 선과 사랑이 어떻게 악의 존재와 조화를 이룰 수 있느냐는 문제와 관련하여 어려움을 느끼고 있었는데, 영원한 원리가 하나가 아니라 둘이라는 것, 그중 하나가 악이고 나머지 하나가 선이라는 주장이 이 문제를 해결해주는 듯했다. 그러나 어거스틴은 마니교의 가장 유명한 교사 중 하나인 밀레비스의 파우스투스(Fautus of Milivis)을 만나면서 크게 실망하여 마니교에 대한 믿음을 잃었다.

카르타고의 학생들의 좋지 않은 행실과 마니교에 실망한 어거스틴은 로마로 가려 했다. 그의 어머니 모니카가 동행했다. 그곳에서도 그는 마니교도들과 접촉했지만, 그들의 교리를 믿지 않았다.

로마는 수사학 교사로 성공하기에 그리 좋은 곳이 아니었다. 왜냐하면 학생들이 학비를 내지 않으려고 좋지 않은 방법을 사용했기 때문이다. 그리하여 그는 마침 수사학 교사를 구하고 있는 밀라노로 가기로 했다. 그는 밀라노에서 신플라톤주의자가 되었고, 얼마 후 암브로시우스 주교와 스승 심플리치아노(Simplician)의 영향을 받아 기독교인이 되었다.

어거스틴은 자신이 플라톤주의자들이라고 부른 사람들―아마 플로티누스(Plotinus)와 포르피리우스(Porphyry)를 비롯한 신플라톤주의자들—의 글을 읽음으로써 회의주의에서 빠져나왔고, 기독교 신앙을 지적으로 받아들이는 것을 방해한 두 가지 주요 장애—하나님의 무형의 본성(incorporeal nature)과 악의 존재—를 극복했다. 신플라톤주의는 어거스틴에게 무형의 본성을 이해하는 수단, 그리고 이원론에 의지하지 않고 악의 존재를 해석하는 방법을 제공했다. 그리하여 기독교 신앙을 받아들일 새 길이 열렸다. 이런 점에서 어거스틴에 미친 신플라톤주의의 영향이 매우 컸으므로, 그는 하나님의 무형의 본성과 악의 문제를 항상 신플라톤주의와 관련하여 이해했다.

어거스틴의 회심

신플라톤주의를 발견한 직후에 이루어진 어거스틴의 회심은 이성적 요소들을 감정적 요인들과 결합했다. 어거스틴이 밀라노에 도착했을 때 밀라노의 주교는 지적으로 탁월하고 확고한 책임감을 지닌 암브로시우스였다. 어거스틴은 암브로시우스의 설교를 들으러 갔는데, 그것은 그의 설교를 경청하려는 것이 아니라 설교하는 방식을 공부하기 위한 것이었다. 즉 그는 진리를 찾기 위해 고민하는 영혼으로서가 아니라 사람을 판단하고 그의 기법을 배우려는 전문가로서 암브로시우스에게 갔다. 그러나 그는 자신이 암브로시우스의 화법뿐만 아니라 설교 내용을 경청하고 있다는 것을 알았다.

그러나 기독교 신앙의 의미에 대한 이 새로운 비전만으로는 어거스틴이 기독교 신앙을 받아들이기에 부족했다. 그가 고향에서 알고 있었던 기독교는 금욕적인 것이었고, 그가 존경하는 신플라톤주의 철학자들의 도덕적 견해 역시 금욕적인 것이었다. 이런 까닭에 그는 기독교를 받아들이는 것은 자기 부인의 생활을 의미하는데, 아직 그에 대한 준비가 되어 있지 않다고 생각했다. 지적으로는 결단을 내렸지만, 그의 의지는 지성을 따르기를 거부했다. 그는 "제게 순결과 절제를 주십시오. 그러나 아직은 아닙니다"라고 기도했다.

어거스틴은 자기보다 더 많은 용기를 발휘한 두 사람의 이야기를 들었다. 그 이야기에 큰 감명을 받은 어거스틴은 자신이 최종 결단을 내릴 능력이 없다고 생각하고 어느 동산으로 도망쳐서 큰 무화과나무 아래서 낙심하여 울었다. 그는 마침내 그곳에서 기독교를 받아들였다.

회심한 어거스틴은 모니카, 그리고 자기 부인과 묵상 생활에 동참하기를 원한 몇 사람과 함께 밀라노 외곽의 카시키아쿰(Cassiciacum)으로 갔다.

어거스틴과 그의 일행 대부분은 밀라노로 돌아가서 암브로시우스에게 세례를 받았다. 그 후 그들은 모니카와 함께 타가스테를 향해 떠났는데, 모니카는 로마를 떠난 직후 오스티아 항구에서 사망했다. 어거스틴은 타가스테에서 부모에게서 물려받은 재산을 팔아 가난한 사람들에게 나누어주고, 아들을 비롯한 몇 명의 친구와 함께 공부와 묵상과 토론을 수도원 훈련과 결합한 은거 생활을 하기로 했다.

391년에 그는 친구를 설득하여 타카스테의 수도 공동체에 합류하게 하려는 희망을 품고 히포(Hippo)를 방문했다. 그런데 그곳에 있는 동안 히포의 주교 발레리우스(Valerius)는 어거스틴을 사제직을 수락할 수밖에 없도록 몰아갔다. 그리하여 어거스틴은 교회 생활에 직접 개입하기 시작했다. 그는 수도적 경향을 포기하지 않았고, 타가스테에 조직한 것과 비슷한 공동체를 히포에 세웠다. 4년 후 어거스틴은 발레리우스의 요청으로 주교가 되었다. 이 일 및 뒤이은 발레리우스의 사망으로 말미암아 그는 그 교구의 모든 책임을 맡게 되었다. 그러나 그는 주로 마니교, 도나투스파, 그리고 펠라기우스 등과의 논쟁에 개입함으로써 기독교 신학 발달에서 매우 의미 있는 많은 글을 저술할 수 있었다. 연이어 벌어진 이 세 가지 논쟁은 그의 신학 발달의 세 시대를 나타낸다.

도나투스 논쟁(Donatist Controversy)

가현설(Decetism)의 기원은 303년부터 305년까지 계속된 디오클레티아누스 황제 시대의 박해에서 발견된다. 성경 사본을 행정장관에게 넘기라는 황제의 칙령으로 말미암아 기독교인들은 어려운 상황에 부닥쳤다. 일부 교회 지도자들은 성경 사본뿐만 아니라 꽃병 등 교회의 기물도 바쳤지만, 어떤 사람들은 아무것도 넘겨주려 하지 않아 투옥되어 고문을 당하고, 심지어 죽임을 당했다. 어떤 사람들은 도망가거나 숨거나 자신이 소유한 것 중 일부만 양도하거나 기독교 경전이 아닌 이단의 책을 행정장관에게 넘기는 등의 해법을 찾기도 했다.

박해가 끝난 후 배교자라고 불리는바 성경 사본을 넘겨주었던 주교들(traditor)과 그들이 임명한 주교들의 권위에 관한 문제가 제기되었다. 어떤 사람들은 성경 사본을 넘겨준 주교들이 권위를 잃었으므로 해임하고 다른 사람을 임명해야 한다고 주장했다. 이들의 견해에 의하면, 타락한 배교자들이 임명한 주교들의 직위는 정당한 것이 아니었다. 이에 반하여 북아프리카 교회의 지도자들은 주교의 감독 행위의 정당성은 개인적인 깨끗함에 의존하는 것이 아니라 주교로서의 헌신과 직무에 의존한다고 믿었다. 그러므로 박해 때 타락한 사람들은 회개하고 그에 따른 보상을 해야 하지만, 주교 임명을 포함한 그들의 목회 행위는 정당했다. 그 논쟁에는 사회적·인종적·정치적인 요소가 함축되어 있었고, 주교들의 지조 문제가 항상 중요한 것은 아니었다. 분열이 매우 커졌다. 콘스탄티누스 대제 및 그 이후의 여러 황제가 가현설 금지법을 제정했지만, 회유나 호된 조처로 분열을 치유할 수 없었다. 극단적 도나투스파인 키르쿰켈리온들(circumcelliones)은 강도나 약탈자가 되었다. 어거스틴을 비롯한 일부 주교들은 다양한 수단으로 분열을 종식하러 했다. 그러나 그들의 노력에도 불구하고 가현설은 6세기까지, 심지어 이슬람 세력이 북아프리카를 침입할 때까지 존속했다.

도나두스파의 교회론은 교회의 경험적 성결을 주장했다. 교인들은 이 세상에서 거룩해야 하는데, 이 거룩함은 사랑의 실천으로 측량되는 것이 아니라 박해 기간의 태도에 의해 측량된다. 거룩하지 않은 사람은 교회에 속할 수 없다. 또 키프리안이 교회 밖의 성례전이 유효하지 않다고 가르쳤듯이, 참 교회에 속하지 않은 배교자의 사역은 유효하지 않다.

극단적인 키르쿰켈리온들, 그리고 나중에는 야만인들의 침입이 교회와 국가의 관계에 대한 질문을 야기했다. 처음에 어거스틴은 영적인 문제로 사람을 설득하는 데 폭력을 사용해서는 안 된다고 여겼다. 도나투스파와 관련하여 보편교회 주교가 할 수 있는 일은 그들의 교리를 논박함으로써 그들을 교회의 교제 안에 복귀시키는 일뿐이었다. 그러나 사실상 도나투스파는 자기파 사람들이 교회에 돌아가는 것을 막기 위해 폭력을 사용하고 있었기 때문에, 어거스틴은 결국 도나투스파가 사용한 물리적인 힘에 대항하기 위해 국가의 개입을 승인했다. 그리하여 제국이 도나투스파에 취한 폭력적인 조처를 처음에는 대부분의 아프리카 주교들이 지지했고, 결국 히포의 어거스틴도 지지하게 되었다.

이러한 상황 및 야만족의 침입으로 말미암아 어거스틴은 암브로시우스와 키케로를 인용하여 의로운 전쟁 이론을 세웠다. 어거스틴에 의하면 합당한 당국이 의로운 목적, 즉 평화 정착을 위해 수행하기 위해 살인을 범해도 사랑의 동기가 살아있다면, 그 전쟁은 의로운 전쟁이다.

도나투스파는 성례전이 교회 안에서만 유효하다고 주장하기 위해 키프리안의 권위에 호소했고, 더 나아가서 거룩하게 사는 사람들만 유효한 성례전을 집례할 수 있다고 주장했다. 이 경우에 거룩함은 사랑이 아닌 박해 이전의 태도로 결정된다. 어거스틴은 이 문제를 해결하기 위해서 합당한 성례와 정규 성례의 구분을 도입했다. 교회 내에서 규정에 따라 집례된 성례만이 정규 성례이다. 그러나 성례전의 유효성이 그 규칙성에만 의존하는 것은 아니다.

펠라기우스주의

마지막으로, 어거스틴의 신학 형성에 기여한 마지막 큰 논쟁은 펠라기우스주의와의 논쟁이었다. 이 논쟁은 장차 엄청난 결과를 초래하게 될 은총의 교리와 예정의 교리를 형성하게 했으므로 가장 중요한 듯하다.

펠라기우스주의(Pelagianism)라는 명칭의 기원인 펠라기우스(Pelagius)는 영국제도(British Isles) 태생이다. 그는 수도사로 언급되지만, 사실인지는 확실하지 않다. 그의 출생 연대도 알려져 있지 않다. 알려진 것은 그가 405년에 로마에서 처음으로 어거스틴의 신학을 접했는데, 그것이 모든 것을 하나님의 은혜에 의존하게 하며 인간이 노력하고 참여할 기회를 남기지 않는 듯하기 때문에 거세게 반발했다는 것이다.

펠라기우스는 실질적인 관점에서 자기가 지은 죄를 인간 본성의 약함 덧으로 돌리는 사람들이 핑계할 여지를 주지 않는 데 관심을 가졌다. 그는 이러한 사람들에 맞서 하나님이 인간을 자유롭게 지으셨으며, 이 자유로 말미암아 선을 행할 수 있다고 주장했다. 인간이 피조된 이후로 죄를 짓지 않는 능력이 인간 본성 안에 있으며, 아담의 죄나 마귀가 그것을 파괴할 수 없다. 아담의 죄는 인류의 죄가 아니다. 왜냐하면 한 사람의 죄 때문에 모두를 정죄하는 것은 불공정하고 어리석은 일이기 때문이다. 또 아담의 죄는 그의 후손들 모두가 소유하는바 죄짓지 않을 자유를 파괴하지 않는다. 악한 자가 강하지만, 저항할 수 없을 만큼 강하지는 않다. 육도 강하며, 영을 대적하여 싸운다; 하나님은 우리에게 그것을 극복할 수 있는 능력을 주셨다. 구약성경에 의하면 완전히 거룩하게 생활한 사람들이 그 증거이다. 그러므로 각 사람은 자신의 자유의지에서 죄를 지으므로, 세례 받기 전에 죽은 어린아이들은 유기되지 않는다. 이는 아담의 죄가 그들에게 전가되지 않기 때문이다.

이것은 구원에 은혜가 필요하지 않다는 의미가 아니다. 펠라기우스는 "원초의 은혜"(original grace), 또는 "창조의 은혜"(grace of creation)가 있으며, 그것이 모든 사람에게 주어진다고 주장했다.

펠라기우스는 이 창조의 은혜 외에 "계시의 은혜"(grace of revelation) 또는 "가르침의 은혜"(grace of teaching)가 있는데, 그것은 우리가 따라야 할 길을 보여주시는 하나님의 계시 안에 존재한다고 주장한다. 이 은혜는 하나님의 특별한 활동이 아니므로 일종의 "자연 은혜"(natural grace)이다.

마지막으로 사죄의 은혜(grace of pardon, grace of the remission of sin)가 있다. 이것은 자유의지로 회개하고 바르게 행동하며 자신이 행한 악을 바로잡으려고 노력하는 사람에게 주시는 하나님의 은혜이다. 이 은혜는 인간의 의지에 영향을 미치지 않으며, 죄 사함에 한정된다.

펠라기우스는 세례와 관련하여 아기들은 무죄하므로 세례가 필요하지 않다고 주장했다. 의지가 죄의 속박을 받았던 곳에서 세례가 자유의지를 낳지 않는다. 세례는 죄짓는 습관을 파괴하며 신자들이 자유의지를 사용함으로써 영위할 수 있는 새 삶을 살게 한다.

마지막으로 펠라기우스의 주장에 따르면 바울이 말하는 예정은 사람이 구원받을지 정죄 받을지를 결정하는 하나님의 명령이 아니라 장차 인간이 결정하게 될 것에 대한 하나님의 예지이다.

이러한 논쟁들과 관련하여 어거스틴이 저술한 논문들과 『고백록』 외에 특별히 관심을 두어야 할 네 권의 저서가 있다: 『편람』(Enchiridion), 『삼위일체론』(On the Holy Trinity), 『신국론』(The City of God), 『철회』(Retractations).

『편람』(Enchiridion)은 기독교 신앙에 관한 안내서를 가지려는 친구의 요청으로 저술한 것으로서 사도신경, 주기도, 그리고 십계명에 관한 주해서이다. 그것은 어거스틴의 신학을 간략하게 소개하는 훌륭한 책이다. 어거스틴이 16년에 걸쳐 저술한 『삼위일체론』에 관해서는 앞에서 삼위일체론의 발달과 관련하여 다루었다. 『신국론』(The City of God)은 로마의 멸망, 그리고 그 재앙이 로마가 기독교의 신을 따르기 위해 로마의 신들을 버렸다는 사실에 기인한다는 이교도들의 주장에 대처하기 위하여 저술한 것이다. 어거스틴은 그러한 주장을 반박하기 위해서 자신의 역사철학을 전개했다. 『철회』는 어거스틴이 말년에 자신의 글을 다시 읽으면서 저술한 것으로서 분명하지 않게 보인 것 및 자기 생각이 바뀐 것을 지적한다. 이것은 어거스틴의 저술의 연대기를 확립하는 데 중요한 문서이다.

인식론

어거스틴이 자기의 영적 순례 및 그가 개입한 다양한 논쟁의 결과로서 전개한 신학을 살펴보아야 한다. 이를 위한 가장 좋은 출발점은 그의 인식론인 듯하다. 이와 관련하여 어거스틴은 인간의 정신은 영원한 진리를 알 수 없지만, 자신의 능력이나 감각의 자료를 통한다면 하나님의 직접 조명으로 그 지식을 받을 수 있다고 제안한다. 이것은 정신이 신적 본질 안에서 영원한 진리를 본다는 의미가 아니며, 또 정신이 영원한 진리를 볼 수 있도록 하나님이 그 진리를 밝혀 주신다는 의미도 아니다. 그것은 말씀이신 하나님이 하나님 안에 영원히 존재하는 것들에 대한 지식을 인간의 정신 안에 두신다는 의미이다.

일반적으로 조명의 이론이라고 알려진 이 견해는 어거스틴의 후기 신학의 특징이었으므로, 그것이 제기하는 난제 중 하나를 지적해야 한다. 그것은 그 이론 자체의 신플라톤주의적 기원, 그리고 신플라톤주의의 유출론 대신에 무에서의 창조론을 주장하면서 제기되는 긴장과 관련이 있다. 플로티누스는 신적 본질의 유출에 기원을 두는 영혼이 신적이라고 가르쳤다. 따라서 영혼이 영원한 이데아에 동참한다고 가정하는 데 어려움이 없다. 그러나 어거스틴처럼 영혼이 피조물이라고 가정할 때, 그리고 그 지식이 하나님의 정신 안에 영원히 존재한다는 사상에 기초를 두어야 한다고 가정할 때, 피조물인 영혼이 어떻게 신적 진리를 소유할 수 있느냐는 문제가 제기된다.

하나님

어거스틴의 진리에 대한 이해는 그를 직접 하나님의 실존으로 이끌었다. 가끔 다른 논거에 호소했지만, 어거스틴은 주로 진리의 현존을 기초로 하나님 현존의 증거를 묵상했다. 이 논거에 따르면 인간의 정신은 의심할 수 없고 바꿀 수 없는 불변의 진리를 인지하는데, 그것의 실재는 완벽한 진리가 있다는 확신, 우리의 정신 및 우주 안에 있는 모든 정신이 만들어낼 수 없는 진리가 있다는 확신으로 이끈다. 이 절대 진리, 또는 모든 진리의 기초가 하나님이시다. 그러나 어거스틴의 목적은 엄격한 의미에서 하나님의 실재를 증명하려는 것이 아니라 비록 우리가 제한되고 우연한 존재이지만 무한한 실재의 현존을 인성하지 않는 것은 불합리한 일임을 보여 주려는 것이다. 하나님의 현존은 피할 수 없는 명백한 실재이다.

하나님은 영원하고 초월적이고 무한하고 완전하시다. 모든 지식은 최고의 빛이신 하나님으로 말미암아 생겨난다. 최고의 선이신 하나님은 인간의 의지가 지향해야 할 목표이시다. 하나님에 대해 말할 수 있는 것 중에서 어거스틴에게 가장 매력적인 것은 하나님이 삼위라는 것이었다.

창조

이 삼위 하나님은 존재하는 모든 것을 지으신 창조주이시다. 하나님은 신적 본질이나 영원한 물질로 우주를 만드신 것이 아니라 무에서 우주를 만드셨다. 만일 하나님이 신적인 본질로 우주를 만드셨다면, 그 결과는 참된 창조가 아니라 신적인 것이 될 것이다. 그러나 하나님은 일부 철학자들이 영원 전부터 존재했다고 주장하는 소위 무정형의 물질로 세상을 만드신 것이 아니다. 물질 자체도 하나님이 무에서 지으신 것이다. 성경은 "땅이 혼돈하고 공허하며"라고 말하면서 이 물질을 언급한다. 하나님은 먼저 물질을 만드시고 그다음에 모양을 만드신 것이 아니라, 그것들을 동시에 만드셨다.

하나님은 세상을 창조하기 전에 만들어야 할 모든 것을 이미 알고 계셨다. 이것은 하나님이 창조 전체를 예견하셨기 때문일 뿐만 아니라 만물이 영원히 하나님의 마음 안에 존재해왔기 때문이기도 하다. 이것이 어거스틴의 모범주의(exemplarism)인데, 그 기원은 플로티누스에 있다. 플로니투스는 모범적인 사상들을 일자(the One)에게서 나온 유출로 여겼다. 그러나 어거스틴의 견해에 의하면, 이 사상들은 삼위 중 제2위이신 말씀 안에서 발견되며, 그것들은 하나님의 자유로운 결정을 통해서만 피조물의 기원을 낳는다.

하나님은 첫째 날 만물을 지으셨지만, 창세기에서 말하는 것처럼 그것들은 나중에 다양한 종(種)으로 나타난다. 어쨌든 창조의 엿새를 문자 그대로 해석해서는 안 된다. 왜냐하면 태초에는 낮과 밤을 결정하는 데 기여할 수 있는 해와 천체들이 없었기 때문이다.

악

어거스틴에게는 악(evil)의 문제가 특별히 중요했다. 왜냐하면 그는 마니교가 제안하는 악의 교리를 받아들일 수 없었기 때문이다. 마니교는 두 개의 동등하게 영원한 원리—빛과 어둠—가 서로 싸운다는 절대적인 이원론을 주장했다. 그것은 기독교의 일신론을 부인하며 비합리적이기 때문에, 어거스틴은 이 이론을 거부했다. 두 개의 영원히 적대적인 원리가 존재한다는 것을 출발점으로 삼는 절대적인 이원론은 필연적으로 부조리에 빠질 것이다. 그러므로 존재하는 모든 것이 하나님에게서 온다고 단언해야 한다.

그렇다면 악에 대해서 무엇이라고 말할 수 있는가? 악은 하나의 본성이 아니다; 악은 피조물이 아니다. 악은 선의 부정일 뿐이다. 존재하는 모든 것은 선하다. 왜냐하면 모든 것 안에 "척도, 아름다움, 그리고 실서"가 있기 때문이다. "더 선한" 것은 이러한 속성들을 더 많이 누리기 때문에 더 선하다. 우리는 같은 분량의 선을 누리지 않는 것들을 "더 악하다"라고 말한다. 그러나 만물은 하나님이 지으신 것이며 최소한 존새의 선을 소유하므로 모두가 선하나. 예를 들어 상대적으로 말하면 원숭이는 아름답지 않다. 왜냐하면 우리는 원숭이의 아름다움을 원숭이보다 더 많이 소유하고 있는 다른 것의 아름다움과 비교하기 때문이다. 그러나 정확하고 바르게 말하자면, 원숭이는 그 나름의 아름다움만으로 아름답다. 본성은 존재한다는 사실만으로 선하다.

악은 지성이 만들어낸 허구가 아니라 피할 수 없고 부인할 수 없는 실체이다. 악은 본성이 아니라, 본성의 변형이다. 악은 하나의 사물, 하나의 본질로 존재하는 것이 아니다. 악은 선의 결핍으로서 존재한다. 이 점에서 어거스틴은 신플라톤주의의 선례를 따른다. 이는 악은 일자 외에 다른 실재 안에 존재하는 것이 아니라 일자에서 벗어나는 데 존재하기 때문이다.

자유의지

악은 어디에서 솟아나는가? 그것은 하나님에게서 이성적인 본성을 받은 피조물의 자유의지에서 솟아난다. 그러한 피조물 중에 천사들이 있으며, 그중 일부가 타락하여 귀신이라고 불린다. 그러한 피조물 중에 인간이 있다. 인간에게 자유의지가 주어졌는데, 그것을 악을 위해 사용해왔다. 여기서도 어거스틴은 마니교도들을 논박해야 한다고 느꼈다. 왜냐하면 마니교도들은 우리 안에 있는 선은 항상 바르게 작용하고 악은 항상 악하게 행한다고 주장했기 때문이다. 이에 반해서 어거스틴은 본성적으로 악한 존재가 없다고 주장했다. 모든 존재는 하나님이 지으신 것으로서 선하다. 악은 선의 변형이며, 그 기원은 본질적으로는 선하지만 악을 행할 수 있는 존재에게 있다고 보아야 한다. 그래야만 하나님은 만물을 지으신 분이지 악을 만드신 분이 아니라고 주장할 수 있다.

원죄와 타락한 인간 본성

앞에서 의지에 대해 말한 것이 타락 이전에만 적용된다는 점을 지적해야 한다. 왜냐하면 그 일이 아담의 후손 전체에게 영향을 미쳤기 때문에 의지의 완전한 자유를 말할 수 없게 되었기 때문이다. 4세기에만 아니라 그 이후에도 어거스틴을 해석하는 많은 사람이 어거스틴이 마니교와 싸울 때는 자유의지를 주장하고 펠라기우스와 싸울 때는 그것을 부인함으로써 자가당착에 빠졌다고 주장했다.

어거스틴은 원죄를 아담이 후손들에게 물려준 유산이라는 이해를 받아들이고 발전시켰다. "아담 안에서 모든 사람이 죽는다"라고 주장하는 본문을 이런 식으로 해석하는 것은 기독교 사상사에 등장한 유일한 해석이 아니다; 그것은 터툴리안 이후로 라틴 신학에서 흔해진 해석이다. 그 원인은 어거스틴이 그것을 지지한 데 있다.

타락하기 전 아담은 몇 가지 은사를 누렸는데, 그중에는 그에게 죄를 범할 능력과 범하지 않을 능력을 부여한 자유의지가 있었다. 아담은 완전한 견인(堅忍), 즉 죄를 범하지 않을 수 있는 은사를 가진 것이 아니라, 꾸준히 선 안에 머물 수 있는 능력, 죄를 범하지 않는 능력을 갖고 있었다.

그런데 타락으로 말미암아 상황이 변했다. 아담의 죄는 교만과 불신이었는데, 그로 말미암아 하나님이 동산에 심어 놓으신 선한 나무를 악용했다. 그 죄의 결과로 아담은 영원히 살 수 있는 가능성과 특별한 지식을 잃었다. 그는 여전히 자유로웠지만, 죄를 범하지 않게 해주는 은사를 잃고, 자유롭게 죄를 범하게 되었다. 아담이 물려준 유산 때문에 인간은 모두 본성상 첫 조상과 같은 상황에 처한다.

요약하자면, 타락한 인간 본성은 죄 범할 자유만 소유한다. 이것은 마치 우리가 특별히 악한 대안만 선택할 수 있다는 듯이 자유가 의미를 잃었다는 뜻이 아니다. 우리에게는 몇 가지 대안 중에서 선택할 수 있는 참 자유가 있다. 욕정에 예속된 죄인이요 지옥에 갈 지체인 우리의 상황에 비추어보면 우리에게 주어진 대안은 경중의 차이는 있지만, 죄를 범하는 것뿐이다. 죄를 범하지 않을 선택권은 존재하지 않는다. 이것이 타락한 인간 본성은 죄를 범할 자유가 있지만 범하지 않을 자유가 없다는 말의 의미이다.

은혜와 예정

이 문제에 관한 어거스틴의 출발점은 은혜의 도움이 없이 우리가 참된 선을 행할 수 없다는 것이다. 아담은 그 도움이 있었기에 선을 행할 수 있었지만, 죄로 말미암아 그것을 잃고 악에 예속되었다. 그의 후손들은 죄의 속박을 받는 세상에 태어나며, 그렇기 때문에 참 선을 행할 수 없다. 우리는 의지가 비틀렸기 때문에 죄를 범하는 데서만 자유롭다. 그러므로 의지가 우리를 현재의 상태에서 구원의 상태로 이끌 수 있는 조처를 할 수 있으려면, 우리 안에서 은혜가 작용해야 한다. 그 은혜를 통해서만 회심이 가능하다. 그것이 없으면 우리는 하나님께 접근하기를 원할 수 없고, 접근하지도 않을 것이다. 은혜는 회심 후에 계속해서 선을 행할 수 있게 해준다.

은혜는 불가항력적이다. 의지가 주어지는 은혜를 거역한다는 것은 상상도 할 수 없다. 이는 은혜가 의지 안에 작용하면서 선을 행하도록 인도하기 때문이다. 이것은 어거스틴이 자유의지 방어를 포기하거나 잊었다는 의미가 아니다. 왜냐하면 은혜는 자유를 반대하지 않기 때문이다. 은혜는 의지를 거스르는 결정을 하도록 강요하지 않는다. 하나님은 은혜를 통해서 의지를 북돋우고 강화하고 자극하여 의지가 강요받지 않고서 선을 바라게 하신다. 우리가 자신을 구원하는 것이 아니며, 우리의 의지를 거슬러 구원받지도 않는다.

이것은 예정(predestination) 문제를 제기한다. 만일 은혜로만 구원받을 수 있고 은혜가 불가항력적인 것이라면, 하나님이 지고한 자유와 활동을 통해서 공로 없이 주어지는 은사를 받을 사람을 결정하신다. 어거스틴의 예정론은 하나님의 전지하심이나 전능하심에 관한 사변적 고찰에서 생겨난 것이 아니라 구원이 공로 없이 주시는 하나님 사랑의 결과임을 단언하려는 구세론적이고 실존적 고찰에서 생겨난 것이다.

어거스틴의 견해에 의하면, 사람들이 구원으로 예정되는 것은 불가항력적인 신비인 동시에 부인할 수 없는 사실이다. 택함 받은 자의 수는 정해져 있다. 교회가 아무리 성장해도 하늘나라에 들어갈 사람의 수는 항상 같을 것이다. 반면에 하나님은 어떤 사람도 죄를 짓거나 저주받도록 예정하시지 않는다. 택함 받은 자들은 저주에서 옮겨진 사람들, 하나님의 주권적 행위로 말미암아 구원으로 예정된 자들이다. 정죄된 사람들은 이 저주 안에 계속 존재하는데, 이는 하나님께서 그렇게 명하셨기 때문이 아니라 그들의 죄 때문이다. 그러므로 어거스틴의 교리는 하나님의 전능하심을 인간의 자유로 달래려는 시도가 아니라 인간의 구원에서 하나님이 절대적으로 수위를 차지하신다는 것을 증언하려는 시도이다.

교회

 어거스틴의 교회론은 도나투스파와 논쟁하면서 형태를 갖추었다. 그는 근본적으로 온 세상에 존재하는 교회의 보편성을 보았다. 일치는 이 그리스도의 몸에 속한 모든 사람을 묶는 사랑의 유대이다. 사랑이 없는 곳에 일치가 없지만, 일치가 없는 곳에는 사랑이 없으므로 교회가 없다. 로마가 완벽한 본보기인 교회의 사도성(使徒性)은 주교들의 사도권 계승에 기초를 둔다. 로마에서 베드로와 더불어 시작된 중단없는 사도권 계승, 완전한 교회의 전형을 지적할 수 있다.

 어거스틴은 성결에 관해서 이 세상에서는 알곡과 가라지를 분리할 수 없다는 키프리안의 견해에 동의한다. 교회는 모든 지체가 죄 없는 생활을 하므로 거룩한 것이 아니라 종말에 거룩함 안에서 완전해질 것이기 때문에 거룩하다. 한편 교회는 알곡들 사이에 가라지가 자라기 때문에 택함 받은 자들조차 완전히 죄에서 벗어나지 못한 일종의 "혼합된 몸"이다.

이것은 보이는 교회, 즉 유형 교회와 보이지 않는 교회 즉 무형 교회(invisible church)의 구분으로 이어진다. 이 구분을 지나치게 강조하는 사람들은 어거스틴이 제도적이고 위계적인 유형 교회에 부여한 중요성을 보지 못하고 있다. 어거스틴은 교회에 대해 말할 때 주로 이 세상의 제도 또는 혼합된 몸을 언급한다. 하나님은 구원받을 사람들을 이 몸 안에 불러모으신다. 택함 받은 자들은 교회의 성례전을 통해서 믿음으로 양육된다. 그러나 이 세상 교회는 택함 받은 자들의 몸과 정확하게 일치하지는 않는다. 교회 안에는 쭉정이가 있고, 아직 교회 안에 이끌려 들어가지 않은 많은 택함 받은 자들이 있다. 이런 까닭에 "보이지 않는 교회"라는 사상이 어거스틴의 교회론을 이해하는 데 도움이 되지만, 그의 교회론을 제대로 이해하려면 그것을 과장해서는 안 된다.

성례전

어거스틴은 "성례"라는 용어를 정확한 의미에서 세례와 성찬을 언급하는 데 사용했지만, 다양한 의식과 수행에도 그 용어를 서슴지 않고 적용한다. 성례전이라는 표제 아래 교회의 몇 가지 관습—일부는 후에 공식적으로 성례에 포함되었고, 일부는 포함되지 못했다—이 포함될 수 있지만, 여기서는 이 두 가지 성례에 대해 다룰 것이다.

어거스틴은 도나토스주의와 펠라기우스주의라는 이중 맥락 안에서 세례에 대해 논해야 했다. 펠라기우스파는 유아에게는 죄가 없으므로 세례가 필요하지 않다고 믿었다. 그러나 유아들이 육체의 행위를 극복하는 데 도움이 되기 위해서 세례를 받을 수 있었다. 도나투스파는 키프리안의 권위에 기초를 두고서 자기들의 교회 안에서 받은 세례만 유효하다고 주장했다.

어거스틴은 도덕적인 결점이 있는 사람이 집례한 성례도 유효하다고 믿었다. 이것은 박해에 굴복하지 않은 자기들의 성례만 참되다고 주장하는 도나투스파의 논거를 논박하기 위해 필요했다. 그러나 어거스틴은 영적으로 평화적이었고, 도나투스파를 압도하기보다 끌어들이려는 데 목회적 관심이 있었기 때문에 분파주의자들이 행한 성례에도 유효성을 부여하려 했다. 분파주의자들은 성례를 행하지만 공의와 사랑 안에서 그로부터 유익을 얻지 못한다. 이런 까닭에 교회로 돌아오는 이단자들과 분파주의자들은 세례를 받을 것이 아니라, 그들의 세례가 지닌 비규칙적 본성 때문에 소유하지 못했던 일치의 유대를 받기 위해 안수를 받아야 한다. 이처럼 어거스틴은 성례의 규칙성과 유효성을 구분했다.

어거스틴의 성찬에 관한 교리는 다양하게 해석되어온다. 이렇게 해석이 다양한 것은 후대의 정의와 논쟁을 통하여 어거스틴의 글을 읽으려는데 기인하지만, 어거스틴이 성찬 안에서에 그리스도의 임재를 언급한 다양한 방식에도 원인이 있다. 이 점에서 그의 사상이 약간 애매하다. 성찬에 대한 특별한 현대적 이해에 기초를 두고 쉽게 조정하려 해도 이 애매함을 해결할 수 없다. 어거스틴은 성찬에 참여하는 사람이 실제로 살과 피를 먹는다는 의미에서 아니라 떡과 포도주를 먹음으로써 그리스도의 몸과 피에 참여하는 자가 된다는 의미에서 실제로 그리스도의 몸과 피를 받는다고 믿었다.

역사의 의미

성례를 통해서 신자를 양육하는 교회는 아직 천국에 있는 것이 아니며, 역사적 사건들 안에서 순례자로서 살며 분투한다. 410년에 지중해 세계를 뒤흔들어 놓은 로마의 몰락 때문에 어거스틴은 역사의 의미에 관해 생각하고 저술하게 되었다. 이것이 "이교도 반박"(Against the Pagans)이라는 부제를 지닌 그의 저서 『신국론』(The City of God)의 목적이다. 이 책에서 어거스틴은 자아 사랑에 기초를 둔 도시와 하나님 사랑에 기초를 둔 도시를 구분한다. 이 두 가지 사랑, 그리고 거기서 생겨난 두 도시는 양립할 수 없다. 그러나 최초의 타락에서부터 역사가 최종적으로 완성될 때까지의 시대에는 두 도시가 섞여 있다. 하나님께 복종하고 하나님을 사랑하는 도시뿐만 아니라 하나님을 거역하는 도시도 역사적으로 계속 존속한다. 최종적으로 하나님을 거역하는 도시는 정죄 되고, 하나님을 사랑하는 도시는 구원받을 것이다.

그렇다면 국가들의 역사의 흐름에 대해서는 어떻게 말할 수 있는가? 일부 이교도들이 로마의 신들을 버린 데 원인이 있다고 주장하는 로마의 몰락에 대해 어떻게 말할 것인가? 그 대답은 어거스틴의

전제에서 나온다: 로마를 비롯한 여러 제국은 세상 도시의 표현이며, 몰락해야 한다. 만일 그 국가들이 다시 크고 강해진다면, 그것은 하나님이 그렇게 원하시기 때문일 것이다. 하나님이 로마에 주권을 주신 것은 복음 전파에 필요한 평화를 정착하기 위한 것이다. 그 역사적 사명이 이루어졌으므로, 로마는 자체의 죄와 우상숭배의 결과로 몰락했다. 이것이 인간의 모든 제국의 운명이었고, 세상 끝날까지 항상 그러할 것이다. 그러므로 역사 안에서 세상 도시의 죄가 하나님의 심판을 받는 방식을 생각함으로써 의미를 발견할 수 있지만, 무엇보다도 하나님의 도시의 영원한 운명 안에서 발견할 수 있을 것이다.

종말론

후대의 일부 기독교인들처럼 어거스틴이 불가해한 문제들에 대해 확실하게 주장하지 않았기 때문에 해석의 문제가 있지만, 그의 종말론은 다소 전통적이다. 그의 종말론은 항상 신비의 베일 속에서 제시된다. 예를 들어, 어거스틴은 하나님의 영광에 들어갈 준비를 갖추지 못한 채 죽는 사람이 속죄를 위해 겪는 불에 대해 말한다. 여기에서 그가 "연옥"에 대해 말하는 것이 분명하다. 그러나 그러한 가능성에 대해서 항상 주저하며 애매하게 언급하며, 후대의 해석자들은 연옥의 정화하는 불에 대해 다양하게 다른 견해를 암시하는 듯한 본문들을 발견했다. 구속함을 받은 사람들이 하나님을 보는 것(지복

직관, vision of God)에 관해서, 그리고 죽은 자들의 영혼이 마지막 부활을 기다리는 장소에 관해서, 그리고 어거스틴의 종말론의 몇 가지 면에 관해서도 같은 말을 할 수 있다. 이것은 위대한 신학자가 신비의 경계를 안다는 표식이다.

어거스틴의 신학은 수 세기 동안 인간 정신의 요구뿐만 아니라 인간 실존의 욕구에 대한 반응이었다. 그는 오늘에 이르기까지 기독교 사상사에서 바울 다음으로 유력한 사상가이다.

제12장

어거스틴 이후의 서방 신학

어거스틴이 임종할 즈음 반달족이 히포를 포위하고 있었다. 20년 전에 로마의 몰락 소식이 세상을 뒤흔들었었다. 지중해 서부의 정치적·사회적·경제적·종교적 구성에서의 급격한 변화를 보여주는 징후는 두 가지였다. 옛 제국이 사라지고, 다양한 야만족 왕국들이 그 자리를 차지했다. 그러나 그중 다수는 여전히 자기들을 로마제국의 신민으로 여기고 있었다.

새로운 상황은 교회 생활에 심오한 영향을 미쳤다. 이제 이교 침입자들을 개종시켜야 했다. 야만족들 중에 이리안족만 이교도가 아니었다. 그리하여 해결된 것처럼 보이던 신학적 문제가 다시 제기되었다. 혼란의 시대에 독창적인 사상이 융성할 것 같지 않았다. 신학은 깊은 사고와 모험의 문제가 아니라 편찬과 주해에 관련된 것이 되었다. 그 시대는 훌륭한 인물이 그리 많지 않은 시대였다. 그러나 이 그리 훌륭하지 못한 인물들이 중세 신학의 큰 업적이 될 것을 향한 첫걸음을 취하고 있었다.

어거스틴의 신학과 관련된 논쟁: 은혜와 예정

어거스틴의 신학이 즉시 전반적으로 받아들여진 것이 아니며, 그것이 전반적으로 인정 받기까지 오랜 논쟁의 원인이 되었다. 가장 중요한 논쟁은 은혜와 예정과 관련된 것이었다.

골(Gaul) 지방 남부, 특히 마르세유에서 은혜와 예정에 관한 어거스틴의 견해에 대한 반대가 가장 심했다. 일반적으로 어거스틴의 견해에 반대하는 사람들은 준펠라기우스주의자(semi-Pelagians)라고 불렸지만, 사실상 그들은 준어거스틴주의자(semi-Augustinias)였다. 왜냐하면 그들은 어거스틴의 말한 것에 대체로 동의하면서도 그 최종 결과를 받아들이려 하지 않았기 때문이다. 어거스틴을 옹호한 두 사람, 즉 아키텐의 프로스퍼(Prosper of Aquitaine)와 아를의 힐라리(Hilary of Arles)가 어거스틴에게 보낸 편지로 논쟁에 대해 알 수 있다. 요한 카시아누스(John Cassian), 레렝의 빈켄티우스(Vincent of Lerins), 리쯔의 파우스투스(Faustus of Riez) 등 어거스틴 반대파의 지도자들이 저술한 많은 글이 있다.

요한 카시아누스는 제국의 동쪽 지방을 여행한 후 마르세유에 정착한 수도사이다. 그는 요한 크리소스톰의 제자였고, 한동안 이집트에서 수도사들과 함께 지냈다고 한다. 그는 마르세유에 수도원 두 곳을 세웠고, 그곳에서 세 편의 주요 저서를 저술했다: 『제도집』(Instituion of Monasticism), 『담화집』(Spiritual Discourse), 『성육신론』(On the Incarnation oof the Lord against Nestorius). 카시아누스는 이 세 저서에서 펠라기우스를 정죄하지만 어거스틴의 입장 중 극단적 것을 피했다.

레렝의 빈켄티우스의 공격은 훨씬 더 큰 영향을 미쳤다. 그는 『교훈서』(Commonitoriuim)라는 글에서 어거스틴을 직접 공격하지 않고, 어거스틴과 그의 제자들을 지칭하는바 익명의 "혁신가들"에 반대하여 전통 교리를 옹호했다. 빈켄티우스의 주장에 따르면, 그의 목적은 "우리에게 전해져 내려온 것들을 묘사하되" 해석하지 않고 보고하는 태도를 취하는 것이었다. 성경은 참 교리의 기본 전거이다. 그러나 그 의미를 찾기 어렵고 다양하게 해석할 수 있으므로 주님은 믿어야 할 것을 결정하는 방편으로 전통을 주셨고, 도처에서 모든 사람이 이것만을 믿어왔다.

그가 어거스틴을 언급하지 않았지만, 만일 어거스틴의 예정론이 도처에서 모두가 항상 가르쳐온 것이 아니라면, 그것은 보편교회의 믿음 안에 설 자리가 없는 혁신적인 것으로서 배격되어야 한다.

리쯔의 파우스투스는 어거스틴 반대 논제를 가장 강력하게 주창한 사람이나. 그는 『하나님의 은혜와 자유의지에 관하여』(On the Grace of God and Free Will)라는 논문에서 신앙의 첫 단계가 인간의 자유에 달려 있다는 교리를 옹호한다. 그리스도는 모두를 위해 죽으셨는데, 이것은 어거스틴이 이해하는 예정론을 거부하며, 소위 예정론은 각 사람이 자유로 행할 것에 대한 신의 예지에 기초한 하나님의 심판에 불과하다고 주장할 충분한 기초가 된다.

어거스틴과 제자들은 이처럼 다양한 공격에 맞서 신앙의 첫 단계는 하나님의 은혜 안에 있으며, 이 은혜는 영원한 예정에 따라 주어진다고 주장했다. 준펠라기우스주의에 맞선 어거스틴주의의 수호자는 아키텐의 포로스퍼(Prosper of Aquitaine)였다. 그의 변호는 어거스틴의 주장 중 극단적인 몇 가지를 완화하는 경향을 나타낸다.

529년에 개최된 오랑주(Orange) 회의는 준펠라기우스주의 논쟁의 종식으로 간주된다. 대부분 어거스틴과 프로스퍼의 저술에서 취한 오랑주 법령집은 중세 시대에 어거스틴의 저술을 해석한 방식을 보여주는 좋은 본보기이다. 그러나 중세 시대 대부분의 기간에 그 법령이 알려지지 않았다.

오랑주 회의에서 아담의 타락이 인류 전체를 타락시켰다는 것, 그리고 우리가 하나님의 은혜를 받는 것은 우리가 요청하기 때문이 아니라 그 반대라고 선포되었다. 그 회의의 결정에 의하면 신앙의 첫 단계는 인간 본성 안에 있는 것이 아니라 하나님의 은혜 안에 있다. 자유의지는 우리를 은혜로 인도할 수 없다. 그러나 세례의 은혜 안에서 더 많은 은혜에 응답할 수 있는 자유가 회복된다.

이것은 누구도 악으로 예정되지 않았다는 의미가 아니다. 그 회의에서 그 교리가 정죄 되었다. 세례받은 사람은 모두 그리스도의 도우심으로 구원받을 것이다.

오랑주 회의가 준펠라기우스주의의 승리였다고 말하는 것은 옳지 않을 것이다. 그러나 교리적인 면에서 그 회의는 어거스틴주의가 아니었다. 인간의 장래 태도와 행위에 대한 신의 예지에 기초하지 않고 하나님의 지고한 결정에 기초하여 발생하는 예지에 대해서는 아무엇도 말하지 않고, 불가항력적 은혜에 대해서도 말하지 않는다. 여기서는 세례받을 때 주어지는 은혜가 강조된다. 『고백록』에 제시된 압도적이고 역동적인 경험은 은혜의 체계—피할 수 없는 불운한 과정—로 변하고 있었다.

오로시우스와 프리실리아누스주의

4세기 말 어거스틴과 암브로시우스가 살아 있을 때, 스페인에서 설립자라고 생각되는 아빌라의 주교 프리실리아누스의 이름을 따서 "프리실리아누스주의"(Priscillianism)라 불린 운동이 생겨났다. 프리실리아누스의 것으로 간주하는 교리들이 실제로 그가 가르친 것인지의 여부는 지금도 모호하다. 어쨌든 그는 음란하고 마법을 사용했다는 혐의로 막시무스 황제에 의해 사형에 처해졌다. 오로시우스(Orosius), 술비피우스 세베루스(Sulpitius Severus), 제롬(Jerome), 다마수스(Damasus), 암브로시우스(Ambros) 등의 저술가들은 그가 사벨리우스주의, 마니교의 이원론, 가현설 등과 비슷한 삼위일체론을 주장한다고 했다.

오로시우스는 처음에 프리실리아누스주의의 반대자로 알려졌다. 왜냐하면 그는 414년에 어거스틴을 방문하여 『프리실리아누스파와 오리겐파의 오류에 대한 교훈서』(*Commonitorium de errore Priscillianistarum et Origenistarum*)를 헌정했기 때문이다. 그러나 기독교 사상사에서 그의 주된 공헌은 프리실리아누스파를 반대한 데 있는 것이 아니라 어거스틴의 부탁을 받아 『신국론』의 보충판으로 저술한 일곱 권의 『이교도를 반대하여 쓴 역사』(On History against Pagans)에 있다. 오로시우스는 이 책에서 인류의 역사 전체를 점검하면서 이교 시대가 기독교시대보다 나을 게 없고 오히려 더 좋지 않다는 것을 보여주려 한다. 역사에 대한 그의 일반적인 생각은 어거스틴과 비슷하지만, 그의 견해에서 그리스도는 그의 개인적인 고난을 초래한 야만족들의 침입조차 하나님께서 그들을 개종시키기 위해 예비하신 수단으로 해석되는 역사의 목표이다.

보에티우스, 그리고 보편개념의 문제

보에티우스(Manlius Torcuatus Severinus Boethius)는 5세기 말부터 6세기 초까지 이탈리아의 동고트왕국에서 살았다. 그는 로마와 아테네에서 광범위한 문화에 접했고, 라틴 세계에 그리스 철학, 특히 플라톤과 아리스토넬레스의 유산을 알리는 임무를 맡았다. 그는 이 목적을 위해 고전을 번역하고, 그 책들에 대한 주해서를 저술했다. 그가 반역죄로 고발되어 테오도리쿠스(Theodoric) 황제의 명령으로 투옥되어 있는 동안 『철학의 위안』(The Consolation of Philosophy)을 저술했다. 그는 『삼위의 일치에 관하여』(On the Unity of the Trinity), 『그리스도의 위격과 두 본성에 관하여』(On the Person and the Two Natures of Christ), 『기독교 신앙 해설』(Brief Exposition of the Christian Faith) 등 다수의 신학적·사변적 논문을 저술했다.

기독교 사상사에서 보에티우스는 독창적 사상가로서 중요한 것이 아니다. 그는 독창적인 사상가가 아니었다. 그는 위격, 본질, 존재 등 삼위일체론에서 중요한 용어들에 대해 논하고 사용함으로써 후대 신학에 영향을 미쳤다. 또 그는 중세 시대 초기에 고전 철학, 특히 논리학과 관련된 철학을 알리는 통로였다. 마지막으로 중세 시대는 보에티우스로 말미암아 보편개념(universal) 문제에 접근했다.

포괄적인 개념들이 실재하는지, 만일 그것들이 실재한다면 그 안에 포함되어 있는 개체들과 어떻게 관련되는가에 관한 문제가 제기된다. 예를 들어 모든 고양이를 포함하는 "고양이"라는 개념이 실재하는가? 만일 실재하지 않는다면, 즉 그것이 하나의 명사에 불과하다면, 고양이들 모두를 고양이로 만드는 것은 무엇인가? 만일 그 개념이 실재한다면, 각각의 고양이는 "고양이"라는 포괄적인 개념과 어떻게 관련되는가? 그렇다면 개체들의 실체는 무엇인가?

이것이 중세 시대의 주요 철학적 문제 중 하나였다. 보편개념이 실재한다고 주장하는 사람들은 "실재론자"(realist)라고 불린다. 반면에 보편개념이 명사에 불과하며, 그 실제는 개체들 안에서만 발견된다고 주장하는 사람들은 유명론자(nominalist, 唯名論者)라고 불린다. 극단적인 실재론자들과 급진 유명론자들 사이에 여러 단계의 중도적인 견해가 있다.

카시오도루스

카시오도루스(Flavius Magnus Aurelius Cassiodorus Senator)는 보에티우스보다 어리지만 같은 시대의 인물이다. 카시오도루스는 테오도리쿠스 황제의 수석 고문으로서 아리우스파인 고트족과 정복민인 가톨릭교도들 사이의 중재자로 활동했다. 이것은 그가 정통 신앙에 대해 주저했다는 의미가 아니다. 후일 그는 연구와 묵상에 전념하기 위해서 관직을 사임하고, 비바리움(Vivarium)이라는 수도원을 설립했다. 그러나 결국 그는 수도원장직을 사임하고, 여생을 단순한 수도사로 살면서 박식함과 거룩함으로 존경받았다.

카시오도루스는 독창적인 사상가라기보다 해박한 사람이었다. 그는 고전 문화에서 가장 훌륭하다고 생각되는 것들을 모은 몇 권의 세속적 저술 외에 종교적인 논문을 저술했다. 중세시대에 큰 영향을 미친 그의 저서는 『성학 및 세속적 제학 강요』(Institutions of Divine and Secular Letters)이다. 고대 종교적·세속적 지식을 요약한 이 책은 중세시대 교육의 기초로 사용된 본보기였다. 그것은 중세 시대가 고대(그리스·로마 시대)의 유산을 받아들이는 주요 통로 중 하나였다. 또한 그는 수도원운동을 고대 유산의 보존과 연구를 위한 도구로 만드는 데 기여했다.

대 그레고리

고대와 중세시대를 연결하는 교량 역할을 한 사람 중에 가장 유명한 사람은 590년부터 604년까지 활동한 로마의 교황 그레고리 1세이다. 후대인들은 그에게 "대 그레고리"(Gregory the Great)라는 칭호를 부여했다. 그는 위대한 "서방 교회의 박사들" 중 하나로 간주된다. 그레고리는 베네딕트회의 수도사였으며, 따라서 그의 작업은 그 수도회의 설립자이며 카시아도루스와 보에티우스와 같은 시대의 인물인 누르시아의 베네딕트(Benedict of Nursia)의 영향을 받은 본보기이다. 베네딕트는 후일 교회의 발달에 매우 중요한 인물이다. 529년의 것으로 알려진 그의 『수도 규칙』(Rules)은 서방 수도원 운동 형성에 큰 영향을 미쳤다. 중세 신학의 많은 부분이 수도원에서 발달하고 저술되었으므로, 비록 신학보다는 실질적이고 금욕적인 삶과 관련된 것이었지만 베네딕트의 영향력은 항상 존재했다. 중세 신학이 대체로 수도 신학(monastic theology)이라는 점을 알아야 한다. 그러므로 베네딕트는 교회에서 가장 많은 글을 저술하지는 않았지만, 중세 기독교의 삶과 사상에 뚜렷한 영향을 미쳤다.

그레고리는 여러 면에서 중요한 인물이다. 그는 전례의 역사와 관련하여 그레고리 성가(Gregorian Chant) 및 예배의 여러 면에 영향을 미쳤다; 교회법의 역사와 관련해서는 그의 서신들이 6세기 말부터 7세기 초반까지 교회법의 발달 상황을 지적하는 방식 때문에 중요하다; 선교의 역사와 관련해서 그는 어거스틴의 영국 선교 사역을 고

취했다; 수도원운동의 역사와 관련하여 중세 시대의 수덕적 수행에 미친 그의 영향력에 주목해야 한다; 설교의 역사와 관련하여 에스겔서와 복음서에 관한 그의 설교는 후대에 가장 많이 읽힌 것에 속한다.

기독교 사상사에서 그레고리는 독창성 때문에 중요한 것이 아니라 그가 중세 신학에 미친 영향, 그리고 중세 신학에서 어거스틴의 저술을 읽는 여과장치 역할을 한 방식 때문에 중요하다.

그레고리에게 있어서 모든 것의 뿌리는 어거스틴의 가르침에 있지만, 실제로 어거스틴주의적인 것이 거의 없다. 어거스틴에게서 비-어거스틴적이었던 것이 이 준어거스틴주의의 중요 요소가 된다. 어거스틴의 근본정신이 사라지고, 미신이 최고의 지위를 확보했다. 모든 것이 점점 더 조악해지고 확고해지고 일상적으로 되었다. 하나님 안에서 안식을 발견하는 마음의 평화가 아닌 불확실성에 대한 두려움이 지배적 동기가 되었다. 불확실성에 대한 두려움은 교회의 제도를 통해서 안전을 확보하려 한다.

이것은 그레고리가 어거스틴의 정신을 바꾸거나 완화하려 했다는 의미가 아니다. 그는 히포의 주교 어거스틴의 충실한 해석자로 자처했고, 중세시대에는 그렇게 여겨졌다. 바뀐 것은 어거스틴과 그레고리 사이의 시대였다. 새 시대는 암흑시대였다. 시대가 너무 암울했기 때문에 그레고리는 자신이 말세에 살고 있다고 확신했다. 그레고리는 흑사병, 야만, 무지 등에 둘러싸여 있으면서 질서와 평화와 문화를 유지하려 했지만, 그 시대 상황에 참여함으로써 그것을 획득할 수 있었다. 그러므로 그를 정죄하기보다 그가 처했던 상황 안에서 그를 이해하며, 후대의 신학을 위한 그의 업적의 결과를 지적해야 한다.

그레고리는 하나님, 삼위일체, 그리고 예수 그리스도의 위격에 관한 교리에서 철저히 정통적이고 전통적이었다. 그는 처음 네 차례의 공의회가 사복음서와 비슷한 권위를 지닌다고 여겼다.

은혜와 예정에 관한 교리에서는 하나님이 "장차 믿음을 지키고 선한 일을 행할 것을 알기 때문에 불러 택하신" 자들을 구원으로 예정하셨다는 어거스틴의 주장에 동의하지 않았다. 게다가 어거스틴이 주장한 것처럼 은혜는 불가항력적인 것이 아니었다.

그레고리의 어거스틴주의가 완화된 것임은 그가 회개와 보속을 강조한 데서 분명히 드러난다. 그레고리는 통회, 죄고백, 그리고 보속을 회개의 근본 구성 요소로 보았다. 면죄 선언은 하나님께서 이미 주신 용서를 확인하는 데 불과하다. 이것은 목회자가 주는 면죄 선언의 권위를 무시할 수 있다는 의미가 아니다.

죄에 대한 보속이 현세에서만 이루어지는 것이 아니나. 작은 죄들의 짐을 진 채 임종하는 사람은 연옥에서 불로 정화될 것이다. 이것은 어거스틴이 주장했고 그레고리가 인정하는 교리이다.

희생 제사로서의 미사―어거스틴의 글에도 나타나는 교리―는 그레고리가 좋아하는 교리 중 하나이다. 그리스도가 다시 제물로 바쳐지는 이 희생 제사는 살아 있는 사람뿐만 아니라 연옥에 있는 영혼에도 유익할 것이다.

그레고리는 기적과 천사와 귀신에 관한 박사이다. 그의 『대화집』(Dialogues)은 성인들의 행적과 기적에 대한 글이다. 그레고리가 천사들과 귀신들에 대해서 안다고 주장한 것이 많고 상세하므로, 후대인들은 그가 개인적으로 영감을 받았다는 결론에 도달했다.

간단히 말해서, 그레고리는 정치적·지적 몰락의 시대에 두 가지 방식으로 어거스틴의 신학을 대중 신앙에 맞추어 조정한 인물이다: 은혜와 예정의 교리가 지닌 극단적인 면들을 완화함으로써, 그리고 미신적인 신념과 관습에 양보함으로써. 여기에서 전통적인 라틴 문화에 의해 형성된 기독교가 게르만족 침입자들의 문화의 영향을 받은 기독교에 부응한 출발점을 볼 수 있다.

세빌랴의 이시도루스

세빌랴의 이시도루스(Isidore of Seville)는 대 그레고리와 같은 시대의 인물이며, 『어원』(Etymologies)을 통해서 큰 영향을 미쳤다. 그 책은 이시도루스가 문법과 수사학에서부터 신학에 이르기까지, 지리, 역사, 심지어 온갖 종류의 짐승과 괴물까지 포함하여 그 시대의 모든 지식을 요약해놓은 일종의 백과사전이다. 이 보편적 지식 편람은 중세 시대에 매우 인기가 있었고, 유명한 작가들은 거의 모두 그것을 인용했다. 그 시대를 고려해볼 때 이시도루스는 그레고리만큼 독창적이지 않았다. 여기에서도 그레고리에게서처럼 라틴 문화와 전통이 게르만 문화와 전통과 합류한 것을 볼 수 있다.

간단히 말해서, 이 장에서 다룬 저자들의 업적은 이전 시대의 전통을 유지하면서 그것을 새로운 사회적·문화적 상황으로 표현함으로써 궁극적으로 서구 문명을 낳을 종합의 길을 마련한 데 있다.

제13장

제4차에서 제6차 세계공의회까지의 동방 신학

앞에서 칼케돈 공의회에서 기독론 논쟁이 종식되었음을 살펴보다가 이야기에 연속성을 부여하기 위해 그 문제를 잠시 내려놓고 어거스틴과 서방 신학에 대해 언급했다. 이제 다시 중단했던 부분으로 돌아가서 동방 신학에 대해 언급하려 한다.

기독론 논쟁의 계속

칼케돈 신조가 동방에서의 기독론 논쟁을 끝낸 것이 아니었다. 동방에는 여전히 그리스도 안에 두 본성이 있다는 신조가 키릴이 "말씀이신 하나님의 하나의 성육한 본성"이라는 아폴리나리우스의 주장에서 취한 신조와 반대된다고 느끼는 신자들이 많았다.

칼케돈 신조에 불만을 품은 사람들 대부분은 실제로는 그 공의회가 주장한 교리에 반대한 것이 아니라 "두 본성 안에"라는 표현에 반대했다. 그들의 주장은 "구두상의 단성론"(verbal monophysitism)이라 불려왔다. 왜냐하면 그들은 유티케스의 것으로 추정되는 교리를 거부하며 예수 그리스도가 하나님과 동일 본질인 동시에 우리와 동일 본질이라고 고백하는 정통 신자들이었기 때문이다.

칼케돈 신조에 대한 반대가 확대되어 제국의 통일성을 위협했으므로, 몇 명의 황제가 개입하여 타협적인 신조, 또는 칼케돈 신조에 대한 대안을 제공함으로써 문제를 해결하려 했다. 그중 가장 중요한 시도는 482년에 제노(Zeno) 황제가 화합 칙령(Edict of Union, 또는 Henoticon)을 반포한 것이다. 그러나 이것을 비롯한 제국의 노력은 모두 실패로 끝났고, 사태가 악화하여 구두 질문으로 시작한 것이 회복할 수 없는 분열이라는 결과를 초래했다.

제노 황제, 그리고 그의 개입을 지원한 콘스탄티노플 총대주교 아카치우스(Acacius)는 칼케돈의 결정을 거부하려 한 것이 아니라 다양한 신념의 기독교인들을 통합하려 했을 것이다. 그러나 결과적으로 칼케돈 공의회뿐만 아니라 화합 칙령과 관련한 더 심각한 불화를 초래했다.

교황은 이 문제에 개입하면서 황제에게 교의 문제를 판단할 권위가 없다고 주장했다. 따라서 교황이 이끄는 서방 교회는 화합 칙령을 거부해야 했다. 아카치우스가 계속 황제의 칙령을 지지했기 때문에, 또 알렉산드리아 주교직 승계와 관련된 마찰 때문에 교황 펠릭스(Felix)는 아카치우스를 파문하고 해임했다. 그러나 교황에게 그의 해임을 현실화할 수단이 없었으므로, 결국 동방교회와 서방 교회가 분열했다.

이 분열은 주동 인물과 직계 후계자들이 죽을 때까지 계속되다가 519년에 유스티누스 황제와 교황 호르미스다스(Hormisdas) 사이에 이루어진 일련의 협상으로 말미암아 두 교회의 교제가 회복되었다. 유스티누스는 서방 교회와의 유대를 회복하는 데 관심이 있었으므로, 새로운 합의문은 로마의 승리를 의미했다. 이는 콘스탄티노플이 로마의 요구를 수용했기 때문이다.

유스티누스 황제가 사망하고 유스티니아누스 황제(527~566 통치)가 즉위할 때까지 문제는 그대로 남아있었다. 유스티니아누스 황제는 제국의 통일을 회복하려는 큰 꿈을 가지고 있었다. 그는 이 목적을 위해서 장군들을 북아프리카에 보냈고, 이탈리아에서 외교적 모험을 시작했다. 그리고 로마 법전을 편찬했다. 이 목적을 이루기 위해서 교회의 일치가 절대적으로 필요했다.

이런 까닭에 유스티니아누스 황제는 제국을 분열시킨 기독론 문제에 대한 해결책을 찾는 데 관심을 기울였다. 그는 이 목적을 성취하는 가장 좋은 방법은 칼케돈 신조를 지지하는 사람들을 소외시키지 않는 범위 내에서 그에 반대하는 사람들에게 양보하는 것으로 생각했다. 그 이전이나 이후에 이루어진 많은 시도가 그렇듯이, 유스티니아누스 황제의 시도는 제국 권력의 개입이었기 때문에 사태를 악화하고 논쟁의 불길에 기름을 붓는 역할을 했다. 더욱이 단성론을 공개적으로 지지한 황후 테오도라(Theodora)가 남편을 칼케돈 정통신앙에서 점차 멀어지게 했으므로, 결국 세속 정부와 교회 당국자

사이의 긴장이 악화되었는데, 이것은 "삼장 논쟁"(Controversy of the Three Chapters)과 제5차 세계 공의회에서 절정에 달했다.

"삼장 논쟁"이라는 명칭은 논쟁이 진행되는 동안 안디옥파 기독론의 주요 교사인 몹수에스티아의 테오도르(Theodore of Mopsuestia)와 키루스의 테오도렛(Theodoret of Cyrus)과 에뎃사의 이바스(Ibas of Edessa)의 저술을 언급하는 간단한 방법으로 발달했다. 단성론자들은 칼케돈 공의회에 반대하는 것이 아니라 그 공의회의 결정 배경이 된 안디옥 학파 신학자들의 저술에서 발견되는 기독론에 반대한다는 것이 명백해졌다. 여기에서 칼케돈 공의회를 정죄하기보다 삼장이라는 이름 아래 세 명의 위대한 안디옥 학파 신학자를 정죄함으로써 타협을 이룰 수 있을 것이라는 유스티니아누스 황제의 생각이 생겨난 듯하다. 유스티니아누스 황제는 두 개의 칙령으로 삼장을 정죄했다. 황제 측은 강력했다. 압력을 받은 콘스탄티노플, 알렉산드리아, 그리고 안디옥의 총대주교들은 심각하게 의심을 품은 채 차례로 황제의 칙령에 서명했다.

곧 서방이 반응했다. 삼장을 정죄한 것은 칼케돈 공의회를 공공연하게 거부하는 것의 서곡에 불과한 듯했다. 그러나 테오도라와 장군 벨리사리우스(Belisaruis)의 도움으로 교황이 된 비질리우스(Vigilius)는 유스티니아누스 황제의 뜻에 거역할 수 없었다. 황제의 명령으로 콘스탄티노플에 소환된 비질리우스는 얼마 동안 망설이다가 결국 548년에 발표한 "판단"(*Judicatum*)에서 삼장을 정죄했다. 이 일로 말미암아 서방의 주교들, 특히 북아프리카의 주교들이 반발했으므로, 칙령에 서명했던 동방의 성직자들 중 일부가 지원을 철회했다. 교황은 자신의 교서 "판단"을 철회하고, 황제가 원하는 통합을 성취하는 가장 좋은 방법은 서방교회의 주교 회의를 소집하여 삼장을 정죄하게 하는 것이라고 황제에게 제안했다. 그러나 서방의 반대가 심했기 때문에 황제는 서방 주교들의 회의 소집을 포기하고, 삼장 정죄를 재천명했다(551). 황제는 이 새 칙령에서 단성론자들뿐만 아니라 네스토리우스파도 정죄했다. "네스토리우스파"란 마리아가 신의 어머니(theotokos)가 아니라고 주장하는 사람들뿐만 아니라, 인간이 말씀과 상관없이 존재하거나 선재할 수 있다는 식으로 말씀이 인간이 되셨다고 주장하는 사람들을 의미했다. 유스티니아누스 황제는 네스토리우스파에 네스토리우스 외에 테오도르와 테오도렛과 이바스, 즉 유명한 삼장을 포함했다. 551년의 칙령으로 정죄된 단성론자들은 유일하게 참된 극단적 단성론자, 즉 그리스도의 신성과 인성을 혼동하여 인성을 무색하게 한 사람들이다. 안디옥 학파 기독론의 모든 형태가 정죄 되었고, 알렉산드리아 학파의 기독론은 극단적인 형태만 거부되있다.

유스티니아누스의 새 칙령에 대한 반대가 거셌기 때문에, 결국 황제는 자기 정부가 교회의 인정을 받기를 기대하면서 공의회를 소집했다. 이 공의회는 553년에 콘스탄티노플에서 개최되었다. 황제는 참석한 주교들 모두가 삼장 정죄에 찬성하거나 최소한 황제의 뜻을 확고히 하도록 했다.

한편 평정을 되찾은 비질리우스는 순수한 신학 문제와 관련하여 세속 정부의 결정을 받아들이려 하지 않았다. 황제의 명령으로 콘스탄티노플에 있었던 그는 관련 문제들을 연구한 뒤에 콘스탄티노플 공의회 기간에 교황령(Constitum)을 발표했다. 교황령은 비질리우스가 삼장에 관련된 여러 문제를 연구한 신중한 문서이다. 비질리우스는 몹수에스티아의 테오도르의 저서에서 취한 것처럼 보이는 몇 가지 견해를 정죄하려 했지만, 교회의 교제 안에서 죽은 주교를 정죄하려 하지 않았고, 정죄하는 것을 금했다. 그는 삼장에 포함된 두 번째 인물 키루스의 테오도렛을 정죄하지 않았다. 이는 그가 칼케돈에서 네스토리우스를 저주했고, 그곳에 모인 주교들이 그를 정통 신앙에 속한다고 선언했기 때문이다. 그러나 이미 사망한 키루스의 주교의 것으로 간주하는 견해 중에 정죄되어야 하는 몇 가지 견해가 있었다. 비질리우스는 그것들이 실제로 데오도렛의 것이라고 주장하지 않은 채 저주를 선포했다. 마지막으로 칼케돈에 모였던 교부들이 삼장에 포함된 에뎃사의 이바스의 서신을 낭독하고 받아들였으므로 그 공의회를 거부하지 않고서는 그 서신을 정죄할 수 없다. 그러므로 삼장의 정통신앙에 대한 논의는 중지되어야 하며, 모든 사람은 교령집에 표현된 대로 로마 주교구의 권위에 복종해야 했다.

  비질리우스가 이 문서를 준비하고 발표하는 동안 유스티니아누스가 소집한 공의회가 콘스탄티노플에서 개최되고 있었다. 이 공의회는 제5차 세계공의회라고 불린다. 공의회가 삼장을 정죄하고 황제의 일반적인 정책을 따를 것임이 명백했다. 삼장과 관련한 공의회의 결정은 다음과 같다: 몹수에스티아의 테오도르와 그의 가르침은 정죄

되었다; 테오도렛은 정죄되지 않았지만 그의 가르침은 배격되었다; 이바스의 서신은 이단으로 선포되었다. 공의회는 황제의 지시에 따라 오리겐을 이단적 관념의 근원으로 간주하여 정죄했다.

비질리우스는 반년 이상 공의회의 결정을 받아들이기를 거부했지만, 결국 황제의 압박을 받아 두 번째 "판단"(Judicatum)을 발표했다. 거기서 그는 자신의 진실성을 지키려고 노력하면서도 황제의 뜻에 복종했다. 서방에서는 이에 대해 반발하여 몇 개의 분파가 생겨났는데, 이것은 여러 해가 지나서야 치유되었다.

이 시대의 마지막 기독론 논쟁은 7세기에 발생했다. 그것은 단의론(Monothelite)과 그 서곡인 "신 단동설"(monergism, 하나님만이 작용한다는 사상)이다. 콘스탄티노플의 총대주교 세르기우스(Sergius)가 단동설과는 단의론의 주창자이다. 세르기우스는 "단일 에네르기"(one energy) 이론을 제안하고, 그것을 "두 본성 이론"과 결합하려 했다. 다시 말해서 그는 칼케돈의 기독론을 받아들였지만, 칼케돈의 "위격"(hypostasis)보다 더 강력하게 그리스도의 통일성을 주장하는 수단을 제안했다. 이 단일 에네르기는 그리스도 안에 구세주의 모든 활동이 귀착되는 단일 위격이 있듯이, 그리스도의 신성과 인성에 기여한 말씀에게도 단일한 활동 원리가 있었다는 의미로 이해되었다. 여기에서 "단일 위격적 에네르기"(a single hypostatic energy)라는 더 정밀한 이론이 나온다. 헤라클리우스 황제는 세르기우스의 제안을 받아들였다. 그는 자기 제국 안에 있는 여러 신학적 분파를 화해시켜야 할 필요성에 관심을 가지고 있었기에, 신임 알렉산드리아 총대주교가 단동설 이론을 사용하여 단성론파와 정통교리파의 화해를 이루었다는 소식을 듣고 기뻐했을 것이다.

그러나 칼케돈 공의회 지지자들 중에서 단동설에 대한 반대가 컸다. 예루살렘의 소프로니우스(Sophronius of Jerusalem)가 이 반대를 대변하면서 단동설을 공격했으므로, 세르기우스는 자신의 제안을 철회했고, 634년에 "두 에네르기 이론"과 "단일 에네르기 이론"의 사용을 금했다.

세르기우스는 단동설 대신에 그리스도 단의설(monothelitism, 單意說), 즉 그리스도 안에 행동 의지가 하나뿐이라는 이론을 제안했다. 이 이론의 정확한 의미에 관하여 많은 논의가 있으며, 어느 학자는 그것의 부정확성과 외관상의 변형 때문에 단의설을 "카멜레온 이단"이라고 언급한다. 어쨌든 세르기우스는 호노리우스 교황을 자신의 새 이론의 지지자로 삼을 수 있었다. 638년에 헤라클리우스 황제가 세르기우스의 신앙 선언(Ecthesis)을 반포했는데, 그는 여기서 또다시 예수 그리스도 안에 있는 "에네르기"의 통일성이나 이원성에 관한 논의를 금했고, 구주 안에 단일 의지(a single *thelema*)가 있다고 주장했다. 여기에서 단의론이라는 명칭이 유래된다.

이 새 이론에 대한 반대가 서서히 등장했다. "고백자"(Confessor)라고 알려진 크리소폴리스의 막시무스(Maximus of Chrysopolis)는 "에네르기" 또는 행동 원리와 의지가 본성과 관련된 것이지 위격과 관련된 것이 아니라고 주장했다. 그러므로 구세주 안에 "단일 위격적 에네르기"나 "단일 위격적 의지"가 있는 것이 아니라 "두 개의 본성적

에네르기와 두 개의 본성적 의지"가 있다. 곧 단의설에 대한 반대에 많은 주교들과 교황들이 합류했고, 결국 콘스탄스 2세는 그 문제에 대한 논의를 금지했다.

콘스탄스 황제의 칙령이 반포된 직후에 정치 상황이 급변하여 비잔틴 제국의 황제들은 단성론자들의 지지를 얻는 데 관심을 두지 않았다. 이 변화의 직접적인 원인은 시리아와 이집트 정복하면서 비잔틴 제국 내에서 칼케돈에 대한 반대가 널리 퍼져 있던 지역을 취한 아랍족이었다. 결과적으로 황제들은 자기가 장악하고 있는 지역에 집중된 칼케돈 정통신앙을 지지하게 되었다.

제6차 세계 공의회라고 불리는바 681년 콘스탄티노플에서 개최된 공의회에서 문제가 해결되었다. 이 공의회는 단의론과 그 지지자들을 정죄했다. 세르기우스와 호노리우스도 정죄했다. 이것은 수 세기 후에 교황 무류설(無謬說)에 대한 논의에서 다루어진 사실이다. 긍정적인 면에서 그 공의회는 주님 안에 "두 의지"가 있다는 교리, 즉 칼케돈에서 선포된 대로 각각의 본성과 관련한 하나의 의지가 있다는 교리에 찬성했다.

그리하여 3세기 전에 시작된 오랜 교의적 발달과 해명의 과정이 끝났다. 결과는 극단적인 견해의 거부, 예수 그리스도가 완전하고 참된 신인 동시에 인간이었다는 난호한 주장, 그리고 이 두 본성이 하나의 위격 안에 긴밀하게 묶여 있다는 주장이었다. 이 과정에서 신약성경의 역사적이고 자애로운 예수는 버려지고, 구세주가 논쟁과 사변의 대상이 되었다. 이제 그분은 신약성경의 어휘와 다른 용어들—위격, 본성, 에네르기 등—로 묘사되었다. 그분은 신자들과 역사의 주가 아니라 토론의 대상이 되었다. 우리는 신자들이 헬레니즘 철학의 범주를 기독교 신앙의 가장 큰 신비에 적용하기 시작하면서 교회에 다른 길이 열렸는지 질문할 수 있을 것이다. 위에서 다룬 여섯 차례의 공의회는 신앙을 합리화하려는 단순한 시도를 모두 거부했고, 성육신의 불가해한 신비를 지적했다.

위-디오니시우스

이 시대의 가장 영향력이 있는 동방 신학자는 아레오파고의 디오니시우스(Dionysius the Areopagite)라는 필명으로 저술한 사람이다. 수 세기 동안 그의 저술이 바울의 제자의 것으로 여겨졌고, 그리하여 그의 저술은 신약성경 다음의 권위를 지녔다. 이 저술은 신플라톤주의적인 완전한 세계관을 제시하므로, 신플라톤주의가 기독교 신학에 영향을 미치는 데 기여했다.

이 디오니시우스라는 사람은 5세기 말에 시리아나 그 근처에서 살았던 듯하지만, 그가 누구인지는 알 수 없다. 그의 저서는 『천상 위계론』(On the Celestial Hierarchy), 『교회 위계론』(On Ecclesiastical Hierarchy), 『신명론』(On the Divine Names), 『신비신학』(Mystical Theology), 그리고 열 편의 『편지』(Epistles)이다. 위-디오니시우스는 전형적인 신플라톤주의 방식으로 세계를 만물이 각기 위계질서 안에서의 위치에 따라 정도가 다르지만, 하나님에게서 나와 하나님에게로 이어지는 위계구조로 생각한다. 하나님은 절대적인 의미에서 일자(One)이시다; 하나님은 인간 생각의 모든 범주를 초월하신다; 하나님은 본질도 초월하신다; 존재하는 모든 것은 그 존재를 신에게서 취하지만, 하나님은 그렇지 않다. 하나님은 우리가 알 수 없는 분이시며, 만물은 하나님을 계시하고 하나님에게 안내한다.

이 형언할 수 없는 일자(One)에게서 시작된 지성은 위계질서를 취한다. 위-디오니시우스는 지적 세계에만 관심을 둔 듯하다.

그리스도 강림 이전에 세상은 율법적 위계의 다스림을 받았다. 이 위계는 모세가 세운 것이며, 그 기능은 하나님에게로 안내하는 것이었다. 위-디오니시우스는 이 위계의 세부 내용을 설명하지 않는다. 어쨌든 교회 위계가 그것을 대신했다.

교회의 위계는 두 가지 기본 체계로 형성되며, 각 체계는 세 단계로 나뉜다. 첫째 체계는 제사장 체계로서 주교와 사제와 부제 등의 삼부로 구성된다. 또 하나의 체계는 평신도로 형성되는데, 이것 역시 세 단계—수도사, 세례받은 사람, 그리고 성찬에 참여하지 못하는 사람들, 즉 예비 신자들과 귀신 들린 사람들과 참회자들—로 구성된다.

우주의 위계구조의 목적은 더 높은 체계를 통해서 하나님께 나아갈 지성의 신화이다. 여기에서 위-디오니시우스는 추대의 신비주의에서 영향력을 발휘하게 될 세 가지 길이라는 교리를 도입한다. 이 세 가지 길 또는 세 가지 신비 단계는 다음과 같다: 영혼에서 더러움을 제거하는 정화(purgative) 단계; 영혼이 신의 빛을 받는 조명

(illuminative) 단계; 영혼이 몰아적 비전—하나님의 절대적 초월성 때문에 포괄적이지 않고 직관적인 비전— 안에서 하나님과 연합하는 합일(unitive) 단계.

이것이 위-디오니시우스의 사상 전체라면, 그를 기독교인이라고 말하기 어려울 것이다. 그러나 위계들의 전반적인 활동과 구조 안에 그리스도의 역할이 있다. 삼위일체의 위격들 중 하나인 말씀이 성육함으로써 그 위격 안에서 신성과 인성이라는 두 본성이 만난다.

그리스도는 교회의 위계와 천상 위계의 가장 윗부분이다. 하나님이신 그리스도는 천상 위계의 존재와 조명의 근원이시며, 지식의 대상이다. 그분은 성육하심으로써 교회 위계의 머리가 되신다. 그분은 존재와 조명의 근원이요 관상의 대상이실 뿐만 아니라 교회 위계의 창시자이시다. 위-디오니시우스의 글에 성육하신 말씀이 반복하여 나타난다. 그러나 위계질서를 통해서만 인류와 교제하시는 이 성육하신 말씀이 우리 가운데 한 사람으로 사신 예수와 다르지 않은 분인지 질문해볼 수 있다.

그 질문에 대한 대답이 무엇이든지 간에 위-디오니시우스가 널리 영향을 미친 것은 사실이다. 원래 그리스어로 기록된 그의 저술은 6세기에 시리아어로, 8세기에 아르메니아어로, 9세기에 라틴어로 번역되었다. 그 이후부터 중세시대 내내 서방에서는 위-디오니시우스를 바울의 메시지의 충실한 해석자로 여겨 인용했다.

고백자 막시무스

기독교 사상사의 관점에서 고백자 막시무스(Maximus the Confessor, 580~662)는 특히 기독론 때문에 중요하다. 막시무스는 단동설에 반대하여 "에네르기" 또는 활동 원리가 위격과 관련된 것이 아니라 본성과 관련된 것이라고 주장한다. 이것은 삼위일체에 적용된다. 삼위일체 안에 하나의 본질만 있기 때문에 하나의 활동만 있다. 따라서 그리스도 안에 두 본성이 있으므로 두 개의 활동 원리가 있어야 하며, 단동설은 배격되어야 한다.

막시무스는 "본성적 의지"(natural will, 즉 본성의 의지)와 이성의 의지(will of reason) 구분을 기초로 단의론을 반대한다. 본성적 의지란 본성이 자체의 선을 향하는 성향이다. 이성의 의지는 지식, 숙고, 결정 등을 기초로 발달하는 의지이다. 본성의 의지는 모든 본성 안에서 발견되므로, 그리스도 안에 두 개의 의지, 즉 인간적 본성의 의지와 신적 본성의 의지가 있다고 말해야 한다. 이것은 그리스도가 동시에 상반되는 결정을 할 수 있었다는 의미가 아니다. 이는 본성적 의지는 항상 이성적 의지에 종속되기 때문이다. 그러므로 겟세마네 동산에서처럼, 결정할 때에 두 의지가 대립할 수 없으며, 그 성향에서만 반대된다. 그리스도는 인간적인 본성적 의지를 가지고 계셨지만, 죄를 지으실 수 없었다. 이는 그의 이성적 의지가 하나님의 말씀으로서의 전능한 이성을 기초로 결정했기 때문이다. 그리스도는 인간 의지의 결과인 정념에 따라 움직인 것이 아니라 이성적 의시에 따라 움직이셨다.

네스토리우스 신학의 발달

에베소에서 네스토리우스를 정죄한 것과 433년의 통합 신조(reunion formula)로 말미암아 안디옥 학파의 극단적 기독론이 설 자리가 없게 되었다. 칼케돈 공의회는 중도 안디옥 학파를 옹호한 것으로 간주하였다. 그러나 533년에 삼장(Three Chapters)을 정죄한 데서 절정에 달한 그 공의회의 후대의 해석 덕분에 알렉산드리아 학파의 기독론이 다시 우세하게 되었다. 결과적으로 안디옥 학파 기독론을 옹호한 사람들은 교회에서 점차 멀어져서 페르시아를 중심으로 네스토리우스파라는 독립 집단을 형성했다.

네스토리우스가 정죄 되기 전에도 안디옥 학파 기독론은 페르시아 제국 서부의 기독교 지역에 퍼져 있었다. 한동안 이 신흥 페르시아 신학교의 중심은 에뎃사의 이바스(Ibas of Edessa)였다. 그는 삼장에서 정죄한 네스토리우스의 친구였다. 후일 안디옥 학파 기독론에 대한 반대가 절정에 달하고 489년에 제노 황제가 에뎃사의 학교를 폐쇄했을 때 이 학교의 주요 교사들은 국경을 넘어 니시비스(Nisibis)에 정착했고, 이바스의 제자 바르수마스(Barumas) 주교가 그곳에 신학교를 세웠다. 이 학교의 영향으로 안디옥 학파의 극단적인 기독론이 페르시아 제국 전역과 동쪽 국경 지방까지 퍼졌다.

이 네스토리아 교회의 탁월한 신학자는 나르사이(Narsai)라고도 불리는 나르세스(Narses)였다. 나르세스는 니시비스에서 바르수마스 문하에서 몇 년 동안 일하다가, 그 학교의 교장이 되어 507년에 사망할 때까지 그 직책을 유지했다. 현존하는 그의 저술은 대부분 설교집과 찬송집이다. 네스토리우스 연대기 작가는 이 찬송집 때문에 그에게 "성령의 하프"(Harp of the Holy Spirit)라는 칭호를 부여했다.

나르세스의 주된 기독론 신조는 "두 본성, 두 위격, 그리고 하나의 발현"이다. 나르세스는 그리스도의 인성과 말씀의 신성을 혼동하지 않았다. 마리아에게서 태어난 분은 인간 예수이다. 그분은 말씀에 의해 성화되셨지만 말씀과 연합하지 않으셨으므로, 말씀이 마리아에게서 태어나셨다거나 마리아가 하나님의 어머니(theotokos)라고 말할 수 없다. 나르세스는 이 교리의 전거로 타르수스의 디오도르, 몹수에스티아의 테오도르, 그리고 네스토리우스를 인용한다.

단성론의 확장

단성론의 다양한 형태에 대해서는 이미 논했으므로, 여기서는 아랍 정복 이전 단성론의 확장에 대해 살펴보려 한다. "단성론"이라는 교리는 극단적인 알렉산드리아 기독론 때문에 칼케돈의 결정을 거부한 것이므로, 알렉산드리아와 이집트 전역에서 인기를 끌었다. 디오스코루스가 정죄 된 후 사람들은 그를 정치적 이해관계로 인한 순교자로 여겼다. 여기에 이집트의 반대에 대한 몇 명의 황제의 조처들이 추가됨으로써 많은 사람은 단성론을 황제와 콘스탄티노플 정부에 대한 반대의 상징으로 여겼다. 따라서 단성론은 그리스어를 사용하는 상위 계층보다 콥트어를 사용하는 원주민 사회에 더 널리 퍼졌다. 여러 분파와 긴장의 표식들이 나타났다. 결국 아랍 정복으로 비잔틴의 이집트 통치가 종식되면서 최종적으로 관계가 단절되었다. 그 후 대부분의 이집트 기독교인들은 칼케돈 신조를 거부하고 콥트교회를 세웠다. 칼케돈 신조에 충실한 소수 집단은 멜키트(Melchite, 勤王敎徒)라고 불렸다. 이집트와 밀접한 관계를 유지한 에티오피아 교회도 단성론파가 되었다.

안디옥은 알렉산드리아 기독론 반대의 중심지였지만, 시리아에는 통합 기독론을 주장하는 사람들이 있었다. 따라서 칼케돈 공의회의 결정에 대해 어느 정도의 반대가 있었다. 578년에 사망한 야곱 바라데우스(Jacob Baradaeus)는 시리아 전역에 단성론을 전파했는데, 단성론은 페르시아에까지 전해졌다. 이런 까닭에 시리아어권의 단성론 교회는 야곱파 교회로 알려져 있다.

아르메니아 교회도 단성론을 따랐다. 이는 칼케돈 공의회가 개최되었을 때 아르메니아가 페르시아의 통치 아래 있었으므로, 아르메니아 교회가 공의회에 참석하지 못한 데 원인이 있다. 그 밖에도 아르메니아 교회와 칼케돈 기독교의 사이가 벌어지게 된 마찰의 여러 가지 원인이 있다. 마지막으로 491년에 아르메니아 교회의 수장은 교황 레오의 교의 서한(Tome)―전통적인 라틴 기독교를 표현한 것으로서 칼케돈 신조의 기초가 된 것―을 저주했다.

이슬람의 진격

7세기에 종교적으로나 정치적으로 인류 역사에서 가장 괄목할 만한 현상 중 하나인 이슬람의 탄생이 시작되었다. 이 작은 반유목 부족들은 믿을 수 없을 만큼 큰 종교적 열정을 품고 자기들이 정복한 민족에게도 같은 감정을 고취하면서 페르시아 제국을 멸망시키고 강력한 국가가 될 수 있었다. 그들은 예루살렘과 안디옥을 포함하여 비잔티움의 아시아 지역 영토 대부분을 정복하고, 아프리카를 침입했고, 거기서 북부 해안을 건너 이베리아반도로 넘어가서 서고트 왕국을 멸망시키고, 마지막으로 피레네를 넘어 신흥 프랑크 왕국을 위협했다.

정복된 지역의 정치적, 종교적, 사회적 분열은 이 믿을 수 없는 진격의 촉진제가 되었다. 시리아의 단성론과 네스토리우스주의, 이집트의 단성론, 아프리카에 남아있던 가현설 등이 이슬람에게 길을 열어 주었는데, 사람들은 그것을 하나님이 비잔틴 제국을 징계하려고 들어 올리신 팔이라고 여겼다.

이슬람은 정복한 지역의 기독교에 파괴적인 영향을 미쳤다. 일부 지역의 교회는 완전히 사라졌다. 어느 지역의 교회는 간신히 살아남았지만, 그 과성에서 사라진 과거의 기억을 보존하기 위해 필사적으로 노력하는 보수적인 소수 민족 거주지로 전락했다.

제14장

카롤링거 르네상스

중세 시대 초기에 카롤링거 제국의 단명한 빛이 불티처럼 빛났다. 카를 마르텔(Charles Martel)과 페펭(Pippin)의 승리를 샤를마뉴가 다지고 확장하여 서유럽에 연구, 사색, 문학 작업 등에 헌신할 수 있는 비교적 고요하고 안정된 중심지가 형성되었다.

학자들은 주로 영국제도 출신이었다. 이는 대 그레고리를 비롯한 그 시대 학자들이 죽은 후에 아일랜드의 수도원들이 고전 문화의 주요 보관소가 되었기 때문이었다. 샤를마뉴보다 1세기 전에 그들 중 가장 중요한 하나는 『영국 국민 교회사』(*Ecclesiastical History of the English Peoples*)의 저자로서 "가경자"(the Venerable)라고 알려진 비드(Bede)이다. 비드와 그의 동역자들이 대변한 전통은 고전 시대와 카롤링거 제국에서 발생한 신학의, 칠하지 가싱을 잇는 고리였다.

샤를마뉴 대제가 자기 왕국으로 초빙한 탁월한 학자 요크의 알퀸(Alcuin of York)은 그 왕국의 학교 체제를 조직하는 데 중요한 역할을 했고, 그 시대의 신학 논쟁에도 개입했다.

예정론 논쟁

　카롤링거 시대에 벌어진 가장 신랄한 신학 논쟁 중 하나는 예정론과 관련된 것이었다. 그 논쟁의 기원은 오르베의 고트샬크(Gottschalk of Orbais)수도사가 수도원장 라바누스 마우루스(Rabanus Maurus)와 힝크마르(Hincmar of Rheims) 대주교를 상대로 벌인 오랜 대립에 있다.

　고트샬크의 예정론은 어거스틴, 암브로스, 그레고리, 프로스퍼, 풀겐티우스(Fulgentius) 등의 글을 읽으면서 형성된 것이었다. 그는 어거스틴의 예정론을 반대자들보다 더 분명하게 이해했지만, 비인간적일 정도로 지나치게 엄격하게 이해하고 해석했다. 그의 예정론은 히포의 주교 어거스틴의 것처럼 끊임없는 감사의 찬송이 아니라, 종종 타락한 사람의 정죄에 대한 병적인 기쁨으로 변화하는 듯한 강박 관념이었다. 하나님은 천사들과 택함 받은 자들을 구원으로 예정하시고, 타락한 자들을 정죄로 예정하셨다. 우리의 상황에서 자유 의지가 타락했기 때문에 더 선을 행하지 못한다. 그리스도는 만민을 위해 놀아가신 것이 아니라 택함 받은 자들만을 위해 돌아가셨다. 이것은 어거스틴의 분위기가 사라진 엄격한 어거스틴주의이다.

성찬 논쟁

　이 논쟁은 카를로스 대머리왕(Charles the Bald)이 코르비 수도원의 수도사 라트람누스(Ratramnus of Corbie)에게 성찬과 관련하여 이중 질문을 제기하면서 시작되었다. 첫째, 성찬 안에 그리스도의 몸과 피가 임재하는지를 믿음의 눈으로만 볼 수 있는지, 아니면 육체의 눈으로 보는 것이 실질적으로 그리스도의 몸과 피라는 방식으로 실재하는지에 대한 질문이었다. 둘째는 성찬에 임재하는 그리스도의 몸과 "마리아에게서 태어나 고난 당하고 죽어 매장되었다가 하늘로 올라가 아버지의 우편에 계신" 분의 몸과 같은 것인지에 관한 질문이었다. 왕의 질문은 파스카시우스 라드베르투스(Paschasius Radbertus)의 저서 『주님의 몸과 보혈』(On the Body and the Blood of the Lord)을 읽은 데서 비롯된 것이었다. 그 저서는 성찬 안에 그리스도의 현존을 사실주의적으로 해석했다. 축성된 성찬의 떡과 포도주는 다름 아닌 그리스도의 살과 피, 동정녀 마리아에게서 태어나 고난 당하고 죽은 자들 가운데서 살아난 것과 같은 몸이다. 이 몸과 피는 믿음의 눈으로만 볼 수 있지만, 주님을 뜨겁게 사랑하는 사람에게 특별한 혜택이 주어지면 진짜 살과 피를 볼 수 있다. 파스카시우스는 성찬을 그리스도의 희생의 반복으로 성찬식을 거행할 때 구세주가 다시 고난 받고 죽으신다고 이해했다.

파스카시우스 라드베르투스는 그 시대의 경건한 사람들의 느낌을 표현했다. 그러나 어거스틴의 전통 안에서 성장한 그 시대의 신학자들은 그의 견해를 불쾌하게 여겼다. 그러한 신학자 중 하나가 라트람누스이다.

라트람누스의 저서의 제목도 라드베르투스의 저서와 같은 『주님의 몸과 보혈』이다. 라트람누스는 그 책에서 왕이 제기한 두 가지 질문에 답변하는데, 그 방식 때문에 그 책은 후대에 자주 논의되곤 했다. 그는 첫째 질문에 대해서 그리스도가 성찬 안에 "실제로" 현존하는 것이 아니라 "상징적으로" 현존한다고 답한다. 이것은 그리스도의 몸이 성찬 안에 실제로 현존한다는 것을 부인했다는 의미가 아니다. 그의 주장에 따르면 "실제로" 현존하는 것은 육체의 감각을 통해서 외적으로 감지할 수 있는 것이요, "상징적으로" 현존하는 것은 믿음의 눈으로만 볼 수 있는 것이다. 왕이 제기한 둘째 질문에 대해서, 라트람누스는 성찬 안에 현존하는 그리스도의 몸은 마리아에게서 태어나 십자가에 달리신 그리스도의 몸과 같지 않다고 대답했다. 이는 마리아에게서 태어나 아버지의 우편에 계시는 그리스도의 몸은 볼 수 있지만, 성찬 안에 있는 그리스도의 몸은 볼 수 없기 때문이다. 그 몸은 성찬 안에 영적으로 현존하며, 신자들은 영적으로 그 안에 참여한다. 이것은 라트람누스가 성찬을 단순한 기념 행위로 이해한다는 의미가 아니다. 그리스도는 성찬 안에 영적으로 현존하시므로, 육체의 감각으로 인식할 수 없다.

반대에도 불구하고 성찬 안에 그리스도가 실제로 현존한다는 해석이 결국 가장 일반적인 견해가 되었다.

"성자에게서"(*Filioque*)

니케아 콘스탄티노플 신조(Nicene-Constantinopolitan Creed)는 성령에 대해 단순히 "성부에게서 나오시며"라고 말한다. 이것을 성령이 성자에게서도 나오신다는 것을 부인하는 것으로 이해해서는 안 된다. 이 문제가 4세기에 논의되지 않았으며, 콘스탄티노플에 모인 주교들에게는 성령의 발출을 정의할 필요가 없었기 때문이다. 게다가 서방교회뿐만 아니라 동방교회도 전통적으로 그 발출에서 성자가 역할을 하신다고 믿었다. 서방교회는 성령이 "아버지와 아들에게서 나온다"라고 말하고, 동방교회에서는 성령이 "아들을 통해서 아버지에게서 나온다"라고 말한다.

서방에서 일부가 성령의 이중 발출을 다지기 위해서 신조에 "그리고 아들로부터"(Filioque)라는 표현을 덧붙여 "아버지와 아들에게서 나오시며"라고 말하기 시작했다. 이렇게 덧붙인 것이 어디에서 시작되었는지 모호하지만, 처음에 스페인에서 흔히 사용되다가 골 지방과 서방 교회의 나머지 지역으로 퍼진 듯하다. 샤를마뉴의 통치 기간에 프랑크족과 비잔틴 제국 사이에 긴장이 고조되었을 때 필리오케((Filioque) 문제가 오랜 논쟁의 근원이 되었다.

아헨(Aachen)의 궁정 예배당에서는 "필리오케"라는 표현이 포함된 신앙 고백문을 노래하였다. 예루살렘 출신의 라틴 수도사들이 궁정 예배당을 방문하여 새 신조를 가지고 돌아갔을 때, 또는 그리스 수도사들이 서방 수도사들이 수정된 신조를 가지고 돌아갔다고 주장하면서 논쟁이 시작되었다. 예상할 수 있듯이, 동방 기독교인들은 그들을 배격하고, 그들을 이단자요 혁신가라고 고발했다.

809년에 아헨에서 개최된 종교회의에서 프랑크족 주교들은 그리스의 신조가 이단이며, 성령이 "아버지와 아들에게서 나온다"((Filioque)고 고백해야 한다고 선언했다. 교황 레오 3세는 신조에 필리오케를 추가하는 것을 받아들이지 않음으로써 발생할 동방교회와의 불화를 피했고, 로마와 콘스탄티노플의 직접적인 대립을 피했다. 그러나 그의 행위로는 서방 교회가 신조에 필리오케 구절을 삽입하는 것을 막을 수 없었다. 그 후로 이것이 교회의 일치를 막는 걸림돌이 되어왔다.

이 논쟁에 두 가지 문제가 개입되어 있었다. 그 문구를 삽입하는 것의 정통성이 문제시되었다. 그리고 니케아와 콘스탄티노플에서 작성되었다고 믿어지는 고대 신조를 바꾸거나 거기에 삽입하는 것이 나중에 개최된 공의회나 교회 당국자의 권한인지에 대한 논란이 있었다. 교황 레오 3세를 제외한 극소수의 신학자만 이 두 문제를 구분할 수 있었다.

이 논쟁의 부산물은 서방에서 니케아 신조가 아닌 신조를 사용함으로써 충돌을 피하려 한 교황을 비롯하여 여러 사람이 로마 구신경을 다시 사용한 것이다. 이 정책의 결과로 현재 사도신경이라고 알려진 로마 구신경이 서방에서 가장 흔히 사용되는 신조가 되었다.

요하네스 스코투스 에리우게나

카롤링거 르네상스의 가장 탁월한 인물은 요하네스 스코투스 에리우게나(John Scotus Erigena)이다. 그는 아일랜드 출신으로서 9세기 초에 프랑크 왕국으로 이주했다. 그는 박식하여 모든 사람의 존경을 받았다. 그는 그리스 철학을 사랑하여 종종 완전히 정통 신앙이 아닌 견해를 따랐기 때문에 의심을 받기도 했다. 이런 까닭에 많은 사람이 신학 연구를 위한 정보와 사상의 전거로서 그의 글을 인용했지만, 그를 따르는 사람은 없었다. 3세기 동안 사람들이 비교적 빈번하게 그의 글을 인용했는데, 어떤 사람은 그의 글을 인용하면서 그의 신학에 대해 경고했다. 13세기 초에 그의 주 저서인 『자연 분류』(On the Division of Nature)가 이단으로 판정되었다. 그러나 그가 번역한 위-디오니시우스의 글이 널리 사용됨으로 말미암아 계속 그의 영향을 느낄 수 있었다.

에리우게나는 알렉산드리아의 클레멘트, 오리겐, 그리고 위-디오니시우스의 전통 안에 있다. 매우 사변적인 그의 철학에서 변증법과 엄밀한 정의 기술이 가장 중요하고, 모든 것이 하나님의 비전과 우주 안에 포함된다. 자연은 네 범주로 나뉜다: 창조되지 않고 창조하는 자연; 창조되었지만 창조하는 자연; 창조되었고 창조하지 못하는 자연; 창조되지 않고 창조하지 않는 자연. 첫째 범주와 마지막 범주는 단일 실재, 즉 하나님에 해당한다. 에리우게나의 저서 『자연 분류』(On the Division of Nature)는 이러한 윤곽을 따르는데, 제1권은 제1 범주부터 제3 범주를 다루고, 제2권에서 제4 범주를 다룬다. 하나님에 대해 긍정하는 동시에 부인하는 역설적인 방식으로 말할 수 있다. 이것은 에리우게나가 위-디오니시우스에게서 취한 이론이다. 긍정은 비유적으로 해석되어야 하고, 부정은 문자적으로 해석되어야 한다. 성경은 머리가 둔한 사람들을 위해 주어졌으며, 이것이 성경에서 은유적 표현을 사용하는 이유이다.

엄격히 말하자면, 인간의 본질(human substance)은 개별적 존재 안에서 발견되기보다는 창조자의 정신 안에 존재하는바 인간에 대한 개념 안에서 발견되어야 한다. 창조의 원래 목적에는 타락한 존재들이 포함되지 않았고, 영적인 몸만 소유하도록 계획된 가장 저급한 영적 존재인 인간만 포함되었다. 아담으로 말미암아 타락이 우주에 들어왔다. 모든 인류의 의지가 아담 안에 있었기 때문에, 그의 죄 때문에 우리가 벌 받는 것은 불공정한 일이 아니다. 이 죄는 아담이 시선을 창조주에 두지 않고 자신에 둔 데 있었고, 창조와 동시에 발생했기 때문에 우주는 시작부터 타락했다. 우리가 알고 있는 대로 인간의 몸은 타락한 창조의 일부이다. 이것은 인류 안에 남성과 여성이 존재하는 것에도 적용된다.

인간 안에 있는 하나님의 형상은 다양하지만, 우선은 영혼 안에서 발견되어야 한다. 하나님이 만물 안에 계시는 것처럼, 영혼은 몸 안에 존재한다; 하나님이 특정 사물에 제한되지 않듯이, 영혼은 특정 지체에 한정되지 않는다. 영혼은 그것이 존재한다는 것을 알지만 자체의 본질을 알지 못한다. 하나님에 대해서도 같은 말을 할 수 있다. 마지막으로 영혼은 단일하지만 또한 지성이요 이성이요 내적 감각이라는 점에서 삼위일체를 반영한다. 이것은 에리우게나가 어거스틴과 위-디오니시우스에게서 취한 주제이다. 그러나 창조 전체가 창조주를 반영하듯이, 하나님의 형상은 인간의 몸에서도 발견될 수 있다. 이는 인간의 몸이 존재하고 살고 느끼는데, 이 세 가지는 삼위일체의 흔적이기 때문이다.

에리우게나는 자신이 범신론자가 아님을 증명하려고 노력했지만, 그의 철학이 단일 실재, 즉 하나님이 있다는 인상을 남기는 것을 피할 수 없다. 이 하나님은 다른 실재들을 창조하지 않고, 다만 신적 존재의 다양한 현현들을 만드신다. 다시 말해서 에리우게나의 사상에서는 창조와 유출이 분명히 구분되지 않는다. 그의 사상에서 그리스도의 위격은 부차적인 역할을 한다. 그는 말씀 안에 원초적 원인을 두지만, 말씀과 역사적 예수의 관계가 무엇인지 알기 어렵다.

개별 참회의 발달

초기 교회에서 세례받은 후에 범한 죄와 관련하여 심각한 문제가 제기되었다. 그러한 죄를 어떻게 해야 하는가? 그러한 죄를 무시할 수 없었다. 또 신자에게서 죄를 제거하는 수단으로 다시 세례를 행할 수도 없었다. 그 결과 어떤 사람들은 어른이 될 때까지 세례를 미루었다. 그러니 이러한 관습은 그리스도의 몸과 합하는 것이요 입문 의식인 세례의 원래 의미를 왜곡했다. 또 다른 대안은 순교라는 "제2의 세례"(second baptism)였는데, 이것은 박해 시기에만 가능한 일이었다. 세례받은 후에 범한 죄들 씻는 세 번째 방법은 회개의 보속(補贖)이었다. 이것이 교회의 보속 제도의 기원이다.

교부 시대에 어떤 죄를 어떻게 용서할 수 있는지에 대해 몇 차례 논쟁이 있었는데, 일반적으로 합의된 두 가지 요점이 있다: 회개는 공개적인 것이어야 하며, 되풀이할 수 없다. 4세기에 참회를 통해서 모든 죄가 용서될 수 있다는 일반적인 합의가 있었다.

공적인 참회란 공적인 죄 고백이 필요하다는 의미가 아니라 죄인이 공적으로 파문되고 공적으로 교회와 화해해야 한다는 의미이다. 이 엄격함은 대죄에만 적용되었다. 작은 죄는 날마다 금식, 기도, 가난한 자 구제 등의 보속을 행함으로써 정화될 수 있었다.

이 보속 제도는 세례 후에 범한 죄가 제기하는 문제를 해결하기에 충분하지 못했다. 그것은 죄인에게 두 번째 기회를 제공함으로써 상황을 완화했다. 그러나 그것을 되풀이할 수 없다는 사실 때문에 곧 과거에 세례와 관련하여 발달했던 것과 비슷한 관습이 생겨났다. 즉 구원을 보증하기 위해서 보속을 미루는 경향이 생겼고, 따라서 그것이 임종과 연결되었다.

또 하나의 현상은 수도원에 은둔하는 것이 보속행위로 받아들여진 것이다. 메로빙거 시대에 이것은 죄지은 사람과 당국자의 마음에 들지 않은 사람을 강제로 수도원에 유폐하는 일을 초래했다.

한편 켈트 교회는 자체의 독특하고 독립적인 형태의 보속(補贖) 체계를 발달시켰다. 이 교회에서는 필요할 때면 언제든지 보속을 되풀이할 수 있었다. 그것은 대죄만 아니라 작은 죄들과 관련해서도 사용되었다. 또 주교가 행하는 공식적인 엄숙한 파문이 사제가 행하는 공식적이지만 덜 엄한 개인적인 행위로 대체되었다. 그리하여 보속은 예외적인 것들의 영역에서 일상적인 것의 영역으로 옮겨졌고, 죽을 때까지 유보되었던 것이 일상생활과 관련하여 빈번하게 행하는 일이 되었다.

  6세기 말 유럽 대륙의 교회는 켈트 교회의 참회 제도를 못마땅하게 여겼다. 그러나 7~8세기에 켈트족 방랑 선교사들이 그 관습을 골과 스페인에 소개했고, 그다음에 라틴 교회 전체에 소개했다. 그리하여 카롤링거 르네상스 시대에 오늘날과 같은 보속 제도의 특징이 형성되었다.

교황 권력의 성장

  앞에서 칼케돈 공의회를 개최하게 된 복잡한 사건들을 다루면서 교황이 무력하여 황제의 뜻에 반대할 수 없었음을 살펴보았다. 449년에 개최된 강도회의에서 교황 레오의 교서(Tome)는 황제의 정책과 일치하지 않았기 때문에 낭독되지 않았고, 칼케돈 공의회에서 새 황제의 뜻에 따라 낭독되었다.

  서방에서는 상황이 급변했다. 제국의 중심이 된 콘스탄티노플은 정치적으로만 아니라 교회적으로도 새 로마라고 주장했다. 이에 반발하여 로마교회는 로마 교회의 수위권—이것은 사실상 로마의 정치적 수위권에서부터 발달한 것이다—이 법적으로 베드로에게 하신 주님의 밀씀에 기초를 두며, 교황이 베드로의 대리인이라고 주장했다. 콘스탄티노플의 황제들이 자기의 임무를 하나님에게서 받은 것으로 생각했다는 점을 고려하면, 이러한 긴장을 이해할 수 있다. 그들은 자기들이 보호해야 할 소명을 받았다고 주장하는 교회의 권위

위에 있었다. 이 사실은 그들이 콘스탄티노플 대주교들을 다룬 데서 거듭 입증되었다. 교권은 통치자의 세력과 행위를 인정해야 했다. 그러나 서방의 상황은 달랐다. 암브로시우스 같은 서방 교회 지도자들은 황제가 교회의 지체이며, 교회 위에 있지 않다고 주장했다. 여러 번 교회의 권위에 굴복해야 했던 테오도시우스 황제 시대 이후 서방에는 강력하고 유능한 통치자가 부족했다. 야만족의 침입은 혼란을 야기했는데, 그 상황에서 비교적 안정을 누린 기관은 교회였다. 이처럼 서방은 황제의 요구에 대한 저항의 중심이 되었지만, 동방은 반대되는 방침을 취했다. 이러한 상황으로 말미암아 동방과 서방 사이의 불화가 커졌고, 교황수위권 이론이 발달했다.

여기서 그 이론 발달의 세부 상황을 다룰 수 없지만, 그것을 설명하는 데 도움이 될 두 가지 사건이 있다: 대 그레고리(590~604)의 주장과 샤를마뉴의 등극(800).

대 그레고리는 콘스탄티노플 주교를 총대주교라고 불러야 한다는 주장을 거부하여 콘스탄티노플과 충돌했다. 그러한 칭호는 교회에 대한 보편적 수위권을 지니고 있다는 교황권의 주장에 정면으로 반대되는 것이었다. 그 수위권이 동방에서 발휘된 적이 없었고, 그레고리는 콘스탄티노플이 정치 세력의 중심지로 있는 한 그리될 수 없다고 의식하고 있었지만, 서방 교회에 대한 로마의 권위를 유지되려면 그러한 주장을 그대로 두어서는 안 된다고 깨닫고 있었던 듯하다. 그러므로 그는 콘스탄티노플 대주교가 총대주교라고 주장할 권리가 없다고 항의했다.

그레고리는 신학자가 아닌 실질적인 행정가로서 교황 권력의 성장에 기여했다. 로마의 평화(pax romana)의 옛 질서가 무너지고, 그 문명의 남은 부분이 함께 붕괴될 위협을 받은 시기에, 그레고리는 그로 말미암아 형성된 공백에 교회를 밀어 넣고, 교회를 질서의 수호자일 뿐만 아니라 고대(그리스 로마 시대)의 후계자요 보존자로 만들었다. 따라서 동방의 교회와 그 위계는 황제에게 예속된 상태에 머물렀지만, 서방에서는 제국이 사라지고, 제국의 많은 기능을 교회가 인수했다. 이 과정은 800년 성탄절에 교황 레오 3세가 샤를마뉴에게 왕관을 씌워 주면서 절정에 달했다. 이 사건은 교황 권력에 불길한 징조이기도 했다. 레오는 강력한 프랑크 왕국에 제기된 고발에 대해 소명하기 위해 황제 앞에 출두했다. 카롤링거 제국은 단명했지만, 제국 이데올로기(imperial ideology)의 부활은 결국 황제와 교황의 충돌로 이어졌다. 결과적으로 교황권 이론은 한층 더 확대되었다.

제15장

12세기: 어둠이 걷히다

교회사가 바로니우스(Baronius)는 10세기를 "납과 철의 암흑 세기"(a dark century of lead and iron)라 부른다. 이 말은 10세기만 아니라 9세기 말과 11세기 대부분에 적용된다. 카를로스 대머리왕이 죽은 후 카롤링거 왕조의 세력은 급격히 쇠퇴했다. 옛 카롤링거 제국의 내전에 노르만족과 사라센족과 헝가리족의 침입이 결합하여 혼란스러운 상태가 지속하였다. 수도원들은 과거의 문화와 지식 중 중요한 것을 보존하려고 노력했다. 그러나 대부분의 수도원이 도시에 있지 않았으므로 쉽사리 침입자들에게 약탈당하고 소중한 도서관 다수가 파괴되었다.

962년에 작센가의 오토(Otto)가 황제가 되면서 정치적으로 어느 정도 평화기 저왔지만, 교회는 그렇지 못했다. 여러 황제의 노력에도 불구하고 몇몇 사람이 스스로 합법적인 베드로의 후계자라고 주장했다. 한편 교회 내에서 원래 클뤼니의 수도원 개혁과 연결되었지만, 후에 힐레브란트(Hildebrand), 훔베르트(Humbert), 브루노(Bruno of

Toul), 제라르드(Gerard of Florence) 등과 연관된 개혁 운동이 발달했다. 이들은 황제 하인리히 3세의 지원을 받아 교황청을 차지하여 툴의 부르노를 레오 9세(1049~1054)라는 이름으로 교황의 자리에 앉혔다. 그때부터 몇 차례 잠시 중단되었지만 교회 개혁이 발달하여 힐레브란트가 그리고리 7세(1073~1085)로 교황으로 있는 동안 절정에 달했다. 그리하여 12세기 문예부흥의 분위기가 준비되었다.

11세기

11세기에 12세기의 새로운 삶이 될 것이 어렴풋이 보이기 시작했다. 11세기가 시작되었을 때 오리야크의 제르베르(Gerbert of Aurillac)가 실베스테르 2세라는 이름으로 교황으로 재임했다. 그의 제자 중에 가장 탁월한 샤르트르의 풀베르트(Fulbert of Chartres)는 샤르트르를 12세기에 큰 영향력을 발휘한 지적 중심지로 변화시켰다. 풀베르트의 제자 투르의 베렝가(Berengar of Tours)가 그의 교리를 따르지 않고 반발하면서 11세기에 가장 중요한 신학 논쟁이 시작되었다.

베렝가는 신앙의 문제에서 이성에 더 큰 권위를 부여했다는 점에서 풀베르트를 비롯한 대부분의 그 시대 사람들과 달랐다. 그의 주장에 따르면, 인간 안에 있는 하나님의 형상은 이성 안에 있으며, 그것을 이용하지 않는 것은 어리석고 배은망덕한 일이다. 그러므로 그는 에리우게나를 숭배했다. 그는 에리우게나의 저술에서 이성의 권위에 대한 언급을 발견했다. 그러나 이 두 사람이 이성을 이해한 방식은 매우 달랐다. 에리우게나는 이성이 정신 안에 있는 보이지 않는 영원한 개념들을 통해서 작용한다고 믿었고, 베렝가는 감각을 출발점으로 삼고, 감각을 통해 받아들인 자료에 이성을 적용했다. 베렝가가 보편개념 문제에 직접 관여한 것 같지는 않지만, 이성 및 이성과 감각 경험과의 관계에 대한 이러한 견해로 말미암은 결과로서 그는 전통적으로 유명론자로 분류되어 왔다. 그의 성찬론, 그리고 감각 자료의 가치를 강조한 것은 유명론 입장과 일치한다.

당시 에리우게나의 것으로 간주되었던 라트람투스의 『주님의 몸과 피에 관하여』(On the Body and the Blood of the Lord)의 정통성과 관련하여 논쟁이 시작되었다. 베렝가는 그 책이 자신이 존경하는 아일랜드 학자의 것이라고 믿고, 그것에 기초하여 제자들에게 성찬과 관련한 "요한 스코투스"의 교리를 가르쳤다. 그 논문의 정통성에 관한 문제가 제기되었을 때 베렝가는 그것을 옹호했다. 그 후 이 문제는 널리 논의되었고, 그 결과 베렝가는 거듭 정죄 되었다.

1059년에 베렝가가 로마에서 정죄된 후 자신의 원래 교리를 강조한 짤막한 논문을 발표하면서 논쟁이 더 확대되었다. 이 논문에 대한 반응으로 랜프랭크(Lanfranc)가 『주님의 몸과 피에 관하여』(On the Body and the Blood of the Lord against Berengar)를 저술했고, 이에 대해 베렝가가 『성반찬에 관하여』(On the Sacred Supper)로 대응하면서 논쟁은 그 시대의 가장 위대한 두 신학자의 정면 대립이 되었다.

베렝가가 반대파의 성찬론에서 받아들일 수 없는 것은 다음과 같은 두 가지였다: 축성한 후에 떡과 포도주가 없어진다는 개념, 그리고 마리아에게서 태어난 그리스도의 몸이 육체적으로 제단 위에 임재한다는 주장.

베렝가는 떡과 포도주가 제단 위에 계속 존재한다는 것과 관련하여 자기의 적들도 무의식중에 그것을 인정하고 있다고 주장했다. 그들은 실제로 떡과 포도주가 여전히 중요한 것, 즉 그리스도의 몸과 피라고 말한다. 또 축성 후에도 떡과 포도주의 색깔과 맛이 그대로 남는 것은 그것들의 본질이 남아 있음을 의미한다. 이는 속성(屬性)은 그 주체인 실체(Substantia)와 분리될 수 없기 때문이다.

베렝가는 성찬 안에 그리스도의 몸이 육체적으로 현존한다는 교리가 어리석은 결과를 낳는다고 주장한다. 마리아에게서 태어난 그리스도의 몸은 천국에 있으며, 그 몸의 일부가 제단에 있다고 주장할 수 없고, 엄청나게 많은 그리스도의 몸이 있다고 주장할 수 없다. 예수 그리스도는 단번에 성화 되셨으며, 성찬은 그 희생을 기념하는 것이다. 간단히 말해서 떡이 하늘로 올려지지 않으며, 그리스도의 몸이 땅에 내려오지 않는다. 떡은 여전히 떡이요, 포도주는 포도주이다.

이것은 베렝가가 성찬을 그리스도의 희생을 기념하는 것, 즉 갈보리 사건에 대한 기억을 일깨우기 위한 교회의 심리학적 노력이라고 믿는다는 의미가 아니다. 그는 성찬이 효험이 있으며, 떡과 포도주가 계속 존재하는 동안 하늘에 계신 주님의 몸의 성례(sacrament), 즉 표시가 된다고 주장한다. 그러므로 엄격한 의미에서는 아니지만, 성례가 주님의 살과 피라고 말할 수 있다.

랜프랭크의 성찬론은 베링가의 성찬론에 근본적으로 반대된다. 그리스도의 몸은 성찬 안에 실제로 현존한다. 이 일은 축성된 후의 떡과 포도주가 떡과 포도주가 아닌 것으로 변화됨으로써 발생한다. 만일 성경과 고대인들이 그것들을 떡과 포도주라고 언급했다면, 이 단어들을 상징적으로만 사용했을 것이다. 왜냐하면 지금 제단에 있는 것이 그리스도의 몸과 피의 상징이 아니라 전에 그곳에 있던 떡과 포도주의 상징이라 해도 어쨌든 상징이기 때문이다.

1215년 이전에는 화체설이 정의되지 않았지만, 성찬에 관련된 실제 논쟁은 11세기 이후로 확대되지 않았다. 12세기에 성찬을 다룬 저서들은 떡과 포도주가 그리스도의 몸과 피로 변화된다는 것만이 정통 교리임을 당연시했다.

11세기에 벌어진 이 성찬 논쟁은 두 가지 면에서 중요하다. 첫째, 그것은 최종적인 화체설의 공식화로 이어졌다. 이는 그것이 관련 문제를 명확하게 했기 때문이다. 둘째, 그것은 11세기 후반이 어떤 식으로 12세기의 르네상스 등장을 예비해주었는지 보여주기 때문이다. 성찬 문제는 신학에서 이성 사용이라는 중요한 문제의 특별한 형태이다. 12세기에 이성 사용 문제, 그리고 이성의 본질에 관한 문제가 신학 논의에서 가장 우선했다.

이 장에서 주로 성찬 논쟁을 다루었다고 해서, 성찬 논쟁이 당시 신학이 다룬 유일한 주제였다고 생각해서는 안 된다. 교회의 동쪽 진영과의 긴장의 증가로 말미암아 훔베르트 추기경 같은 사람들이 그리스인들을 대적하는 글을 쓰게 되었다. 성직 임명 문제에 일부 신학자들의 저서가 개입되었다. 이 시기에 카타리파(Carthari)가 프랑스 남부와 서유럽 여러 지역에 등장하기 시작했다. 12세기 말, 베렝가가 죽기 직전 모로코 사람 사무엘(Samuel the Moroccan)이 아랍어로 『메시아 강림에 관하여』(Book on the Past Coming of the Messiah)라는 책을 저술하여, 구약성경을 기초로 예수가 메시아였다는 것, 유대인들이 예수를 메시아로 받아들이지 않은 것이 죄라는 것, 그리고 그들이 이 죄 때문에 전 세계로 흩어졌다는 것을 입증하려 했다. 그 책 마지막 장에서 코란의 권위를 예수에게 유리하게 제시했다는 점이 특히 흥미롭다. 교황 우르반 2세가 "하나님의 뜻이다"(God wills it)라는 모토 아래 서유럽의 야심과 광신주의를 성지에 쏟아부은 것은 기독교와 유대교와 이슬람교가 접촉한 놀라운 예이다.

12세기 르네상스의 선구자 캔터베리의 안셀름

12세기는 기독교 사상사에 신기원을 가져왔다. 혼란과 퇴폐가 카롤링거 제국을 휩쓸면서 중단되었던 신학적 각성이 대제국의 그늘이 아니라 세속 군주들보다 더 우월한 권리와 권위를 요구하는 개혁된 교회 안에서 열매를 맺었다. 교역의 발달과 도시의 성장을 낳은 새로운 사회적·경제적 상황으로 말미암아 신학 활동의 중심이 수도원에서 도회지의 성당 학교로 옮겨졌는데, 이것은 13세기에 등장한 큰 대학의 선구였다.

기독교 사상사와 관련해서 볼 때 이 세기는 1100년에 시작된 것이 아니라 그보다 더 일찍, 후일 캔터베리 대주교가 된 베크 수도원의 안셀름이 방대한 신학 저술을 시작한 날 시작되었다. 안셀름(Anselm, 안셀무스)은 피에몬테(Piedmont)에서 태어났다. 몇 년 동안 방랑 생활을 하다가 랜프랑크를 만나 그 생활을 청산하고, 프랑스 북부의 노르망디에 있는 베크 수도원에 들어갔다. 그곳에서 유명한 교사가 되었는데, 그의 제자 중에는 먼 곳에서 온 사람들도 있었다. 그는 베크 수도원에 있는 동안 『독어록』(獨語錄, *Monoslogion*) 『대어록』(對語錄, *Proslogion*), 『문법학자에 관하여』(*On the Grammarian*), 『말씀의 성육에관한 서신』(*Epistle on the Incarnation of the Word*) 등을 저술했다. 1093년에 캔터베리 대주교로 임명되었지만, 여러 가지 문제, 특히 평신도 서임권 문제에 관해 국왕과 충돌했다. 결국 1097년에 영국을 떠나 망명길에 올랐다. 3년 동안 망명 생활을 하면서 『신은 왜 인간이 되었는가』(*Why God Became Man*)를 저술했다. 그 후 캔터베리로 복귀했지만 3년 후에 다시 망명길에 올랐다. 마지막으로 1106년에 세속 당국과의 문제가 해결된 후 캔터베리로 돌아와서 1109년에 임종할 때까지 그 직위에 있었다. 그가 이 기간에 저술한 주요 신학 저서는 『예지, 예정, 은혜와 자유의지에 관하여』(*On the Agreement of Foreknowledge, Predestination, and Grace with Free Will*)이다.

안셀름의 신학 방법은 신학적인 문제를 제기하고서 성경이나 고대인들의 권위에 기초하지 않고 이성을 사용함으로써 해결한 데 있다. 그가 주로 제기한 문제 유형은 단순히 사변적인 질문이 아니라 논박해야 할 이단자나 불신자의 잘못된 견해이다. 그는 그러한 이단자나 불신자가 수락할 것이라는 전제에서 출발하여 정통 교리를 증명하려 한다. 언뜻 보기에 이 방법은 안셀름이 극단적인 이성주의자라는 인상을 준다. 그는 실제로 대부분의 후대 신학자들이 이성의 한계를 초월한다고 주장하는 삼위일체와 성육신 등의 교리를 이성적으로 증명하려 한다. 그러나 신학자 안셀름은 항상 신자 안셀름이었기 때문에 자신이 증명하려는 것을 이미 믿고 있었다는 점을 염두에 두어야 한다. 그의 저술의 목적은 이성을 통해서 믿음을 획득하려는 것이 아니라, 불신자의 잘못을 보여주고 안셀름의 믿음을 풍성하고 깊게 하는 데 있다.

안셀름은 『대어록』(*Proslogion*)에서 시편 14편이 하나님이 없다 하는 자를 어리석은 자라고 주장하는 이유, 즉 하나님의 존재를 부인하는 것이 어리석은 이유를 발견하려 한다. 존재론적 논증(ontological argument)이라고 불리는 그의 논증은 최상의 존재라는 개념에 그 존재가 포함된다는 것이었다. 이는 만일 그러한 존재가 존재하지 않는다면, 단지 존재의 사실에 의해 다른 존재들이 그보다 우위에 있게 될 것이기 때문이다.

안셀름의 논증은 보편적으로 받아들여지지 않는 전제들의 틀 안에서만 타당하다: 존재는 완전이라는 전제, 그 완전히 이해될 수 있다는 전제, 그리고 실재의 구조가 정신의 구조에 상응한다는 전제. 그런데도 후대에 많은 철학자들과 신학자들이 그것을 사용하고 논해 왔다.

하나님의 존재에 대한 존재론적 논증 외에, 신학적으로 기여한 그의 저서는 널리 연구되고 논의되어온 『신은 왜 인간이 되었는가』 (Why God Became Man)이다. 그는 이 저서에서 원죄의 교리, 하나님의 사랑과 공의라는 교리를 당연한 것으로 여기면서도 이성적 근거에서 성육신의 필요성을 보여주려 하며, 전통적인 기독교 교리를 그의 독일인 선조들이 서유럽에 도입한 정의와 대속이라는 개념과 결합한다.

안셀름은 그리스도의 성육신과 수난의 목적이 우리를 마귀의 노예 상태에서 해방하거나 마귀에게 진 빚을 갚기 위한 것이라는 이론을 배격한다. 성육신의 목적은 마귀에게 진 것이 아니라 하나님에게 진 빚을 갚는 것이다. 하나님은 배상을 받지 않은 채 빚을 용서하실 수 없다. 이는 그렇게 되면 무질서에 복종하는 것이 되기 때문이다. 한편 우리는 자신의 죄에 대해 배상할 수 없다. 왜냐하면 우리가 제공할 수 있는 것은 기껏해야 의롭게 행하는 것인데, 그것은 우리의 의무이기 때문이다. 우리는 하나님께 배상해야 하지만, 배상할 수 없다. 하나님만이 상처 입은 하나님의 영광에 합당하게 배상하실 수 있나. 한변, 인간반이 인간의 죄를 성낭하게 배상할 수 있다. 결과석으로 하나님만이 주실 수 있고 인간이 지불해야 하는 이 배상은 신인(God-human)이 지불해야 한다.

안셀름의 이 논문은 획기적이다. 대부분의 후대 신학자들은 항상 그를 따르지는 않았지만, 이 논문에 비추어 그리스도의 사역을 해석했다. 그 후 인류를 위한 그리스도의 사역을 이런 식으로 이해하는 것이 가장 유서 깊은 것이 아니며 신약 성경의 주된 요지가 아니었지만, 서방 신학자들도 같은 길을 따랐다.

안셀름은 그 시대의 가장 위대한 신학자였다. 그의 신학 작품들은 기독교 교리 전체를 포함하려 하지 않은 전문적인 논문이었지만, 그는 정통 교리를 버리지 않으면서 이성을 신앙 문제에 적용함으로써 13세기의 스콜라 철학을 위한 길을 열었다. 그의 저술의 내용은 후대의 신학적 표현에 기여했지만, 권위에 복종하고 두려워하는 정신이 더 큰 영향을 미쳤다. 안셀름과 더불어 기독교 사상사의 신기원이 시작되었다.

아벨라르

아벨라르(Peter Aberard)라는 인물에게서 신학적 르네상스와 교회의 비극과 낭만적 사랑이 극적으로 합쳐졌다. 그는 1079년에 브리타니(Britany)에서 태어났다. 어려서부터 특출한 지적 능력을 보였는데, 그 능력을 사용하는 데서 교수들을 화나게 했고, 많은 적이 생겼다. 그는 파리에 정착하여 철학과 신학 교사로 유명해졌다. 그곳에서 엘로이즈(Heloise)를 만나 비밀리에 결혼하여 아들을 낳았다. 그러나 가문의 명예를 손상했다고 생각한 엘로이즈의 친척이 그의 방에 침입하여 거세함으로써 이 연애 사건은 비극으로 끝이 났다. 엘로이즈는 수녀가 되었고, 아벨라르는 생 드니 수도원에 들어갔다.

아벨라르는 독창적인 다작 작가였다. 철학 분야에서 가장 중요한 저서는 『변증법』(*Dialetics*)이다. 『너 자신을 알라』(*Know Thyself*) 또는

『윤리학』(*Ethics*)은 원죄에 관해 일반적으로 주장되는 것과 근본적으로 다른 견해를 제안했다. 『철학자와 유대인과 기독교인의 대화』(*Dialogue between a Philosopher, a Jew, and a Christian*)는 흥미로운 변증론이다. 『헥사메론 해설』(*Exposition of the Hexameron*)과 『로마서 주해』(*Commentary on Romans*)는 그가 유능한 학구적인 해석자임을 보여준다. 가장 중요한 저술은 『신학 입문』(*Introduction to Theology*), 『기독교 신학』(*Christian Theology*), 그리고 『긍정과 부정』(*Sic et Non*)이다.

아벨라르는 보편개념에 대해 논란이 많은 질문과 관련하여 보편개념이 "하나의 명사의 의미"(meaning of a name)라고 주장했다. 보편개념은 "사물"이 아니다. 즉 그것은 추상으로만 존속한다. 그것은 형태가 물질 안에 존재하는 것과 비슷한 방식으로 실재한다. 물질에서 형태를 추출할 수 있지만, 물질이 없으면 형태가 존재할 수 없다. 마찬가지로 개체들로부터 보편개념을 추출할 수 있지만(생각하려면 그렇게 해야 한다), 구체적인 사물이 없으면 보편개념이 존재할 수 없다. 이것에 보편개념 문제에 관한 아벨라르의 견해였다. 이것은 개념론(conceptualism)이라는 것으로서 후대에 많은 영향을 끼치게 된다.

보편개념 문제 외에 아벨라르가 특별히 기여한 세 가지 문제가 있다: 『긍정과 부정』(*Sic et Non*)의 신학적 방법, 그리스도의 사역에 관한 이론, 그리고 윤리학. 『긍정과 부정』(*Sic et Non*)은 제목 자체가 그 저서의 본질을 드러내 준다. 그 책은 158개 명제에 대하여 권위자들의 찬성과 반대 견해를 모아 놓은 것이다. 아벨라르는 상반되는 듯한 권위자들을 나란히 인용할 뿐 자신의 해법을 제공하지 않았다. 그 시대의 정신을 고려할 때 성경과 옛 사람들의 권위를 의심하는 것처럼 보이는 저서가 잘 받아들여지지 않았음은 쉽게 이해할 수 있다. 그러나 아벨라르의 목적은 교회의 권위를 부인하거나 성령이나 일부 교부들이 잘못했다는 것을 보여주려는 것이 아니었던 듯하다. 그는 자신이 인용한 본문들의 권위를 믿었다. 그의 목적은 특정 신학 문제들과 관련하여 존재하는 어려움을 지적하려는 것이었다. 아벨라르는 자신이 인용한 본문들의 내적 일치를 보여줄 수 있도록 해석할 수 있다고 여겼던 듯하다. 그가 서문에서 말한 것처럼 그가 원한 것은 단지 독자들의 관심을 그렇게 행해야 할 필요성에 이끌어가는 것이었다. 그러므로 이 책은 처음에는 부정적으로 받아들여졌지만, 기독교 신학의 발달에 엄청난 영향을 미쳤다. 그러나 그러한 영향은 그 책의 내용보다는 방법론과 관련된 것이었다. 스콜라 신학자들은 아벨라르의 도전을 받아들이고, 각각의 질문을 제시한 후 해답으로 이어지는 듯한 일련의 권위 있는 글을 인용하고 그다음에는 반대 방향으로 이어지는 듯한 것을 인용하는 방법을 따랐다. 당시 신학자들의 임무는 그러한 답변에 반대하는 듯한 권위자들이 제기하는 난제에 답하고 해결하는 것이었다. 스콜라 시대의 특징 중 하나인 이 방법의 기원은 아벨라르에게 있다.

후대의 작가들은 그리스도의 사역에 관하여 자기들이 "객관적" 또는 "법적"이라고 부른 안셀름의 교리와 대조하여 아벨라르의 교리를 "주관적" 또는 "도덕적"이라고 말했다. 이 용어들은 다소 부정확하며 안셀름과 아벨라르를 공정하게 다루지 못하지만, 이 두 신학자의 견해가 부인할 수 없을 만큼 대조적임을 지적하는 데 기여한다. 아벨라르는 그리스도가 우리를 마귀에게 진 빚에서 해방하려고 오셨다는 전통적인 견해와 하나님에게 진 빚에서 해방하려고 오셨다는 안셀름의 견해 모두를 거부했다. 아벨라르는 이러한 견해에 반대하여 그리스도의 사역이 하나님의 사랑에 대한 본보기와 가르침을 구두로, 그리고 사실에 기반을 두고 제공하는 데 있다는 이론을 제시했다. 이 본보기는 우리로 하여금 하나님을 사랑하게 하며, 하나님은 부활하신 그리스도의 사랑과 중보기도에 기초하여 우리를 용서하신다.

많은 제자가 이 대담한 교리를 따랐지만, 반대하는 사람들은 그보다 더 많았다. 아벨라르를 반대한 주요 인물은 신비가요 설교자인 클레르보의 베르나르(Bernard of Clairvaux)였다. 베르나르의 신비주의의 특징은 위-디오니시우스의 신비주의와는 달리 플라톤주의나 사변적인 것이 아니라 그리스도의 인성과 마리아의 고난에 초점을 둔 것이었다. 그는 클레르보 수도원의 원장으로서 12세기 수도원 운동을 휩쓴 시토회 개혁을 주도했다. 베르나르는 교황들의 친구였고, 왕들을 성가시게 했고, 제2차 십자군 원정을 설득했다. 그는 이단 사냥꾼이기도 했다.

1141년 종교회의에서 아벨라르 사건을 다루었을 때 베르나르는 아벨라르의 정죄를 요청하기 위해 그의 오류 목록을 가지고 가까이에 있었다. 아벨라르는 그 목록에 대한 토론을 원했지만, 베르나르는 견해의 철회를 요구했다. 아벨라르는 종교회의의 정죄를 받아들이고 교황에게 항소했지만, 교황청 역시 베르나르의 영향력 아래 있었다.

그것은 이 위대한 학자 아벨라르의 영향력을 제거하지 못했다. 오히려 그의 정죄 전후, 특히 1141년 이후 아벨라르의 전통을 약간 수정하여 따른 사람들이 있었다.

이 "아벨라르 학파"(school of Aberard)는 생 빅토르 학파(School of St. Victor)에 많은 영향을 주었고, 또 영향을 받았다. 그리하여 성경과 교부들의 권위를 사용하여 이성적으로 탐구하면서 정통신앙의 울타리 안에 머문 신학 방법이 계발되었다. 이것은 아벨라르의 제자들의 이성적이고 혁신적인 정신과 빅토르 학파 신학의 전통주의가 만난 데 따른 결과이다. 이 발달 현상은 롱바르(Peter Lombard)와 그의 저서 『신학 명제들에 관한 네 권의 책』(*Four Books of Sentences*)에서 절정에 달했다. 그의 중요성을 이해하려면 먼저 생 빅토르 학파에 관해 말해야 한다.

생 빅토르 학파

이 학파의 창시자는 샹뽀의 윌리엄(William of Champeaux)이다. 그는 토론에서 아벨라르에게 패하기 이전에는 파리의 노틀담 대성당에서 강의했다. 그는 파리 외곽 생 빅토르 성당으로 은퇴했다. 그곳에서 경건 생활에 뿌리내린 신학을 형성하려는 목표로 수도원학교를 조직했다. 1113년에 윌리엄은 생 빅토르를 떠나 샬롱 쉬르 마르느(Chalons-sur-Marne) 교구의 주교로 임명되었다. 후일 클레르보의 베르나르를 사제로 임명했다. 그는 몇 년 후에 사망했는데, 그를 아는 사람들 대부분이 그를 존경하고 찬양했지만, 아벨라르는 예외였다.

그 학파의 설립자는 윌리엄이었지만, 그 학파가 유명해지는 데 기여한 사람은 그의 후계자인 생 빅토르의 위그(Hugh of Saint Victor)였다. 위그는 생 빅토르 학파의 특징이 될 경향을 확립하고, 학문의 목적은 호기심 충족이 아니라 더 고등한 삶으로 이끄는 것이라고 주장했다.

위그의 주요 신학 저서인 『기독교 신앙의 성례에 관하여』(On the Sacraments of the Christian Faith)는 그의 신학에서 성례의 중요성을 보여준다. 성례는 유형의 떡과 포도주, "보이지 않는 영적인 은혜를 유사성으로 표현하고, 제도로서 상징하고, 성화로서 포함하는 것"이다(『성례에 관하여』 1.9.2). 위그는 성례의 수효를 확실히 말하지 않는다. 이는 그가 다양한 의식과 단순한 신조에도 "성례"라는 이름을 부여하지만, 관심은 다음과 같은 것에 두었기 때문이다: 세례, 견진례, 성찬, 속죄, 종부성사, 결혼, 서임. 그러므로 위그의 작업은 성례전을 일곱 가지로 제한하는 과정—롬바르드(Peter Lombard)에서 절정에 달하는 과정—의 한 단계였다.

위그는 신비가요 신학자였는데, 이것이 기독교 사상사에서 그가 중요한 이유이다. 그를 비롯한 후계자들의 활동으로 변증가와 신비가의 대립, 베렝가와 랜프란크의 대립, 아벨라르와 베르나르의 대립에서 주목받았던 대립이 종식되었다. 이 신비 신앙과 이성 사용의 만남이 13세기의 스콜라 철학자들에게 감화를 주었다. 위그의 후계자인 생 빅토르의 리처드(Richard)는 스코틀랜드 출신이었다. 그는 사변적인 신비주의를 이성적인 신학과 결합하면서 위그의 전통을 계승했다.

피에르 롱바르

고향의 지명을 따서 롱바르라고 알려진 피에르(Peter Rombard)는 1130년경 파리에 도착했다. 그곳에서 생 빅토르 학파와 밀접하게 연결되었는데, 그가 그곳에서 수학했는지 가르쳤는지 확실하지 않다. 몇 년 후에 그는 노틀담의 신학 과장이 되었고, 1159년에 파리 주교로 서임되었다. 그의 저서인 『네 권으로 된 명제들』(*Four Books of Sentences*)은 12세기 신학 활동의 정점이요, 13세기로 남겨준 주요 유산이었다.

『네 권으로 된 명제들』은 그리 독창적인 책이 아니다. 롱바르는 익명의 저서 『명제 대전』(*Summa of Sentences*)를 비롯하여 여러 저자의 글의 형태와 내용을 취했다. 롱바르의 저서의 의의는 교리적 독창성에 있는 것이 아니라 변증학자들과 반-변증학자들의 극단적인 주장을 피한 것, 그리고 각각의 신학 문제와 관련하여 제공한 풍부한 자료에 있다. 그의 『명제들』은 구성신학 이상의 것으로서 각각의 주제에 관한 권위자들의 글을 편찬한 것이다. 그는 아벨라르가 『긍정과 부정』에서 했던 것처럼 여기서 멈추지 않고 자신의 견해를 제공한다. 이 견해들은 온건한 것들이며, 그 시대의 일반적인 교리를 반영한다. 그러나 그는 몇몇 경우에 일반적인 견해를 벗어난다. 어떤 경우에는 명쾌한 것 같지 않은 문제에 대한 판단을 삼간다. 이렇게 기본적인 정통신앙과 어느 정도의 대담성과 망설임을 결합한 것이 처음에는 그 시대의 사람들 일부에게 불안감을 주었지만, 나중에는 그의 『명제들』이 신학 연구의 기본 입문서라는 일반적인 칭송을 받게 되었다. 13세기부터 15세기까지의 모든 위대한 교사들과 그리 위대하지 않은 많은 사람이 롱바르의 『명제들』에 관해 논평했다. 이는 13세기 이후로 "『명제들』의 교사"는 교수들이 교육 과정에서 다루어야 할 단계 중 하나였기 때문이다.

『명제들』 제1권은 삼위일체 하나님을 다루며, 삼위일체와 신의 속성에 관한 교리를 설명한다. 제2권은 천사론을 포함한 창조론으로 시작하여 인간론으로, 그리고 은혜와 죄의 교리로 나아간다. 제3권은 기독론, 구속, 덕과 성령의 은사, 십계명 등을 다룬다. 제4권은 성례전과 종말론을 다룬다. 후대의 신학자들은 그의 성례전 신학 중 몇 가지를 의심하지만, 그럼에도 불구하고 롱바르는 성례전 신학 발달에 결정적인 영향을 미쳤다. 이는 그가 성례전을 일곱 가지로 확정하는 데 큰 영향을 미쳤기 때문이다.

롱바르의 권위가 즉각적으로 확립된 것이 아니지만, 결국 『명제들』과 그에 관한 논평이 신학 연구의 중심을 차지하게 되었다. 토마스 아퀴나스의 『신학대전』(Summa Theologica)이 출판된 후에도 롱바르의 『명제들』은 여전히 신학 연구의 주교재였고, 16세기 말부터 17세기 초에 비로소 아퀴나스의 저서가 그 자리를 차지했다.

12세기의 그 외의 신학자들과 학파들

풀베르트(Fulbert)가 샤르트르에 세운 학교는 신학 사상의 중심이었다. 이곳에서는 플라톤의 영향이 컸고, 많은 교사가 플라톤주의의 틀 안에서 이해되는 이성에 비추어 계시된 신앙의 자료를 해석하려 했다. 이런 까닭에 보편개념 문제가 등장했을 때 샤르트르 학파가 실재론(realism)의 방어벽이 되었다.

솔즈베리의 요한(John of Salisbury)은 샤르트르 및 그 학교에 직접 연결되었다. 그는 영국인이었지만 프랑스에서 수학했다. 샤르트르의 주교가 된 그는 학생 시절부터 자신을 샤르트르와 결합해주었던 유대를 재정립했다. 요한도 샤르트르의 위대한 교사들처럼 고전 시대의 글과 명쾌하고 세련된 문체를 좋아했다. 그러나 감각이나 이성이나 신앙을 통해서 분명히 알 수 없는 모든 것에 대해 회의적인 태도를 취했다는 점에서 그들과 달랐다. 판단하지 않는 편이 나은 문제 중 하나가 보편개념의 본질에 관한 것인데, 이는 인간 지성의 한계 때문에 그것을 해결할 수 없기 때문이다. 보편개념에 대해 말할 수 있는 것은 단지 개체들로부터 추출함으로써만 그것을 알게 된다는 것이다. 이 인식론 주장을 넘어 보편개념 자체의 존재론적 본질로 가는 것은 불가능하다.

　11세기 후반부터 12세기 내내 신학자들의 정신을 사로잡은 또 하나의 문제는 세속권과 교권(敎權)의 관계였다. 성직 서임권 문제로 교황 그레고리 7세와 황제 하인리히 4세가 공공연하게 대립하면서 이것이 쟁점이 되었다. 제국과 교황권의 갈등이 12세기 내내 계속되면서 교황의 권위와 황제의 권위에 관한 많은 글이 저술되었다. 5세기에 교황 겔라시우스(Gelasius)는 교권과 세속권 모두 하나님이 주신 것이며, 각기 나름의 기능을 갖기 때문에 둘 중 하나를 상대방보다 우위에 둘 수 없다고 주장했다. 그러나 그 후 세력 다툼을 피할 수 없었을 뿐만 아니라, 교권이 교황에게 집중됨으로써 모든 주교가 교황에게 복종해야 한다는 이론이 발달했다. 9세기 중반에 국가에 대한 교회의 독립을 확보하고 교황의 권한을 증대함으로써 대주교들의 권한을 제한하려는 두 가지 목적으로 작성된 가명 이시도르 교령집(Decretals of Pseudo-Isidore)이 이 이론을 공개적으로 지지했다.

　10세기부터 11세기 전반까지는 교황권의 혼란스러운 상태 때문에 큰 충돌이 발생하지 않았다. 그러나 11세기 말에 개혁파가 로마 교황청을 장악하면서 교황권이 권위를 획득함으로써 세속 통치자, 특히 황제들과 충돌하게 되었다. 이 충돌은 성직 서임권 문제로 발생했지만, 다른 정치적·종교적 요인들이 관련되어 있었다. 황제의 입장에서는 주교 임명권이 중요했다. 이는 많은 주교가 봉건 영주였고 그들의 충성이 중요했기 때문이다. 개혁파 지도자들의 관점에서 보면, 금전적 대가에 기초하든지 충성 맹세에 기초하든지 간에 세속권이 주교를 임명하는 것은 종식되어야 할 성직매매였다.

그레고리 7세는 하나님이 함께하신다는 확신과 개혁의 열정을 품고서 자신과 교황권을 위해 전례 없는 주장을 했다. 그의 주장에 따르면, 국가는 오로지 인간적인 죄를 통제하기 위해서 제정되었다. 교회는 영원하며 신자들의 궁극적인 구원을 목적으로 하므로, 교회의 권위가 국가의 권위보다 우월하다. 그러므로 교회의 수장인 교황에게는 주교들을 임명하는 것뿐만 제후들과 황제들을 해임할 권리와 권위가 있다. 그레고리 교황 시대 이후로 많은 신학자가 교황이 황제보다 더 권위가 있음을 옹호했다. 어떤 신학자는 국가에 대한 교회의 권리를 옹호하면서도 교황에게 황제를 해임할 권리가 있다는 것을 부인했고, 일부 신학자들은 황제가 교회와 국가의 수장이라고 주장했다.

12세기에 성 베르나르, 생 빅토르의 위그, 그리고 솔즈베리의 요한이 "세속의 칼"(temporal sword)은 군주에게 맡겨지고 "영적인 칼"(spiritual sword)은 교회에 맡겨져 있다는 이론을 전개했다. 교회가 군주에게 세속의 칼을 부여한다. 국가를 이루는 것이 교회이며, 그렇기 때문에 교회가 최종적인 권위를 소유한다. 이 교리는 교황청을 장악하고 있는 개혁파에 힘을 실어 주었지만, 후일 비극적인 결과를 초래했다.

유럽에서 이러한 현상이 발생하고 있는 동안, 기독교인들이 갓 정복한 도시 톨레도에서 집중적인 번역 활동이 이루어지고 있었다. 이 일은 톨레도의 레이문드(Raymund) 주교의 후원으로 시작되었고, 아비켄나(Avicenna), 알 가잘리(al-Ghazzali), 이븐 가비롤(Ibn Gabirol) 등의 저서를 라틴어로 옮기는 일이 포함되었다. 그들은 아랍의 영향이 현저한 독창적인 글을 썼다. 이 활동으로 말미암아 다른 번역가들이 스페인으로 오면서, 서유럽에 아리스토텔레스, 유클리드, 갈렌, 히포크라테스, 아비켄나, 알 파라비(al-Farabi), 아베로에스(Averroes) 등의 저술이 쇄도했다. 이 저술의 영향으로 중세신학 체계 전체가 흔들렸고, 그리하여 기독교 사상사의 새 시대가 시작되었다. 그러한 중대한 사건들에 대한 논의는 이 책 후반부에서 다룰 것이다.

12세기의 이단과 분파주의

모든 영적 각성 시대가 그렇듯이, 12세기에도 보편교회의 위계 구조와 교리적 틀에 맞지 않는 목회자들과 교사들과 운동이 많았다. 그러한 운동 중 일부는 전통적으로 기독교 신앙이라고 불려온 것에서 매우 벗어났다. 어떤 운동은 자격이 없거나 무관심한 교회 권위자에게 복종하지 않으면서 더 깊이 있는 신앙생활을 영위하려 했다. 발도파(Waldensians)를 제외하고 이 모든 운동은 비슷한 결과를 낳았다: 교회로부터 정죄되고 당국의 박해를 받아 결국 사라졌다.

발도(Peter Waldo)는 리옹의 상인이었는데, 가난과 복음 전파에 전념하며 살기로 했다. 곧 같은 이상을 품은 추종자들의 무리가 생겨났다. 리옹의 귀샤르(Guichard) 대주교가 그들이 설교하는 것을 금지했으므로 발도와 추종자들은 로마에 항소했다. 그들이 청빈 서원을 유지하는 것은 허락되었지만, 지역 교회 당국자의 공식적인 허가 없이 설교하는 것은 허락되지 않았다. 리옹의 대주교가 여전히 그들을 반대하여 설교하는 것을 허락하지 않았으므로, 발도와 추종자들은 그를 무시하고 하나님이 자기들에게 주신 사명이라고 생각하는 것을 밀고 나가기로 했다. 그 결과 그들은 1184년에 베로나 공의회에서 정죄 되었다. 유럽 전역에서 정죄 되고 박해받은 발도파는 알프스의 외딴 계곡에 정착했는데, 지금도 그곳에서 그의 추종자들이 발견된다. 13세기에 비슷한 운동들, 특히 "롬바르드의 빈자들"이 박해를 피하여 발도파와 합류하면서 로마에 대한 반감을 도입했다. 16세기에 그들은 칼빈주의와 접촉하여 그들의 기독교를 채택했다. 그리하여 그들이 가장 오래된 개신교회가 되었다. 12세기에 발도파가 준 충격과 13세기에 프란치스코파가 준 충격은 흡사하지만, 후자가 기성교회의 울타리 안에 머물렀다는 점은 예외이다.

교회는 다른 조직의 교리들도 정죄했다. 이것들은 평신도들 가운데서 생겨난 것이 아니라 학자들과 수도사들 가운데서 생겨났고, 대체로 하나님과 세상의 관계와 관련된 것이었다. 그중 가장 영향력이 큰 것은 피오레의 요아킴(Joachim of Fiore)의 가르침이었다. 칼라브리아(Calabria) 출신의 요아킴은 시토회 수도원장이었다. 후일 그는 피오레에 수도원을 세우고 관상과 성경 연구, 특히 계시록을 연구하면서 살았다. 그는 1202년에 사망했을 때 성인으로 간주하였다. 그러나 13세기에 신학자들이 그의 교리를 공격했다.

요아킴의 신학이 후대에 영향을 미친 가장 큰 점은 삼위일체의 삼위를 역사의 세 단계와 연결하려 한 방식이었다. 그의 주장에 따르면, 역사는 세 단계로 전개된다. 첫 단계는 아담과 함께 시작되어 그리스도에게서 끝난다; 둘째 단계는 그리스도에서부터 1260년까지이다; 마지막 단계는 1260년 이후부터 종말까지이다. 첫 단계는 성부의 시대요, 둘째 단계는 성자의 시대요, 셋째 단계는 성령의 시대이다.

피오레의 요아킴은 살아있을 때 정죄 되지 않았다. 13세기에 제4차 라테란 공의회에서 그의 삼위일체 교리가 공식적으로 거부되었다. 그때 그의 역사 도식이 교회와 사회 전체의 삶에 미칠 영향을 깊이 생각한 사람이 없었던 듯하다. 수도회 총회장인 파르마의 요한(John of Parma)을 포함하여 프란치스코회 엄격주의파(Spiritual Franciscans)가 이 역사 도식을 취하여 교회 및 다른 수도회를 대항하여 성령 시대의 대표자가 되었으므로, 보나벤투라와 같은 교회의 권위자들은 요아킴주의의 광범위한 영향력에 직면해야 했다.

12세기의 가장 중요한 이단은 카타리파(Cathari) 또는 알비파(Albigensians)였다. 이 교리에 관해서는 그것이 십자군과 농방을 여행한 여행자들이 서유럽으로 들여온 보고밀파(Bogomilism)에서 파생되었다는 것 외에 알려진 것이 없다. 어쨌든 11세기에 서유럽에 선구자들이 있었지만, 알비파 운동은 12세기의 현상이었다. 1179년에 제3차 라테란 공의회는 그들을 대적하여 십자군을 소집했고, 1181년에 십자군 원정이 있었다. 13세기 이노센트 3세 때 알비파를 대적한 대규모 십자군 원정이 있었다. 여기에서 종교적 광신과 정치적

야망이 결합하여 잔인한 행동으로 나타났다. 알비파를 대적하여 가장 특징적인 형태의 종교재판이 전개되었다. 성 도미니크는 이단자들을 다루는 가장 좋은 방법은 설득이라고 확신하여 설교자 수도회를 세우려 했다.

극단적인 형태의 카타리파는 상반되는 두 개의 영원한 원리—선과 악—가 있다고 주장한다. 창조는 선의 원리인 하나님의 것이 아니라, 그 적인 악의 원리의 것으로 간주한다. 영들은 선의 원리에 속하지만, 악한 세상의 물질 속에 갇혀 있다. 이 갇힌 영들은 일련의 연속적인 환생을 통해서 물질에서 해방되어 오랜 순례의 마지막 단계인 "완전한" 신자 안에 거할 수 있게 된다. 완전한 신자들은 엄격한 금욕 생활을 해야 하는데, 단순한 듣는 자(hearer)에게는 그것이 요구되지 않는다(여기에 마니교와 비슷한 점이 있다). 알비파의 의식에서는 물질에 대한 반대를 볼 수 있다. 그렇기 때문에 십자가와 성상과 상징 등의 사용에 반대한다. 그러나 그들은 함께 모여 성찬식을 행하면서 떡을 뗀다. 물질에 대한 이러한 태도는 그들의 기독론에서도 발견된다. 어떤 사람들은 그리스도가 우리에게 구원의 길을 보여주기 위해서 육신을 취한 천상의 존재라고 주장했다.

지금까지 12세기 서방 기독교에 대해 살펴보았다. 12세기를 다루면서 이 시대가 매우 혼란스러운 지적 활동과 경험의 시대였다는 인상을 받는다. 고딕식 성당의 기초가 놓이는 동안 중세 스콜라주의의 높은 첨탑의 기초가 놓이고 있었다.

제16장

이슬람 정복 이후의 동방 신학

13세기 서방 신학의 발달에 대한 논의를 계속하기 전에 잠시 제6차 세계 공의회와 이슬람 정복 시대에서 멈추었던 동방에 대해 다루어야 한다. 이 장에서는 그 시기부터 13세기 초, 제4차 십자군이 콘스탄티노플을 장악하고 비잔틴 제국과 그 도시의 역사를 종식시킨 시기까지의 동방 신학의 발달을 다룰 것이다.

이 장에서 다룰 시대에 동방의 주된 교회는 여전히 그리스 정교회였다. 이 교회는 이전에 개최된 세계 공의회들 모두를 받아들였고, 거듭 중단되고 긴장이 커졌음에도 불구하고 전반적으로 로마 교황청과 서방 교회와의 교제를 지속했다. 이 기간에 동방 교회의 지류로 불가리아 교회와 러시아 교회가 생겨났다. 그 교회들은 결국 독립했지만, 공의회들의 교리를 버리지 않았다. 네스토리우스 교회, 그리고 칼케돈 공의회를 받아들이지 않았고 단성론파라고 불린 교회들—콥트 교회, 아르메니아 교회, 야곱파 교회, 에티오피아 교회—은 대부분 이슬람의 지배 아래 있었지만 계속 존속했다. 먼저 비잔틴 신학에 대해 살펴본 후에 네스토리우스파와 단성론파에 대해 살펴보겠다.

제4차 십자군 시대까지의 비잔틴 신학

여기서 비잔틴 제국 내에서 발달한 신학뿐만 아니라 이슬람의 지배 아래 살면서도 콘스탄티노플 교구와 교제를 유지한 신학자들의 업적에 대해서 다룰 것이다. 비잔틴 제국 내의 교회의 위계는 황제들의 권위와 변덕에 복종한 것으로 유명하다. 그러나 일부 탁월한 교회 지도자들과 다수의 수도사는 종종 제국의 정책에 반대했다. 여기에 서방과 현저한 차이가 있다. 서방 제국은 사라져가고 있었고, 후일 샤를마뉴 시대에 교회의 후원으로 다시 힘을 얻었다. 반면에 동방의 제국은 예로부터 동방 군주국들의 특징이었던 전제정치를 향하고 있었고, 교회는 제국의 정책의 일부가 되었다. 각기 다른 방향으로 발달한 이 역사적인 과정이 로마와 콘스탄티노플의 틈이 더 벌어진 원인 중 하나이다.

7세기 말부터 8세기 초까지는 비잔틴 제국과 동방 교회에 슬픈 시대였다. 이슬람 정복과 일련의 무능한 황제들로 말미암아 비잔틴 제국의 영토는 시칠리아와 이탈리아 남부를 포함하여 지중해 유역의 북서쪽으로 축소되었다. 그러나 717년 동로마 황제 레오 3세 때 이사우리아 왕조가 정권을 장악하면서 옛 제국이 소생했다.

레오 3세가 회복 프로그램의 일부로 시작했고 후계자들이 이어받아 계속한 종교 정책으로 말미암아 곧 제국 전체와 서방이 격렬한 논쟁에 휘말렸다. 이 정책은 그리스도, 마리아, 성인들, 구약성경의 인물들, 천사들 등의 성화를 포함한 모든 성화 사용을 금한 것이었다. 성상파괴론이라고 불리는 이 정책을 시행한 이유는 확실하지 않다. 레오 3세를 비롯하여 성상파괴론을 편 황제들이 종교적으로나 신학적으로 진지하게 숙고했고, 자신의 성상파괴론 운동이 제국 회복 프로그램의 일부라고 확신했다는 데는 의심의 여지가 없다.

725년에 레오 3세가 기적의 능력이 있다고 여겨진 그리스도의 성화를 파괴하라고 명령하면서 성상파괴론이 시작되었다. 그 후 성상파괴운동이 계속 추진되고 격렬해지다가, 787년에 니케아에서 개최된 제7차 세계 공의회에서 성상 복원을 명령했다. 815년 레오 5세가 다시 성상파괴 정책을 취하여 총대주교 니케포루스(Nicephorus)를 해임하고, 성상 옹호론자들을 박해하기 시작했다. 그의 후계자인 미카엘 2세는 다소 온건했지만 성상파괴론자들을 계속 지지했다. 당시 스투디오스의 테오도르(Theodore the Studite)가 성상을 옹호했다. 황후 테오도라가 섭정이 되면서 성상은 완전히 복원되었다. 성상이 복원된 842년 3월 11일은 동방교회 전체에서 정통신앙의 상징이 되었다. 동방교회는 지금도 그날을 "정통 신앙 회복 기념 축일"(Feast of Orthodoxy)로 지킨다.

최초의 성상 옹호론자는 콘스탄티노플 총대주교 게르마노스(Germanos, 715~729)였다. 그는 성상을 강력하게 옹호하여 대주교직을 잃었다. 그는 약 백 세 때인 733년 무렵에 사망했는데, 한 파는 그를 존경했고, 다른 파는 그를 미워했다. 제7차 세계 공의회는 성상을 옹호하는 그의 서신 세 편을 공식적으로 지지했다. 그는 이 세 편의 편지에서 출애굽기 20장 4절에서 성상 숭배를 금지했다는 논거에 반박했다. 그는 단순히 존경과 존숭의 상징인 예배와 하나님께만 드려야 하며 출애굽기에서 하나님을 위한 것으로 규정한 엄격한 의미의 참 예배를 구분했다. 성상은 상징으로서의 예배만 받아야 한다. 그것은 목적이 자체 안에 있는 것이 아니라 하나님에 대한 최고의 예배에 있다는 점에서 상대적이다.

성상학의 기초를 놓은 사람은 다마스쿠스의 요한(John of Damascus)이다. 종종 동방교회의 마지막 교부로 간주되는 다마스쿠스의 요한은 칼리프 정부의 고위 관료였다. 그는 관직을 사임하고 수도원에 들어갔고, 후일 예루살렘에서 사제가 되었다. 성상을 옹호하는 그의 논거는 주로 그리스도 안에서 하나님이 가견적이며 시각적으로 표현될 수 있는 분이 되셨다는 사실에 기초한 그리스도 중심의 논거였다. 요한도 게르마노스처럼 제의 또는 존숭을 몇 단계로 구분했다. 절대적인 존숭이나 예배는 하나님께만 바치는 최고의 예배로서 라트리아(latria)라고 불린다. 그것을 피조물에 드리는 것은 우상숭배이다. 그러나 단순히 존경과 존숭을 보여주는 것인 숭배(reverence)는 세속 세상에 있는 종교적인 대상이나 사람에게 바칠 수 있다. 이것은 비잔티움의 관습을 반영한다.

9세기에 황제 레오 5세가 성상파괴론을 다시 추진하려 했을 때 스투디오스의 테오도르는 성상 옹호론자가 되었다. 그는 성상 존숭과 성상이 상징하는 것을 존숭하는 것의 차이를 명쾌히 밝혔다.

787년에 개최된 제7차 세계 공의회는 성상 숭배에 대한 최종 정의에서 성상 숭배의 기초를 기독론적 토대 안에 두려 하고 의식의 여러 단계를 구분했다. 공의회는 여러 곳에 그리스도, 동정녀 마리아, 천사, 성인 등의 성화를 둠으로써 신자들이 그들에게 참 예배(latria)를 드리지는 않고 숭배(reverence)하고 존숭(veneration)할 수 있게 하라고 권했다.

서방에서는 성상파괴 논쟁이 그리 큰 영향을 주지 않았다. 794년에 프랑크푸르트에서 개최된 종교회의는 성상파괴령과 787년의 니케아 공의회의 결정을 거부하고, 성상을 사용할 수 있지만 어떤 형태로든지 그것을 예배해서는 안 된다고 확언했다. 카롤링거 왕조가 쇠퇴하면서 서방은 점진적으로 니케아의 결정을 받아들였다.

성상 파괴 논쟁의 종식이 비잔틴 교회에 평화를 가져오지는 않았다. 곧 몇 가지 새 문제가 대두했지만, 가장 중요한 것은 로마와의 관계였는데, 결국 그것은 로마 교회가 포티우스 분열(schism of Photius)이라고 부르는 것으로 발전했다. 포티우스는 학식이 있고 경건한 콘스탄티노플 총대주교였다. 그는 『수위권 반박』(Against the Primacy)이라는 논문에서 교황 수위권 주장이 근거 없는 것인데, 이는 베드로가 로마 이전에 안디옥의 주교였고 진정한 우선권은 예루살렘에 있기 때문이라고 선언했다.

포티우스가 사망하고 미카엘 케룰라리오스(Michael Cerularius)가 콘스탄티노플 총대주교로 있을 때 로마와 콘스탄티노플의 공공연한 갈등이 다시 시작되었다. 당시 힐데브란트와 훔베르트 추기경이 주도하는 개혁 운동이 득세하고 있었다. 이 운동이 강조하는 것 중 두 가지는 성직자 독신제도와 교황권의 명망 회복이었다. 동방 교회에서는 이 두 가지에 공감하지 않았으므로 충돌이 예상되었다. 당시 동방 교회와 서방 교회의 의견이 일치하지 않았다. 논란의 대상이 된 또 한 가지는 서방 교회에서 무교병을 성찬에 사용하는 것이었다. 교황 레오 9세는 로마교황의 수위권과 성직자 독신제도를 강력하게 옹호하는 훔베르트 추기경을 교황 특사로 콘스탄티노플에 파견하는 잘못을 범했다. 훔베르트는 콘스탄티노플에서 일련의 논쟁에 개입했는데, 쌍방을 화해시키려는 콘스탄틴 5세의 노력에도 불구하고 논쟁은 개인적인 모욕의 차원으로 전락했다. 결국 1054년 7월 16일 훔베르트는 성 소피아 성당 제단 앞에서 켈룰라리오스와 그 추종자들을 파문했다. 동방 교회는 켈룰라리오스를 로마의 악한 공격의 희생자로 여겼다. 이 일로 말미암아 그는 공의회를 소집할 수 있었는데, 그 공의회에서 동방 교회는 서방교회가 필리오케, 무교병 사용, 전투복같은 주교복, 얼굴을 미는 것, 그리고 수요일에 고기를 먹는 것 등의 문제에서 참 믿음을 버렸다고 정죄했다.

10세기와 11세기에 동방의 신학 활동은 서방과의 논쟁에만 한정되지 않았다. 철학과 고전 연구 활동뿐만 아니라 신비신학에도 큰 관심이 있었다.

10세기 말부터 11세기 초까지 신비신학의 대표적 인물은 신신학자 시므온(Simeon the New Theologian)이었다. 그는 타락한 인간은 자유롭게 행동할 수 없다고 확신했다. 인간의 잃어버린 영광에서 남은 것은 자유를 향한 갈망뿐이다. 그러므로 우리는 행위로 구원받는 것이 아니라 위로부터 오는 조명으로 말미암아 구원받을 수 있다. 신적인 빛과의 실질적인 만남인 조명은 빛이 사라진 후에도 우리를 변화시킬 수 있으므로, 우리는 하나님과의 직접 교제 상태에서 살고 새로워질 수 있다. 시므온은 이 상태를 "신화"(deification)라고 말한다. 엄격한 의미에서 이것은 하나님 안에 빠진 것 같은 몰아 상태가 아니다. 신자는 영원한 빛 안에서 자아의식(自我意識)을 상실하는데, 이것이 시므온의 신학에서 가장 논란이 되는 점이다. 의식하지 않고 이 빛을 받을 수 있다고 주장하는 사람은 잘못 생각하고 있으며, 참된 조명을 경험하지 못한 사람이다. 이것을 경험한 사람만 참 신학자가 될 수 있다. 이는 우리는 자신이 알지 못하는 것에 대해서 말할 수 없으며, 의식적인 신비 체험 안에서 하나님을 받은 적이 없는 사람은 신적인 것을 알 수 없기 때문이다.

철학과 고전 학문 연구는 신비신학과 상관없이 발달했다. 종종 신비신학은 그러한 학문을 원수가 신실한 사람들을 진리와 신비적 관상에서 끌어내기 위해 사용하는 올무로 여겼다. 그러나 10~11세기의 비잔틴 문명은 고전 학문에 대한 지식을 연구하고 대중화하고 모방한 많은 학자뿐만 아니라 탁월한 신비가들을 포용할 수 있는 유연성과 활력을 나타냈다.

미카엘 켈루라리우스와 교황 특사들이 동방과 서방이 의견을 달리하는 것들에 대해 토론하는 동안, 콘스탄티노플 대학에서는 연구하고 가르치는 큰일이 이루어지고 있었다. 그곳에서 가장 유명한 학자는 미카엘 프셀루스(Michael Psellus)였다. 그는 지혜를 얻을 수 있다면 교회의 교부들과 고전 그리스 철학자들뿐만 아니라 대중적인 전설과 금언 등을 망설임 없이 전거로 사용했다. 그는 진리가 하나라고 믿었으므로, 진리가 발견되는 곳은 모두 궁극적인 전거로 간주되어야 하며, 단일한 지식의 본체와 합병되어야 한다고 생각했다. 그 결과 어떤 사람들은 그가 이교의 가르침을 따르기 위해서 기독교 교리를 버렸다고 비난했다. 이 비난의 기초는 그가 당시 활발했던 반-지적인 신비주의를 반대한 것이었다. 게다가 그는 정통적인 교의 신학의 한계 안에 머물려 하지 않았다. 그렇지만 그는 기독교 신앙을 버리지 않았다. 그는 자기의 정신과 비슷한 지적 모험 정신이 발견된 고대인들의 것을 받아들였다. 그는 항상 기독교 교리와 성경 연구가 모든 견해를 판단하는 최후의 재판관이라고 주장했다.

프셀루스는 자신이 과거에 위대한 철학 전통에 공감한 기독교인—예를 들면 유스티누스, 클레멘트, 오리겐—들과 비슷한 방식으로 고전철학을 사용한 것을 정당화했다. 철학은 복음을 받아들이기 위한 준비이다. 그러므로 그것은 진리의 근원이신 하나님에게서 온다.

프셀루스는 플라톤과 아리스토텔레스를 연구하면서 보편개념 문제를 이해했다. 그의 주장에 따르면, 하나님의 정신 안에 존재하는 개념들은 영원하며, 하나님은 그것들을 본보기로 감각적 객체들을 지으셨다. 그러나 엄격히 말해서 우리의 정신 안에 있으며 우리가 사유를 위해 사용하는 개념들은 실재하지 않는다. 그러므로 종과 속은 실체이며, 개체들은 고립된 것들이 아니다; 우리가 정신 안에서 그것들을 묶을 때 영원한 개념들을 모방하여 그것들을 분류하지만, 우리가 사용하는 개념적 도구는 우리의 것이지 영원한 것이 아님을 알아야 한다.

프셀루스는 1092년에 사망했다. 그가 일으킨바 고전학문에 대한 관심은 수 세기 동안 지속하였다. 따라서 그를 르네상스의 선구자 중 하나라고 말하는 것이 과장은 아니다. 그 시대 이후 제4차 십자군 원정으로 잠시 중단되었지만, 많은 학자들이 고전 학문을 연구했다. 그들은 콘스탄티노플이 함락되었을 때 서방으로 피하여 르네상스 정신에 기여했다.

요약하자면, 이 기간에 비잔틴 신학은 서방에서 더욱 멀어졌고, 대체로 그리 중요하지 않은 문제에 관심을 집중했다. 끊임없이 내부의 통일성과 국경의 위협을 받는 국가, 교의적 차이점에서 비롯된 일련의 내분을 겪고 있는 국가는 엄격한 신학적 정통신앙을 강조할 필요가 있었다. 프셀루스가 철학적 탐구를 추구하는 동안 비잔틴 국가는 혼란의 위협에 처해 있었다. 그로부터 얼마 후 투르크족의 위협을 받은 황제는 서방에 보호를 요청했다. 이 시기가 끝날 무렵 제4차 십자군 원정은 콘스탄티노플을 라틴 왕국으로 바꾸어놓았다. 우여곡절 속에서 교리적 정통 신앙이 비잔틴 국가를 결속해주는 유대가 되었다. 그러므로 신학적 혁신에서 생겨나는 충돌을 피하고, 고대인들의 글과 교리를 고수할 것을 강조해야 했다.

초기 러시아 신학

10세기에 러시아의 개종으로 말미암아 동방 기독교가 크게 확장할 기회가 열렸다. 결국 러시아 교회가 비잔틴 교회보다 더 커질 것이었다. 그러나 아주 초기에도 러시아 기독교는 중요한 학자와 신학자들을 배출하기 시작했다.

이 신학자들 중에서 가장 유명한 사람은 키에프의 힐라리온(Hilarion of Kiev)이다. 그는 키에프의 초대 러시아 주교였다. 그는 거듭 유대교를 공격하면서 성경을 방대한 풍유로 해석했다. 그러나 그는 이것을 넘어서서 역사를 해석했는데, 최근의 러시아의 개종을 전체 구원 역사의 넓은 틀 안에 두었다. 힐라리온은 성경을 풍유석으로 해석하는 경향에도 불구하고, 역사의 방대한 계획이 단순히 영적 세계에서 끝나는 것이 아니라 새 세상과 최후 부활 때 끝날 것이라고 믿었다.

초기 수 세기 동안 러시아 기독교가 배출한 기독교인 작가들의 많은 번역물, 문집, 개작 등은 후일 러시아 기독교에서 활발하게 이루어질 신학 활동을 보여주는 징후이다. 그러나 초기 러시아 기독교의 발달은 1236년에 몽골족의 침입으로 중단되었다.

제4차 십자군 원정 이후의 비잔틴 신학

1204년에 제4차 십자군 원정으로 콘스탄티노플이 점령되면서부터 현대에 이르기까지 비잔틴 신학을 지배한 문제는 서방 교회와의 관계였다. 이는 대체로 정치적 상황 때문이었다. 당시의 정치 상황 때문에 비잔틴 제국의 마지막 황제들은 강대한 이웃들—동쪽의 투르크족과 서쪽의 로마 가톨릭교도—의 갈등 조정이라는 어려운 일을 수행해야 했다.

전통적으로 제국의 정책이 큰 영향력을 발휘해온 교회 안에서는 정치적으로 매우 중요한 로마와의 연합이라는 문제가 모든 신학적 관심사들을 무색하게 했다. 250년 동안 비잔틴 신학은 연합에 찬성하는 측과 반대하는 측의 격렬한 논쟁에 몰두했다. 그것은 여러 면에서 성상파괴 논쟁과 비슷한 싸움이었다. 왜냐하면 여기에서도 황제들이 인기 없는 견해를 지지함으로써, 정치적으로 콘스탄티노플의 영향권 안에 있는 국민들과 수도사들과 성직자들이 황제들의 소원에 복종하지 않게 되었기 때문이다. 신학자들과 대다수의 주민은 로마와의 연합에 반대했다. 제4차 십자군 원정 사건을 기억하는 기독교인들은 만일 서방이 콘스탄티노플에 온다면, 그것은 콘스탄티노플을 구하러 오는 것이 아니라 파괴하러 오는 것이라고 말했다.

한편 로마와의 연합에 반대한 대부분의 신학자들은 반대자들과 마찬가지로 독창적이지 못했다. 논의되는 문제들은 기본적으로 이전 시대의 것과 같은 것—필리오케, 성잔에서의 무교빵 사용, 로마의 수위권—이었다.

서방과의 관계 문제는 헤시카스트(Hesychastic) 논쟁 또는 팔라미스파(Palamite) 논쟁에서 방향을 바꾸었다. 왜냐하면 여기에서 서방의 스콜라주의와 동방의 신비주의가 충돌했기 때문이다. 헤시카스트 운동—추종자들이 거룩한 침묵(en hesychia) 속에 살기 때문에 붙여진 명칭—의 기원은 초기 비잔틴 기독교 시대, 또는 신신학자 시므온에게로 거슬러 올라간다. 서방 스콜라 전통에서 교육받은 신학자들이 비잔틴 수도원에서 유행한 금욕적 수행을 조롱하면서 논쟁이 시작되었다. 논쟁은 여러 해 동안 계속되었다. 일반적으로 로마와의 연합에 찬성하는 사람들과 서방 스콜라주의 교육을 받은 사람들은 헤시카스트들을 열성분자(zealot)라고 여겨 대적했다. 동방 정교회는 헤시카스트 운동의 주요 옹호자인 그레고리 팔라마스(Gregory Palamas)를 성인으로 간주했다.

로마와의 연합 문제가 지배적이었지만, 비잔틴 사람들은 여전히 철학과 학문에 몰두했다. 고전 고대(classical antiquity, 古典 古代)가 부흥했는데, 그것은 프셀루스의 작업의 계속이었으며, 결국 서방 르네상스에 기여했다. 여기에 페르시아인들의 천문학과 수학 지식에 대한 관심이 더해졌는데, 그것은 비잔틴 학문에 큰 충격을 주었다. 콘스탄티노플이 죽어가는 동안, 그 도시가 후대 문명에 남길 유산이 완성되고 있었다.

종말을 충분히 예상할 수 있었다. 비잔틴인들은 희망이 사라졌다는 것을 알았지만, 다툼을 멈추지 않았다. 어떤 사람들은 기독교인 백 명이 신학 문제를 논하는 소리가 전쟁하는 만 명의 투르크족이 내는 소리보다 더 시끄럽다고 평했다. 1453년 5월 28일 최악의 상황을 예상한 사람들이 죽음을 대비하여 성 소피아 성당에 모였다. 이것이

성 소피아 성당에서 개최되는 마지막 기독교 예식이었다. 왜냐하면 그날 밤 투르크족이 성벽을 뚫고 들어갔기 때문이다. 사흘 동안 약탈이 자행된 후에 콘스탄티누스 황제가 세운 도시에 술탄이 입성하고, 천 년 동안 구주의 이름으로 기도하던 성소를 선지자 마호메트에게 헌정했다.

후기 러시아 신학

몽골 정복으로 러시아는 혼란 상태에 빠졌다. 모든 도시가 파괴되어 다시 일어나지 못했다. 수 세기 동안 국가는 작은 공국들로 분열되고, 모두가 간접적으로 몽골의 통치 아래 놓였다. 그중 일부, 특히 모스크바가 다른 공국들보다 우세해져서 제정 러시아의 정치적 토대를 세웠다. 이렇게 되는 데는 250년이 소요되었다. 이제 역사가들이 "러시아 중세 시대"(Russian Middle Ages)라 부르는 이 시기를 다룰 것이다.

이 시대는 두 가지 면에서 교회 생활에 영향을 미쳤다. 한편으로 교회 생활을 강화했고, 다른 한편으로는 약화했다. 이 시대는 러시아 백성에 대한 영향력을 강화했다. 교회는 모든 러시아인을 결합하는 가장 가시적인 유대였다. 교회는 러시아 민족의 상징이 되었다. 대중예술은 전반적으로 깊어지는 신앙을 증언했다. 수도원 운동이 융성했고, 러시아 특유의 특성을 취했다. 이 상태에서 출현한 국가는 자신을 옛 제정 러시아뿐만 아니라 당시 존재하지 않는 비잔틴 제국의 계승자로 여겼다. 이런 까닭에 러시아 황제는 "차르"(czar) 또는 "카이사르"(Caesar)라는 칭호를 취했다.

러시아의 중세시대는 교회를 약화하기도 했다. 앞에서 논한 신학 사상의 시작이 결실을 맺지 못했다. 그 시대가 남긴 문학은 기적 이야기, 그리고 역사가들에게는 흥미롭지만 사색의 깊이가 없는 연대기가 가득한 전설적인 성인전들이었다.

러시아 중세시대의 신학 사상에서 가장 흥미로운 현상은 두 분파—14세기의 스트리골닉스파(Strigolniks)와 15세기 유대주의자들(Judaizer)—의 출현이다.

스트리골닉스파(Strigolniks)—이 명칭의 기원은 분명하지 않다—는 성직자들이 성직 임명을 비롯한 교회 의식의 대가를 요구하는 것을 비판하면서 시작된 듯하다. 그들은 성직자들이 자격이 없다고 느꼈기 때문에 성례전을 거부하고, 기존의 교회 관습보다는 성경 연구와 개인적 경건을 더 강조했다. 이것은 자기의 죄를 땅에 고백하는 관습으로 발전했는데, 그것은 기독교가 도입되기 오래전부터 러시아에서 행해온 것이었다. 이처럼 비교적 유식한 집단이 성직자들의 악습에 항의하면서 시작된 것이 기독교 이전의 옛 신앙으로 복귀하는 결과를 낳았다.

유대주의자들의 기원도 스티르골닉스파의 기원처럼 모호하며, 그 명칭이 그들의 주장을 바르게 표현한 것인지 분명하지 않다. 그들을 반대하는 사람들은 그들이 그리스도의 신성, 메시아가 이미 도래했다는 것, 삼위일체 등을 부인하고, 십자가와 성화와 성인 공경을 거부한다는 혐의를 제기했다. 그들은 일요일이 아닌 토요일에 예배를 드리는 것으로 간주되었다. 어쨌든 유대주의자들은 성경과 성인들의 글을 정교회 신자들보다 더 비판적으로 연구한 듯하다. 그러므로 이 두 운동은 타락하고 몽매주의에 빠진 것처럼 보이는 교회를 쇄신하려는 비교적 교양 있는 소수 집단의 시도였다.

비-칼케돈 기독교(Non-Chalcedonian Christianity)

중세 시대에 네스토리우스파라고 불린 교회는 교회사가들이 말하는 것보다 더 큰 활력을 나타냈다. 이 교회는 이슬람의 통치 아래 있었지만, 마호메트를 신봉하는 곳의 경계를 넘어 인도와 중국에까지 침투했다. 네스토리우스파는 메소포타미아와 페르시아에서 가장 세력이 강했다. 그들은 신학 분야에서 많은 글을 배출했는데, 세월이 흐르면서 살아남은 문헌들은 제대로 연구되지 않고 있다. 이 신학 작업은 대체로 편찬, 반복, 해설이었으며, 독창적인 것은 거의 없었다.

네스토리우스파 신자들은 이슬람 통치에 복종한 것이 아니라 그들을 개종시키려 했다. 수 세기 후에 이 교회는 계속되는 구속적인 법률의 압박을 받아 이슬람이라는 큰 바다에 있는 신자들의 작은 섬으로 존재하게 되었다.

일부 저술가들이 이슬람 교리에 대항하여 논쟁을 벌였다. 그들 중 가장 유명한 사람은 11세기에 『신앙의 진리의 증거에 관한 책』(*Book on the Proof of the Truth of the Faith*)을 저술한 니시비스(Nisibis)의 엘리야 바르 세나야(Elijah bar Senaya)일 것이다. 이 책을 비롯한 저술을 통해서 이슬람이 기독교 교리에 대해 제기한 반박이 삼위일체 신앙에 함축된 외견상의 다신론에 대한 것이었음이 드러난다. 결과적으로 네스토리우스파 신학자들은 삼위의 구분보다 신적 본질의 통일성을 강조하는 경향을 나타냈다.

그 외에 많은 성경 주석이 있었다. 이 성경 주석 전통은 본문의 풍유적 해석을 피하고 문자적이고 역사적인 의미를 따르려 했다는 점에서 당시 전체 기독교 세계의 일반적인 전통과 대조를 이루었다. 여기에서 안디옥 학파, 그리고 그 학파의 위대한 교사인 몹수에스티나의 테오도르의 영향을 볼 수 있다. 네스토리우스파는 테오도르를 정통 신앙의 수호자라고 믿었고, 그를 "해석자"(the Interpreter)라고 불렀다. 전반적으로 대부분의 네스토리우스파 주석가들은 풍유적 해석을 "거짓말과 신성모독의 근원"이라고 생각했는데, 그 주된 이유 중 하나는 많은 기독교인이 "어리석은 오리겐"을 따라 오류에 빠졌기 때문이다. 성경은 분명한 문자적 의미로 이해되어야 한다. 이는 구약성경의 이야기들이 실제 사건들에 대해 말하기 때문이다. 이것은 구약성경의 인물과 사건들을 신약성경의 비유로 볼 수 없다는 것이 아니라, 항상 역사적 진실성을 보유해야 한다는 의미이다.

이 모든 저자에게서 안디옥 학파 기독론의 특징을 발견하게 된다. 그들의 주장에 따르면, 말씀이 취하신 인간은 신성이 자발적 연합을 통해 거하시는 성전이었고, 그 연합 안에서 말씀과 인간을 구분해야 한다.

단성론자라고 불린 기독교인들 대부분은 칼케돈 공의회의 결정을 거부하고 이슬람의 통치 아래 살고 있었다. 이들은 단일 집단으로 연합하지 않았고, 콥트 교회와 에티오피아의 비교적 자치적인 분파, 야곱파 교회, 아르메니아 교회로 분포되어 있었다.

아랍이 정복한 후 이집트에서는 점차 콥트어 대신 아랍어가 사용되었다. 그러므로 10세기 이후의 콥트 신학은 대체로 아랍어로 저술되었다. 이 저서들은 대부분 역사적 연대기, 요리문답서, 그리고 교회 조직을 개혁하려는 시도였다. 12세기에 개종의 필요성과 관련하여 잠시 논쟁이 있었다. 그러나 전반적으로 이 시대의 콥트 신학에 깊이와 독창성이 부족했다고 말할 수 있다.

에티오피아 교회는 전통적으로 의존해온 콥트 교회보다 더 큰 활력과 독창성을 보여주었다. 13세기에 에티오피아는 오랜 혼란과 내부 권력 다툼에서 벗어나기 시작했다. 이 일은 "솔로몬 왕조"(Solomonid dynasty) 설립으로 말미암아 성취되었다. 그 정치적 변화에서 중요한 역할을 한 수도사들에게 특혜와 도지소유권이 주어졌다. 이로 말미암아 수도 생활과 학구적인 생활이 부흥했다. 그러나 이 새로운 상황의 최종 결과는 역동적이고 통일된 교회 생활이 아니라 사소한 율법적 문제에 대한 논의였는데, 그것은 결국 이단이라는 비난과 격렬한 갈등으로 이어졌다.

야곱파 교회는 꽤 활발하게 신학 활동을 했다. 7~8세기에 에데사의 야곱(Jacob of Edessa)과 아라비아의 조지(George of Arabia)가 창조, 기독론, 그리고 성례전에 관한 글을 썼다. 어떤 저자들은 성경과 위-디오니시우스에 관해 논평했고, 예정과 영혼의 본질 등의 주제에 대해 생각했다. 아랍어가 주된 신학 언어가 되었다. 그 후 알만티키(al-Mantiqui)라고도 하는 변증가 야하벤아디(Yahya ben Adi)가 신학 문제에 고전 철학을 적용하려 했다. 야곱파 신학의 주된 경향은 이슬람과 네스토리우스파와 콥트교인들에 대한 논쟁이었다.

야곱파 교회는 종종 분열되었지만, 시리아가 정치적·지적 생활 쇄신 시대를 통과하고 있었기 때문에 그레고리 바르 헤브라에우스(Gregory Bar-Hebraeus) 같은 위대한 신학자가 배출되었다.

개종한 유대인의 아들(여기서 바르 헤브라에우스라는 이름이 붙었다) 그레고리는 안디옥과 트리폴리에서 수학했고, 야곱파 교회의 고위직에 올랐다. 이 직분을 수행하려면 널리 여행해야 했기 때문에, 그레고리는 많은 도서관을 방문하면서 이제까지 흩어져 있던 지식을 수집할 수 있었다. 그는 철학에서 아리스토텔레스의 투철한 추종자였다. 그는 아랍 주석가들을 통해서 아리스토텔레스를 알게 된 듯하다. 신학의 역사 분야에서 그의 중요성은 편찬자로서의 업적, 그리고 기독론 문제에 대한 통찰에 있다. 기독론 문제와 관련하여 그는 새 신조를 제시했고, 기독교의 여러 지파가 벌인 대부분의 논쟁이 실제 논쟁이기보다 구두 논쟁이었음을 인정했다.

아르메니아 교회도 야곱파 교회처럼 정치적 고려에 따라 분열되었다. 소아시아에 있는 소아르메니아(Lesser Armenia)가 로마와 가까워졌을 때, 아르메니아의 다른 교회들은 이 새로운 동향에 반대했다.

이것은 아르메니아 교회 내에서 지속된 분열의 근원이었다. 피렌체 공의회(Council of Florence)가 동방의 신자들을 로마와 결합하려 한 후에 소아르메니아의 시스(Sis) 총대주교구와 에치미아진(Echmiadzin) 총대주교구가 분열하였다. 짐작할 수 있듯이, 14세기 아르메니아 교회의 중요한 신학자인 다페프의 그레고리(Gregory of Datev)는 로마 교회에 합류한 아르메니아인들의 견해를 반박했다.

제17장

13세기

총론

13세기는 중세시대의 황금기였다. 건축의 걸작인 고딕식 대성당들은 13세기에 제조와 교역의 중심지가 된 도시들의 중요성을 가리킨다. 12세기에 수도원 학교들이 신학 활동에서 가장 중요한 역할을 했는데, 13세기에는 그 역할이 도시의 큰 학교인 대학교로 넘어갔고, 그 이후 학문의 중심지로서의 수도원의 역할이 쇠퇴했다.

13세기가 시작되었을 때 로마 교황은 이노센트 3세(1198-1216)였다. 그의 지도 아래 교황권의 세력이 정상에 달했다. 이노센트 3세는 교황청을 개혁하고 교황령(領)에 대한 자신의 권위를 강화한 후에 유럽 전역에서 교회 생활을 개혁하고 강화하는 일에 착수했다. 그는 임종하기 몇 달 전에 세4사 라테라노 공의회를 소집했다. 이 공의회에서 화체설과 감사의 제사 교리가 선포되었고, 피오레의 요아킴의 삼위일체론이 정죄되었고, 학문을 확대해야 할 필요성을 재 언명했고, 자체의 규율을 지닌 새 수도회 설립이 종식되었고, 신자들은 1년에 한 번 죄를 고백하고 성찬에 참여해야 한다고 명했고, 세속 군주의 성직자 임명이 무효라고 선언했고, 친척 간의 결혼에 관한 규정이 제정되었고, 비밀 결혼이 금지되었다. 교황에게 새 성유물을 도입할 독점권을 주었고, 유대인 규제 조처가 취해졌고, 새로운 십자군이 소집되었고, 성직자들의 생활을 개혁하고 규제하기 위한 몇 가지 조처가 이루어졌다. 이 모든 일이 하루씩 소요된 세 차례의 회의에서 이루어졌다는 사실을 고려해보면, 공의회의 기능은 각 조항에 관해 심사숙고하는 것이 아니라 교황과 교황청이 고안한 개혁 프로그램을 지지하는 것이었음이 분명하다.

교회 개혁과 국가의 정치에 개입하려는 이 정책의 기초는 교황의 지위에 대한 이노센트의 견해였다. 이노센트는 "베드로의 대리인"(Vicar of Peter)이라는 칭호를 버리고, 자신을 "그리스도의 대리인"(Vicar of Christ)이라 불렀다. 그리스도의 대리인인 그는 전체 교회의 목사였다. 주교들은 교황을 통하여 간접적으로 그리스도를 대리했다. 그러므로 교황에게 주교를 임명하고 해임할 권한이 있었다.

게다가 이노센트는 세속 통치자들에게도 권한을 행사할 수 있다고 주장했다. 교황은 "민족들과 나라들" 위에 세워졌고, "다윗에게 기름을 부은 사무엘"의 권한을 받았고, 죄가 있거나 이유가 있을 때는 군주를 해임하고 다른 사람을 임명할 수 있다.

교황권은 그 세력이 절정에 달했을 때 이러한 권한을 주장했다. 이것은 근본적인 혁신이 아니라 11세기 말부터 개혁파가 교황권을 중요시한 데 따른 결과였다. 교황권을 장악한 개혁파는 경건 생활과 교회 생활 개선에 관심을 두었고, 교황의 권한을 강조했다.

13세기에 교황청 제도인 종교재판이 시작되었다. 고대로부터 주교에게는 잘못된 신앙을 논박하고 파괴할 책임이 있다고 여겨왔다. 콘스탄티누스 대제 시대 이전에는 신학 논증과 파문을 통해서만 이 일이 가능했는데, 이는 주교에게 다른 강압적 권력이 없었기 때문이다. 니케아 공의회 이후 황제는 공의회가 정죄한 사람들을 추방했다. 중세시대 내내 이단자들은 투옥이나 채찍질 등의 육체적인 벌을 받았다. 그러나 11세기에 특히 프랑스와 독일에서는 이단자를 화형이나 교수형에 처하는 일이 흔해졌다. 1231년 그레고리 9세는 이단을 심판하기 위한 종교재판소를 설치했다. 이 기관은 이단을 근절하기 위해 특별한 권력을 가진 재판관으로 행동했다. 일반적으로 고발되어 정죄 된 사람은 특별한 형태의 보속을 하거나 감옥에 갇혔다. 교회의 재판관이 그들을 죽여야 한다고 판단하면, 그들은 자비를 청원하기 위해 세속 정부로 넘겨졌다. 그러한 청원은 형식적이었고, 실제는 자동으로 사형에 처했다. 일부 프란치스코회 수도사들이 종교재판관으로 활동했으나, 대부분의 종교재판관은 도미니크 수도회 소속이었다.

처음에 종교재판소는 신학 사상의 중심지에 큰 영향을 주지 못했지만, 결국 그것은 자유와 독창성을 방해하는 큰 요인이 되었다.

대학의 발달

　기독교 사상사에서 13세기의 가장 중요한 현상은 대학의 탄생과 성장이다. 가장 유서 깊은 대학들―파리, 살레르노, 볼로냐, 옥스퍼드―의 기원은 12세기로 거슬러 올라가며, 대성당학교, 도시의 성장, 길드 결성, 과학의 전반적인 발달 등의 요인들의 결합 안에서 발견된다. 이 기관들 대부분은 특별한 전공 분야에서 유명해졌다. 파리 대학과 옥스퍼드 대학에 훌륭한 신학 교수진이 있었기 때문에, 13세기의 서방 신학은 이 두 대학을 중심으로 발달했다.

　일반적으로 스콜라 학파 저술의 구조는 다음과 같다: 첫째, 질문을 제기한다; 그다음에 다양한 입장을 위한 논거들을 제공한다; 그다음에 해답을 제시한다; 마지막으로 그 해답에 반대하는 듯한 논거에 반박한다. 여기에서 아벨라르의 『긍정과 부정』의 메아리를 들을 수 있다.

　이처럼 대학들은 13세기에 신학이 융성하는 데 필요한 시설뿐만 아니라 스콜라 학문 방법의 구조를 결정한 상태를 제공했다.

　13세기에 전통적인 수도원운동과 달리 인구가 많은 중심지를 떠나지 않는 새로운 형태의 금욕생활이 탄생했다. 그 시대의 사회적·경제적 상황, 그리고 도시의 성장과 교역의 발달로 말미암아 새로운 형태의 사역이 필요했다. 지적 능력과 거룩한 생활을 결합함으로써 이단들, 특히 알비파 이단에 반박해야 했다. 전통적인 기독교 영역 너머로 사역의 새 장이 열리고 있었다. 탁발수도회는 이러한 도전에 대한 서방 기독교의 반응이었다.

이 책의 관점에서 중요한 도미니크의 설교자수도회와 프란치스코의 작은형제단이다.

도미니크는 스페인 오스마의 참사회원이었다. 그는 외교 문제로 프랑스 남부를 여행하면서 알비파 이단을 논박하는 가장 좋은 방법이 깨끗하고 단순하게 생활하며 건전한 신학 지식을 소유한 수도사들의 길모퉁이 설교라고 깨달았다. 이 새 수도회는 처음부터 그 임무 수행에서 학문의 중요성을 강조했다. 수도원 생활은 연구, 설교, 영혼 돌봄 등의 필요에 맞추어 조정되었다. 처음에 도미니크 수도사들은 연구와 가르침의 중심을 자체 수도원에 두었다. 그러나 그들은 곧 파리와 옥스퍼드 같은 주요 대학의 과장직을 차지했다. 1217년에 파리 대학에 도미니크 수도사들이 있었고, 1220년에 영국 옥스퍼드에 최초의 도미니크 수도원이 설립되었다. 도미니크 수도사들은 파리를 연구의 중심지로 삼았다.

아씨시의 프란치스코가 세운 작은 형제단의 역사는 매우 복잡하므로 여기에서는 그 윤곽만 제공하려 한다. 프란치스코의 이상은 청빈, 겸손, 그리고 그리스도 관상을 특징으로 하는 단순한 삶이었다. 이노센트 3세가 프란치스코회 수도사들이 교회의 전체 구조에 어울릴 수 있음을 이해한 것을 제외하고, 초기 프란치스코 운동은 초기 발도파 운동과 흡사했다. 초기 프란치스코회 수도사들은 대부분 평신도였다. 그들은 둘씩 짝을 지어 다니면서 가난의 길을 따르라고 설교하고 권면했다. 프란치스코는 학문을 높이 여기지 않았다. 초기 프란치스코회 수도사들은 신학 활동의 중심지의 교사가 되려 하지 않았다. 그러나 그 수도회에 매력을 느낀 일부 대학교수들이 수도회에 합류했다. 파리에서 처음으로 수도회에 합류한 사람은 헤일즈의 알렉산더(Alexander of Hales)이다. 그는 1236년에 프란치스코 수도사가 되었고, 그 수도회 최초의 신학과장이 되었다.

아리스토텔레스 및 아랍 철학과 유대 철학의 도입

앞에서 12세기를 다루면서 신학 분야에서 변증법적 이성 사용과 관련하여 끊임없이 논쟁이 벌어졌다는 것을 살펴보았다. 이 논쟁은 아리스토텔레스 철학 일부가 알려졌을 때 발생했다. 특히 그 철학이 많은 점에서 중세 신학의 철학적 기초인 어거스틴의 신플라톤주의와 양립할 수 없었으므로, 이 철학의 나머지 부분이 알려졌을 때 문제가 더 커졌을 것이라고 예상할 수 있다.

아리스토텔레스와 전통 철학이 양립할 수 없다는 이 기본 문제는 다른 요인들 때문에 더 복잡해졌다. 첫째로 아리스토텔레스의 저술 다수가 우회적인 방식으로, 즉 그리스어 원문에서 시리아어로, 그다음에 아랍어로, 그다음에 스페인어로, 그다음에 라틴어로 된 번역본을 통해서 서방 세계에 도착했다. 이 번역본들이 항상 원본을 충실하게 반영하지는 않았으므로 일부 학자들은 그리스어 원문에서 직접 번역하는 일에 몰두했다. 둘째로 중세시대 서방 기독교에서 아리스토텔레스는 몇 명의 아랍 철학자들과 유대 철학자들 틈에서 출현했다. 이 철학자들이 아리스토텔레스 철학의 해설자에 불과하다는 주장이 있지만, 그들은 그 철학의 것이 아닌 개념들을 소개했다.

가장 중요한 아랍 철학자는 1126년에 코르도바에서 태어난 아베로에스(Averroes)이다. 지적인 호기심이 강했던 그는 신학과 의학과 법학, 그리고 다른 주제들을 공부했다. 그는 자기가 아리스토텔레스에게서 "최고의 진리"(supreme truth)를 발견했다고 믿었지만, 쿠란을 거부하지 않고 철학적으로 해석했다. 그의 견해를 의심한 이슬람 당국자들과 갈등하다가 1198년에 사망했다. 아리스토텔레스의 여러 저술에 관한 그의 주석서들이 곧 유명해졌기 때문에 그는 "주석가"(The Commentator)라고 알려졌다.

아베로에스는 전통적인 어거스틴의 조명의 교리에 맞서 아리스토텔레스의 경험주의를 지지했다는 점에서 중요하다. 보편개념에 대한 그의 견해는 특히 아리스토텔레스적인데, 그것은 보편개념이 사물 안에 있으며 추상의 과정을 통해서 알려진다고 주장하는 온건한 실재론자들의 입장을 강화했다.

아랍인 사회에 살았던 유대인 철학자, 솔로몬 이븐 가비롤(Solomon ibn Gabirol, Avicebron)과 마이모니데스(Maimonides)도 13세기 초부터 서유럽에서 큰 영향력을 발휘했다. 이 두 철학자가 따른 방향은 13세기의 두 개의 큰 기독교 신학교가 따를 방향의 선구가 되었다.

이븐 가비롤이라고도 불린 아비체브론은 안달루시아의 말라가에서 태어났다. 그는 시인이요 정치가로 간주되었지만, 중세시대 서방에서는 『생명의 근원』(The Source of Life)의 저자로 알려졌다. 그는 이슬람 신학의 영향을 받았음을 나타냈지만, 유대교와 플라톤 철학을 결합하면서 필로의 전통을 따랐다.

마이모니데스의 철학은 이븐 가비롤의 철학과 매우 다르다. 아리스토텔레스주의와 플라톤주의와 유대교를 종합한 것이었지만, 마이모니데스의 경우에는 아리스토텔레스주의가 플라톤주의보다 더 크게 작용했다. 그는 후대의 토마스 아퀴나스(Thomas Aquinas)처럼 아리스토텔레스를 탁월한 철학자로 여겼다.

기독교 스콜라주의 저서 중에서 가장 잘 알려진 그의 저서는 철학적 추론 자료를 가지고 성경의 교리를 이해하기 어렵다고 생각하는 사람들을 대상으로 저술한 『방황하는 자들을 위한 안내서』(Guide for the Perplexed)이다. 그는 그러한 갈등이 진정한 것이라고 믿지 않았다. 왜냐하면 이성이 증명할 수 없는 계시된 진리가 있지만, 이러한 진리는 이성에 반대되는 것이 아니라 이성 위에 있기 때문이다. 그러한 진리 중 하나가 창조론이다. 이 교리에 반대하고 세상의 영원성을 지지하는 논증은 결정적인 것이 아니다. 그 반대, 즉 하나님이 무에서 세상을 지으셨다는 것이 입증될 수 없다. 그러므로 창조의 교리는 결정적인 이성적 논증 없이, 그리고 이성을 위반하지 않고서 믿음으로 받아들여야 한다. 이 입장은 후대에 토마스 아퀴나스가 취한 입장과 매우 비슷하다. 마이모니데스가 하나님의 실재를 증명하는 데 사용한 방법에 대해서도 같은 말을 할 수 있을 것이다. 이 방법은 먼저 감각을 통해서 우주를 알고, 그로부터 제일 원인의 실재를 설명해야 할 필요성을 입증하는 것이다. 예를 들면, 많은 우연한 존재는 그 존재의 근원인 필연의 존재를 필요로 하며, 운동은 부동(不動)의 원동자(原動者)를 필요로 한다.

12세기 말부터 13세기에 이 여러 작가의 저서가 번역됨으로 말미암아 이제까지 서방 기독교에 알려지지 않았던 분야들이 개방되었다. 이 저서들 중 다수는 천문학, 의학, 광학 등 자연과학 연구를 자극했다. 고대 그리스를 계승한 아랍 세계는 이 분야에서 기독교 세계보다 더 발전했다. 그러나 이 학문은 대부분 기독교에서 신학을 발전하는 데 사용해온 것과 다른 철학과 결합했다.

13세기에 신학에서 새 철학을 얼마나 받아들이고 사용해야 하느냐는 문제에 대해 세 가지 답변이 등장했는데, 이것들에 대해 다음에서 다룰 것이다.

첫째, 일부 신학자들이 종종 아리스토텔레스주의 요소들을 첨가했지만, 주로 전통적인 철학의 틀을 유지했다. 13세기 전반에는 이 입장이 보편적이었는데, 당시 아리스토텔레스주의와 전통적인 철학의 충돌의 범위와 깊이가 그리 분명히 드러나지 않았다. 이러한 태도를 취한 가장 두드러진 예는 프란치스코회의 보나벤두라(Bonaventure)이다. 그는 아리스토텔레스를 알고 존경했지만, 자기의 형이상학 체계 전체를 이 새 철학에 맞추어 조정하지는 않았다.

둘째, 새로운 도전에 대담하게 대처한 신학자들이 있다. 그들은 아리스토텔레스의 사상을 받아들이는 동시에 전통적인 어거스틴주의의 많은 부분을 유지함으로써 일관성 있는 종합을 이루었다. 토마스 아퀴나스와 대 알베르투스(Albert the Great) 등이 이러한 방향을 따랐다.

셋째, 파리대학 인문학부에 철학이 정통 신앙의 조건에서 독립해야 한다고 주장하는 교사들이 있었다. 이들은 종종 아리스토텔레스뿐만 아니라 그의 저술을 주석한 아베로에스를 따랐으므로 정확한 명칭은 아니지만 "라틴 아베로에스 학파"(Latin Averroists)라고 불렸다. 이 입장을 옹호한 주요 인물은 시게루스(Siger of Brabant)이다.

13세기 어거스틴 전통

중세시대 초기 수백 년 동안 서방 신학자들의 주요 교사는 어거스틴이었다. 신학 분야에서는 그의 저술이 권위 있는 전거로 인용되었다. 이 분야에서 유일하게 그와 필적할 수 있는 사람은 대 그레고리였지만, 이것은 사실상 어거스틴의 영향력을 강화했다. 그레고리의 업적은 어거스틴주의의 대중화였기 때문이다. 그레고리는 다른 문제에서는 어거스틴의 가르침을 따랐지만, 예정과 은혜와 자유의지에 관한 견해는 완화했다. 고트샬크의 경우에서 보듯이, 히포의 감독의 신학이 고려하지 않은 측면을 알게 된 소수의 학자들은 전통신학과 어거스틴의 이름으로 배격되었다.

수 세기 동안 서방 신학은 기본적으로 어거스틴주의였지만, 13세기에 이 사실을 특별히 의식했다. 철학 문제에서 위-디오니시우스와 어거스티의 차이점이 사소한 것처럼 보였고, 중세시대 초기의 학자들은 그것들을 완화하는 길을 찾았다. 학교에서 아리스토텔레스의 저술을 읽고 연구했지만 주로 알려진 것은 그의 논리학이었는데, 그것은 어거스틴 신학의 틀에 쉽게 맞출 수 있었다. 그러나 13세기에 새로운 상황이 대두되었다: 새로운 철학이 소개되면서 전통 신학을 대신할 진정한 대안이 열렸다. 그러므로 전통 신학을 따른 신학자들은 어거스틴을 자기들의 상징으로 삼았고, 의식적으로 어거스틴주의 신학 형성에 몰두했다.

어거스틴주의자들이 볼 때 아리스토텔레스는 지나친 이성주의자이며 세상 사물에 대한 지식에 지나치게 관심을 둔 것처럼 보였다. 신플라톤주의의 신비적 경향은 아리스토텔레스에 반대하여 그 철학적 전통에 종교적인 분위기를 부여했다.

어거스틴주의자들은 대부분 계시된 진리와 이성적 진리 사이에 분명한 경계선이 있다고 생각하지 않았다. 어거스틴은 모든 지식이 신의 조명이라고 가르치지 않았는가? 아리스토텔레스주의자들은 이에 반대하여 이성과 계시를 구분했고, 따라서 철학과 신학을 구분했다.

이것은 어거스틴주의의 또 다른 특징으로 이어진다: 어거스틴이 설명한 조명의 교리를 따른 인식론. 이에 속한 신학자들은 참된 앎은 육체의 감각에서 나오는 것이 아니며, 육체의 감각과 분리된 것이라고 주장했다. 아리스토텔레스와 새 철학을 추종하는 사람들은 이 견해에 반대하여 감각이 중요한 기능을 하는 인식론을 주장했다.

인식론에서의 견해 차이의 결과로 신(神) 존재의 증명에 관한 견해에도 차이가 있었다. 어거스틴파는 안셀름을 따라 육체적인 감각은 신의 존재를 증명하는 출발점 역할을 할 수 없으며, 신의 존재는 신에 대한 개념 안에 내포되어 있다고 주장했다. 새 학문의 추종자들은 감각을 통해 알려지는 사실과 객체에 출발점을 두고 신 존재에 대한 증거를 제공했다.

13세기에 프란치스코회 수도사들은 전통적인 계보에 속하여, 새 철학에서 어거스틴주의와 양립할 수 있다고 여겨지는 것만 받아들이고, 아리스토텔레스보다 플라톤과 신플라톤학파를 더 높이 여겼다. 전반적으로 그들의 신학에는 위-디오니시우스와 생 빅토르 수도회의 영향이 베르나르 및 프란치스코의 영향과 결합한 신비주의와 배어 있었다. 최초의 프란치스코회 교사는 헤일즈의 알렉산더(Alexander of Hales)인데, 그에게는 몇 명의 저명한 제자들이 있었다. 13세기 프란치스코회의 신학은 몇 년 후에 보나벤투라(1221~1257)에서 절정에 달했다.

보나벤투라는 교사와 논쟁가로 활동하다가 1257년에 로마에 모인 사제단에 의해 작은 형제단의 총장으로 선출되었다. 수도회의 존립이 매우 위험한 시기에 수도회를 이끌어간 방식 때문에 그는 "제2의 설립자"로 알려져 있다.

보나벤투라의 신학은 세 가지 기본 기둥 위에 세워져 있다. 첫째는 성경의 권위, 그리고 교회 및 교회의 전통의 권위이다. 그는 성경과 전통 사이에 긴장이나 모순이 있다고 보지 않았고, 자신의 신학과 삶 전체가 그 두 가지 권위에 의해 평가되어야 한다고 여겼다. 둘째, 그의 신학은 프란치스코회의 깊은 신앙에 기초를 두고 있다. 그의 신학의 목적은 하나님의 깊은 신비를 해결하거나 발견하는 것이 아니라, 사람들이 하나님과 교제하거나 관상할 수 있게 해주는 데 있었다. 마지막으로 그의 신학은 어거스틴과 생 빅토르의 위그와 헤일즈의 알렉산더에게서 받은 철학적 틀 안에 있다.

보나벤투라에 따르면, 지식은 말씀의 조명에서 온다. 이것은 모든 학문이 신(神)지식을 향해 정리되어 있으며, 그러므로 신학에서 끝난다는 의미를 함축한다. 이성은 하나님이 지으신 것이므로 선하지만, 그리고 철학은 특정 유형의 지식 획득에 필요한 선한 수단이지만 자율적이며 그 자체가 목적이 된다고 주장하는 철학은 필연적으로 오류를 범한다.

피조물인 우주가 창조주에게 연결되는 방식은 보나벤투라의 신비주의 안에 있는 두 개의 초점 중 하나이다. 삼위일체가 각각의 피조물에 흔적을 남겼고, 우리는 그것들을 통해서 그 존재의 근원을 관상할 수 있으므로, 피조된 우주는 하나님에게로 이어진다. 이것이 보나벤투라의 유명한 저서 『하나님께 이르는 영혼의 순례기』 (Itinerary of the Mind towards God)의 주제이다. 그의 신비주의가 지닌 이러한 측면은 피조물 안에서 삼위일체의 흔적이 발견되어야 한다는 어거스틴주의 교리가 발달한 것이다. 만물은 존재와 진리와 선을 소유한다. 이 세 가지는 삼위일체의 흔적이다. 이성적 존재는 기억과 지성과 의지를 가지고 있으므로, 그 안에서 삼위일체의 형상을 볼 수 있다. 삼위일체의 모양은 믿음과 소망과 사랑을 가진 이성적 존재 안에서만 발견된다. 영혼은 이 다양한 단계를 통과하여 올라가 몰아 상태에 이르는데, 거기서 지적인 노력이 멈추며, 영혼은 완전한 평화 안에서 하나님을 관상한다.

보나벤투라의 신비주의의 또 하나의 초점은 그리스도의 인성 관상이다. 그의 저서 『명제집 제3권 주해』(Commentary on the Third Book of Sentneces)와 『신학 요강』(Breviloquium)에서 발견되는 체계적인 기독론은 정통적이고 전통적이다. 보나벤투라의 신비주의의 예수는 그리스도의 인성 관상을 다룬 저술에서 발견된다. 여기에서 그는 수치를 당하고 상처 입고 십자가에 달리신 그리스도를 바라보며, 그분을 과학적 조사의 대상으로 보지 않고 사랑과 화개로 안내하는 관상의 대상으로 보았다.

도미니크 학파

어거스틴파라고 부른 사람들, 옛 철학의 틀에 맞출 수 있는 것 외에는 새 철학 사용을 거부한 사람들에 맞선 또 다른 경향, 처음에 소수의 도미니크회 수도사들이 주도한 것으로서 아리스토텔레스의 철학이 매우 소중하며 과거 신학 규정의 배경이 되었던 철학적 견해와 반대된다는 이유로 거부되어서는 안 된다고 주장하는 경향이 있었다. 이 입장을 주장한 사람들이 시도한 것은 기독교 정통신앙을 버리려는 것이 아니라 아리스토텔레스와 그의 철학을 기독교의 신학적 이해의 도구로 채택하려는 것이었다. 이 책 앞부분에서 논한 신학자들을 어거스틴파라고 부른다면, 지금 여기에서 다루려는 사람들이 어거스틴에 반대했다는 의미로 이해해서는 안 될 것이다. 그들은 어거스틴이 교회 교부 중 가장 위대한 신학자라고 믿었지만, 그의 신학을 아리스토텔레스의 철학이라는 틀 안에서 해석하려 했다. 그러한 시도의 결과를 아리스토텔레스주의 또는 넓은 의미에서 어거스틴주의라고 부를 수 있다. 이러한 시도의 초기 단계들—그것들은 대 알베르투스의 작업에서 볼 수 있다—은 여러 전거에서 취한 다양한 요소들이 유기적 연관성이 없이 병치 되는 절충주의에 있다. 토마스 아퀴나스에서 절정에 달한 절충주의는 단순한 아리스토텔레스주의나 아리스토텔레스주의 요소들을 지닌 신플라톤주의적 어거스틴주의가 아닌 토마스주의(Thomism)이다.

대 알베르투스(Albert the Great)는 학자로서 다양한 경력을 지녔다. 그는 처음에는 독일의 여러 학문 중심지에서 활동했고, 후에 1245년부터 1248년까지 파리에서 가르쳤다. 그다음에 도미니크회가 쾰른에 설립한 수도회 대학의 초대 학장이 되었다. 그는 도미니크 수도회와 교회의 성직 위계 안에서 맡겨진 많은 책임 때문에 거듭 학문 연구를 중단했지만, 그럼에도 불구하고 방대한 저술 활동을 했다. 그의 가장 유명한 제자 토마스 아퀴나스가 사망하고 나서 6년 후인 1280년에 그는 쾰른에 있는 도미니크 수녀원에서 사망했다.

알베르투스가 기독교 사상사의 발달에 기여한 가장 중요한 짐은 신학과 철학을 구분한 방법이었다. 신학이 증명하는 것은 자율적 원리의 결과가 아니라 계시된 원리의 결과이므로 다른 학문과 다르다. 철학 분야에서 알베르투스는 모든 주장은 이성의 판단과 관찰 앞에서 이루어져야 한다고 주장한 이성주의자였다. 비록 발언된 것이 계시된 진리에 기초하여 꽤 분명해도, 증명할 수 없는 것을 증명하려 하는 철학자는 형편없는 철학자이다. 알베르투스는 신학 분야에서 이성의 한계를 강조했다. 따라서 여기에서 처음에 토마스주의에 분명히 나타나기 시작했고 나중에 다른 사상가들이 개입한 과정이 시작되었다. 즉 철학과 신학, 신앙과 이성이 분명히 구분되었다. 그러한 구분은 완전한 분리로 이어질 것이다. 그러나 알베르투스 시대에 그것은 기독교 사상에 넓은 수평선을 열어놓았다. 즉 자연과학이 교리적 잘못을 두려워하지 않고 자체의 길을 따르고 나름의 연구 수단을 쓰게 되었다; 철학과 신학이 평등한 학문으로 발달하였으므로, 사람들은 신앙 문제에서 이성주의자나 이단자가 되지 않고 참된 철학자가 될 수 있었다.

알베르투스의 제자 토마스 아퀴나스(Thomas Aquinas, 1226~1274)는 도미니크 학파의 가장 중요한 교사였고, 역사적으로 가장 위대한 신학자 중 하나이다. 그는 방대한 저술뿐만 아니라 그 내용으로 수 세기 동안 존경받고 있다. 그가 설립한 토마스 학파는 21세기까지 존속하고 있다. 그의 지적 재능이 심오한 영성과 결합하였으므로 그는 "천사적 박사"(Angelic Doctor)라는 칭호를 얻었다.

신학 분야에서 토마스의 가장 중요한 저술은 『롬바르두스의 명제집 주해』(Commentary of Sentences), 『대이교도 대전』(Summa contra gentiles), 그리고 『신학 대전』(Summa theologia)이다.

그는 스승 알베르투스의 가르침을 따라 이성으로 이해할 수 있는 진리와 그것을 초월하는 진리를 구분했다. 철학은 이성으로 획득할 수 있는 진리를 다루지만, 계시된 진리를 다루는 신학은 그러한 진리만 아니라 모든 형태의 진리를 다룬다.

철학은 인간 이성의 한계에 이를 수 있는 자율적 학문이다. 그러나 이 학문에 오류가 없을 수 없다. 왜냐하면 인간의 정신이 약하고 쉽게 잘못을 범할 수 있기 때문이다. 게다가 철학에는 탁월한 지적 재능이 필요하므로, 모두가 철학적으로 최고의 결론에 이를 수는 없다. 반면에 신학은 의심할 수 없는 진리, 계시된 진리를 연구한다. 이러한 진리—엄격한 의미에서 신조— 중에는 이성을 부인하지는 않지만 이성의 영역을 초월하는 것들이 있다. 이것들은 결코 철학으로 획득할 수 없는 것이다. 신학이 계시를 통해서 알고 철학이 이성을 통해서 알 수 있지만, 구원에 필요하기 때문에 우리가 활용할 수 있게 하려고 하나님이 계시해주신 진리들이 있다.

천사적 박사는 하나님의 존재가 자명하다는 안셀름의 논지를 거부했다. 하나님 안에서 본질과 존재가 일치하므로 하나님의 존재는 본질싱 분명하다. 그러나 "신성을 일지 못하는 우리가 볼 때 그 실재가 분명하지 않다." 그러므로 우리는 신의 존재를 증명해야 하는데, 아퀴나스는 다섯 가지 증명법을 제공했다. 이 증명법은 육체의 감각을 통해 알고 있는 것에서 출발하여 신의 손재로 나아간다. 젓째, 운동하는 사물에는 운동하게 하는 자(mover)가 필요하므로, 제일의 원동자(first mover)가 있어야 한다. 둘째, 존재하는 모든 것에는 원인이 있다. 따라서, 모든 것을 있게 한 제 일의 원인이 존재하지 않을 수 없다. 셋째, 우연적인 존재인 우주의 존재 기초가 되는 필연적인 것이 반드시 존재해야 한다. 넷째, 우주에는 다양한 등급의 완전함이 존재하는데, 그것의 구분은 완전한 존재에 기초를 두어야 한다. 다섯째, 모든 사물은 목적을 향해 움직이며, 그 최종 목적은 하나님이다. 이 다섯 가지 방법이 매우 유사하다는 점에 주목해야 한다. 각 방법은 감각을 통해서 알려진 사물에서 시작한다; 각 방법은 그 안에서 자족하지 못하다는 의미에서 불완전한 것—운동, 존재, 완전의 등급, 질서—이지만 선을 발견한다; 각 방법은 그 선의 궁극적인 이유를 하나님 안에서 발견한다. 이런 유형의 논증은 부분적으로 토마스의 아리스토텔레스주의에 기인한다. 아퀴나스는 안셀름처럼 감각 인식에서 완전히 독립된 신 존재 증명을 발견해야 한다는 강박감을 느끼지 않았다.

하나님에 대해 하는 말은 모두 유비적이다. 유비(analogy)는 하나님에게 인간의 용어를 적용하기 위한 의미론적인 도구가 아니라, 그것을 훨씬 능가한다. 우리에게 주어지는 지식은 실제로 존재에 상응한다. 모든 결과는 어떻게든 원인을 반영하므로, 하나님이 피조물을 닮은 것이 아니라, 피조물이 하나님을 닮았다. 만일 하나님에 대해 유비적인 용어로 말할 수 있다면, 이는 우리가 발견하기 전에 이미 "존재의 유비"(analogy of being)가 있었기 때문이다.

토마스의 인식론은 그의 교리에서 특징적인 것 중 하나이다. 지식은 감각 자료에서 출발하여 본질에 대한 지식을 획득하는 과정이다. 감각 자료는 혼란스러운 다수의 느낌으로 주어지는 것이 아니라, 다양한 느낌이 하나의 구체적인 객체를 표현하는 방식으로 연결된 하나의 영상으로 주어진다. 그러나 이것은 아직 참지식이 아니다. 왜냐하면 참지식은 사물의 본질을 언급하는데, 그것은 무상한 구체적 객체의 영상이기 때문이다. 그러므로 지성은 그 영상에서 본질을 구성하는 것을 추출해야 한다. 토마스의 인식론은 구체적인 것에서 시작하여 구체적인 것에서 끝나지만, 구체적인 것에서 구체적인 것으로 진행하는 과정에서 지성이 본질적이고 보편적인 개념들을 통과하기 때문에 정당성을 획득한다.

모든 법과 질서의 기원은 우주의 최고 통치자이신 하나님 안에 있는 "영원한 법"이다. 이 법에서 "자연법"이 나오는데, 그것은 피조물이 영원한 법에 참여하는 방식이다. 이것은 특히 이성적인 피조물에 적용되는데, 이 법이 그들 안에 새겨져서 그들을 도덕적 진리를 향해 인도한다. 이 자연법이 보편적 도덕률, 즉 하나님의 계시된 법을 아는 특수 집단이나 특정의 인간적인 규칙을 따르는 집단에 한정되지 않는 도덕의 기초이다. 자연법은 모든 사람의 마음에 기록되어 있고, 그 수칙이 실천 이성의 제일 원리이기 때문에 보편적이다.

자연법의 제일 원리들은 자명하다. 그러나 그 법에서 나오는 것으로서 이성을 바르게 사용해야만 발견할 수 있는 수칙들이 있다. 따라서 토마스는 자연법을 토대로 윤리 신학을 형성할 수 있었고, 자신의 결론이 보편적인 타당성을 지닌다고 주장할 수 있었다. 이 자연법은 하나님이 주신 신법(神法)에 의해 더 명쾌하고 상세하게 완성되어야 한다.

성례전의 능력은 성육하신 말씀에서 온다. 성례전은 성화의 능력을 지닌 거룩한 실재의 상징이다. 인간은 몸과 혼으로 이루어져 있어 감각할 수 있는 것을 통해서 이해 가능한 것에만 도달할 수 있으므로, 성례전 안에서 감각적인 것을 통해서 이해 가능한 실체들이 계시된다. 이것은 우리가 어떤 객체를 성례전적 상징으로 선택할 수 있다는 의미가 아니다. 우리가 선택할 수 있는 것은 하나님께서 택하시고 제정하신 것들뿐이다.

성례전은 일곱 가지이다. 토마스는 이것을 교회의 전통 교리로 받아들인 듯하다. 실제로는 다소 최근에 롬바르드의 영향으로 성례전이 일곱 가지로 확정되었다.

토마스는 중세 시대의 가장 탁월한 신학자이다. 이는 그가 특히 『신학대전』에서 다양한 질문을 제기하고 해결한 방식에 기인한다. 그러나 이 신학의 가장 중요한 면은 인상적인 구조나 상세한 논의가 아니라, 서방 세계에 침투한 새 철학의 도전에 대처한 방식이다. 만일 중세시대 초기에 자연과 자연법 연구에 큰 관심이 없었다면, 그 이유는 부분적으로는 야만족의 침입 및 뒤이은 혼란, 그리고 신플라톤주의 원리 위에 세워진 신학의 내세 지향성에 있다. 따라서 지식의 출발점으로 감각의 중요성을 강조한 새 철학이 발달한 13세기에 자연과학 연구에 대한 각성이 있었던 것은 당연한 현상이다.

토마스는 신학뿐만 아니라 서구 문명 전체에 크게 기여했다. 신학은 역사의 구체적인 사건들 안에 이스라엘의 하나님과 교회의 하나님이 계시되어 있다는 성경적 원리를 더 강하게 강조할 수 있었다.

서구 문명은 물질계와 관련하여 아리스토텔레스의 탐구 정신을 되찾으면서 관찰과 탐구라는 방법을 따를 수 있게 되었는데, 그것은 결국 장차 서구 문명의 특징이 될 기술의 발달로 이어졌다.

토마스의 가르침은 여러 번 공식적으로 정죄 된 것을 포함하여 많은 반대를 받았다. 그러나 1323년에 요한 22세가 아비뇽에서 토마스를 성인으로 시성했고, 그 후 그의 영향력이 커졌다. 그에 대한 과거의 정죄가 철회되었다. 그를 따르고 그의 글을 주석하는 사람이 증가했다. 심지어 그를 반대하는 사람들도 그를 13세기 최대의 신학자로 여겼다. 1567년에 교황 피우스 5세는 그에게 "교회 박사"(Universal Doctor of the Church)라는 칭호를 부여했다.

극단적인 아리스토텔레스주의

라틴 아베로에스 학파(Latin Averroists)—아베로에스의 아리스토텔레스 해석을 의존했기 때문에 이렇게 불렸다—는 새 신학에 전념하면서 자기들 앞에 열린 새로운 분야를 거리낌 없이 탐구했는데, 어떤 면에서 전통적인 기독교 교리에 반대되는 듯한 이성적 탐구에 관여했다.

기독교의 전통 교리에 반대되는 듯한 것 중 하나는 세상의 영원성인데, 아베로에스 학파는 무에서의 창조라는 전통적인 견해에 반대하여 세상의 영원성을 옹호했다. 또 하나는 모든 지성이 하나이며, 인간의 지성은 죽어서 일자(the One)에게 돌아간다는 관념이다. 또 하나는 철학은 신학의 방향과 상관없이 자유롭게 탐구해야 한다는 주장(이것은 철학과 신학의 "이중 진리"라고 말하기도 했다)과 천문학적인 경향이었다.

이 극단적인 아리스토텔레스주의에 대한 최초의 반대는 어거스틴파 신학자들에게서 시작되었다. 1267년부터 보나벤투라는 아리스토텔레스주의 논제를 공격하는 많은 글을 저술했다. 1270년에 토마스가 『지성의 통일에 관하여』(On the Unity of the Intellect)에서 지성의 통일을 가르치는 사람들에게 "아베로에스파"라는 호칭을 부여했다. 한편 이때 토마스와 어거스틴파라고 불리는 보수적 신학자들의 사이가 벌어졌기 때문에, 두 극단적인 입장 사이에서 토마스의 중도적 입장이 두각을 나타내기 시작했다. 1270년에 파리의 주교가 세상의 영원성, 하나님의 섭리를 부인함, 능동적 이성의 통일성, 그리고 결정론을 다루는 극단적인 아리스토텔레스주의의 13가지 오류를 정죄했다. 교황의 이러한 조처에도 불구하고, 파리대학에서 1328년까지 논란이 계속되었고, 파두아(Padua)에서는 17세기까지 계속되었다.

제18장

중세시대 후기의 신학

13세기의 마지막 몇 년은 이노센트 3세와 토마스 아퀴나스와 보나벤투라가 이룬 중세 교회 생활의 전성기에서 몰락기로 접어든 전환기였다. 교황직을 가장 강력하게 옹호한 보니파티우스 8세(Boniface VIII) 때 교황의 권한이 쇠퇴하기 시작했다. 토마스 아퀴나스와 보나벤투라가 1274년에 사망했다; 이 장에서 다룰 둔스 스코투스(John Duns Scotus)는 그보다 10년 전에 태어났다. 보니파티우스 8세의 경우처럼, 스코투스를 어거스틴파 신학의 정점 또는 스콜라 철학의 멸망으로 이어질 쇠퇴 과정의 시작으로 볼 수 있을 것이다.

스코투스는 1308년에 사망했고, 일 년 후 교황이 아비뇽에 거주하여 프랑스의 지배를 받으면서 중세 교회는 눈에 뜨이게 쇠퇴하기 시작했다. 거의 75년 동안(1309~1387) 교황들은 아비뇽에 거주했다. 교황들은 아비뇽 체재 비용을 충당하기 위해서 교회 과세 제도를 수립했는데, 그 때문에 교회 전체가 성직매매라는 비난을 받았다. 특히 그러한 권위가 프랑스 왕가의 수중에 있는 것처럼 보였으므로, 하나의 보편제국이라는 이상에 맞서 독립국의 지위를 주장한 유럽의 신흥국가들은 보편적인 교회의 권위라는 이상에도 의심을 품었다. 이 시기가 영국과의 백년전쟁 기간이었음을 잊지 말아야 한다. 과격한 프란치스코회(Fraticelli)처럼 개혁의 열정을 품은 사람들이 "교회의 바벨론 유수"에 주목하기 시작했다. 이 모든 일의 최종 결과는 교황권의 특권 상실이었는데, 교황권이 바닥으로 전락한 듯했다.

그런데 교황권에 더 큰 치욕이 다가오고 있었다. 1378년에 교황이 로마로 귀환했다. 프랑스 추기경들은 로마 교황이 진정한 교황이 아니라고 주장하면서 자기들의 교황을 선출했다. 이로 말미암아 서방 분리 대란(Great Western Schism)이 발생하여 15세기까지(1378~1417) 지속했다. 결과적으로 서유럽 전체가 분열하여 각기 두 명(때로는 세 명)의 교황에 충성하게 되었다.

이 상황에서 벗어나기 위해서, 그리고 이단과 싸우고 개혁을 촉진하기 위한 방법으로 공의회 수위설(首位說)이 힘을 얻었다. 공의회 수위설 지지자들은 대체로 전체 교회를 대변하는 공의회가 분열을 치유하고 교회를 쇄신하고 이단을 종식하며, 누가 정당한 교황인지 결정할 권위와 권한을 가져야 한다고 주장하는 온건한 개혁자들이었다. 요한 후스를 정죄하고 화형에 처한 콘스탄스 공의회가 교황권의 분열을 종식하고 어느 정도 질서를 회복했으므로 공의회 수위설은 한 차례 큰 성공을 거두었다.

15세기 후반의 교황들은 이탈리아 르네상스 정신에 물들어 있었다. 따라서 보헤미아, 네덜란드, 잉글랜드, 그리고 유럽의 다른 지역에서 개혁의 외침이 들려오는 동안 교황들은 계속 아름다운 것과 부를 축적하고 있었다. 신세계가 발견되었을 때, 알렉산더 6세는 그 지역 선교에 대한 관심을 두지 못할 만큼 바빴다. 그를 비롯하여 그의 후계자들은 포르투갈과 스페인 왕에게 모든 책임을 맡겼다. 결국 교황권은 모든 사람의 존경을 받아야 할 영적 권위와 모든 사람이 주목해야 할 정치적 중재자 역할을 잃었다.

교회의 영적 권위의 전반적인 몰락에 직면하여 신자들은 여러 방법으로 해결책을 추구했다. 어떤 사람들은 공의회가 사태를 바로잡고 교회를 개혁하기를 바랐다. 어떤 사람들은 교회 및 교회의 문제들을 버려두고, 하나님과의 교제를 찾는 방법으로 신비주의에 귀의했다. 또 후스, 위클리프, 사보나롤라 같은 사람들은 기성 교회 권위자들과의 충돌이 불가피하다는 것을 알면서도 더 전반적인 교회의 쇄신과 개혁을 추구했다.

먼저 둔스 스코투스에 대해 다루고, 그다음에 공의회 수위설과 그 신학적 협력자라 할 수 있는 유명론(nominalism)을 다루고, 중세 후반의 신비주의를 다루고, 마지막으로 16세기 종교개혁의 선봉이라 할 수 있는 다양한 개혁 시도에 대해 살펴보려 한다.

둔스 스코투스

어거스틴-프란치스코회 전통은 "정묘박사"(the Subtle Doctor)라고 불리는 둔스 스코투스(John Duns Scotus)에서 절정에 달했다. 스코투스의 신학이 실용적인 학문이었다는 점에서 그는 기본적으로 프란치스코회 신학자였다. 이것은 그가 신학을 단순하고 오늘날 "실용적인" 것이라고 부르는 것에 직접 적용할 수 있는 것으로 생각했다는 의미가 아니라, 신학의 목적은 인간이 피조된 목적—하나님과의 교제—을 성취하는 데로 이어져야 한다고 여겼다는 의미이다.

스코투스는 어거스틴주의 전통을 따라 의지가 이성보다 우위에 있다고 주장했다. 이것은 하나님뿐만 아니라 인간에게도 적용된다. 인간의 의지는 물론 하나님의 뜻은 자체의 활동의 유일한 원인이다. 이것은 스코투스가 묘사한 하나님이 자의적으로 행동하는 변덕스러운 존재라는 의미가 아니다. 절대적으로 단순하신 하나님 안에서는 이성과 의지가 같다. 그러나 인간의 관점에서 보면 하나님 안에서 의지가 이성보다 우월하다고, 또는 사랑이 지식보다 우월하다고 주장해야 한다.

그러므로 하나님은 자유로운 분이시므로 이성에 반대되더라도 무슨 일이든지 하실 수 있다는 것이 스코투스의 주장이라고 생각하는 것은 후대 사상가들의 견해에 불과하다. 물론 다수의 후대 사상가들이 스코투스의 주의주의(主意主義)를 출발점으로 삼고 강조했다.

스코투스는 하나님 안에 있는 의지와 전능하심의 우월성을 주장한 데 따른 결과로 성육신이 단순히 인간의 죄, 구속의 필요성, 이러한 사실들에 대한 하나님의 예지의 결과가 아니라고 주장했다. 그리스도는 하나님 사랑의 주 대상으로 성육하기로 예정되었다. 그러므로 성육신은 인간의 죄와 상관없이 하나님의 전체 목적의 핵심이다.

스코투스는 그리스도의 사역을 하나님에게서 소외된 우리의 상태를 극복하는 큰 사랑의 행위요, 또 인류의 죄에 대한 보속 행위로 보았다. 그러나 그는 죄에 대한 보속 및 그것이 제공하는 방식을 합리적 필연성의 요건들이 주도한다는 안셀름의 주장을 거부했다. 보속이 없었다면 하나님은 우리를 잊을 수 있었을 것이다; 만일 보속을 해야 한다면, 그것이 신인(神人)에게서 와야만 할 필요가 없었다; 어쨌든 그리스도의 공로는 인간의 의지의 공로이므로, 그 자체는 무한하지 않다. 만일 보속이 필요하여 제공된다면, 그리고 하나님이 그리스도의 공로를 받으시고 무한한 가치를 부여하신다면, 이는 본질적인 합리적 필연성 때문이 아니라 이런 식으로 우리를 구원하기로 작정하신 하나님의 의지 때문일 것이다. 그러므로 이것은 스코투스가 전통적인 견해를 완전히 버리지는 않았고 또 그것들이 본질상 비합리적이라고 주장하지 않았지만, 구원사의 사건들을 합리적인 것으로 나타낼 수 있다는 근본적인 가정의 가치를 깎아내린 예이다.

기독교 사상사의 발달에 대한 스코투스의 공적은 다양하게 평가되어왔다. 어떤 사람들은 그가 중세 시대의 종합을 파괴하기 시작한 비평가라고 여긴다. 어떤 사람들은 그를 프란치스코 학파의 정점으로 보며, 그에게서 보나벤투라의 직관이 최종 결실을 거두었다고 여긴다. 어떤 사람들은 논증과 정묘한 비판적 논의에 대한 그의 열의를 강조한다. 또 어떤 사람들은 그의 지성의 통찰을 강조한다. 어떤 사람은 그에게서 믿음과 이성의 분리가 시작되었고, 그것이 결국 스콜라주의의 몰락을 가져왔다고 본다. 또 어떤 사람들은 그의 명백한 정통 신앙을 지적한다. 이들은 모두 부분적으로 옳다. 스코투스는 중세 신학의 절정인 동시에 몰락의 시작이었다. 그는 상세한 구분과 이성을 중시하는 스콜라주의의 방법을 발달시켜 궁극적인 결과를 맺게 했다.

유명론과 공의회 수위설

스코투스는 긴박한 정치 문제나 교회 문제에 비추어 신학을 전개하지 않은 중세 시대 마지막 위대한 신학자라고 말할 수 있다. 그는 1308년에 사망했고, 1309년에 교황 클레멘트 5세가 아비뇽에 거주함으로써 교회의 "바벨론 유수" 및 그 여파인 대분열(Great Schism) 시대가 열렸다. 이러한 문제들 및 관련된 문제들을 배경으로 14~15세기에 신학이 발달했다.

이 시대의 가장 주목할 만한 신학자요 철학자는 윌리엄 오캄(William of Ockham, 1280~1349)이다. 오캄은 유명론자였고, 이성과 계시 사이에 쐐기를 박는 과정에 참여한 중요한 인물이다. 후일 그의 추종자들은 이 과정을 지나친 결론으로 이끌어갔다. 오캄은 교황의 권위를 차단하기 위해 자기의 지적 능력을 사용했다. 엄수파를 지지한 프란치스코회 수도사인 오캄은 교황과 충돌했다. 그는 교회의 권위에 관한 많은 논문을 썼는데, 거기서 교회의 권위와 세속 권위 모두 하나님이 제정하셨다고 주장했다. 그리하여 그는 16세기에 보편화한 독립국가론의 성장에 기여했다. 오캄은 엄격히 교리적인 문제에 관해서 정통 신앙을 떠나지 않았다. 그는 자신이 화체설 같은 다양한 교리를 믿는 것은 그것들이 타당해서가 아니라 권위가 그것들을 가르쳤기 때문이라고 진술했다. 오캄을 비롯한 그 시대의 많은 신학자들은 광범위하고 부정확한 의미에서 유명론자라고 불렸다. 왜냐하면 그들은 보편개념이 이름에 불과하다고 주장하지 않았기 때문이다. 보편 개념은 진리를 전한다.

그들의 신학에서 특징적인 것은 하나님의 절대 권력(absolute power)과 정리된 권력(ordered power)을 구분한 것이다. 14~15세기에 훨씬 전부터 다른 신학자들이 사용했던 이 구분은 스코투스의 과장된 주의주의를 배운 사람들의 지도 원리가 되었다. 모든 사람은 그 구분이 하나님의 전능하심을 고려하여 하나님이 이성이 기대하거나 요구하는 것과 다르게 행하실 수 있다는 것, 그렇기 때문에 하나님이 선택하신 일이기 때문에 참된 것을 논리적 필연성의 논거로 증명하려는 것은 무익하다는 의미로 이해했다.

그것은 논리적 게임 이상의 것이었다. 그것은 유명론자들이 의식하고 있는 종교적·신학적 의미를 함축했다. 예를 들면, 그것은 현재의 질서, 구원을 위해 제공된 방편, 그리고 인간의 이성은 필연이 아니라 하나님의 자비에서 나온 것임을 분명히 했다. 신학 분야에서 그것은 스콜라주의 체계의 핵심이었던 신앙과 이성의 일치를 파괴했다. 만일 하나님이 회개하지 않은 죄인을 용서하실 수 있다면, 하나님이 회개와 참회를 용서와 연결하기로 작정하셨다는 계시된 사실에 기초해서만 참회의 성례를 옹호할 수 있다.

이것은 매우 대담한 견해이다. 그것은 하나님의 전능과 인간의 유한함에 대한 궁극적인 고백이다. 그러나 이성에 관해서는 이렇게 말한 후에는 더 말할 것이 없게 된다. 우리가 할 수 있는 것은 하나님이 원하여 주시는 신적 계시를 받아들이고, 아무 질문도 하지 않는 것뿐이다. 이는 질문하는 것이 불신의 표식이기 때문이 아니라 인간적 추론의 유한하고 우연한 본질을 이해하지 못했다는 표식이기 때문이다. 기독교 사상사에서 그러한 발달 현상 다음에 세 가지 대안이 제시되었다: 계시의 의미를 새롭게 발견하려는 시도, 중세의 위대한 종합의 시기로 복귀하는 것, 또는 이성을 새롭게 이해하려는 시도. 후대의 신학자들은 이 세 가지 중 하나를 따랐다.

공의회 수위설이 유명론과 완전히 같다고 여겨서는 안 된다. 왜냐하면 공의회 수위설의 기원은 수백 년 전에 있기 때문이다. 그 기원 중 하나는 비교적 일찍부터 교황 수위권을 지지하면서도 이론적으로 교황이 이단이거나 분파주의자일 가능성을 다루어온 교회법이다. 또 하나는 교황권, 특히 교황청의 물질적인 부유함과 부패에 대한 비판이었던 요아킴주의, 그리고 엄수 프란치스코파와 관련된 것이다.

반면에 중세 후기의 유명론자들과 공의회 수위설은 밀접한 관련이 있다. 그 이유는 부분적으로 대분열 시대에 가장 탁월한 신학자들이 유명론자들이었기 때문이다. 유명론 자체와 공의회 수위설과 결합한 교회론 사이의 내적 관계에도 원인이 있다. 소위 유명론자들이 했던 것처럼 보편 개념이 독립된 실체가 아니라 개체를 나타내는 개념으로 실재한다면, 마치 그것들이 교회라는 관념을 구현한 후에 그 실체를 신자들에게 전해주는 듯이 교회의 실체는 영원한 관념이나 위계 안에서 발견되는 것이 아니라 하나의 공동의 몸인 신자들 안에서 발견되어야 한다. 신자들은 위계에서 교회의 실체를 얻는 것이 아니다. 교회는 신자들의 몸이며, 교황과 주교와 성직자들과 평신도들은 그 지체이다.

이처럼 교회의 총공의회는 교황을 해임할 권리, 또 교황이라고 주장하는 사람이 하나 이상일 때 정당한 교황을 결정할 권리를 지녔다. 이것은 공의회 수위설을 주도한 사람들이 공의회가 결코 실수하지 않는다고 믿었다는 의미가 아니다. 오캄은 어제 잘못을 범한 신자가 마찬가지로 잘못을 범하는 사람들과 함께 모였기 때문에 실수를 범하지 않는다고 기대할 수 없다는 점을 지적했다. 오캄은 공의회, 교황, 주교들, 그리고 신학자들이 잘못을 범할 수 있으며, 여성과 어린아이를 포함하여 겸손한 정신으로 이성을 바르게 사용하여 성경을 읽은 평신도들이 기독교 신앙의 진리를 주장할 것이라고 시사했다. 어쨌든 참 교회, 즉 신자들의 몸의 대표인 공의회는 참 교리, 교회 개혁, 일치의 회복을 옹호할 기회를 소유했다.

공의회 수위설은 파두아의 마르실리우스(Marsilius of Padua, 1275~1342)의 『평화 옹호사』(Defensor pacis)에서 죄송 결과를 나타냈다. 그것은 교회와 교권제(敎權制)가 국가에 대한 사법권을 갖지 못한다고 선언했다. 예수는 국가의 권력에 복종했고, 예수와 사도들은 가난하게 살았다. 교회 지도자들도 이처럼 해야 한다. 국가의 궁극적 권위는 통치자에게 있는 것이 아니라 인민(마르실리우스는 성인 남성을 지칭했다)에게 있다. 그들에게 법을 제정할 권위가 있고, 통치자의 권한은 인민으로부터 위임된 것이다. 학자들은 『평화 옹호자』를 세속 국가와 민주주의를 향한 주요 단계로 여긴다.

중세 말의 신비주의

14~15세기에 신비 신앙이 부흥했다. 이것은 라인강 유역에서 매우 현저했지만, 브리튼과 스페인과 이탈리아에 라인란트 운동(Rhineland movement)에 상응하는 운동이 있었다. 14세기 신비주의의 위대한 교사인 도미니크회 수도사 에크하르트(John Eckhart)는 라인강가에서 활동했다. 에크하르트가 감정적 열광주의자나 무식한 선동가나 정적주의 은둔자가 아니었다는 점이 새로운 신비주의의 전형적인 경향이었다. 그는 파리대학에서 수학한 학자였고, 부당한 감정주의를 거부한 냉철한 정신의 소유자였고, 도미니크 수도회의 실생활과 행정에 적극적으로 참여했다. 스승만큼 학구적이지는 않았던 그의 제자 요한 타울러(John Tauler)와 하인리히 수소(Henry Suso)에 대해서도 같은 말을 할 수 있다. 라인강 하류 저지대(Low Countries)에 공동생활 형제단을 설립한 그루테(Gerard Groote)에게 영향을 준 유식한 신비가 루이스브렉(John Ruysbroeck)이 살았다. 곧 이 운동 및 이와 비슷한 운동이 라인란트 전역과 그 너머로 퍼져 "신경건운동"(devotio moderna)을 촉진했다. 이 운동의 추종자들은 공동생활을

하면서 지나친 금욕 생활이 아니라 연구와 묵상, 서로 죄를 고백함, 그리스도의 삶을 본받음 등을 통해서 육체노동과 내면생활 계발에 헌신했다. 가장 영향력이 큰 그들의 전형적인 저서는 토마스 아켐피스(Thomas a Kempis)의 것으로 알려진 『그리스도를 본받아』(The Imitation of Christ)이다.

이 유형의 신비주의가 스콜라주의의 몰락에 기여했다. 이들의 지도자들 대부분은 스콜라학파의 가장 훌륭한 전통 속에서 교육받았지만, 학구적 사회에서 사소한 것들을 따지고 있다는 것을 의식했고, 그러한 노력이 신앙생활과 관련이 없다는 결론에 도달했다. 그들은 교권과 이성의 한계를 강조하는 경향을 나타냈다.

그 외의 개혁 시도

어느 면에서 공의회 수위설과 중세 말의 신비주의는 개혁 시도였다. 전자가 제도적 갱신의 길을 따른 데 반해, 후자는 깊은 영성생활을 통해서 개혁을 추구했다. 이제 갱신을 추구한 세 번째 방식을 알아보아야 한다. 그것은 기성 교회의 인정을 기대하지 않고 행한 지역적이고 직접적인 개혁 행위를 통한 것으로서, 종종 분열로 이어지거나 이단으로 고발되기도 했다.

14~15세기에 일부 지식인들이 전통적인 기독교에 항의하기 시작했다. 여러 교리에서 그들은 16세기 개혁 운동의 선구자라 할 수 있다. 이 종교개혁의 선구자 중에서 주목할 만한 사람은 위클리프, 후

스, 그리고 사보나롤라이다.

위클리프(John Wycliffe, 1329~1384)는 요크셔 출신으로서 생의 대부분을 옥스퍼드에서 처음에는 학생으로, 다음에는 교사로 지냈다. 젊어서는 철학과 신학에 관심을 둔 듯하다. 그러나 말년에, 특히 1378년에 대분열이 시작된 후 제도적 교회에 대한 비판이 한층 과격해졌다. 처음에는 정치적인 지원, 특히 에드워드 3세의 아들인 존 오브 곤트(John of Gaunt)의 지원을 받았다. 그러나 그의 견해가 점점 과격해지면서 과거 그의 정치적 동맹이었던 사람들은 그가 자기들에게 도움이 되지 못한다고 여겼다. 그는 1381년의 농민 봉기를 조장하지 않았지만, 사람들은 이것을 그의 견해와 연결하려 했다. 그 후 그는 더욱 고립되었다. 그는 옥스퍼드 대학 동료들의 지지를 잃은 후에 루터워스 교구에 가서 1384년에 사망할 때까지 그곳에 머물렀다. 교황과 영국의 주교들이 거듭 거의 견해를 정죄했지만, 그는 비교적 평온하게 생을 마감했다. 후일 그가 파송했던 롤라드파(Lollards)라고 알려진 "가난한 설교자들"(poor preachers)은 심한 박해를 받았고, 15~16세기에는 그들 중 다수가 화형을 당했다. 1415년에 콘스탄스 공의회는 200개가 넘는 위클리프의 명제를 정죄하고, 그의 유해를 묘지에서 꺼내 버리라고 명했다. 이것은 1428년의 일로서, 그의 유해를 무덤에서 파내어 불에 태운 뒤에 스위프트 강에 던졌다.

위클리프는 이성과 계시가 서로 반대될 수 없다는 견해를 취했다. 왜냐하면 그 둘 다 같은 보편 진리로 이어지기 때문이다. 인간의 이성이 타락으로 말미암아 약해졌고, 우리의 능력으로 알 수 있는 것을 보완하기 위해 계시가 필요하지만, 이성은 기독교의 많은 진리를 증명할 수 있다.

여기까지는 위클리프가 보수적인 것처럼 보인다. 그러나 계시에 대한 그의 이해는 그 시대에 받아들여지고 있던 견해에서 벗어난다. 그는 처음에는 교회와 전통이 성경 해석의 안내자 역할을 한다고 인정했지만, 점차 소위 기독교 전통이라는 것의 많은 부분이 성경에 위배된다고 확신했다. 교회 안의 부패와 분열에 대한 혐오감, 그리고 논리와 일관성을 향한 불굴의 사랑은 그가 성경의 권위가 교회의 전통이나 고위 성직자들의 권위보다 우위에 놓여야 한다고 주장하게 했다. 성경은 부패한 성직자들이 독점하기 위한 것이 아니라 신실한 사람들에게 하나님이 주신 것이다. 이런 까닭에 성경을 백성들의 언어인 영어로 번역해야 할 필요성이 생겼다. 이것이 위클리프를 고취하고 그의 추종자들이 실현한 프로젝트이다.

위클리프 신학의 또 하나의 기본 요소는 "지배"(dominion), 또는 주권(lordship)에 대한 견해이다. 하나님의 지배는 모든 지배의 기초이다. 왜냐하면 하나님만이 다른 것에 대한 정당한 지배권을 소유하기 때문이다. 인간, 그리고 천사들이 다른 피조물을 지배할 수 있는 것은 그것들을 지배할 권한을 지니신 하나님이 그중 아주 작은 부분을 피조물에 주시거나 빌려주어 하나님의 뜻에 따라 사용하게 하셨기 때문이다. 종종 세속정부나 교회가 지배권을 옳지 않게 사용한다. 그렇게 행하는 자의 권력은 종으로서의 복음적인 지배가 아니라 강압적이거나 인간적인 지배이다. 교회 당국은 어느 경우에든지 영적인 일에만 발휘할 수 있는 지배권을 정당하게 사용하지 않으면 그 지배권을 상실하며, 평신도들은 그러한 교회에 충성할 필요가 없다.

그의 교회론은 보이는 유형의 교회와 보이지 않은 무형의 교회라는 어거스틴의 구분에 기초를 둔다. 무형의 교회는 택함 받은 자들의 몸이며, 유형의 교회에는 택함 받은 자와 타락한 사람이 포함된다. 택함 받은 사람과 타락한 사람을 정확히 구분할 방법이 없지만, 비교적 정확하게 추측하게 해주는 표식들이 있다. 그것은 경건한 생활, 그리고 하나님의 뜻에 대한 순종이다. 이러한 표식에 기초하여 교황이 타락한 자요 적그리스도이므로 신자들에 대한 지배권을 주장할 수 없음을 확신할 수 있다.

위클리프는 임종하기 4년 전인 1380년에 화체설을 공격했다. 이는 축성된 떡과 포도주가 실제의 떡과 포도주가 아니라는 관념을 받아들일 수 없었기 때문이었다. 그러한 주장은 가현설과 마찬가지일 것이다. 일찍이 가현설이 하나님이 참 인간 안에 성육하신 것을 부인했듯이, 이 성찬론은 참 물질인 떡과 포도주 안에 주님이 임재하신다는 것을 부인하기 때문이었다. 그러므로 축성한 후에도 떡은 떡이요 포도주는 포도주로 남는다. 그런데도 그리스도의 몸과 피는 성찬 안에 임재한다. 그것들은 신자들의 구원을 위해 작용한다는 점에서 현존하며; 영적인 의미에서 성찬을 받는 자의 영혼 안에 현존하며; 성례전적이고 신비한 의미에서 현존한다. 왜냐하면 하늘에만 육체적으로 현존하는 그리스도의 몸이 영적인 방식으로 떡 안에 임재하실 수 있기 때문이다.

위클리프의 견해는 사라지지 않았다. 그의 견해는 롤라드파의 설교를 통해서 그가 사망한 후에도 영국에 살아남았다. 롤라드파는 16세기까지 존속했고, 그중에서 남은 자들은 영국 종교개혁에 합류했다. 일부 보헤미아로 간 사람들은 후스와 그의 추종자들과 합류했다.

후스(John Hus)는 프라하의 베들레헴 성당(Holy Innocents of Bethlehem)의 설교사요 프라하대학 총장이었다. 그는 위클리프의 저술의 영향을 받아 위클리프와 비슷한 방식으로 개혁을 추구했다. 당시 보헤미아에 독일인에 대한 반감이 많았는데, 후스가 그러한 정서의 상징이 되었다. 위클리프와 그 운동의 최종 결과가 정치 상황에 달려 있었던 것처럼, 정치적인 고려도 이 새 운동의 흐름과 다르지 않았다. 오랫동안 투쟁한 후에 후스는 콘스탄스 공의회에 출두하라는 명령을 받았고, 지기스문트 황제가 통행허가증을 발행해 주었다. 그럼에도 불구하고 다일리(Pierre d'Ailly)과 제르송(Jean de Gerson) 같은 개혁자들의 개입으로 1415년에 공의회는 후스를 정죄하고 화형에 처했다. 그 소식이 보헤미아에 전해지자, 후스는 민족의 영웅이 되었고, 그의 견해는 민족의 자부심이 되었다. 그의 추종자들은 곧 분열했고, 그로 말미암아 전쟁이 벌어졌지만, 후스의 교리는 사라지지 않았다. 15세기 중반에 그의 추종자들은 발도파와 결합하여 보헤미아 형제단을 구성했는데, 이들은 개신교 종교개혁의 이상을 받아들였다.

후스의 교리는 위클리프의 것과 완전히 같지는 않았지만, 본질적인 점에 관해서는 둘의 견해가 같다고 말할 수 있다. 여기에서 그들의 가르침의 모든 면을 비교할 수 없으므로, 전반적으로 후스가 위클리프보다 온건했다고 말하는 것으로 만족하려 한다. 특히 용어 사용, 면죄부 문제에 위클리프보다 더 큰 관심을 갖게 한 상황, 그리고 베들레헴 성당의 설교자라는 직위 등은 그의 교리적 견해를 전례 개혁으로 전환할 기회를 제공했다.

마지막으로 사보나롤라(Girolamo Savonarola)에 대해 말해야 한다. 그는 도미니코회 수도사로서 토마스주의와 요아킴의 종말론적 기대를 결합한 열정적인 개혁자였다. 사보나롤라는 탁월한 신학자가 아니었지만, 르네상스가 고대 이교 예술의 부흥, 종교보다 미학을 강조하는 방향을 취한 이탈리아에서도 "허영의 화형식"(burnings of vainties)을 가능하게 하려는 종교개혁에 대한 관심이 있었다. 이 일은 사보나롤라의 주도로 피렌체에서 벌어졌다. 스페인이나 폴란드, 또는 서방 기독교계의 다른 지역에서도 영성생활의 갱신 추구를 발견할 것이다. 이러한 영성생활 갱신 추구는 결국 16세기 종교개혁과 역종교개혁이라고 알려진 가톨릭 운동으로 이어졌다.

제19장

새벽인가, 황혼인가?

 이제 한 시대의 끝에 이르렀다. 콘스탄티누스 대제의 기독교 도시 콘스탄티노플은 이스탄불로 이름이 바뀌었다. 구세주의 이름으로 불리던 도시가 모하메트를 찬양하는 곳이 되었다. "새 로마"라는 주장은 모스크바에 빼앗겼고, 모스크바를 중심으로 신흥 제국이 출현하고 있었다. 서방에서 옛 로마제국의 상황은 동방의 비잔틴 제국보다 크게 좋지는 않았다. 로마제국은 세계의 중심이라는 과거의 위상을 잃었고, 민족주의로 분열된 유럽 안에 있는 하나의 정치적 요인으로 전락했다. 스페인에서는 여러 작은 왕국들이 연합했고, 무어인들이 사라지고, 세속적인 사람들, 그리고 자기보다 더 경건한 사람들을 위해 비축하려는 많은 영혼의 마음을 끌어당기는 황금이 있는 서방을 향한 새 지평선이 열리고 있있다. 이동 가능한 인쇄기가 믿을 수 없을 정도로 빠르게 인쇄물을 퍼뜨리기 시작했다. 콘스탄티노플에서 추방된 그리스어를 사용하는 사람들은 이탈리아에 고전 그리스 학문을 재도입하고 있었다. 로렌조 발라(Lorezo Valla) 같은 학자들은 중세시대의 세계관이 기록된 문서들의 진정성을 의심하고 있었다. 어떤 학자들은 사본 전달 과정에서 고대 기독교의 진정한 본문들이 얼마나 변질되었는지 찾아내려 했다.

이러한 큰 사건들에 개입된 사람 중 다수는 자기들이 수천 년 동안 전해 내려온 미신과 무지가 극복될 새날의 새벽에 살고 있다고 주장했다. 지나간 천 년이 "중세시대"라고 불리는바 진정한 인간의 발달과 르네상스의 새 시대를 방해했다는 것이 널리 퍼져 있는 생각이었다. 이제 사라진 시대의 최고의 예술적 업적은 "고딕"(Gothic), 즉 야만적인 것이라고 불렸고, 건축가와 화가와 조각가들은 고전 그리스-로마 예술의 정신을 회복하려고 노력했다.

조직화된 교회가 이러한 발달 현상에 반대했다고 가정하는 것은 잘못일 것이다. 교황들은 훌륭한 예술가와 학자들을 자기의 수행단으로 끌어들이려고 이탈리아 군주들과 경쟁했다. 콘스탄티누스 대제의 증여(Donation of Constantine)가 가짜임을 증명함으로써 로마 교황의 지상권(地上權)을 공격한 로렌조 발라 자신은 교황의 지원을 받았다. 수도사들과 일부 평신도들이 항의했지만, 교황권은 그 시대의 정신에 사로잡혀 있었다.

중세시대의 종말은 환영받기도 하고 유감으로 여겨지기도 했다. 모든 측면에서 삶의 가치를 다시 의식하게 했다는 점에서는 환영을 받았다. 비잔틴의 종교 예술은 성육신과 관련된 사건들이 일상적인 인간의 경험과 다르다는 인상을 주었고, 서방 회화의 나른한 표현은 기독교인이 되려면 인간적이지 않아야 한다고 암시하는 듯했으며,

미켈란젤로가 씨스티나 성당에 표현한 인물들은 우리가 인간이라는 것, 성육하신 하나님이 속하신 인류 중 하나임을 자랑하게 한다. 반면에 중세시대가 사라지는 것을 유감스럽게 여길 수도 있다. 왜냐하면 20세기에 이르기까지 여러 이유로 사람들은 자신을 하나님의 조화로운 피조물의 일부, 하나님의 자비로 말미암아 이 세상에서 짐승과 식물과 구름과 대양 가운데 존재하는 자로 여기지 않았기 때문이다. 중세시대의 종말은 성육신 안에서 우리가 하나님과의 조화의 결과요 그것을 획득하기 위한 수단으로서 하나님 및 피조세상과 조화를 이루며 살 수 있게 하셨기 때문에 성취할 수 있는 목표를 소유한 불완전한 존재로서의 인간의 종말이기도 하다. 르네상스 시대에 자신의 삶 및 주위의 모든 것을 지배하는 자로 출현한 새로운 인간, 하나님의 성육을 필요로 하지 않는 인간은 곧 환경을 약탈하고 파괴하는 자가 된다.

  중세시대 다음에 개신교 종교개혁과 가톨릭 종교개혁, 그리고 르네상스가 등장했다. 어떤 의미에서 이 두 종교개혁은 새 출발이었지만, 어떻게 보면 중세 시대의 연속이었다.

제3부

종교개혁 시대부터 현재까지

제20장

한 시대의 끝

중세시대의 종합이 해체되는 데 작용한 요인들은 서로 연결되어 있으므로 분리할 수 없다. 그러나 이러한 요인 중 가장 중요한 것이 유럽의 현대 국가들의 탄생, 교회의 위계제도에 대한 회의, 신비주의가 제공한 대안, 유명론이 스콜라 신학에 미친 영향, 그리고 르네상스의 인문주의라고 말할 수 있다.

민족주의 정서의 성장

16세기 초의 가장 중요한 정치 현상은 근대국가의 탄생일 것이다. 그 시기의 특징은 중세시대의 봉건주의에서 근대의 중앙집중적 군주국으로의 이동이다.

15세기 말 카스티야의 이사벨라가 아라곤의 페르디난드와 결혼한 것은 통합된 스페인 탄생을 위한 결정적인 조처였다. 그로부터 얼마 후에 이 통합이 성취된 듯하다. 1492년에 무어인들이 그라나다의 마지막 요새에서 쫓겨났고, 1512년에 페르디난드가 포르투갈과 나바르(Navarre)를 정복했다.

무어족과의 전쟁의 결과로서 스페인은 국가의 지위를 가톨릭 신앙과 동일시했고, 신세계를 정복하려는 정신과 반도 전체를 되찾으려는 정신으로 말미암아 끊임없이 불신자들을 공격하는 십자군 원정을 벌였다.

그러나 스페인은 자기 나름의 가톨릭 국가였다. 스페인은 신성로마제국의 일부인 적이 없다. 그것은 스페인의 카를로스 1세가 신성로마제국의 황제로 선출되었을 때 다수의 스페인인이 보인 부정적인 반응에서 알 수 있다. 그리하여 스페인은 자기 방식대로 가톨릭 교계에 합류했다. 알렉산더 6세가 스페인과 포르투갈의 왕에게 아메리카 대륙의 교회 문제의 관할권을 부여하는 국왕 교회 보호권(*patronato real*)을 승인하면서 교계제도(敎階制度)는 국왕에 종속되었다. 국왕은 정통신앙을 옹호한 종교재판소를 효과적으로 통제했는데, 그 기능은 비밀 유대교인들과 회교도 추정된 사람들의 재판을 통한 가톨릭 신앙의 보존, 그리고 스페인 혈통과 문화의 정화였다. 마지막으로 그 시대의 많은 교황이 스페인 정책 수행을 위한 효과적인 도구 역할을 했다.

16세기에 프랑스는 서유럽에서 가장 중앙집중적인 군주국이었다. 스페인과 영국에서는 왕의 권한에 많은 제약이 있었지만, 프랑스에는 그러한 제약이 없었다. 영국을 상대로 한 백년전쟁은 스페인에서 무어족을 대적한 십자군 원정과 같은 역할을 했다: 그것은 프랑스 민족주의 정서의 집결지였다. 프랑스가 기독교계의 중심지가 된 듯한 시기가 있었다. 이는 교황이 프랑스의 아비뇽에 거주했기 때문이다. 교황은 로마로 귀환했지만, 프랑스 국왕이 교회에 행사했던 통제권을 회수할 수 없었다.

영국은 15세기부터 갓 통합된 국가로 출현했다. 16세기가 시작될 때 헨리 7세는 마침내 요크가(家)의 반대를 극복했다. 그 후 그가 요크의 엘리자베스와 결혼하면서 시행한 회유책이 전반적인 성공을 거두었다. 1509년에 헨리 7세가 사망하고, 요크가와 랭카스터가의 상속인인 아들 헨리 8세가 왕위에 올랐다. 이러한 정치적 통합에는 민족주의 정서의 성장이 선행했고 수반되었다. 14~15세기에 영국의 대외정책의 특징이 백년전쟁이었고, 아비뇽 교황청은 프랑스의 이해관계와 결합하여 있었으므로, 영국에서의 민족주의의 성장에 교황청과 영국의 이해관계가 상반된다는 의식이 동반되었다. 그 결과 영국의 자금이 교황청의 재원에 들어가는 것을 막기 위한 법이 시행되었다. 안네이트 법(Act of Annates), 상소 금지법((Act in Restraint of Appeals), 수장령(Act of Supremacy) 등 로마와의 유대를 단절하고 영국 국교회를 독립시킨 법들은 영국에 대한 교황의 영향력을 억제하려는 일련의 시도의 절정이었다.

16세기가 시작되면서부터 끝날 때까지 독일은 잡다한 주권국(主權國)들로 이루어져 있었다. 신성로마제국이 다스리기로 되어 있었지만, 강력한 귀족들의 이해관계 때문에 그 세력이 매우 제한되었다. 더욱이 합스부르크가의 황제들은 독일 여러 지방의 세습적 통치자인 동시에 신성로마제국 전체의 선출된 통치자들이었으므로 종종 국가 전체의 이익보다 자신의 세습적 이익을 우위에 둠으로써 국가의 통합 과정을 방해했다. 그러나 정치적 분열에도 불구하고 독일에는 두 가지 방식으로 민족주의가 스며들어 있었다. 첫째는 봉건적인 지역 너머까지 민족주의 감정이 성장한 것이다. 둘째는 스위스, 네덜란드, 보헤미아 등이 전통적으로 독일이라고 불린 데서 탈퇴하여 독립국으로 등장한 것이다. 어쨌든 과거에 스스로를 신성로마제국의 중심이라고 여겼던 민족 가운데서 민족주의가 성장하고 있었다.

요약해보면, 16세기 초에 서유럽은 자신을 황제가 세속의 칼을 휘두르고 종교적으로는 교황이 로마에서 영적인 칼을 쥐고 흔드는 단일제국으로 여기지 않았다. 많은 신흥국가가 주권국이라고 주장했는데, 이러한 주장은 종종 교황의 주장뿐만 아니라 교황의 주장과 충돌했다. 이처럼 근대 민족주의는 중세기의 종합이 와해하는 중요한 요인이었고, 개신교 종교개혁과 더불어 발생할 종교 분열의 길을 열어놓았다.

변화로 연결된 또 하나의 요인은 교역과 화폐경제의 발달이었다. 이것은 도시의 성장과 밀접한 관련이 있다. 도시들의 경제적, 치적 힘이 토지를 소유한 귀족들의 세력을 능가하고 있었다. 도시와 대형 금융회사들이 자금을 다루고 관리했다. 가난한 귀족 계층이 증가하여 하나의 사회 계층이 되었다. 도시에 부가 집중되었고, 농업이 아닌 교역에서 부가 파생되었으므로 소작농들은 더욱 가난해졌다. 요컨대 유럽은 변화를 기다리고 있었다.

교황권의 권한 쇠퇴

 민족주의가 성장한 것 외에 교계제도(敎階制度)가 힘과 특권을 상실했다. 이 일은 이노센트 3세 때 교황권의 세력이 절정에 달한 직후부터 시작되었다. 그 과정은 14~15세기에 가속되었는데, 그 당시 연속된 세 가지 사건이 교황권을 약화했다: 교황의 아비뇽 거주, 서방 대분열, 그리고 교황들이 이탈리아의 르네상스 정신에 사로잡힘.
 그 결과 점차 더 많은 자금이 필요한 교황권은 자금을 모으기 위해 기발한 방법을 고안했다. 교황권이 과거 유럽 전역에서 누렸던 특권을 상실하고 있었으므로, 교회에서 부과하는 세금이 더 부담스러워진 동시에 쉽게 정당화하지 못하게 되었는데, 이것은 유럽을 휩쓸고 있던 민족주의의 물결을 강화했다. 마지막으로 면죄부 판매인데, 그것은 로마의 베드로 성당의 완공에 필요한 자금 때문에 도를 넘었고, 루터의 종교개혁의 도화선이 되었다.
 이것은 교회의 교권제도 전체가 부패했다는 말이 아니다. 오히려 자기의 지위에 필요하다고 기대되는 높은 도덕 규범을 옹호하는 유능하고 고결한 지도자들이 많았다. 스페인의 프란치스코 히메네스(Francisco Ximenes de Cisneros) 추기경이 그러한 지도자였다. 그는 뛰어난 지적 업적과 엄격한 금욕주의를 결합한 사람이었다. 그러나 히메네스를 비롯한 많은 사람의 노력에도 불구하고 부패가 만연했다.

신비주의: 하나의 대안

앞에서 말한 것처럼 14~15세기에 신비 신앙이 부흥했다. 이 신비주의는 공개적으로 교회를 공격하지 않았고, 일반적으로 신비주의라고 불리는 강력한 감정적 기쁨을 특징으로 하지도 않았다. 오히려 중세시대 말기의 이 신비가들 대부분은 학문과 묵상과 관상에 몰두한 조용하고 학구적인 사람들이었다. 그들은 기독교적 삶에 대한 자기들의 이해를 전체 교회에 강요하지 않았다. 그런데도 그들의 존재 및 모범적인 삶, 그리고 그들 중 다수가 교회의 직분을 중시하지 않았다는 사실 때문에 많은 사람은 이것이 기독교인이 되는 대체 방법이 아닌지 의아해했다.

스페인, 이탈리아, 그리고 영국에도 중요한 신비 학파가 있었지만, 신비주의 운동의 가장 중요한 결과는 공동생활 형제단(Brethren of the Common Life)의 설립이었다. 공동생활 형제단은 경건하게 살았지만, 은둔생활을 하거나 교회의 직분을 맡기보다 자기들 나름의 사역 형식을 배우고 가르치면서 시간을 보냈다. 그들은 일부 수도회의 엄격한 금욕 수행 대신에 연구와 묵상과 육체노동에 주력했다. 그들의 업적 중 중요한 것은 사본의 대량 출판과 청년들이 그 시대 최고의 학문을 접할 수 있는 학교를 세운 것이다. 로테르담의 에라스무스(Erasmus of Rotterdam)가 이러한 학교에서 교육을 받았다. 그의 고전 학문, 평화의 정신, 깊은 신앙 등에 공동생활 형제단의 흔적이 담겨 있다. 이 운동을 통해서 평신도들이 기독교에 깊이 참여하고 통찰할 기회를 얻었다. 그러므로 이 운동은 16세기에 발생한 사건들 못지않게 기여했다.

유명론의 영향

중세시대에 유명론이 누린 인기는 중세기의 종합이 해체되는 과정을 가장 잘 보여준다. 15세기의 유명론자들은 보편개념의 존재를 부인하지 않았다. 그들이 부인한 것은 인간 정신이 보편개념을 통해서 실재의 궁극적 본질에 대한 확고한 인식을 소유한다는 것이었다. 유명론은 중세시대 종합의 기초에 도전했지만, 그 대안을 제공하지 못했다. 신학 논쟁이 갈수록 복잡해지고 논리학의 요점들과 뒤얽혔다. 상충하는 체계들은 지적 노력만큼 인상적이고 깊은 신앙에 기초했음에도 불구하고 교회생활에 적용하기 어려웠다. 그리하여 신학자들에 대한 전반적인 불신이 두드러졌다. 이러한 불신이 에라스무스와 동료 인문주의자들의 저술에 분명히 표현되었다.

에라스무스와 인문주의자들

15, 16세기의 가장 두드러진 중요한 현상은 인문주의 운동이다. 그것은 이탈리아에서 시작되어 곧 서유럽 전역으로 퍼졌다. 중세 시대에는 항상 라틴 고전을 소중히 하여 자기의 생각과 저술의 전거로 사용한 사람들이 있었다. 그러나 15세기에 건축과 회화와 조각에 현

저히 나타난 고전에 대한 관심 부흥의 일부로서 고전 학문 연구가 부활했다. 콘스탄티노플의 몰락이 이 부흥에 도움이 되었다. 왜냐하면 이탈리아로 도피한 많은 비잔틴 학자들이 그리스 문학과 언어에 대한 지식을 가져갔기 때문이다. 곧 유럽 전역의 지식인들이 전반적으로 그리스어를 알게 됨으로써 고대 그리스 로마 시대의 보물을 탐구할 수 있는 길이 열렸다.

　이동 가능한 형태의 인쇄기의 발명은 인문주의 운동에 새로운 자극이 되었다. 이제까지는 필사본에만 의존해왔는데, 오랫동안 필사되고 다시 필사되는 과정으로 말미암아 원본에 충실한 것인지 의심스러웠었다. 중세시대에 다양한 사본들을 신중하게 대조함으로써 원본을 재구성하려는 시도가 있었지만, 그러한 계획이 큰 규모로 이루어진 적이 없었다. 최선의 본문을 재구성하려고 오랜 시간을 보내는 것은 무의미한 일이었을 것이며, 처음 원문을 변질시킨 것과 비슷한 필사 과정에 본문을 회부하는 결과를 낳을 뿐이다.

　그러나 비교적 적은 비용으로 많은 사본을 제작할 수 있는 수단이 발명되면서 상황이 바뀌었다. 그리하여 많은 지도적 인문주의자들은 사본들을 대조하고, 교회의 교부들과 성경 본문뿐만 아니라 고전시대의 저술에 대한 원전비평 연구판을 제작하는 고된 임무에 몰두했다. 이러한 작업 중에서 가장 중요한 것이 1516년에 에라스무스가 출판한 헬라어 신약성경이다. 4년 후에 스페인의 알칼라 데 예나레스(Alcala de Henares) 대학 학자들이 히메네스 추기경의 지시로 콤플루툼 다언어 성서(Complutensian Polyglot Bible)를 출판했다. 여기에는 히브리어, 그리스어, 아람어, 그리고 라틴어 본문들이 포함되어 있었다. 이탈리아에서는 교황의 비서 로렌조 발라가 소위 『콘스탄티누스의 증여』에 본문비평 방법을 적용하여 그 문서가 위조된 것이라고 밝혔다. 유럽 전역에서 과거에는 소유하기 어렵던 희귀 문서를 쉽게 접할 수 있게 됨으로써 신앙과 문명의 근원으로 돌아가려 하는 사람들의 상상력이 불타올랐다.

  에라스무스는 인문주의자들의 대표자요 가장 영향력이 있는 인물이었다. 그의 작업은 한 시대가 끝나가고 있음을 보여준다. 그가 개신교인이 되지 않은 것은 용기가 없었기 때문이 아니라 그의 신념이 그를 그 방향으로 이끌지 않았기 때문이다. 그는 가톨릭교회가 부패했음에도 불구하고 자신이 그 안에서 기독교인이 될 수 있다고 믿었으며, 그 교회가 기독교의 참된 개혁의 근원이 되기를 기대했기 때문에 가톨릭교회 안에 남았다.

  그는 교회의 전통적인 교리 전체, 특히 성육신 교리를 믿었다. 그는 믿는 대상이 중요하지 않다고 주장하지 않았다. 그는 참 기독교 교리는 비교적 복잡하지 않은데, 스콜라주의가 그것을 거의 알아볼 수 없을 만큼 신학적으로 다루었다고 주장했다. 이러한 신학 작업이 이루어지고 있는 동안 기독교적 삶의 실천은 악화하고 있었다. 그는 세상을 버리고 경건 생활 실천에 전념하는 것이 하나님을 가장 잘 섬기는 것이라는 개념을 탐탁히 여기지 않았다. 수덕주의는 군인들의 훈련과 같으며, 기독교적 삶의 목적에 기여하는 것이어야 한다. 한편 그는 이 훈련을 버리고 정념에 빠져 사는 사람들을 존경하지 않았다. 이것은 그가 『천국에 들어가지 못한 율리우스』(Julius Excluded from Heaven)에서 교황 율리우스 2세의 세속성을 비판하고 조롱한 데서 볼 수 있다.

에라스무스가 보는 "그리스도의 철학"은 진리는 하나이므로 참 지혜가 발견되는 곳에서 하나님이 활동하신다는 사실에서 출발한다. 여기에서 그는 로고스 교리를 의지하며, 거기서부터 과거 유스티누스, 클레멘트, 어거스틴, 그리고 보나벤투라가 도출해낸 것과 비슷한 결론을 끌어낸다. 그리스도 안에 성육하신 로고스는 철학자들 안에서 말한 로고스와 같으므로, 에라스무스는 소크라테스에게 자기를 위해 기도해달라고 요청할 수 있었다.

에라스무스는 자신이 기성 교회의 경계 안에도 있고 밖에도 있다고 보았다. 그는 항상 자기가 기성 교회에 충실한 아들이며, 그 교리를 믿으며, 교회 당국에 거역하지 않았기 때문에 교회 안에 있다고 보았다. 반면에 그는 자신이 복음이라고 믿는 것을 기준으로 교회를 평가하려 했으므로, 항상 환영받지 못하는 비판적 태도로 교회에 대항하는 듯했다.

이 모든 것을 고려해보면, 개신교 종교개혁에 대한 에라스무스의 태도를 이해할 수 있다. 에라스무스 자신이 개혁자였다. 루터의 이름이 독일 외부에 알려지기 오래전에 서유럽에서 에라스무스는 절실하게 필요한 개혁의 수호자로 논의되고 있었다. 그는 폭넓게 서신을 주고받았는데, 그중 다수는 유럽 전역에서의 교회 개혁 운동 촉진에 관련된 것이었다. 주교들과 추기경들 등 많은 교회 지도자들은 더 깊고 단순하고 진지한 형태의 기독교가 필요하다는 데 에라스무스와 의견을 같이했다. 한동안 스페인 교회가 에라스무스 방침에 따라 개혁되어야 할 첫 번째 교회일 것 같았다. 영국 교회도 곧 개혁이 필요했다. 프랑스와 나바르 왕국도 그 뒤를 이을 것이었다. 그때 예상치 않게 독일에서 일어난 강한 바람이 상황을 완전히 바꾸어 놓았다. 루터파 운동이 진행되고, 가톨릭 지도자들이 그 성장을 저지하려 했으므로, 모든 사람이 그 운동에 대한 자세를 취해야 할 필요가 커졌다. 교회가 엄청난 개혁을 겪어야 할 것처럼 보이던 스페인에서는 개혁을 말하는 것은 보름스에서 카를 5세라는 이름으로 루터에게 모욕을 당한 카를로스 1세에 대한 반역과 마찬가지였다. 프랑스, 독일 등지에서는 종국에는 종교전쟁으로 이어질 방침이 작성되고 있었다. 중용이나 절제가 불가능해졌다. 에라스무스는 신념이나 기질이 온건했으므로 입장이 매우 어려워졌다.

  개신교인들은 에라스무스가 자신이 여러 해 동안 옹호해온 것에 충실하려면 개신교인들과 힘을 합해야 한다고 여겼다. 이것은 에라스무스가 말한 것을 제대로 이해한 것이 아니었다. 왜냐하면 그는 분열을 옹호한 적이 없고, 개신교인들이 자체의 신학 논쟁에 깊이 빠져 있어서 복음의 단순한 가르침을 이해하지 못하고 있다고 느끼고 있었기 때문이다. 게다가 에라스무스와 루터가 개혁에 접근한 방식은 정반대였다. 평화로운 정신의 에라스무스는 루터의 호전성을 좋아하지 않았다. 한동안 에라스무스는 루터에 대한 공개적인 공격을 삼가고, 개신교운동의 성공이 하나님께서 극단적인 외과의사가 필요한 교회의 부패를 심판하신다는 표식일 수 있다고 주장했다. 그러나 여러 사건들로 말미암아 그는 전략을 바꾸어야 했다. 그는 골수 루터파로 고발되었고, 개신교인들은 그의 저술과 명성을 자기들에게 유리하게 사용하고 있었다. 영국의 헨리 8세, 교황 하드리아누스 6세, 그리고 많은 친구와들과 적들이 그에게 태도를 분명히 하라고 요구했다. 마침내 그는 루터를 공격하기로 하고, 그 목적으로 『자유의지에 관하여』(On Free Will)이라는 논문을 저술했다. 이는 여기에 그가 루터와 의견을 달리하는 문제가 있었기 때문이다. 루터는 이에 반응하여 『의지의 속박』(Bondage of the Will)에서 독설로 공격했다. 그는 여기에서 에라스무스가 개탄한 과장된 경향을 다시 보여주었다. 이 사건이 있은 후 에라스무스는 개신교도들에게서 더 멀어졌고, 말년에는 과거에 가톨릭교회 안에서 자신이 정죄했던 많은 것을 받아들였다.

가톨릭 진영에서도 에라스무스의 처지는 별로 좋지 않았다. 왜냐하면, 거기에는 그가 지닌 온건한 정신이 설 자리가 없었기 때문이다. 그가 사망하고 나서 23년 후에 교황 바오로 4세가 작성한 금서목록에 그의 저술이 포함되었다.

이런 까닭에 에라스무스는 한 시대의 종말을 대변한다. 그의 시대 이후 거의 4세기 동안 개신교와 가톨릭교회 사이에서 그가 취한 것과 같은 온건한 화해의 입장을 취하기가 매우 어려웠다. 어떤 의미에서 그는 중세시대 서방 기독교의 특징이었던 온건하고 비-분파주의적인 마지막 개혁자였다.

또한 에라스무스는 새 시대의 시작이기도 했다. 그것은 인쇄기, 서적, 그리고 학문의 시대였다. 신약성경과 초기 기독교 저술가들에 대한 그의 비판적인 글은 오늘날까지 지속해온 방대한 일의 출발이었다. 그는 헬라어 신약성경을 편집함으로써 근대적인 성경 연구를 시작한 사람이었다. 4세기 후 개신교와 가톨릭교회가 에라스무스의 관용의 정신으로 대화를 시작했을 때, 그 첫 단계의 중심은 에라스무스가 크게 공헌했던 성경 연구였다.

제21장

마틴 루터의 신학

마틴 루터는 16세기의 가장 중요한 기독교 신학자이다. 여기에서 주의해야 할 점이 있다. 루터가 매우 중요한 인물이지만, 루터의 주장에 대한 논의와 상관없이 중요한 신학 작업이 가톨릭 진영과 동방교회 진영에서 이루어지고 있었다. 그러므로 16세기 신학의 전반적인 그림을 보려면, 개신교 운동과 관련하여 논의되는 중요한 문제 때문에 다른 상황에서 이루어지는 중요한 신학 작업이 무색해지는 것을 허락해서는 안 된다.

이제 루터의 신학을 살펴보자. 일반적으로 종교개혁이 시작되었다고 알려진 1517년에 루터의 신학은 이미 기본 형태가 형성되어 있었다. 그 이후의 그의 신학적 발달은 영적으로 고민하고 성경을 연구하면서 보낸 시기에 발견한 것들을 설명하고 적용한 것이다.

간단히 말해서 루터의 문제는 죄와 은혜, 또는 공의와 사랑의 문제였다. 루터 같은 사람, 자신을 거룩하지 못하고 불의한 죄인으로 알고 있는 사람이 어떻게 거룩하시고 의로우신 하나님을 달랠 수 있을

까? 루터는 시편, 특히 22편을 연구하면서 대답을 발견할 수 있다는 희망을 얻었다. 의로우신 하나님은 어떻게 해서인지 루터 때문에 그리스도 안에서 버림받으신 사랑의 하나님이셨다. 이것이 얼마 후에 루터가 로마서를 공부하면서 발견하고 "하나님의 의"는 죄인에게 발하시는 하나님의 진노가 아니며, 칭의는 믿음으로 얻는 하나님의 선물이라는 결론에 이르면서 확인한 신학의 출발점이다.

비텐베르크에서는 현자 프레테릭(Frederick the Wise)이 엄청나게 많은 유물을 수집했는데, 이것을 보고서 헌금하는 사람은 연옥에서 풀려난다고 알려져 있었다. 종교개혁이 발발하기 오래전부터 루터는 이러한 관습을 반대하는 설교를 해왔다. 이것이 레오 10세가 브란텐부르크의 알버트(Albert of Brandenburg)에게 그의 영토 내에서의 새 면죄부 판매권을 주면서 면죄부 문제가 부각되었을 때의 상황이다. 그 당시 루터는 이 사실을 알지 못했지만, 여기에 이르기까지 협상하는 과정에 고위직에 있는 몇 사람이 관련되었고, 관련된 금액이 상당했다. 그러나 표면상 이 새 면죄부 판매의 목적은 자금 부족으로 공사가 중단된 로마에 있는 성 베드로 성당 완공에 필요한 자금 조달이었다.

그때 루터가 『95개조의 논제』(Ninety-five Thesis)를 완성했다. 이것의 제목은 『면죄부의 효력과 능력에 관한 논쟁』(Disputation on the Power and Efficacy of Indulgences)이다. 이것은 라틴어로 저술되었는데, 이는 그가 추구하고 있는 것이 지식인들과의 학구적 논쟁이었기 때문이다.

하나의 문제를 염두에 두고 저술된 이 논제들은 루터의 주요 교리를 철저하게 설명한 것이 아니었고, 전반적으로 교황을 공격한 것이 아니라 면죄부 판매자들을 공격했다. 면죄부 판매자들의 주장은 교황에게 해로웠다. 왜냐하면 그들 때문에 평신도들은 교회에게 연옥을 좌우하는 힘이 있다면 "교회 건축을 위한 자금이" 줄 때까지 기다리기보다는 사랑에서 우러나 연옥에 있는 모든 영혼을 풀어주어야 하지 않느냐는 등을 질문했기 때문이다.

루터가 알지 못하는 사이에 원래 학구적인 문서로서 라틴어로 저술된 95개 논제가 독일어로 번역되고 인쇄되어 독일 전역에 널리 배포되었다.

여러 가지 이유로 루터는 즉시 침묵하라는 명령을 받지는 않았다. 역대 교황 중에서 가장 자격 없는 인물 중 하나인 교황 레오 10세는 그 논쟁에 개입된 심오한 영적 문제들을 이해하지 못했고, 이해하려 하지도 않았다. 그는 공석인 황제의 자리를 누가 차지할 것인가에 더 관심을 두었다. 결과적으로 잠재우려는 반복된 시도에도 불구하고 루터의 논제로 밀미암아 시작된 운동은 점차 확대뇌었다.

세월이 흘러 루터는 자기의 신학의 기본 입장이 함축하는 의미를 밝히면서 더 고립되었다. 1519년 라이프치히에서 에크(John Eck von Ingostadt)와 벌인 논쟁에서 교활한 에크는 루터가 성경의 권위가 교황과 공의회의 권위보다 우위에 있다는 것, 그리고 후자가 잘못을 범했었다는 것에 대해 토론하도록 유도했다. 에크는 루터를 후스파라고 고발했다. 루터는 그 당시에는 놀랐지만 곧 자신이 많은 점에 관해서 존 후스와 의견을 같이한다고 인정했다. 1520년에 그는 『그리스도인의 자유』(The Freedom of a Christian), 『독일 귀족에게 고함』(Address to the German Nobility), 『교회의 바벨론 유수』(The Babylonian Captivity of the Church) 등 세 편의 중요한 논문을 저술했다. 그는 『그리스도인의 자유』라는 제목 아래 평화의 정신을 가지고 그리스도인의 삶에 대한 자신의 기본 이해를 설명했다.

그러나 나머지 두 편의 글 때문에 그는 로마교회에서 더 멀어졌다. 『독일 귀족에게 고함』에서는 세속 통치자들과 성경에 대한 교황의 권한을 부인하고, 교황이 아닌 세속 세력이 교회 개혁을 위한 공의회를 소집할 것을 요구했다. 그는 자신이 무장 세력에 호소하고 있는 것이 아님을 분명히 했다. 왜냐하면 개혁은 그러한 수단을 통해서 이루어지는 것이 아니었기 때문이다. 그 논문의 중요성은 루터가 거기서 로마에 대한 독일의 불만을 간결하게 표현했고, 그럼으로써 개혁 운동이 독일의 민족주의 정서와 얽히게 되었다는 점에 있다.

루터는 『교회의 바벨론 유수』에서 교회의 성례전 제도를 공격했다. 이 논문에 따르면, 성례전은 세 가지이다: 세례, 성찬, 그리고 고백성사. 그는 화체설과 미사라는 이름의 희생제사를 부인했다. 또 만일제사장설을 강조했는데, 이것은 이미 『독일 귀족에게 고함』에서 옹호했던 것이다. 이렇게 성례전 제도를 공격했기 때문에 감정에 좌우되지 않는 사람들조차도 루터와 교회의 결별을 돌이킬 수 없다고 깨닫게 되었다. 그러나 그것은 중요하지 않았다. 왜냐하면 루터가 논문 출판을 준비하고 있을 때 교황의 교서 "주여! 일어나소서"(Exurge Domini)가 도착했기 때문이다.

남은 것은 국가의 조치였는데, 이것은 1521년에 보름스 제국 의회(Diet of Worms)에서 이루어졌다. 신성로마제국의 황제 카를 5세는 루터를 의회에 초대하기를 주저했지만, 현자 프레데릭을 비롯한 사람들은 루터에게 공정하게 해명할 기회를 주어야 한다고 주장했다. 루터는 자기가 죽을 수도 있으며, 하나님이 살려 주려 하셔야만 죽음을 피할 수 있다고 확신하면서 보름스로 갔다. 보름스에서 벌어진 사건은 잘 알려져 있다. 루터는 극적인 말로 자신의 견해 철회를 거부했다. 제국의회는 루터를 추방하면서 누구도 그에게 쉴 곳을 제공하지 말라고 결정했다. 친구들이 이러한 사건들의 즉각적 결과에서 그를 보호해 주었지만, 그때부터 교회와 국가의 관점에서 루터와 그 추종자들은 참교회에 속한 자가 아니라 목숨을 위해 싸우면서 사람들을 자기 무리에 끌어들이려 하는 이단자들의 무리였다.

신학자의 임무

하나님에 대한 일반적 지식, 또는 본성적인 지식이 있다. 이것이 모든 인종이 자기들의 신을 가지고 있는 이유이다. 철학자들은 하나님에 대한 본성적인 지식을 가지고 있지만, 그것은 하나님의 참된 본성 이해에 가까이 가게 해주지 못한다. 모든 사람의 마음에 새겨져 있는 윤리 규범도 마찬가지이다. 계시는 우리가 하나님을 알게 해준다. 그러므로 신학자의 임무는 계시를 다루는 것이다.

신학자의 임무에 대한 이러한 이해의 결과인바 신학과 철학의 관계에 대한 루터의 견해는 스콜라 철학자들의 견해와 달랐다. 그는 신앙은 하나님에 대한 본성적 지식에 이성만으로 발견하지 못했던 것들을 추가한다는 토마스주의의 견해를 받아들일 수 없었다. 이 견해는 하나님에 대한 본성적 지식이 "법"이므로 복음에 계시된 하나님에 대한 지식과 겹치지 않는다는 사실을 강조하지 않는다. 루터는 영광의 신학―여기에는 토마스주의와 유명론이 포함된다―과 십자가의 신학이 근본적으로 반대임을 깨달았다. 영광의 신학은 하나님이 업적들 안에 나타나는 것으로 보려 한다. 십자가의 신학은 하나님은 십자가와 고난 속에서만 볼 수 있다고 말하는 것이 하나님에 대해 바르게 말하고 예배하는 것이라고 믿는다. 바울은 로마서에서 "스스로 지혜 있다 하나 어리석게 되어"(롬 1:22)라고 말하면서 영광의 신학을 언급한다. 이 신학과 반대되는 것이 십자가의 신학이며, 이것만이 참 신학이다. 이 신학은 하나님을 발견하겠다고 주장하지 않으며, 계시 안에서, 즉 십자가와 고난 안에서 하나님을 아는 데 만족한다. 그러므로 신학의 도입으로서의 철학은 배격되어야 한다.

하나님에 대한 이중 지식이 있으므로, 이성에도 이중 용도가 있다. 루터는 이성을 "매춘부"라고 언급한 후에 다시 "매우 유익한 도구"라고 언급한다. 루터가 이성을 비롯한 인간의 모든 재능이 타락의 흔적을 지니고 있으며, 대속함을 받을 때 제 기능을 발휘할 수 있다고 여겼음을 염두에 둔다면, 이 외관상 모순을 쉽게 해결할 수 있다.

이성은 수평적인 삶에서 우리를 도울 수 있다. 그것은 사회질서 확립을 도울 수 있다. 그것은 인쇄기처럼 유익한 것을 발명하게 할 수 있다. 그것은 세상에서 생명을 유지해 주는 것을 발견하는 하나의 수단이다.

신비주의에 대한 루터의 평가도 독특하다. 그는 스콜라 신학보다는 독일 신비자들에 더 공감했지만, 신비가의 "부정의 신학"이 "십자가의 신학"이 아닌 "영광의 신학" 형태라고 여겼다. 그것은 고난과 겸손이라는 관념을 지녔지만, 그것이 십자가에 달리신 분에게서 끌어온 것이 아니라 절대자 하나님이라는 자체의 개념에서 끌어온 것이다. 루터는 신비가들이 경험을 강조하는 것에 공감했다. 그는 하나님을 아는 것이 중요한 것이 아니라 하나님이 "나를 위한"(pro me) 분이라는 것이 중요하다고 주장했다. 신학의 출발점은 이성이나 경험에 있는 것이 아니라 하나님의 행위와 말씀에 있다.

하나님의 말씀

하나님의 말씀은 신학의 출발점이다. 루터는 하나님의 말씀이 성경이라고 여겼지만, 그 이상이기도 했다. 말씀은 삼위일체 중 제2위이시며, 영원전부터 하나님안에 존재하셨다. 말씀은 만물을 창조하실 때 나타난 하나님의 능력이다. 말씀은 성육하신 주님이며, 말씀은 성경이며, 성경은 말씀을 증언한다. 말씀은 선포이며, 신자들은 그것을 통해서 성경 속에서 말씀을 듣는다. 여기에서 말씀이라는 용어가 다양한 의미로 사용되지만, 이러한 하나님의 말씀의 다양한 형태 사이에 긴밀하고 중요한 관계가 있다.

루터는 삼위일체론에 대해서는 철저히 정통적이다. 그는 삼위일체를 부인하는 사람들을 강력하게 비판하고 "신 아리우스파"라고 불렀다. 이 교리는 논리적으로 성육신에 선행하며, 지식적으로는 예수 그리스도 사건을 통해서만 가능하다. 그 사건은 다른 말을 듣고 이해하는 통로가 되는 하나님의 말씀이다.

잘 알려진 바처럼 루터는 성경을 우위에 두었으며, 전통, 특히 중세시대의 전통을 배격해야 한다고 주장했다. 이렇게 주장한 이유는 혁신하려는 갈망과 관련이 없다. 루터는 자기를 반대하는 자들이 고집스러운 가톨릭 교인들뿐만 아니라 교회의 전통을 완전히 제거하려 하는 개신교 진영의 사람들임을 발견했다. 그는 성경의 명백한 의미에 어긋나는 전통적인 견해와 관습들만 거부하려 했다. 이는 전통이 잘못을 범했고, 성경의 권위를 통해서 복음의 참 의미로 돌아가야 한다고 믿었기 때문이다. 성경은 전통과 교회와 신학자들, 그리고 루터보다 우위에 있다.

로마 가톨릭교회는 이에 반대하여 교회가 성경을 만들고 정경을 확립했으며, 이것은 교회가 성경보다 우위에 있음을 보여준다고 주장했다. 이에 대하여 루터는 교회가 정경을 확립한 것은 사실이지만, 복음이 교회를 세웠으며, 자신이 주장하는 것은 성경 수위설이 아니라 성경이 증언하는 것보다 복음이 우선이라는 것이라고 말했다. 알맞은 형태의 복음은 생생한 구두 선포이다. 그리스도는 사도들에게 기록하라고 명하신 것이 아니라 선포하라고 명하셨다. 사도들은 처음에 그렇게 행했고, 나중에 복음이 왜곡되는 것을 막기 위해서 기록했다. 그런데 전통이 그러한 왜곡을 도입했다. 그러므로 교회가 정경을 확립했다는 주장은 참되지만, 복음이 교회를 세웠고, 성경의 권위는 정경에 있는 것이 아니라 복음에 있다.

이것이 루터가 성경이 전통보다 우월하다고 주장하면서 성경 정경을 고칠 수 있다고 느낀 이유이다. 가장 잘 알려진 것은 야고보서인데, 그것은 믿음보다 행위를 강조함으로써 루터를 어렵게 했다. 그는 야고보서 서문에서 먼저 고대 교회가 야고보서를 사도적인 것으로 받아들이지 않았음을 지적했다. 그는 야고보서가 좋은 책이며 하나님의 법을 훌륭하게 진술하고 있음을 인정하려 했다. 그러나 그것의 사도성을 거부했고, 그것을 정경에서 제외하고 싶다고 친구들과 제자들에게 고백하려 했다. 계시록에 대한 태도도 비슷했다. 그러므로 루터는 성서엄수주의자가 아니었다. 그의 기본 권위는 성경 정경이 아닌 성경에서 발견한 복음이었고, 그것이 해석의 시금석이었다.

일부 광신자들이 구약성경의 계명을 문자적으로 해석하여 사회질서를 어지럽히면서 성경의 명확성에 대한 질문, 그리고 성경을 해석할 자유가 모든 사람에게 있다는 것이 중요한 문제가 되었다. 루터는 기독교인에게 구약성경이 어떤 의미에서 권위를 지니며 어떤 의미에서 권위를 지니지 않는지 설명해야 한다고 느꼈다. 그는 유대인의 민법으로 의도된 모세의 법은 기독교인들에게 구속력을 갖지 않는다고 분명히 말했다. 모세의 법은 유대인에게 주신 하나님의 말씀이었고, 기독교인들은 유대인이 아니다. 이것은 의식법(ceremonial law)만 아니라 십계명을 포함하여 모세의 법 전체에 적용된다. 모세는 유대인들에게는 하나님의 입법자였지만 우리의 입법자가 아니다. 모세의 법에 우리가 받아들여야 할 것이 있다면, 모세의 권위가 아닌 자연법의 권위 위에서 그것들을 존중하여 적용해야 한다. 모세의 법에 담겨 있는 것, 예를 들면 도둑질과 간음과 살인을 금지한 것은 마음에 새겨져 있기 때문에 누구나 알고 있는 것들이다. 그러므로 기독교인들은 모세의 권위가 아닌 본성의 권위에서 이러한 법에 복종해야 한다. 또 십일조와 희년에 관한 것 등의 법은 선한 것처럼 보이며, 혹자는 그것들을 제국에 적용하기를 원했을 수도 있다. 이러한 법의 가치는 모세가 주었다는 사실에 있는 것이 아니라 그 안에 내재하는 합리적인 가치에 있다. 또 기독교인들은 "믿음, 사랑, 그리고 십자가"의 본보기, 그리고 모세에게서 발견되는바 그에 반대되는 것 및 그 결과를 소중히 여기고 주목해야 한다. 그러나 유대인의 계명이 구약성경에서 발견된다는 이유로 거기에 복종하라고 강요하기 위해서 이것들을 사용해서는 안 된다.

  모세의 법과 구약성경 전체는 기독교인에게 매우 가치가 있다. 그리스도를 가리킨다고 해석한다면, 구약성경은 기독교인들에게 매우 중요하다. 신약성경이 이미 약속된 것의 성취와 약속의 완전한 의미 계시 외에 다른 것을 추가하지 않은 것은 중요하다.

율법과 복음

루터가 성경 안에서 주로 보는 것은 신약과 구약의 차이가 아니라 율법과 복음의 차이이다. 구약에는 복음보다 법이 더 많고, 신약에는 법보다 복음이 많지만, 구약을 단순히 율법과 동일시할 수 없고, 신약을 복음과 동등하게 여길 수 없다. 구약에도 복음이 있고, 신약에서 율법을 들을 수 있다. 율법과 복음의 차이는 하나님의 말씀이 신자의 마음에서 발휘하는 두 가지 기능과 관련이 있다. 그러므로 같은 말씀이 신자에게 말씀하시는 방식에 따라 율법이 되기도 하고 복음이 되기도 한다.

율법은 하나님의 뜻이다. 그것은 모든 사람이 알고 있는 자연법, 국가와 가족처럼 자연법을 표현하는 세속 기관, 그리고 계시 안에 있는 하나님의 의지의 적극적인 발언 안에서 알게 된다. 율법의 주된 기능은 두 가지이다: 그것은 민법으로서 악인을 억제하고, 사회생활과 복음 선포에 필요한 질서를 마련한다; 신학적인 법으로서 우리의 죄를 우리 앞에 드러낸다.

루터의 신학 이해에서 율법이 중요한 것은 이 신학적 기능 때문이다. 율법은 하나님의 뜻이다; 그러나 그 뜻을 인간의 현실과 대조해보면, 율법은 저주의 말이 되며, 하나님의 진노를 불러일으킨다. 율법은 본질상 선하고 즐거운 것이지만, 타락 이후 인간이 하나님의 뜻을 성취할 수 없게 되면서 심판과 진노의 말이 되었다.

율법은 우리를 그리스도에게 인도하는 수단이기도 하다; 우리 자신이나 우리의 모든 노력에 대해 하나님이 금하시는 말씀을 들으면서 우리는 하나님의 자애로운 허락의 말씀, 즉 복음을 들을 준비를 한다. 복음은 단지 우리에 대한 하나님의 요구를 명확하게 하는 새 법이 아니다; 그것은 우리가 하나님의 진노를 달랠 수 있는 새 방법이 아니다; 그것은 그리스도 안에서 하나님이 우리에게 선포하신 과분한 허락이다. 복음은 우리가 율법을 이행할 수 있게 함으로써가 아니라 그것이 우리를 위해 성취되었다고 밝힘으로써 우리를 율법에서 해방해준다.

그러나 복음 안에서 하나님의 은혜의 말씀을 듣고 받아들인 후에도 우리가 완전히 율법에서 떠난 것이 아니다. 우리는 의롭다함을 받았지만 여전히 죄인이며, 하나님의 말씀은 여전히 우리의 상태를 보여준다. 달라진 것은 이제 우리가 낙심할 필요가 없다는 것이다. 왜냐하면 우리는 자신의 형편없음에도 불구하고 하나님이 우리를 받아주신다는 것을 알기 때문이다.

인간의 상태

현재 상태에서 우리에 대해 먼저 말해야 할 것은 우리가 죄인이라는 것이다. 이것은 우리가 죄를 지었다거나 지금도 죄를 짓고 있다는 의미가 아니라, 우리의 본성 전체가 죄의 영향을 받고 있다는 의미이다. 우리의 죄가 매우 깊기 때문에 혼자 힘으로는 그것을 발견할 수 없다.

우리에게는 자랑할 것이 없다. 우리에게 있는 것은 올바른 방향으로 돌이킬 수 있는 능력인데, 그것은 철저히 수동적이므로 현실화할 수 없는 능력이다. 그러나 하나님은 이것으로 충분하시다. 하나님은 말씀 안에서 의지의 수동적 능력에 말씀하시면서, 우리의 의지가 하나님을 향함으로써 우리가 죄를 범한 상태에서도 하나님과 교제할 수 있게 하신다. 이것이 예수 그리스도 안에 있는 대속의 복음이다.

새 창조

그리스도의 사역에 대한 루터의 이해에는 그 시대의 전통적인 모든 주제가 포함되어 있다. 중요한 것은 우리가 예수 그리스도 안에서 죄와 죽음과 마귀의 속박에서 해방해주는 말을 듣는다는 것이다.

이것이 칭의의 말이다. 칭의는 우리가 성취하거나 자격이 있어서 얻는 것이 아니다. 그것은 우리가 장차 성취할 것을 기초로 하나님이 주시는 것도 아니다. 칭의는 우리의 악함에도 불구하고 의롭다고 선언하시는 하나님의 면죄 판결이다. 이것이 루터의 "전가된 의"(imputed justice)라는 교리이다. 칭의는 우리의 의에 대한 하나님의 반응이 아니라, 우리의 죄에도 불구하고 용서하시고 의롭다 하시는 하나님의 사랑의 선언이다.

"이신칭의"는 칭의에 대한 루터의 이해를 칭하는 명사이다. 루터는 믿음으로만 의롭다함을 받는다고 주장했으므로, 이것은 적절한 명칭이다. 실제로 발생하는 것은 하나님이 우리에게 그리스도의 의를 전가하시는 것이다. 그러나 우리에게는 믿음 외에는 그리스도와 그의 의를 이해할 길이 없다. 우리가 할 수 있는 일은 다만 하나님의 은혜로 믿음으로써 그리스도의 의를 자기 것으로 삼는 것이다.

한편 "이신칭의"라는 표현은 마치 루터가 구원에 필요한 유일한 행위가 믿음이라고 말한 것처럼 잘못 해석되기 쉽다. 그러나 루터에게 믿음은 행위가 아니다. 그것은 믿으려는 지성의 노력이 아니고, 신뢰하려는 의지의 노력도 아니다. 그것은 우리 안에서 행하시는 성령의 역사이다. 믿음을 행위라고 말하고 싶은 사람은 그렇게 할 수 있다. 그러나 믿음은 하나님의 행위이지 인간의 행위가 아니다.

전가된 의라는 개념은 기독교인이 의롭다함을 받으면서 죄인이라는 주장을 낳는다. 칭의는 우리가 완전해졌다거나 죄짓기를 중단했다는 의미가 아니다. 기독교인은 지상에 사는 동안 내내 죄인이겠지만, 의롭다함을 받았으므로 율법의 저주에서 해방된 죄인이다.

한편 종종 루터의 사상을 풍자적으로 표현하는 사람들이 주장해온 것처럼, 이것은 칭의가 기독교인의 실제 생활에서 전혀 중요하지 않다는 의미가 아니다. 기독교인의 삶은 의에서 의로, 하나님이 행하신 최초의 의의 전가에서 실제로 의롭게 될 때를 향해 나아가는 순례이다. 이 순례에서 행위는 구원받는 수단이 아니라, 참믿음이 받아들여졌다는 표식으로서 중요한 역할을 한다.

교회

루터가 기성 교회에 반항하고 성경의 지지를 받아 신자의 권위를 강조했기 때문에, 종종 그는 개인주의의 선도자요 교회와 상관없이 하나님과 개인적으로 직접 교제할 수 있다고 주장하는 사람으로 묘사되어왔다. 이것은 진실이 아니다. 루터는 성직자였고, 평생 신자의 생활에서 교회가 행하는 근본적 역할을 강조했다. 그는 "모교회"에 대해 말할 수 있었고, 수 세기 전에 키프리안이 했던 것처럼 교회 밖에는 구원이 없다고 주장했다. 또 루터는 "성도들의 교제"에 대한 전통적인 신앙의 진술에서 새로운 깊이를 발견했다.

그러므로 루터가 그 시대의 교회와 다른 점은 교회의 중요성에 있는 것이 아니라 교회의 본질과 권위에 대한 정의에 있었다. 잘 알려진 것처럼 그는 교황의 권위를 거부했다. 그는 더 나아가 하나님의 말씀이 교회의 최고 권위라고 주장했다. 참교회의 특징은 사도권 계승이 아니라 말씀을 선포하고 듣는 데 있다. 왜냐하면 교회는 말씀에서 태어나며, 말씀으로 양육되며, 말씀이 없으면 죽기 때문이다. 이것은 말씀의 활동을 방해하는 교권(敎權)은 대체되어야 한다는 의미이다.

루터는 역사와 전통을 예리하게 의식하고 있었는데, 그것은 교황의 교회가 대대로 하나님의 말씀을 지켜왔다는 사실을 의식하게 했다. 그는 전통을 완전히 거부하고 성경으로 직접 돌아가려 하는 과격한 재신교인들에 맞서 이것을 인정했다.

만인제사장설은 루터의 교회론의 가장 중요한 특징이다. 이 점에서도 루터는 모든 기독교인이 자기 자신의 제사장이라고 주장한다는 오해를 받아왔다. 이것이 사실이지만, 중요한 것은 모든 기독교인이 다른 사람들에게 제사장이라는 점이다. 이 만인제사장설은 교회를 결속한다. 왜냐하면 제사장의 책임과 영광을 받아들이지 않으면서 자신을 제사장이라고 주장할 수 없기 때문이다.

한편 루터는 "스스로 자격이 있다고 주장하면서 제멋대로 설교하는" 사람에게 문호를 개방하려 하지 않았다. 대중에게 복음을 선포하는 것은 엄청난 책임이므로, 아무에게나 그 일을 맡겨서는 안 된다. 하나님은 어떤 사람에게 이 사역의 소명을 주신다. 이 소명은 공동체가 증언해야 하는데, 그것은 주로 제후, 행정관, 또는 회중을 통한 소명을 의미한다. 이곳저곳에 자기의 교리를 전파하라는 소명을 성령에게서 직접 받았다고 주장하는 종파주의자들은 거짓말쟁이요 사기꾼이다.

성례전

예수 그리스도 안에서 하나님의 말씀이 우리에게 오신다. 파생적 의미에서 말씀은 성경을 통해서, 복음 전파를 통해서, 그리고 성례전을 통해서도 우리에게 오신다. 성례전은 하나님이 약속의 상징으로 택하신 유형적 행위이다. 그것은 믿음과 말씀에 밀접하게 연결된다. 이는 그것의 기능은 믿음 안에서 말씀이 청취되는 형태여야 하기 때문이다. 성례전의 요건은 그리스도께서 제정한 행위여야 하며, 복음의 약속으로 묶여 있어야 한다. 루터는 전에는 죄고백을 포함했지만, 이제 세례와 성찬이라는 두 가지 성례만 인정했다.

세례는 칭의의 상징이다. 세례 안에서 하나님의 말씀이 우리에게 오시므로, 그것은 복음 이상도 아니고 이하도 아니다. 그러나 칭의와 공의의 전가 사이에 긴장이 있고 의가 종말론적인 약속이므로, 세례 안에 긴장이 있다. 세례는 기독교적 삶의 시작이지만, 또한 하나의 상징으로서 그 밑에서 기독교적 삶이 이루어진다. 의롭다함을 받은 죄인은 끊임없이 죽었다가 부활해야 한다.

세례는 믿음과 뗄 수 없이 연결되어 있다. 믿음이 없으면 참 성례전이 있을 수 없다. 이것은 믿음이 세례보다 선행해야 한다는 의미가 아니다. 믿음 안에서처럼 세례 안에서 주도권은 하나님에게 있으며, 하나님이 믿음을 주신다. 이것이 루터가 유아세례를 강조한 주된 이유이다. 유아에게 믿음이 없다는 근거에서 유아세례를 부인하는 것은 세례의 능력—그리고 복음의 능력—이 그것을 받는 우리의 능력에 달려 있다고 암시하는 것이다. 이것은 새로운 형태의 행위구원이다.

그러나 성찬 문제와 관련하여 루터는 로마 가톨릭교회뿐만 아니라 극단적인 개혁자들, 심지어 비교적 온선한 스위스 개혁자들과 매우 격렬하고 긴 논쟁에 휩싸였다.

성찬에 관한 가톨릭교회의 이론과 실천에 대한 루터의 반론을 『교회의 바벨론 유수』(*The Babylonian Captivity of the Church*)에서 발견할 수 있다. 거기서 그는 교회가 삼중으로 성찬을 감금했다고 주장한다. 첫째는 평신도에게 잔을 주지 않는 것이요; 둘째는 화체설인데, 그것은 성례를 아리스토텔레스 학파의 형이상학의 포로로 만든다;

셋째는 미사가 "선한 행위요 희생제사"라는 교리이다. 후일 루터는 독송(獨誦) 미사를 비롯한 가톨릭교회의 다른 관습들도 거부했다.

 개신교 진영에서 일부가 루터의 주장이 지나친 것이 아니며 성찬 안에 그리스도가 육체적으로 현존한다는 이론을 부인해야 한다고 주장하기 시작하면서 더 복잡하고 장황한 논쟁이 시작되었다. 루터는 육적인 현존이 어떻게 발생하느냐는 질문을 받고서 자신은 알지 못한다고 대답했다. 그는 화체설이 떡과 포도주의 영속성을 부인하기 때문에 거부했다. 그는 떡과 포도주가 그 속성을 유지하면서 그리스도의 몸과 피가 현존하는 도구가 된다고 가르쳤다. 후일 신학자들은 떡과 포도주의 본질이 그대로 남아있고 거기에 살과 피가 더해진다는 것을 지적하기 위해서, 이 견해를 공재설(consubstantiation)이라고 불렀다. 그리스도의 몸이 떡 안에 있고, 떡은 여전히 떡이다; 나머지는 신비이며, 그대로 내버려 두는 것이 최상이다.

두 왕국

 교회와 국가의 관계와 관련하여, 루터는 하나님이 두 왕국을 세우셨다고 이해했다. 둘 다 하나님이 만드셨고, 하나님의 다스림 아래 있다. 그러나 국가는 법 아래 있고, 교회는 복음 아래 있다. 세속 국가는 하나님이 악인들을 제어하고 죄의 극단적인 결과를 억제하기 위해서 세우신 것이다. 그 통치자가 반드시 기독교인이어야 하는 것은 아니다. 왜냐하면 이성이 통치에 필요한 기본법을 식별할 수 있기 때문이다. 게다가 대부분의 통치자가 기독교인이 아니며, 기독교인 통치자의 존재는 놀라움의 원인일 것이다.

신자들은 다른 왕국에 속한다. 그것은 복음의 왕국인데, 그곳에서는 법에 예속되지 않는다. 세속 국가에서 신자들이 권한을 갖지 못하듯이, 이 왕국에서는 세속 통치자가 권한을 갖지 못한다. 여기에서 현세에서 모든 신자가 의롭다함을 받았지만 여전히 죄인이라는 것을 기억해야 한다. 그러므로 우리는 죄인으로서 세속 통치에 예속된다.

이러한 두 왕국의 구분은 실질적인 결과를 가져온다. 가장 중요한 것은 기독교인들이 참종교를 위해서 국가의 지원이나 물리적 힘을 의지하지 말아야 하며, 통치자들은 교회를 자기의 통치 도구로 삼지 않아야 한다는 것이다. 루터는 국가가 이단자들을 박해하기 위해 권력을 사용해서는 안 된다고 주장했다. 왜냐하면 신앙 문제를 칼로 결정할 수 없기 때문이다.

두 왕국 이론은 세상에서 하나님의 활동 범위를 정하는 방법이 아니다. 하나님이 두 왕국을 다스리신다. 두 왕국은 교회와 국가와 공존한다. 두 왕국 이론은 역사적 상황 안에서 일상생활에 적용된 법-복음 원리이다. 그러므로 법과 복음의 경계가 중요하지만 확고하게 정해지지 않았듯이, 두 왕국의 경계는 매우 중요하지만 교회와 국가, 또는 종교 활동과 세속 활동이라는 두 유형의 활동 구분과 동일시되지 않는다.

루터는 1546년 2월 18일에 고향 아이슬레벤에서 사망했다. 그 무렵 그가 시작하여 유럽 전역에 퍼진 개혁의 불길을 끄기 쉽지 않았다.

제22장

울리히 츠빙글리와 개혁주의의 시작

　루터가 시작한 개혁 운동은 곧 유럽 여러 지역에서 지지자와 동조자들을 얻었다. 루터가 불러일으킨 영향력은 루터를 비롯하여 어느 한 사람이 통제할 수 없었다. 16세기 개신교 신학을 네 개의 기본 집단 또는 전통으로 분류할 수 있다: 루터파, 개혁파, 재세례파, 그리고 성공회. 앞 장에서 루터파 전통의 시작에 대해 다루었으므로, 이제 개혁주의의 가장 초기 신학자인 울리히 츠빙글리(Ulrich Zwingli)를 다루려 한다.

　울리히 츠빙글리와 루터는 여러 면에서 달랐다. 가장 주목할 만한 것은 그들이 각기 기본 신념에 이른 방식이다. 루터는 하나님과의 관계라는 기본적 문제를 다룬 번뇌에 찬 영적 순례를 따랐고, 츠빙글리는 애국적이고 지적인 고찰에 이끌렸다. 그의 지적 관심은 에라스무스의 인문주의 경향을 따랐다. 루터는 성경과 전통의 긴장을 발견하기 위한 오랜 갈등을 통하여 성경이 전통보다 우위에 있다는 확신에 도달했고, 츠빙글리는 기독교 인문주의자로서 성경에 접근했다. 그가 성경으로 돌아온 것은 인문주의 운동의 특징인 근원으로의 복귀였다. 인문주의자인 그는 성경의 메시지를 발견하여 기독교의 쇄신에 적용하는 것이 기독교의 참된 본질을 재발견하는 길이라고 믿었다. 성경은 그 감화력을 떠나서라도 역사적인 우위를 지니므로 후대의 전통보다 더 훌륭한 증인이었다. 그러나 성경은 영감된 것이며, 그렇기 때문에 성경의 우위는 역사적이며 인문주의적인 주장일 뿐만 아니라 신앙의 기초 위에서 이루어진다. 츠빙글리는 1523년 초에 토론을 위해 출판한 15개의 논제에서 하나님의 인도하심이 없이 성경을 이해할 수 없다고 진술했다. 그는 인문주의자가 일반 문서를 연구하듯이 성경을 연구한 것이 아니다. 그러나 그는 자신이 인문주의 연구를 하면서 배운 원리를 성경 연구에 적용했다.

츠빙글리도 루터처럼 "하나님의 말씀"을 성경으로, 그리고 하나님의 창조 행위로 이해했다. 성경은 하나님의 말씀의 표현이므로 무오하며 반드시 성취되어야 한다.

하나님에 대한 참지식―하나님이 어떤 분인지에 대한 지식―은 하나님의 계시인 성경을 통해서만 우리에게 올 수 있다. 하나님에 대한 우리의 지식은 하나님의 실재와 동떨어진 것이기 때문에, 비유하자면 딱정벌레가 우리를 알지 못하듯이, 우리도 하나님을 알지 못한다. 그것은 피조물을 창조주에게서 분리하는 넓고 깊은 틈 때문이다. 츠빙글리는 항상 이 틈을 예리하게 의식했다.

그러므로 적어도 이론상으로 츠빙글리는 자신의 신학을 성경에서 도출해내려 했다. 그러나 그는 이렇게 말한 직후에 하나님의 본성에 대해 논하는데, 그의 논거의 대부분은 성경보다는 철학자들에게서 취한 것인 듯하다. 이것은 츠빙글리의 신학에서 인문주의가 작용하는 방식을 보여준다: 원전으로 복귀해야 할 필요성은 성경의 유일한 권위라는 방향을 향하지만, 고전 시대에 대한 인문주의적 이해 때문에 그는 성경과 가장 훌륭한 고전이 매우 일치한다고 여긴다.

섭리와 예정

츠빙글리의 하나님 관념은 절대자 관념과 밀접하게 연결되어 있다. 그의 단일신론 논거들은 성경에 기초한 것이 아니라, 하나 이상의 절대자가 존재한다는 것은 논리적으로 불가능하다는 주장에 기초한다. 그러므로 여기에서 설명하는 섭리론은 우리의 생존과 행복을 위해 하나님을 신뢰할 수 있다고 주장할 뿐만 아니라, 하나님과 세상의 관계는 모든 것이 하나님의 뜻으로 말미암아 발생하는 관계라고 주장한다.

츠빙글리는 이러한 관점에서 예정론에 접근한다. 하나님은 모든 것을 아실 뿐만 아니라 모든 일을 행하신다. 하나님만이 만물의 제일 원인이시다. 이것을 부인하는 것은 하나님의 본성을 부인하는 것이 될 것인데, 이교 철학자들도 이것을 알고 있었다. 절대 예정론이 아닌 것은 하나님의 주권과 지혜에 영향을 주지 못할 것이다.

하나님은 인간과 천사들을 지으실 때 그들 중 일부가 타락하리라는 것을 아셨고, 또 그렇게 예정하셨다. 그렇게 하신 목적은 모두가

의와 불의를 대조함으로써 의의 본질을 더 잘 이해할 수 있게 하려는 것이었다. 그렇다고 해서 하나님이 악하시다거나 피조물을 사랑하시지 않는다고 결론지어서는 안 된다. 하나님은 우리가 신실함과 의의 본질을 알게 하시려고 사랑으로 이런 일을 하셨다.

츠빙글리는 이 예정론을 기반으로 구원의 기초를 행위에 두려는 모든 시도를 논박할 수 있었다. 구원은 인간의 노력의 결과가 아니라 하나님의 선택의 결과이다. 하나님은 선택된 사람들 안에 선한 행위를 만들어내신다. 그러므로 행위가 구원을 만들어낸다는 의미에서가 아니라 선행으로의 선택이라는 의미에서, 구원에 선행이 필요하다. 버림받은 사람에게는 그 반대가 적용된다. 하나님은 그들 안에서 악을 행하시는데, 이 악은 하나님에게 전가되는 것이 아니라 율법 아래 있는 자들에게 전가된다.

츠빙글리의 신학에서 가장 흥미로운 것은 교제하시려는 하나님의 갈망을 강조한 것이다. 창조 과정 전체가 하나님의 교제이다. 하나님은 창조의 절정으로서 하나님과 교제할 수 있는 인간을 지으셨다.

요컨대 예정과 선택의 자유를 부인하는 것은 우리의 현재 상태, 그리고 하나님의 본성에 따른 것이다.

율법과 복음

츠빙글리의 신학 접근 방법이 루터와 다르기 때문에, 율법과 복음에 대한 츠빙글리의 이해는 루터의 이해와 다르다. 의식법은 그리스도 이전 시대를 위해 주어진 것이다. 도덕률은 하나님의 영원한 뜻을 표현하므로 폐지될 수 없다. 신약에는 도덕률이 사랑의 명령 안에 요약되어 있다. 복음과 율법은 본질에서 같다. 그러므로 그리스도를 섬기는 사람은 사랑의 법에 묶이는데, 그것은 구약의 도덕법, 그리고 모든 사람의 마음에 새겨진 자연법과 같다.

츠빙글리도 루터처럼 복음은 죄인이 그리스도의 이름으로 죄 사함을 받는다는 좋은 소식이라고 믿었다. 그도 루터처럼 사람이 자기의 비참함을 의식할 때만 죄 사함을 받을 수 있다고 주장하는데, 이 기능을 율법의 것이 아닌 성령의 것으로 여긴다. 그는 우리를 온전하게 하고 율법에 순종할 수 있게 해주는 복음의 객관적 결과를 루터보다 더 강력하게 주장한다.

그러므로 결국 율법과 복음을 실질적으로 같다. 하나님의 뜻은 항상 같으며, 율법 안에 계시되어왔다. 그러므로 복음의 기능은 율법을 범한 결과에서 우리를 해방해주며 율법에 복종할 수 있게 해주는 것이다.

교회와 국가

츠빙글리의 교회론은 예정론과 밀접하게 연결되어 있다. 엄격한 의미에서 교회는 택함 받은 자들의 단체이다. 마지막 날이 되기 전에는 이들이 분명하게 나타나지 않을 것이므로, 이 교회는 사람의 눈에 보이지 않는다. 그리스도의 이름을 고백하는 것과 그분의 명령대로 사는 것이 택함을 나타내주는 합리적인 표식이다. 그러므로 이 표식을 지닌 자들의 무리도 교회라고 부를 수 있다. 보이는 교회와 보이지 않는 교회를 대조하는 것은 세상 공동체의 중요성을 축소하려는 것이 아니라 교회가 택함 받는 자들의 공동체인 동시에 택함이 분명히 나타나지 않는 시기에 사는 공동체라는 것을 보여주려는 시도이다.

보이는 유형의 교회는 보이지 않는 무형 교회의 상징이어야 하며, 교회의 임무는 복음 전파이므로, 교회는 그 무리를 훈련할 임무와 권위를 지닌다. 게다가 유형 교회는 지역 공동체 안에 존재하므로, 그 임무는 지역 회중에 맡겨진다. 회중이 믿음으로 양육할 목회자를 임명하며, 그가 참된 사역자인지 하나님의 말씀에 따라 살펴보아야 한다.

교회와 국가의 관계라는 문제와 관련하여, 츠빙글리는 루터보다 그 둘을 더 밀접한 관계에 두었다. 이것도 하나님의 법의 기능에 대한 그의 이해와 관련이 있다. 기독교의 법이 세속법보다 고등하지만, 그 둘은 하나님의 뜻을 표현하며, 둘 사이에 틈이 없다. 그러므로 택함 받은 자에 속하지 않고 복음의 법을 따르지 않는 사람도 세속법과 통치자 안에 나타나는 하나님의 법에 예속된다. 츠빙글리는 취리히 정부를 구성하는 의회에서 중요한 역할을 했으므로, 실질적으로 그 정부는 신정정치에 가까웠다.

성례전

성례전은 두 가지이다: 기독교에 입문하는 의식인 세례, 그리고 신자들이 그리스도의 고난과 승리 및 자신이 교회의 지체임을 염두에 두고 있음을 보여주는 성만찬.

성례전에 대한 이러한 이해를 고려할 때, 세례가 세례받는 자의 죄를 씻어준다고 말할 수 없다. 이것이 츠빙글리를 유아세례를 인정하지 않는 재세례파 진영으로 이끄는 듯이 보였을 것이다. 이런 이유로 그는 자기의 주장이 유아세례와 양립할 수 있음을 보여주기 위한 글을 써야 한다고 느꼈다. 그의 논증은 언약의 상징인 할례와 세례의 유비에 기반을 두었다. 옛사람들이 할례를 행함으로써 자신이 이스라엘 백성임을 나타냈듯이, 기독교인들은 세례 행위로써 자신이 교회에 연합되었음을 나타냈다.

성만찬은 처음에는 츠빙글리와 루터, 후에는 그들의 추종자들 사이에 오랜 논쟁을 일으켰다. 성만찬에 관련하여 흔한 오류를 피해야 했는데, 이는 그것들이 수 세기 동안 교회에 기어들어온 나쁜 형태의 우상숭배의 시작이기 때문이다. 츠빙글리의 입장에서 성찬은 이름 그대로 감사하고 함께 기뻐하는 행위였다.

츠빙글리는 두 가지 이유에서 그리스도가 성찬에 육체적으로 현존하지 않는다고 주장했다. 첫째는 물질적인 것과 영적인 것의 관계에 대한 그의 이해였다. 츠빙글리가 육체적인 임재를 거부한 것은 부분적으로는 성찬이 영적으로 유익하려면 순수히 영적이어야 한다는 전제에서 나온 듯하다. 이와 반대되는 주장은 우상숭배에 근접할 것이다. 둘째 이유는 성육신에 대한 그의 이해이다: 승천하여 하나님의 우편에 앉아 계시는 그리스도의 몸이 다른 곳에 있을 수 없다.

루터와 츠빙글리의 전제들이 다르다는 것을 고려해보면, 그들이 교회 개혁의 열정을 품고 있었고 간절히 원했음에도 불구하고 마르부르크에서 합의에 이르지 못한 것은 그리 놀라운 일이 아니다.

요컨대 츠빙글리는 어떤 면에서 루터보다 더 급진적인 개혁자였고, 어떤 면에서는 더 보수적이었다. 그는 중세시대 교회의 전통적인 관습들을 배격한 데서는 루터보다 앞섰다. 그의 임무는 옛 기독교 신앙 회복이었다. 츠빙글리는 훌륭한 음악가였음에도 불구하고 그가 활동한 취리히 성당의 오르간을 없앴다. 성례전에 대한 견해에서도 츠빙글리가 루터보다 앞섰다. 그러나 츠빙글리의 신학에는 루터의 경험의 근본적인 것 중 일부가 없었다. 은혜로 말미암는 구원은 하나님의 전능하심에서 추론해낼 수 있는 것이 되었다. 율법이 다시 친근한 것이 되었다. 스위스의 개혁자 츠빙글리에서 개혁이 나름의 형태를 취했는데, 그것은 스위스의 독특한 정치적·사회적 상황의 산물인 동시에 인문주의와 루터에 의해 형성되었다고 평가할 수 있다.

제23장

재세례파와 급진 종교개혁

　루터와 츠빙글리가 옹호한 종교개혁은 전통 교회의 가르침과 관습 다수에 대해 이의를 제기했지만, 국가의 긍정적 가치와 권위에는 동의했다. 그러나 원래의 성경적인 기독교 추구가 더 깊이 이루어지면서, 어떤 사람들은 초기 기독교 시대에 교회와 로마제국 사이의 긴장이 규범적이었다고, 즉 교회는 항상 박해를 환영했고 콘스탄티누스 대제의 회심은 순수한 기독교의 종말을 표하는 큰 배교였다고 주장했다.

　이것이 루터의 종교개혁 직후에 전개된 다양한 운동의 공통적인 특징 중 하나였다. 츠비카우(Zwickau)에서 자기들이 성령을 소유하고 있으므로 성경이 필요하지 않다고 주장하는 선지자들을 중심으로 하는 운동이 발달했다. 루터가 비텐베르크에서 그러한 선혜를 간신히 근절했지만, 그들은 독일 다른 지역에서 세력을 확장했다.

　급진 개혁자들 모두가 정치적인 혁명가는 아니었다. 초기 지도자들 대부분이 평화주의자였던 운동, 박해의 압박 아래 발달한 과격파, 그리고 마지막까지 살아남은 운동 등이 구분되어야 한다. 또 성경을 최종 권위로 여긴 사람들과 성령이나 이성에 기반을 두고 주장한 사람들을 구분해야 한다. 이 장에서는 초기 혁명가, 후기 혁명가, 그리고 영적이고 이성주의적 개혁자들이라는 표제 아래 재세례파에 대해 다룰 것이다.

초기 재세례파 운동

재세례파 운동은 취리히에서 츠빙글리의 신학과 정책이 지나치게 온건하고 조심스럽다고 생각한 사람들 사이에서 시작되었다. 그들은 종교개혁이 신학뿐만 아니라 기독교인들의 실생활, 특히 사회적·정치적 관계와 관련된 것을 정화해야 한다고 믿었다. 교회는 십일조나 세금, 또는 무력 사용에 의한 국가의 지원을 받지 않아야 한다. 기독교 신앙은 다른 사람이 강요할 수 없으며, 결단이 필요한 개인적인 확신에 달린 것이었다. 그러므로 유아에게 세례를 주어서는 안 된다는 주장이 따랐다. 이는 유아들은 그러한 결단을 내릴 수 없기 때문이었다. 처음에 이 자칭 "형제단"은 유아세례에 대해 의심을 품었지만, 어려서 세례받은 사람에게 다시 세례를 주지는 않았다.

1525년 1월 21일에 조지 블라우록(George Blaurock)이 형제단의 콘라드 그레벨(Conrad Grebel)에게 세례를 요청했다. 그레벨은 그의 청을 들어주었고, 즉시 블라우록은 형제단 안의 다른 사람들에게 세례를 주기 시작했다. 이들은 모두 기독교 가정에서 태어나 이미 세례를 받은 사람들이었으므로, 반대자들은 그들을 재세례파라고 불렀다. 자신과 다른 사람들에게 다시 세례를 주려는 것은 운명적인 결정이었다. 이는 옛 법이 재세례를 실시한 사람에게 사형을 명령했기 때문이다. 그 법은 도나투스파 때문에 제정된 것으로서 그들은 이단이기 때문이 아니라 국가에 반역했기 때문에 처벌되었다. 그 법이 재세례파에 적용되어 수백 명이 처형되었다.

가장 영향력이 큰 재세례파 운동이 취리히에서 시작되었지만, 취리히 집단과 비슷한 견해가 독립하여 발달한 두 지역, 즉 아우구스부르크와 포밸리(Po Valley) 사이에는 연관이 없는 것처럼 보인다. 아우구스부르크의 지도자는 한스 뎅크(Hans Denck)였다. 그는 라인란트 신비가들과 루터의 영향을 받은 듯하다. 포밸리와 주변 지역에 카밀로 레나토(Camilo Renato)의 지도 아래 비슷한 집단이 생겨났다. 간접적으로 세르베투스(Michael Servetus)의 영향을 받은 이 집단은 유아세례뿐만 아니라 전통적인 삼위일체론과 영혼 불멸을 부인했다.

여기에서 다양한 재세례파의 모든 유형을 살펴볼 수 없으므로, 전체 운동의 대표자처럼 보이는 시노사인 콘라드 그레벨(1498~1526)에 초점을 두려 한다. 그의 목표는 신약 시대 기독교의 회복이었다. 신학의 기본 문제에서뿐만 아니라 전례와 교회 정치에서 이것이 이루어져야 했다. 그레벨과 취리히의 동료들은 토마스 뮌저(Thomas Muntzer)가 다시 세례받지는 않았지만 유아세례를 부인한다는 것과 전례를 독일어로 번역하고 많은 찬송가를 작곡했다는 것을 알고서 그에게 편지를 보내어 세례에 관한 그의 입장을 칭찬하였지만, 교회에서 찬송을 부르는 것이 신양성경에 기반을 둔 것이 아니므로 배격되어야 한다고 주장했다. 이처럼 원시 기독교를 회복하려는 강한 욕구는 교회 및 교회와 국가의 관계에 대한 그들의 견해로 이어졌다.

신약시대 교회의 본질은 교회와 세속 공동체가 같은 시간과 공간을 차지는 가톨릭교회와 개신교의 전통적인 관습과 매우 달랐다. 전통적인 교회와는 달리 신약의 교회는 전 세계에서 모여든 사람들의 공동체이며, 개인적으로 그리스도의 몸에 연합하기로 한 사람들로만 구성되었다.

이 공동체는 세상과 그 세력의 지원을 받아서는 안 된다. 이 공동체의 사역자는 국가가 선택하는 것이 아니라 공동체가 선택하며, 지체들의 자발적 헌금으로 유지한다. 국가를 절대적으로 거부해야 하는 것은 아니다. 국가는 나름의 기능이 지니며, 신자들은 양심을 방해하지 않는 한 국가의 법에 복종한다. 신앙을 옹호하기 위해 무력을 사용해서는 안 된다. 신자들의 집단은 고난받는 공동체가 될 준비를 갖추어야 하며, 실제로 그러한 공동체가 될 것이다. 기독교인들은 악한 통치자를 타도하지 않아야 하며, 박해받을 준비를 하는 것 외에 다른 방식으로 그들에 맞서 자신을 옹호해서도 안 된다. 이 점에서 재세례파는 대체로 평등주의였으므로, 예정이 한 인간을 참믿음으로 인도하는 것이 아니다. 하나님께 내맡기지 않는 것이 죄가 아니라 자아를 추구하는 것이 죄이다. "내맡김"(*gelassenheit*)이 전형적인 하나님의 뜻이다. 우리가 지금의 모습으로 존속하는 것은 하나님이 인간의 의지에 내맡기시며 그것을 침해하지 않으시기 때문이다. 그리스도와 그분의 고난 안에 하나님의 자발적인 내맡김이 분명하게 나타나 있다. 우리가 참 기독교인이 되려면 하나님께 내맡겨야 한다. 하나님 앞에서 우리가 행하는 것은 무가치하다. 아무것도 하지 않는 것, 하나님께 내맡기고 하나님께 인계하는 것이 중요하다.

신앙의 출발점은 말씀을 듣는 데 있다. 여기에 회심이 따라야 한다. 회심함으로써 죄와 이기심에서 돌이켜 하나님께 내맡길 수 있다. 회심할 때 그리스도의 보혈로 모든 죄가 씻기며, 회심한 사람은 거룩한 새 삶을 시작한다. 이것은 우리가 죄에서 자유롭게 된다는 의미가 아니라 죄에 저항할 힘을 갖는다는 의미이다. 회심했다고 주장하지만 죄에 저항할 힘이 없으면, 그 믿음은 참믿음이 아니다. 그런 사람은 위선자이므로 신자들과의 교제를 금해야 한다.

종교의식은 지나치게 의례적이지 않고 단순해야 하며, 신약성경의 관습을 고수해야 한다. 예배 때 찬송을 부르지 않는다. 예배의 중심 행위는 말씀 봉독과 해설이다. 세례와 성만찬은 내적 실체의 상징이다. 세례는 회심과 죄 씻음의 상징이므로 성인 신자에게만 베풀어야 한다. 초기 재세례파는 침례보다 물을 붓는 방식의 세례를 행했다. 후일 그들은 신약성경에 더 근접하려고 노력하면서 침례를 행하기 시작했다. 보통 성만찬은 소그룹으로 행했다. 그것은 기독교인은 그들끼리, 그리고 그리스도와 묶어주는 교제를 상징했다. 자격 없는 사람은 성찬에 참여하지 못한다. 이는 그것이 연합이라는 상징을 파괴할 수 있기 때문이다.

요약하자면, 초기 재세례주의는 신약성경의 권위로 돌아가자는 개신교의 주장과 공존하려는 시도였다.

혁명적 재세례파

　가톨릭 신자들이나 대부분의 개신교 지도자들은 초기 재세례파의 가르침을 잘 받아들이지 않았다. 곧 재세례를 행하는 사람을 사형에 처한 옛 법이 다시 시행되었고, 재세례파의 역사는 많은 순교자들과 추방자들의 역사가 되었다. 처음에 개신교인들은 재세례파 박해를 주저했다. 이는 제국의 금령 아래 있는 것이 어떤 것인지 알았기 때문이다. 일련의 논쟁이 벌어졌지만, 양측 모두 상대방을 납득시키지 못했다. 마침내 박해는 이단자 처벌에 국가의 힘을 사용하는 것을 불안하게 여긴 소수의 개신교인 영주의 지역을 제외한 모든 지역으로 확대되었다. 박해를 피해 고향을 떠난 많은 사람은 유럽의 다른 지역에 재세례파의 가르침을 퍼뜨렸다. 많은 재세례파 사람들은 비교적 종교의 자유가 있는 중앙 유럽으로 이주했다.

　박해가 낳은 또 다른 결과로 그 운동 내에 또 분열이 발생했는데, 그것은 더 급진적인 입장의 표명이었다. 처음부터 그 운동 안에는 모든 것을 공동으로 소유해야 한다고 믿는 사람들이 있었고, 반대 입장을 취하는 사람들도 있었다. 박해 시기에 종종 나타나는 현상으로서 종말이 임박했다고 기대하는 사람들은 자기들이 말세에 살고 있다고 확신했다.

　구파와 급진 재세례파 사이를 이어준 사람은 모피 장사 호프만

(Melchior Hoffman, 1500~1543)이다. 그는 처음에는 루터파였고, 다음에는 츠빙글리파였고, 마지막에는 재세례파가 되었다. 그는 종교적으로 비교적 관대한 스트라스부르에서 재세례를 받은 듯하다. 부분적으로 그의 영향력으로 말미암아 스트라스부르는 라인 계곡을 따라 네덜란드까지 퍼진 재세례파 운동의 중심지가 되었다. 그의 설교는 매우 묵시적이다. 그는 그리스도께서 재림하여 새 예루살렘에 왕국을 세우실 종말이 임박했다고 주장했다. 그 운동이 스트라스부르에서 세력을 얻으면서 많은 사람은 그 도시가 새 예루살렘이 될 것이라고 확신했다. 호프만을 광신적으로 따르는 사람들이 스트라스부르로 밀려들었다. 그에 대한 반응으로 당국의 반대가 거세졌다. 호프만은 이전 재세례파의 절대 평화주의를 거부했고, 주님이 오시면 주님의 나라를 세우시고 적들을 멸하기 위해서 추종자들에게 칼을 들라고 요구하실 것이라고 주장했다. 호프만의 추종자들 다수는 호프만이 장차 이루어질 것으로 기대했던 것을 무장하라는 현재의 부름으로 받아들였다. 주님은 신실한 자들에게 무장하고 세상에 경건을 세우라고 부르셨나.

　마티스(John Marthys)가 그러한 과격한 설교자였다. 그는 네덜란드 할렘(Haarlem) 출신의 제빵사였는데, 그의 제자 중 유명한 사람은 레이덴의 얀(John of Leiden)이다. 스트라스부르의 상황이 급진 재세례파에게 어려워졌기 때문에 그들은 베스트팔리아의 주요 도시 뮌스터를 주목하기 시작했다. 그곳은 가톨릭측과 개신교측의 불안한 휴전 상태 때문에 다른 곳보다 종교적으로 관대했다. 급진 재세례파는 뮌스터로 몰려가기 시작했고, 오랫동안 복잡한 정치적인 계책을 사용하여 결국 그 도시를 장악했다. 그들은 자기들의 새 정부를 선출하고 종말이 임박했다고 선포했다. 주교는 도시 밖에서 되도록 많은 재세례파를 죽이고 있었다. 재세례파는 전통 신앙을 상기시키는 사본, 예술 작품 등을 불태우고 파괴했고, 경건하지 않은 사람들, 즉 가톨릭 신자들과 온건파 개신교인들을 도시에서 쫓아냈다. 공개적인 전투에서 기적처럼 주교의 군대를 물리친 얀은 자기가 새 시온의 왕이라고 선포했다. 그러나 새 이스라엘은 오래 지속하지 못했다. 주교는 경제적인 자원이 바닥나고 있음에도 불구하고 포위를 계속했는데, 뮌스터는 극도의 굶주림에 빠졌다. 소수 탈영병의 배반으로 말미암아 주교의 군대가 뮌스터를 장악했다.

재세례파 운동의 후기 현상

새 예루살렘의 몰락은 혁명적 재세례파에 치명타였다. 그들이 장악하고 있는 동안 뮌스터는 독일 전역과 네덜란드에서 주님의 날이 오기를 기대하는 많은 사람에게 높은 자들이 낮아지고 낮은 자들이 높여질 때의 상징이요 희망이었다. 그러나 그 요새가 함락되고 왕이 치욕스러운 종말을 맞은 후에 온건한 재세례파가 다시 중요한 역할을 했다. 사라지지 않고 남아 있던 평화주의 집단들이 다시 힘을 얻었다.

그 운동의 새 지도자들 중에 가장 영향력이 있었던 사람은 네덜란드의 가톨릭 사제였다가 1536년에 재세례파에 합류한 메노 시몬즈(Meno Simons, 1496~1561)였다. 그는 뮌스터 운동이 옹호하고 실천한 폭력을 싫어했고, 그것이 기독교의 핵심을 비뚤어지게 한다고 여겼다. 따라서 평화주의는 메노파의 지엽적인 특징이 아니라 복음에 대한 메노의 이해의 본질에 속한다. 이것이 수 세기 동안 모든 메노파 집단의 한결같은 특징인 이유이다.

메노의 주 임무는 뮌스터의 급진적 재세례파와 온건한 진영을 구분하는 것이었다. 그러므로 메노는 분위기와 목적이 일부 초기 변증가들의 것과 같다. 그는 가장 널리 알려진 저서 『기독교 교리의 토대』(Foundation of Christian Doctrine)에서 자신의 저술 목적이 이러한 차이를 보여주는 것이라고 진술한다.

메노의 신학의 기본 대의는 세상으로부터의 분리이다. 이 분리의 기초는 초기 재세례파의 경우처럼 세례로 상징되고 선포되는 개인적인 회심과 회개이다. 그럼으로써 참교회는 다시 신실한 자들의 교제가 된다. 이 교제안에서 자신이 참신자임을 보여주지 못하는 사람은 교회에 출입하지 못하며, 회중은 그들을 만나는 것을 피해야 한다. 메노는 보복적으로 피하는 것이 아니라 회개를 촉구하는 사랑의 피함이 되어야 한다는 점을 분명히 했다.

간단히 말해서 메노 및 그에 동조한 후기 재세례파 시도사들은 초기 재세례파의 평화주의적 자세로 복귀했다. 그러나 이것은 그들이 모든 신학적 문제에 동의했다는 의미가 아니다. 그 후 400년 동안 재세례파 운동의 역사는 교리적 근거에 관한 분열의 반복이었고, 제안

된 많은 신앙고백은 다수의 지지를 받지 못했다.

유심론자들과 합리주의자들

재세례파에 대한 묘사와 그에 속한 다양한 집단과 지도자들을 분류하는 것은 어려운 일이지만, "유심론자"(spiritualist)와 "합리주의자"(rationalist)라고 불리는 사람들에 대해 논하는 것은 한층 더 어려운 일이다. 이들 대부분은 강한 신비적 경향을 지녔고, 교회 전반의 개혁보다는 개인의 영성생활에 더 관심을 갖는 경향을 나타냈다. 그들 중 다수는 성령의 감화가 성경보다 우위에 있다고 여겼고, 일부는 기록된 말씀을 버리고 하나님이 인간의 영에 직접 하시는 말씀을 선호했다. 어떤 사람들은 인간의 이성을 성경의 메시지에 적용해야 한다고 주장하며, 종종 삼위일체나 성육신을 부인하는 식의 복음 해석을 제안했다. 이제 이러한 사상가들을 다루면서 그들 사이에도 큰 차이점이 있다는 것, 그리고 그들이 하나의 화합 운동을 형성했기 때문이 아니라 편의상 같은 제목 안에 포함되었다는 것을 살펴보아야 한다.

카스파르 슈벵크펠트(Caspar Schwneckfeld, 1489~1561)는 가톨릭 신앙과 루터주의 사이의 중도라고 생각하는 것을 제안했다. 그러나 그것은 가톨릭교도와 개신교인 모두가 받아들일 수 없는 대안이었다. 성령은 자유로 행하시며, 교회나 성경이 성령을 속박할 수 없다. 그러므로 성경이 선지자들과 사도들 안에서의 성령의 활동을 표현하기 때문에 무오하지만, 중요한 것은 성경 연구가 아니라 성령의 감화를 받는 것이다. 그러한 감화가 없으면 성령을 제대로 이해할 수 없고, 성령의 감화가 있으면 성경이 거의 필요하지 않다는 느낌을 받는다. 성찬의 떡과 포도주는 물질이므로 영적인 것을 가능하게 할 수 없다. 그것들이 할 수 있는 일은 겉사람을 그리스도께 이끄는 것이다. 그러나 여기에도 영적인 차원이 있다. 이런 식으로 해석할 때의 문제는 성찬에서의 물질적인 것과 영적인 것의 관계가 간결하게 설명되지 않는다는 것이다. 만일 성령이 절대적으로 자유로 행동하신다면, 그러한 관계가 있다고 주장할 수 있는가? 많은 사람을 잘못 인도하며 영적 잔치에만 참여하게 하는 듯한 유형의 성찬을 삼가는 것이 가장 좋지 않을까? 이것은 사람들이 제대로 교육을 받을 때까지 임시 조처로서 슈벵크펠트가 권한 것이었다.

스페인의 후앙 데 발데스(Juan de Valdes, 1500~1541)는 다른 노선을 따랐다. 그의 신앙은 에라스무스의 지적인 세련됨과 알룸브라도스(Alumbrados)—스페인 종교재판소가 거듭 정죄한 집단—의 신비주의를 결합한 것이었다. 그는 묵상을 통해 하나님과 직접 교제하려 했는데, 나폴리에서는 그의 주위에 유명한 사람들이 제자로 모여들었다. 그의 주 관심은 내적 경건이었으므로, 교회 권위자들과의 싸움은 비교적 온선했다. 그러나 그는 이렇게 내면생활을 상소했기 때문에 가톨릭과 개신교 양측의 의심을 받았다.

그 다음 세기에 유심론의 경향을 분명히 밝힌 인물은 퀘이커파의 창시자인 조지 폭스(George Fox, 1624~1691)이다. 그는 방직공의 아들이었으며, 공식적으로 신학을 공부한 적이 없었다. 폭스는 여러 해 동안 진지하게 영적 탐구를 하다가 1646년에 "내면의 빛"이라는 것을 발견했는데, 그것은 신자의 내면에 사시는 그리스도를 말한다. 이 내면의 빛에 대한 신뢰 때문에 그는 교회와 성례전 등 전통적으로 은혜의 외적 수단이라고 간주해온 것을 거부했다. 그러나 폭스는 내면의 빛을 강조하면서도 자신이나 추종자들이 기독교인의 교제의 필요성이나 사회정의를 추구해야 할 의무에서 벗어나는 것을 허락하지 않았다. 기독교인의 교제에 대한 관심이 진리의 형제회(Society of Friends of the Truth)—1650년 이후 퀘이커파라고 불림—를 세운 이유였다. 사회정의에 대한 관심은 퀘이커파가 주로 평화주의적 관점에서 사회 문제에 개입한 데서 나타난다.

미카엘 세르베투스(Michael Servetus, 1511~1553)와 파우스투스 소키누스(Faustus Socinus, 1539~1604)는 삼위일체론을 부정했다. 세르베투스는 심오한 종교적 확신의 소유자였지만, 삼위일체론이 건전하지 못하다고 느꼈다. 그의 고국 스페인에서는 수 세기 동안 그 교리가 유대인과 회교도들의 걸림돌이 되었다. 그러므로 그는 삼위일체론의 합리성에 관한 중세시대 후기의 의문들, 그리고 16세기에 신약 안에 있는 기독교의 근원으로 복귀하려는 인문주의와 개신교의 노력을 취하고 삼위일체와 성자의 영원한 발생이 합리적으로 성경 안에서 발견되지 않는다고 여겨 거부했다. 잘 알려진 대로 그는 가톨릭 종교재판을 피해 도망쳤지만, 칼빈의 제네바에서 이단으로 몰려 화형을 당했다. 그러나 그의 견해는 죽지 않았다. 삼위일체론에 의심을 품고 있던 일부 재세례파 사람이 그의 견해에 공감했다. 라엘리우스 소키누스(Laelius Socinus)와 그의 조카 파우스투스도 그의 견해를 받아들였다. 파우스투스 소키누스는 폴란드에서 삼위일체론 반대 신학자들 중에서 가장 영향력있는 사람이 되었고, 많은 제자를 두었다. 그가 사망한 이듬해인 1605년에 추종자들이 그의 가르침을 정리하여 라코우 교리서(Racovian Catechism)를 작성했다. 17세기에 소키누스의 저술과 사상이 영국에 소개된 것은 유니테리언 신학의 탄생에 영향을 미친 중요한 요소 중 하나였다.

루터와 그의 추종자들은 이 극단적인 개혁자들을 두려워했고, 스위스와 스트라스부르의 개혁파 신학자들도 이들을 두려워했다. 가톨릭 논객들은 분파의 급증이 종교개혁의 논리적 결과라고 지적했다. 이것은 부분적으로 맞는 말이다. 루터가 유럽에서 성공할 수 있었던 것은 과거의 권위 체계들이 세력을 잃고 있었기 때문이었다. 반면에 루터가 성공했기 때문에 전통적인 권위가 유럽 대부분에서 몰락했다.

이제 전통적인 개혁사들—루터파와 개혁파—가 해야 할 일은 다툼의 초기 시절보다 더 체계적인 토대 위에 신학을 세우는 것이었다. 다음 장에서 이것들에 대해 살펴보겠다.

제24장

칼빈의 개혁주의 신학

일반적으로 독일 북부에서는 루터의 영향이 강했고, 스위스와 남부 독일에서는 츠빙글리의 영향이 매우 강했다. 라인강 유역, 특히 마틴 부처(Martin Bucer, 1491~1551)가 활동한 스트라스부르에서 개신교의 두 진영을 통합할 중재 입장을 전개하려는 시도가 있었다. 이러한 시도들은 정치적인 의미에서는 실패했다. 이는 1536년에 북부 루터파가 부처파와 연합하고 스위스와 남부 독일인들이 받아들일 것을 바라면서 작성한 비텐베르크 협약(Wittenberg Concord)이 성공하지 못했기 때문이다. 1549년에 남부 독일의 몇 사람과 스위스 지도자들이 취리히 합의(Zurich Consensus)에 도달했다. 그중에 취리히에서 츠빙글리의 뒤를 이은 불링거(Henry Bullinger, 1504~1575), 제네바에서 개혁 지도자로 인정된 칼빈(John Calvin)이 있었다. 부처는 취리히 합의서에 동의했다. 이는 합의서 작성에 영향을 미친 칼빈의 견해가 부처의 견해를 반영하고 있었기 때문이다. 루터파는 이 합의를 받아들이지 않았고, 결국 스위스와 독일의 방대한 지역이 칼빈의 개혁주의 신학을 따랐는데, 그것은 실제로는 츠빙글리파와 루터파를 중재하는 견해였다. 그리하여 루터파와 츠빙글리파를 화해시키려는 부처의 시도는 실패했지만, 부처는 최종적이고 온건한 형태의 개혁주의 신학에 기여함으로써 간접적으로 성공했다.

칼빈(1509~1564)은 개혁주의 신학에 특징적인 형태를 제공했다. 1535년에 칼빈은 『기독교 강요』(Institute of the Christian Religion) 초판의 서문을 쓰고 있었다. 그 책은 그가 추방되어 머물던 바젤에서 1536년에 출판되었다. 『기독교 강요』 초판은 1559년에 출판된 최종판의 골격—1536년판은 6장으로 이루어졌고, 1559년판은 80장으로 이루어졌다—에 불과했지만, 이미 일부 종교개혁 지도자들의 즉각적인 관심을 끌 정도로 중요한 작품이었다. 칼빈은 자신을 학자로 여겼고, 연구와 저술에 시간을 보내려 했지만, 전쟁 때문에 프랑스에서 스트라스부르로 우회하여 여행하면서 계획이 바뀌었다. 그는 우회하면서 제네바로 갔는데, 그곳에서 제네바 개혁 지도자인 파렐(Guillaume Farel, 1489~1565)이 그에게 제네바에 남아 개혁을 지휘해달라고 요구했다. 칼빈은 제네바에 머물기로 하고 개혁 지도자로서의 삶을 시작했다.

하나님을 아는 지식

칼빈은 인간이 알 수 있는 거의 모든 것이 두 부분으로 이루어진다고 주장하면서 『기독교 강요』를 시작한다: 하나님을 아는 지식(신

인식)과 자아를 아는 지식(자기 인식). 참된 자기 인식은 우리가 자신의 불행과 부족함을 발견하는 것이며, 또한 하나님을 아는 지식을 찾아야 할 필요성을 깨닫게 해준다.

모든 사람에게 신성에 대한 본성적 의식이 있다. 그러나 이 의식은 우리를 용서받을 수 없게 할 뿐이다. 우리는 죄인이기 때문에, 그리고 우리는 유한한 피조물이요 하나님은 무한하시기 때문에 하나님을 알 수 없다. 계시 안에서 하나님은 우리의 제한된 인식에 맞추신다. 이것이 성경과 계시의 기능이다. 그것의 의인화는 신적 본질이나 계시 안에 있는 불완전함에 기인하는 것이 아니라 우리의 유한한 능력에 기인한다. 하나님은 우리의 유한한 능력에 맞추어 우리에게 주시는 소통 수단을 조정하신다.

엄격히 말하면 하나님의 말씀이 삼위 중 제2위이시지만, 성경도 하나님의 말씀이라 할 수 있다. 이는 그것이 우리를 향한 하나님의 증언이며, 그 내용이 예수 그리스도이기 때문이다. 성경의 권위는 교회에서 오는 것이 아니다. 교회는 선지자들과 사도들을 토대로 세워지며, 그 토대는 성경 안에서 발견되어야 한다.

칼빈은 성상을 비성경적이라고 여겨 성상 사용을 거부했지만, 츠빙글리만큼 강력하지는 않았다. 그러므로 칼빈과 후대의 칼빈주의자들은 전통적인 예배 형식을 사용한 데 반해, 츠빙글리의 영향을 받은 칼빈주의자들은 예배에서의 음악 사용을 성경에서 발견되는 것, 즉 시편 찬송으로 제한했다.

인간의 상태

만일 칼빈이 『기독교 강요』에서 말하는 것처럼 인간의 지혜가 거의 모두 신인식과 자기인식 안에 있다면, 인간론이 기독교 신학의 중요한 부분이 되어야 한다. 그것이 칼빈이 『기독교 강요』 제2권에서 다루는 주제이다.

우리가 현재 상태의 자아를 발견하는 원인은 아담의 죄이다. 그것이 그의 후손 모두에게 유전되었다. 아담의 큰 죄는 하나님께 복종하지 않은 것이 아니라 불신이었다. 이는 그가 하나님께서 말씀하신 것을 믿지 않고 뱀의 말을 들었기 때문이다.

이것이 칼빈이 주장하는 인간의 본성적 타락이라는 교리이다. 인간 본성은 본질적으로 선하다. 악한 것은 죄로 말미암아 인간 본성 안에 도입된 부패이다. 인간 지성이 부패로 말미암아 완전히 파괴된 것은 아니다. 타락한 인간의 지성은 여전히 진리를 향한 본성적 욕구를 보존하고 있으며, 이것이 그 원래 상태를 상기시켜준다. 그러나 이 진리 추구조차 우리를 교만과 허영으로 인도한다.

의지도 부패했다. 우리에게는 여전히 선한 것을 찾는 본성적 경향이 있지만, 이것은 짐승에게서 발견할 수 있는 "본성적 욕구"(natural appetite)과 다를 바 없는 것이다. 우리의 의지는 죄에 매여 있으며, 그렇기 때문에 우리 중에 참되게 하나님을 찾는 자가 하나도 없다.

율법의 기능

칼빈이 말하는 "율법"의 의미는 루터가 의미하는 것과 다르다. 칼빈이 말하는 율법은 복음과 대응 관계에 있는 것이 아니라 모세오경과 구약성경 전체에서 옛 이스라엘에 주신 하나님의 계시를 의미한다. 그러므로 율법과 복음의 관계는 변증적인 것이기보다 거의 연속적인 것이 된다. 신약과 구약에 차이점이 있지만, 본질적으로 그 내용은 같다: 예수 그리스도.

율법의 첫째 목적—여기에서 칼빈과 루터의 견해가 일치한다—은 우리의 죄와 비참함과 타락을 보여주는 것이다. 둘째 목적은 악인을 저지하는 것이다. 이것은 중생으로 이어지지는 않지만, 사회 질서를 위해 필요하다. 이 주제 아래서 율법도 구원으로 예정되었지만 아직 회심하지 않은 사람에게 도움을 준다. 그것은 그들이 예정된 은혜를 받을 준비를 하게 해준다. 마지막으로 세 번째 목적은 믿는 자에게 하나님의 뜻을 계시해주는 것이다. 이것은 개혁주의 전통에서 전형적으로 강조하는 것이며, 이것 때문에 개혁주의는 윤리 문제에 엄격했다.

예수 그리스도

칼빈은 그리스도의 위격과 사역에 대해 논할 때 삼위일체론의 경우에서처럼 전통적인 정통신앙을 따른다. 칼빈의 기독론 연구에서 중요한 점이 세 가지이다. 첫째는 전통적인 교리를 깎아내리려는 사람들로부터 옹호하려는 시도이다. 둘째는 그리스도의 사역을 왕과 선지자와 사제라는 세 가지 직무로 묘사했는데, 그것이 개혁주의 신학에서 일반적인 일이 되었다. 셋째는 위격적 연합에 대한 그의 이해가 성찬에서의 그리스도의 임재에 관한 그의 주장과 밀접하게 연결되어 있다는 것이다.

칼빈이 자신의 신학을 전개할 수밖에 없었던 논쟁의 첫째 요점은 성육신의 이유였다. 이 점에서 그의 주적은 아담이 타락하지 않았어도 그리스도가 성육하셨을 것이라고 주장한 오시안더(Osiander)였다. 그러므로 성육신의 목적은 인류의 대속이 아니라 창조의 완성이다. 성육신에 현재의 목적을 부여한 것이 타락이므로, 그것은 우연한 것이다. 이것은 새로운 주장이 아니었다. 중세시대에 프란치스코회 신학자들 대부분이 그것을 주장했었다. 그러나 칼빈은 그것을 헛된 사변으로 여겨 거부했다. 이 논쟁은 칼빈의 신학의 기반을 구세론에 둔다는 점에서 중요하다.

칼빈의 위격적 연합 교리는 세르베투스에 반대하여 전개되었다. 이 논의에서 칼빈이 정통신앙에 머물면서도 위격의 통일성과 속성의 교류보다는 그리스도 안에 있는 두 본성의 구분을 강조하는 경향의 기독론을 전개했다. 이것은 성찬 안에 그리스도의 현존설뿐만 아니라 하나님 앞에서 인간의 가치에 관한 칼빈의 견해와 일치한다.

그리스도는 직무에 있어서 선지자요 왕이요 제사장이다. "그리스도"라는 칭호가 이 세 직무를 상징한다. 왜냐하면 그것은 "기름부음

받은 자"를 의미하는데, 구약에서 왕과 선지자와 제사장이 기름부음을 받았기 때문이다. 그리스도에게서 예언이 성취되었으므로, 그리스도는 탁월한 선지자이시다. 구약 예언의 내용은 그리스도였다. 그리스도는 각 신자의 왕이요 교회의 왕이시다. 그리스도는 왕으로서 우리를 다스리신다. 그분은 자기가 받은 모든 것을 신하들과 공유하신다. 제사장이신 그리스도는 자신을 제물로 드리기 위해 하나님 앞에 가셨다. 그렇게 하심으로써 옛 희생제사를 모두 성취하셨다. 그러므로 그것들은 그분에게서만 유효하다. 그리스도는 자기를 따르는 자들을 제사장으로 삼으셨다. 이는 그분으로 말미암아 그들이 자신을 산 제물로 하나님 앞에 드릴 수 있기 때문이다.

칼빈의 기독론의 세 번째 특징은 그리스도 안에 있는 인성과 신성의 혼동을 피하려 한 것이다. 이 점에서 그는 루터와 다르고, 츠빙글리와 일치한다. 츠빙글리는 두 본성의 구분보다 통일성을 강조했다. 칼빈도 츠빙글리처럼 루터가 속성의 교류를 그리스도의 부활하신 몸의 편재성을 위한 논거로 사용한 것을 받아들일 수 없었다. 칼빈도 츠빙글리처럼 신성의 편재성이 그리스도의 몸에 전해지지 않았으므로 천국에 계시면서 동시에 여러 제단 위에 임재하실 수 없다고 주장했다. 그는 이러한 맥락에서 제2위의 신성이 예수 안에 충분히 현존하셨지만, 인성의 제한을 받지 않았다고 지적했다. 그분은 세상에 내려와 예수 안에 계시는 동안 여전히 하늘에 계셨고, 동정녀에서 태어나실 때 여전히 우주 전체를 채우고 계셨다. 이것이 후대의 신학자들이 엑스트라 칼비니스티쿰(*extra calvinisticum*)이라고 부른 것으로서 개혁주의 신학의 특징적 강조점이 되었다.

칼빈의 기독론의 특징을 요약한다면, 그의 기독론이 엄격하게 정통적이면서 고대 알렉산드리아 학파보다 안디옥 학파 쪽으로 기울고 있으며, 강조하는 것이 형이상학적이기보다 구세론적이라고 말할 수 있다.

대속(代贖)과 칭의

칼빈은 그리스도의 사역을 보속으로 이해한다. 그리스도는 죽기까지 순종함으로써 우리에게 죄사함 받을 자격을 주셨다. 이런 식으로 하나님의 공의와 사랑이 충족되었다. 그러나 그리스도가 죽으심으로써 인류에게 구원받을 자격을 주셨다고 해서, 모든 사람에게 구원이 유효한 것은 아니다. 성령의 은밀한 내적 작용으로 말미암아 신자에게 그리스도와 그 혜택이 유효하게 되며, 성령의 주된 사역은 그리스도에 대한 믿음이다.

믿음에는 인지 요소가 있다. 그것은 단순히 신뢰의 태도가 아니다. 믿음이라는 이름으로 통과하는 모든 것이 믿음은 아니다. 루터의 경우처럼 이것은 본질적으로 하나님께서 신자에게서 발견하신 것에 기초하여 그를 의롭다고 선포하시는 칭의가 아니다. 그리스도의 공의는 죄인이 믿음으로 입는 옷과 같으며, 그것을 입을 때 의롭다고 선포된다.

이것이 믿음의 유일한 기능이다. 믿음은 이성이 증명할 수 없지만 권위가 말해주는 것을 받아들이는 신뢰가 아니다. 성경의 권위에 기초하여 믿어야 하는 것들이 있지만, 그런 것을 믿는 것은 믿음이 아니다. 믿음의 역할은 신자를 그리스도와 결합하여 죄에도 불구하고 그리스도의 의가 신자에게 전가되게 하는 것이다.

그러나 이신칭의란 기독교인이 의의 전가에 만족하고 계속 죄 속에 뒹구는 것을 의미하는 것이 아니다. 의롭게 된 신자는 칭의의 열매를 보여주려 한다. 이것이 『기독교 강요』 중 "신자의 삶에 관한 논문"(Treatise on the Christian Life)이라는 항목의 주제이다. 이 부분은 『기독교 강요』에서 분리하여 별도로 거듭 출판되었다. 이 논문은 후대의 칼빈주의, 특히 청교도 전통에 영향을 주었다.

하나님은 신적 거룩함의 모범에 의해서, 그리고 그리스도와의 교제를 통해서 택하신 자 안에 의에 대한 사랑을 창조하신다. 중생 또는 성화 사역은 신자 안에서 이루어지는 하나님의 사역인데, 죄로 말미암아 변형된 하나님의 형상을 점진적으로 새롭게 하신다. 그 결과는 선한 행위가 풍부한 신자의 삶이다. 그러나 이 행위는 그를 의롭게 하지 못한다. 그것은 칭의의 결과요 표식이다. 신자가 따라야 할 기본 원리는 모든 것을 피조된 목적을 위해 사용해야 한다는 것이다.

칭의의 교리와 중생의 교리에서도 칼빈이 율법과 복음을 루터와 다르게 이해했기 때문에 기독교인이 영위해야 하는 삶을 루터보다 더 강조했음을 보게 된다. 두 개혁자를 비교할 때 그리 크지 않은 두 사람의 차이가 결국 루터파 전통과 개혁주의의 현저한 차이점을 만들어낸다.

예정

칼빈은 예정론으로 잘 알려져 있다. 많은 학자는 그것이 그의 신학의 중심이라고 말한다. 그러나 칼빈에 대한 이러한 이해는 후대의 논쟁에서 이루어진 관점의 왜곡의 결과이다. 칼빈은 이중예정설을 주장했다. 세월이 흐르면서 그는 『기독교 강요』 중에서 그것에 관한 부분을 점차 확대했다. 그러나 『기독교 강요』 중 그 주제를 다룬 부분은 예정론이 중요하지만, 칼빈의 신학의 나머지 부분을 해결해주는 열쇠가 아니라는 경고이다. 츠빙글리의 경우처럼 그의 예정론은 하나님 섭리의 필연적 결과가 아니다. 칼빈이 『기독교 강요』 제1권에서 섭리를 다루고, 예정에 대해서는 제3권 끝부분에서 신자의 삶과 함께 다룬 후에 종말론으로 넘어간다는 점이 중요하다. 그 이유는 칼빈이 예정을 실질적인 교리, 이신칭의를 강화하면서 동시에 종말론의 기초를 제공하는 교리로 보았기 때문이다.

더욱이 예정을 하나님의 전반적인 섭리에서 분리한 것은 칼빈이 하나님의 전능하심과 전지하심으로 예정을 증명하지 않을 것임을 보여준다. 그렇게 하는 것은 하나님의 은밀한 계획을 꿰뚫으려는 시도가 될 것이며, 큰 교만과 불경이 될 것이다. 예정은 위험하고 어려운 교리일 수 있다. 그러나 그것은 성경적이며, 그러므로 그것을 가르치고 전파해야 한다.

하나님의 택정의 규례는 하나님의 예지에 의존하지 않는다. 예정은 한 사람의 장래의 행동과 태도에 관해 하나님이 미리 아시는 것에 따라 다루시려는 결정이 아니다. 택정이 하나님의 규례라는 사실은 그것이 과거나 현재나 미래의 인간의 행위에 의존하지 않는다는 것을 의미한다. 그것은 하나님의 독립된 결정이다.

이것은 버림받은 자들에게도 적용된다. 하나님은 그들에게 말씀을 들을 기회를 주시지 않거나, 말씀을 들을 때 마음이 완악해지도록 결정하시지 않는다. 헤아릴 수 없는 신비한 방식으로 그들은 공정하게 정죄 되며, 그들의 저주 안에서 하나님의 영광이 드러난다.

반면에 택함 받은 자들은 확실히 구원받는다. 이것은 우리가 자기의 믿음을 신뢰하고 그것이 구원을 보장해줄 것이라고 주장한다는 의미가 아니다. 참믿음을 가진 사람은 자신을 신뢰하지 않고 그리스도를 신뢰하므로 겸손한 확신을 소유한다.

요약하자면, 칼빈의 예정론은 하나님의 전지와 전능에 관한 공론에 기초하는 것이 아니라 성경의 증언에 기초한다. 기독교 신학, 예정론은 이중의 기능을 한다. 즉 하나님의 유일한 은혜로 말미암은 구원을 확언하는 동시에 종말론의 기초가 된다.

교회

칼빈은 유형의 교회와 무형의 교회를 구분한다. 엄격히 말해서 살아있는 자든지 죽은 자든지 택함 받은 자들이 형성하는 무형의 교회가 참된 보편교회이다. 유형의 교회는 무형의 교회에 필요한 유익한 표현이며, 현세에 사는 동안 유형의 교회가 우리의 교회가 되어야 한다. 그러므로 유형의 교회와 무형의 교회의 관계는 반대 관계가 아니다. 현세에서 우리에게 주어진 유일한 교회인 유형의 교회는 택함 받은 자들의 무형의 교제를 보여주는 상징이다.

칼빈이 택함 받은 자들의 무리를 언급한다고 분명히 말한 몇 곳을 제외하면 그가 말하는 "교회"는 세상에 있는 보이는 무리, 알곡과 가라지가 섞여 있고 세상적이며 실수할 수 있는 교회를 의미한다.

하나님만이 택함 받은 자가 누구인지 아시지만, 택함 받은 자로 여겨야 하는 사람을 가리키는 표식들이 있다. 그들은 하나님과 그리스도에 대한 신앙을 고백하며, 성례에 참여하며, 선한 생활을 하는 자들이다. 그러므로 교회의 두 가지 특징은 말씀 선포와 성례전 집례이다. 재세례파에서 주장하는 것처럼 지체들의 개인적 경건이 참교회의 특징이 아니다. 왜냐하면, 참교회의 지체들 모두가 택함 받은 것이 아니며, 택함 받은 사람도 여전히 죄인이기 때문이다. 가톨릭교회는 참된 말씀 선포에서 벗어났으므로 참교회가 아니다. 하나님의 말씀이 존중되지 않는 곳에는 교회가 존재하지 않는다. 이에 맞서 사도적 승계에 호소하는 것은 소용이 없다. 왜냐하면 참된 사도성은 안수하는 데서 생겨나는 것이 아니라 사도들의 교리를 선포하는 데서 나오기 때문이다. 그러나 로마 가톨릭교회 안에 몇 가지 교회의 흔적이 있다.

칼빈은 루터보다 더 교회의 조직에 관심을 두었다. 부처와 츠빙글리 같은 다른 개혁파의 지도자처럼, 칼빈은 기독교가 회복하려면 교회의 원시 조직으로 돌아가야 한다고 믿었다. 이 점에서 그는 루터와 의견을 달리한다. 루터는 복음이 제대로 선포되는 한 그러한 일이 부차적이라고 여겼다. 결과적으로 루터파 전통 안에 있는 교회는 조직적 패턴의 넓은 스펙트럼을 따랐고, 대부분의 개혁주의 교회는 칼빈이 제안한 기본 원리에 따라 운영되었다. 그러나 칼빈은 교전집(敎典集)에 관한 자신의 가르침을 신약시대의 관습을 문자 그대로 회복하는 것으로 이해하지 않았고, 신약성경이 교회에 대해 말하는 것을 취하여 교전집 양식 안에 구현하려는 것이라고 여겼다. 후대의 개혁주의 전통에서는 칼빈이 제안한 모델이 어떤 것보다 더 성경적으로 인정된 것이라고 주장한다.

여기서 칼빈이 제안한 교전집의 세부 내용을 다룰 수 없지만, 칼빈의 교회론을 예증해주는 두 가지 중요한 점이 있다. 그것은 목회자 선출과 치리 시행이다.

목회자 선출은 교회(그들이 섬겨야 할 지역 교회)와 목회자들(다른 교회 출신의 목회자들)이 공동으로 해야 한다. 이것은 칼빈이 지역 교회를 교회라고 여겼기 때문에 중요하다. 교회는 온 세상을 포용하는 상부구조가 아니다. 각각의 지역교회는 말씀 전파와 성례전이라는 기준으로 판단되어야 한다. 지역교회가 자체의 목회자를 선출하는데, 그는 교리적으로나 생활에서 모범적이라고 판단된 사람이어야 한다. 목회자들은 지역교회가 성경의 가르침에서 벗어나지 않음을 보장하기 위해 이 판단에 참여해야 한다. 이것은 장로교의 통치 형태의 배후에 있는 근본적인 교회론적 고려로서 개혁주의 교회의 전형적인 특징이 되었다.

둘째, 치리 집행도 비슷한 방식을 따른다. 교회의 치리는 그리스도 안에 있는 거룩함을 확보하기 위해서 필요한 것이 아니라 그리스도의 존귀함을 보존하기 위해서 필요하다. 그리스도의 뜻을 공공연히 범하는 것은 그분의 이름을 짓밟는 것이다. 교회는 공적인 권면과 사적인 권면으로 지체들을 치리할 수 있으며, 고집스럽게 나쁜 행위처럼 극단적인 경우에는 출교시킬 수 있다. 치리의 목적은 다음과 같은 세 가지이다: 그리스도의 몸과 성찬을 모독하는 것을 피하기 위해서, 교회 내의 다른 사람들을 타락시키는 것을 막기 위해서, 그리고 죄인을 회개시키기 위해서. 칼빈은 가톨릭교회의 관습에 맞서 목회자들과 교회가 연합하여 치리를 집행해야 한다고 말한다. 그의 주장에 반대되는 것이 재세례파의 관습인데, 그것은 치리하는 사람 자신이 깨끗하지 못함을 인정하면서 사랑의 정신으로 집행되어야 한다고 여긴다. 이처럼 치리 집행에 대한 칼빈의 지침에서도 그의 교회론의 기본 특성이 나타난다.

성례

칼빈은 『기독교 강요』에서 자신이 이해하는바 성례가 하나님께서 믿음이 약한 자를 지탱해주기 위해 자신의 선한 약속을 다짐하시는 외적 표식이 되어야 한다는 정의를 제공하면서 성례에 관해 분명하고 직접적으로 논의하기 시작한다.

그는 성례에 대한 견해를 전개하면서 한편으로 가톨릭교회와 루터파의 견해, 다른 한편으로 츠빙글리파와 재세례파의 이론을 피하려 한다.

칼빈은 츠빙글리와 재세례파에 맞서 성례가 효험이 있다고 주장한다. 신자들뿐만 아니라 불신자도 성례를 받을 수 있다는 근거에서 성례의 효험을 부인하는 것은 사람들이 말씀을 들으면서도 주목하지 않는다는 이유로 말씀의 능력을 부인하는 것과 같다. 믿음이 성령의 선물이므로 성례가 믿음을 강화하거나 증가하지 않는다고 주장하는 사람들은 성령이 성례를 유효하게 하신다는 것을 깨달아야 한다. 여기에서도 성례와 말씀을 대비할 수 있다. 이는 말씀은 성령의 활동을 통해서만 유효하며, 성례의 주목적은 참여하는 사람의 믿음에 기여하고 강화하는 것이기 때문이다.

한편 성례가 의롭다 하며 은혜를 주는 능력을 지닌다는 주장은 잘못된 것이다. 그러한 잘못은 성례라는 "상징"과 그 안에 있는 "진리"를 혼동한 데 기인한다. 그러한 혼동이 미신으로 이어지는데, 미신이란 하나님이 아닌 것을 믿는 것이다. 이것이 성례의 본질을 왜곡한다. 성례의 목적은 칭의에 대한 다른 주장을 배제하며, 예수 그리스도 안에 믿음의 초점을 두는 것이다. 그리스도는 모든 성례의 참 본질이시다. 왜냐하면, 그분은 성례의 힘의 근원이며, 성례는 그리스도만을 약속하고 주기 때문이다.

구약성경에는 할례, 정결례, 희생제사 등의 성례가 있다. 이것들은 신약성경의 성례와 다르지 않다. 왜냐하면, 그것들의 본질과 의미가 예수 그리스도이기 때문이다. 구약의 성례는 장차 그리스도가 오실 것을 선포하며, 신약의 성례는 이미 세상에 오신 그리스도를 보여주는 데 있다. 그러나 그것들의 내용이 같으므로, 그 효험도 같다.

신약의 성례는 세례와 성만찬오직 두 가지이다. 일반적으로 성례라고 불리는 다른 의식들은 실제로는 성례가 아니다. 왜냐하면 신약성경은 하나님께서 그것들을 은혜의 표식으로 제정하셨다고 지적하지 않기 때문이다.

세례의 목적은 두 가지이다: 믿음에 도움을 주는 것, 그리고 사람들 앞에서의 죄 고백이다. 믿음을 돕는 것인 세례는 죄 사함, 신자가 그리스도와 함께 죽고 부활하는 것, 그리고 그리스도와의 연합 등의 참된 상징이다. 세례와 연결된 죄 사함은 원죄와 과거의 죄뿐만 아니라 장래의 죄와도 관련이 있다. 세례 안에서 이루어지는 죄 씻음은 과거의 것에만 유익한 것이 아니다. 신자의 죄를 물로 씻을 경우에는 그러할 것이다. 그러나 죄를 씻어주는 것은 그리스도의 피이며, 그 피는 신자의 전 생애에 도움이 된다. 칼빈은 교부 시대에 중요한 문제로서 참회 제도로 발전한 것, 즉 세례받은 후의 죄 문제를 문제시하지 않았다. 그는 세례가 평생 유효하다고 답변한다.

칼빈은 재세례파에 맞서 유아에게 세례를 주어야 한다고 단언한다. 신약성경에서 증명되지도 않고 부인되지도 않은 이 관습을 뒷받침하는 성경의 권위를 발견했다는 그의 주장은 유아세례에 찬성하는 몇 가지 논거를 제공하게 했는데, 그것들 모두 그리 성공적이지 못했다. 어쨌든 유아세례는 우리를 위해서만 아니라 우리의 후손을 위한 하나님의 사랑의 돌봄과 은혜로 말미암은 칭의의 표식으로 실행된다.

세례 형식과 관련하여 칼빈은 침수와 물을 뿌리는 방식 모두 가능하며, 둘 중 하나를 선택하는 것이 그리 중요한 문제가 아니라고 여겼다. 중요한 것은 신약의 단순한 관습에 집착하는 사람들이 세월이 흐르면서 그 예식에 추가되어온 것들을 모두 거부한다는 점이다. 세례는 교회의 공적인 사역의 일부이며, 과부 등 개인은 집례하지 못하며 목사만 집례할 수 있다.

성찬도 신약의 성례이다. 이 성례는 하나님께서 신자를 양육하기 위해 주신 것이다. 성찬에서 떡과 포도주는 상징으로서 영혼을 위한 유일한 양식인 그리스도를 나타낸다. 세례 때 하나님이 신자를 교회에 접붙이시듯이, 성찬 안에서 신자를 그 몸의 일부로 육성하신다.

그러므로 성찬은 보이지 않는 그리스도와의 연합을 보여주는 상징이다. 성찬이 그 연합을 가져오는 것은 아니다. 그리스도와의 연합은 믿음의 결과이며, 그러므로 성령의 사역이다. 그러나 칼빈은 성찬을 단순히 기념 의식으로 여기거나, 떡과 포도주의 기능을 영적 상싱으로 여기지 않았다. 성찬의 중심, 그 내용은 그리스도이시다. 그리스도가 그 안에서 제사장직을 행하시며, 그렇기 때문에 성찬에 참여하는 사람이 그리스도의 몸과 피에 참여하는 자가 된다. 그리스도의 임재를 영의 임재로 제한하는 것은 가현설과 마찬가지일 것이기 때문에 이것이 중요하다. 그리스도의 살과 피가 우리의 대속을 가져오며, 그것이 성찬에서 우리가 먹고 마시는 것이다. 그러나 이것은 그리스도의 몸이 어느 장소에 임재한다는 의미가 아니다. 그리스도의 몸은 천국에 있으며, 신자는 성령의 능력으로 말미암아 그 몸과 결합하여 그 혜택을 받는다. 이것이 칼빈의 잠재적 실체설(virtualism)이다.

이처럼 칼빈은 성찬 안에 그리스도의 임재에 관한 가톨릭의 견해와 루터의 견해뿐만 아니라 츠빙글리와 재세례파의 견해도 거부한다. 그에게 중요한 것은 그리스도의 몸의 본질적이고 공간적인 임재, 가톨릭교회와 루터파가 주장하는 신념이었는데, 그는 그것을 거부했다. 츠빙글리의 경우처럼, 루터파와 가톨릭 측의 입장에 대한 칼빈의 반대는 그의 기독론에서 비롯된다. 성찬에 그리스도의 몸이 육체적으로 임재한다고 말하려면, 영화롭게 되신 그리스도의 몸이 어디에나 존재하는 식으로 신성에 관여한다고 말해야 한다. 칼빈은 그리스도의 승천을 문자 그대로 받아들여 그의 몸이 눈에 보이는 하늘 어딘가에 있는 천국에 계시다고 믿었다. 그러나 그도 루터처럼 "하나님의 오른편"은 그리스도가 지금 창조 세계 위에 군림하는 최고 권위의 위치에 앉아 계시다고 말하는 방식이라고 말한다. 그의 기독론은 전통적으로 안디옥과 결부된 이접(disjunctive) 유형이다. 그는 위격의 통일성 때문에 두 본성의 구분이 파괴되어서는 안 된다고 주장한다. 이것은 영화롭게 되신 그리스도의 몸이 어디에나 임재한다는 루터파의 주장의 결과이다. 그러한 주장은 그리스도의 인성을 해치므로, 칼빈은 그것을 받아들일 수 없었다. 결과적으로 그는 그리스도의 몸이 천국에 계시다는 점을 강조한다. 그러나 그는 그리스도의 몸이 우리에게 내려오지는 않지만, 성령이 우리를 들어 올려 그리스도의 몸과 결합하고 그 혜택을 나누어가질 수 있게 한다고 덧붙임으로써 그리스도의 임재에 대한 순수히 상징적인 이해를 피한다. 이것이 어떻게 가능한지를 묻는다면, 칼빈은 이 신비가 너무 크기 때문에 인간의 정신으로 이해하거나 인간의 말로 표현할 수 없다고 말할 것이다.

마지막으로, 칼빈의 적들은 성찬에 대한 그의 이해가 지나치게 이성주의적이며 성찬을 존중하지 않는다고 비난했지만, 그는 항상 성찬 안에서 이루어지는 하나님의 행위의 신비에 경외심을 느꼈다.

칼빈의 성찬론, 그리고 그 교리 때문에 루터파와 벌인 논쟁들은 개혁주의 전통과 루터파 전통의 결별을 표한다는 점에서 역사적으로 중요하다. 1549년에 작성된 취리히 합의서는 스위스와 남부 독일에서 츠빙글리와 칼빈의 요소를 결합했다. 칼빈의 조직력과 문학적 능력 때문에 그의 견해는 독일 다른 지역에서 인기를 얻었다. 멜란히톤(Melanchthon)은 칼빈주의로 의심되는 견해를 주장했다. 결과적으로 루터파에서 벌어진 논쟁은 루터주의에서 칼빈주의의 흔적을 완전히 제거하려는 시도로 발전했다. 두 파의 경계가 매우 엄격해졌고, 양측의 일치하지 않는 점을 찾아내어 부각하려는 논쟁이 계속되었다.

교회와 국가

『기독교 강요』의 마지막 장은 거의 나중에 추가한 것으로서 세속 정부에 대한 의심을 제기한다. 칼빈에게는 이것이 생생한 문제였다. 왜냐하면 그는 제네바에서 사는 동안 교회 당국과 세속 정부로부터 더 독립하기 위해 노력했기 때문이다. 제네바의 개혁은 베른에서 도입된 것으로서 그 도시의 방식을 따라 조직되었다. 베른에서는 세력을 얻은 부르주아들이 정치적으로나 종교적으로 모든 것을 통제하고 있었다. 1538년에 칼빈과 파렐은 의회가 모든 사람에게 성찬을 주어야 한다고 반포한 법을 받아들이기보다 유랑생활을 하기로 했다. 칼빈은 돌아오자마자 교회에 어느 정도의 독립성을 보장하는 조례를 강조했다. 이 점에서 "당회"의 기원은 칼빈과 의회의 타협이었다.

칼빈은 국가는 부정하므로 기독교인들은 국가와의 접촉을 삼가야 한다는 재세례파의 견해를 거부했다. 오히려 하나님이 국가를 지으시고 행정장관을 두어 나름의 기능을 발휘하게 하셨는데, 그 기능은 하나님의 정의에 도움을 주어야 한다. 따라서 국가는 사형을 선고하고 세금을 걷고, 필요한 경우에 정당한 전쟁을 수행할 합법적인 권리를 지닌다. 같은 신적 권위가 세속법의 기초인데, 그것은 모든 사람이 알고 있는 자연법의 표현이다. 그러므로 기독교인이 재판관이 되는 것은 합법적이며, 세속 당국에 고소하며 소송을 제기하는 것도 합법적이다. 그러나 증오와 복수하려는 정신을 피해야 한다.

세 가지 기본적인 통치 형태―군주제, 귀족주의, 그리고 민주주의―는 모두 쉽게 부패한다. 대개 행전장관들은 정도에서 벗어나며, 많은 사람이 폭군이 된다. 그런데도 그들은 여전히 하나님이 주신 권위를 지니므로 그들에게 복종해야 한다. 기독교인은 다스리는 자가 약하거나 악해도 그들의 권위를 거역하지 않아야 한다. 그러나 두 가지 점에서 이 일반적인 규칙에 예외가 있다. 이 두 가지는 칼빈주의자들이 폭정이라고 생각한 것에 저항한 후대의 사건에서 중요하다고 입증된다. 첫째 예외는 국민의 이익을 옹호해야 할 임무를 지닌 하급 관리가 폭군을 책망하지 않는 것은 책임 회피라는 점이다. 둘째는 그리스도의 왕권에 기초를 둔 것으로서 기독교인은 인간 통치자보다 하나님께 복종하여 하나님의 법에 위배되는 세속법이나 요구에 복종하기를 거부해야 한다는 것이다. 이 두 가지 예외 사항은 하나님의 명령으로 이해하는 것에 따라서, 그리고 하급 관리가 누구인지에 따라서 여러 상황에 적용될 수 있으므로, 칼빈 자신은 기본적으로 보수적인 입장이었음에도 불구하고 후일 칼빈주의의 상당 부분이 혁명적인 경향을 취할 수 있었다.

칼빈의 신학의 의의

칼빈이 개신교 종교개혁의 신학을 체계화하면서 루터와 초기 개혁자들에게서 발견되는 신선함과 활력 일부를 상실했다고 느낄 수도 있다.

그러나 이 체계화 과정을 부정적인 발달로 보아서는 안 된다. 칼빈이 『기독교 강요』에 당시 논란이 된 문제들과 관련된 많은 항목을 포함한 것은 그의 목회적 관심을 보여준다. 그는 『기독교 강요』가 기독교 교리의 반복되는 체계화가 되지 않고, 그 어려운 시대에 기독교인으로 살려 하는 사람들을 위한 안내서가 되기를 의도했다. 그는 이 방대한 저서의 마지막 판을 저술할 때도 같은 의도가 있었다. 게다가 칼빈이 특정 주제를 어떻게 다루는지 쉽게 발견할 수 있는 본질 때문에 개인으로서와 목회자로서의 칼빈에 대해 더 완전한 그림을 제공할 다른 저서들, 특히 성경 주석보다 『기독교 강요』에 주목하게 된다.

칼빈은 구세론 문제가 아닌 다른 문제에 관심을 둠으로써 개신교 신학에 기여했다. 자신이 구원받을 능력이 없으며 하나님의 은혜가 필요하다는 루터의 경험 때문에 개신교 신학은 거의 구원 문제만 다루어왔다. 스콜라 신학의 과도한 체계화가 복음의 본질을 흐리는 주요 요인이었던 시대에는 이것이 필요했다. 그러나 그것이 지나치면, 기독교 신앙의 근본적인 면을 소홀히 하는 결과를 낳을 수 있다.

칼빈은 여러 면에서 루터와 후대 칼빈주의자들 사이에 선다. 그러므로 후대인들이 그의 신학을 전개한 방식에만 비추어 그를 이해하지 않도록 조심해야 한다. 루터파와 개혁주의 사이에 많은 논쟁이 벌어졌고, 여러 면에서 칼빈이 루터의 견해에 동의하지 않았지만, 칼빈은 항상 자신을 루터파 개혁의 기본 교리를 충실하게 해석하는 사람으로 여겼다. 루터파 정설과 칼빈주의 정설의 발달이 없었다면,

후일 양측 신학자들은 이러한 칼빈의 주장이 근거 없는 것이 아님을 발견했을 것이다. 이것은 칼빈이 성경의 권위에 접근하는 방식에서 발견할 수 있을 것이다. 칼빈에게 있어서 성경은 변호사가 법전을 해석하듯이 해석해야 하는 출발점이 아니었다. 성경이 권위를 지니는 이유는 은혜의 경험에 있다. 그의 출발점은 성경보다는 하나님의 섭리와 사랑이었다. 그의 목표는 정확한 교리가 아니라 하나님의 영광이었다. 이것이 그의 신학의 틀이요 강조점이었지만, 그는 그 둘을 분리하려 하지 않았다.

이것은 교전집과 관련된 문제에서도 발견된다. 후일 사람들은 칼빈주의를 장로교 통치 형태와 동등시했다. 칼빈이 『기독교 강요』에 서술한 것과 그가 제네바를 위해 주창한 것이 장로교 정체(노회)의 모체가 되었다. 그러나 그는 이러한 통치 형태를 교회의 본질에 필수적인 것으로 여기지 않았다. 그의 정체(政體)는 그가 신약을 연구한 데 기초한 것이었다. 그러나 하나님의 말씀이 바르게 선포되고 성례가 적절한 절차에 따라 집례 되는 교회는 모두 참 교회로 간주해야 한다. 여기에서도 그는 루터와 후대 칼빈주의자들 사이에 선다. 왜냐하면 루터는 칼빈만큼 교회의 정체에 관심을 두지 않은 데 반해, 후대의 칼빈주의자들은 교전집에 관한 칼빈의 견해를 거의 교회의 필수적 특징 수준으로 올려놓았기 때문이다.

그러므로 칼빈의 견해를 간단히 일축해서는 안 된다. 그가 개신교 종교개혁을 지나치게 엄격하고 체계적인 것으로 만들면서 개혁을 파괴했다고 비난하는 것, 그리고 칼빈을 자기들의 신학적 멘토라고 주장하는 다음 세대 신학자들의 입장에서만 그를 해석하는 것이 이러한 행위이다.

제25장

영국의 종교개혁

루터파, 개혁주의, 그리고 재세례파 외에 개신교 종교개혁에서 생겨난 네 번째 주요 전통은 영국 성공회이다. 이것은 영국에서 복잡한 과정을 거쳐 형성되었다. 이 과정은 헨리 8세 시대에 시작되어 엘리자베스 1세 때 절정에 달했다. 이것은 헨리 8세나 다른 군주가 무(無)에서 종교개혁을 이루었다는 의미가 아니다. 존 위클리프 시대부터 개혁 운동이 있었다. 그러나 영국의 투쟁에서 주도적 인물은 개혁자들이 아니라 그들이 섬기거나 때로는 죽으면서까지 반항한 대상인 군주들이었다.

성공회 개혁

위클리프의 개혁운동은 사라지지 않았다. 16세기 초 영국 여러 지역에 위클리프주의(Lollardism)를 추종하는 사람들이 남아 있었다. 또 콜렛(John Colet, 1467~1519)이 이끄는 인문주의자들은 에라스무스와 비슷한 목표를 지녔지만 다른 방식으로 교회 개혁을 추구했다. 이 인문주의자들 중 하나가 토머스 모어(Thomas More, 1478~1535)이다. 그는 후일 교황권과의 결별을 받아들이지 않아 순교했다. 마지막으로 유럽 대륙의 종교개혁의 영향이 있었다. 루터의 저서는 1521년 정죄 되기 전에 영국에서 널리 읽혔다. 그러한 글들을 제거하려는 시도에 대한 보고를 근거로 판단해보면, 그것들은 정죄된 후에도 쉽게 접할 수 있었다. 윌리엄 틴데일(William Tyndale, 1494~1536)은 유럽 대륙에서 망명 생활을 하면서 신약성경을 영어로 번역했고, 그것을 영국으로 밀반입했다. 그는 네덜란드에서 이단자로 교살되었다.

만일 헨리 8세가 정치적인 이유로 교황권과 결별하지 않았다면, 이러한 시도들은 실패로 끝났을 것이다. 헨리 8세가 아라곤의 캐서린과의 결혼을 무효로 해달라고 요청한 것이 교황청과 결별하게 된 계기였다. 캐서린이 과부가 된 형수였는데 그러한 결혼이 허락될 수 있었는지 의심스럽지만, 결국 영국 왕과 스페인 왕은 교황을 설득하여 특별 허가를 받아냈다. 그럼에도 헨리는 캐서린과의 결혼의 유효성에 대해 항상 불안했다. 메리를 제외한 자녀들 모두 어려서 죽으면서 그의 의심이 확실해진 듯하다. 왕위 계승도 위험했다. 영국은 왕위 계승 문제로 인한 장기간의 사회적 갈등에서 막 벗어난 상태였다. 이것이 헨리가 결혼 무효를 요청한 이유였다. 그가 아내에게 충실하지 못했다는 데는 의심의 여지가 없지만, 그 때문에 아내를 버릴 필요는 없었다. 문제는 그가 적출자(嫡出子)를 둠으로써 왕위 계승을 확보해야 한다는 데 있었다. 마침내 헨리는 교황에게 자신의 결혼을 무효로 해달라고 요청했다. 캐서린이 실질적으로 교황을 통제하고 있던 카를 5세의 고모였기 때문에, 교황으로서는 이것을 허락하기 어려웠다.

헨리는 문제를 자기 마음대로 처리하기로 했다. 그는 일련의 조치를 취하면서 점차 교회를 장악했다. 그는 로마에 호소하는 것을 금지한 옛 법을 부활시키고, 교황에게 보내는 자금을 차단했다. 캔터베리 대주교직이 공석이 되었을 때, 그는 토머스 크랜머(Thomas Cranmer, 1489~1556)를 대주교로 임명했다. 크랜머는 루터의 영향을 받은 온건한 개혁자였다. 그때 헨리는 비밀리에 앤 볼린(Anne Bolyn)과 결혼했다. 그녀가 임신했으므로, 헨리는 그녀가 낳을 아기가 적출이 되기를 원했다. 태어난 아기는 딸이었는데, 그녀가 후일 엘리자베스 여왕이다. 교황은 헨리에게 열흘 안에 앤을 버리고 캐서린에게 돌아가지 않으면 파문하겠다고 명했다. 헨리는 대담하게 조처했다. 1534년에 반포한 수장령(首長令)은 국왕을 그의 영역 안에 있는 교회의 수장으로 선언했고, 캐서린과의 결혼이 무효가 되었다. 앤은 영국의 왕후로 인정되었고, 헨리에게 아들이 없으면 그녀의 딸 엘리자베스가 적법한 왕위 계승자였다.

헨리는 새로 형성된 영국 국교회의 교리와 관습을 바꾸는 데에는 관심이 없었다. 그는 교구의 삶을 근본적으로 바꾸지 않는다면 교황의 권위를 부인한 것 때문에 백성들과의 관계가 그리 어렵지 않을 것이라고 생각했다. 그러나 다른 요인들의 작용 때문에 그는 반대 방향으로 나갔다. 크랜머는 계속 개혁을 요구했다. 그 결과 교회 생활에 작은 변화들이 이루어졌지만, 신학과 관습은 전혀 개신교적이지 않았다.

1536년의 십 개 신조(Ten Articles)는 성경의 권위, 옛 신조들, 그리고 처음 네 차례의 세계 공의회의 권위를 확고히 했고, 사제들의 결혼을 허락했다. 성례는 세례와 성찬과 회개 등 세 가지로 언급했다. 성찬 안에 그리스도가 실제로 임재한다. 구원은 믿음과 선행에 의한다. 성상, 죽은 자를 위한 기도, 연옥, 성직자의 복장, 성인들에게 기도하는 것 등 전통적인 관습이 유지되었고, 그것들을 부인하는 것이 금지되었다. 얼마 후 크랜머의 영향으로 교구 사제들은 교회 안에 평신도들이 읽을 수 있는 장소에 큰 영국어 성경을 비치하라는 명령을 받았다. 헨리 8세 시대에 크랜머가 이룬 또 하나의 중요한 변화는 연송호칭기도(連誦呼稱祈禱)를 영어로 진행한 것이다. 평신도들이 이에 반대했지만, 곧 사람들은 이 새 관습을 지지하기 시작했다.

헨리가 수장령 이후에 취한 가장 중요한 종교적 조처는 수도원 해산이다. 그 조처에 반대한 사람들은 탄압을 받았고, 일부는 죽임을 당했다. 헨리는 자신의 막대한 부를 지지자들에게 아낌없이 주었고, 이들은 독립교회를 옹호했다. 이는 그들의 부가 그 교회에 의존하고 있었기 때문이다.

1539년 헨리는 유럽 대륙 개신교인들의 지지가 필요하지 않다고 여겼으므로, 영국교회에 자기가 선호하는 정통신앙의 특성을 부여하고, 개신교인들 사이에서 벌어지고 있는 분열을 막으려 했다. 이 일은 크렌머의 항의에도 왕의 명령으로 의회가 통과시킨 여섯 개 신조(Six Articles)에서 이루어졌다. 이 신조는 화체설을 부인하거나 양형영성체를 옹호하는 것은 이단이므로 사형이나 재산 몰수의 벌을 받을 수 있다고 선포했다. 성직자 독신제도에 대해서도 마찬가지였다. 결혼한 사제는 아내를 버려야 했다. 헨리는 자기가 교황이나 개신교인에게 복종하지 않는다는 것을 보여주기 위한 징표로서 가톨릭 신자들과 루터파 사람들을 처형하게 했다.

1547년에 헨리가 사망했고, 유일한 남성 후계자, 셋째 부인의 소생인 에드워드 6세가 왕위에 올랐다. 당시 아홉 살의 병약한 어린이였던 그의 통치는 간신히 6년을 넘겼다. 그동안 처음에는 서머셋 공작(Duke of Somerset), 그다음에는 노섬벌랜드 공작((Duke of Northumberlans)이 섭정으로 통치했다. 두 섭정은 각기 다른 이유에서 개신교 방침의 개혁을 지지했다. 크랜머는 당시 강력한 지배권을 얻었고, 영국교회를 개신교주의 방향으로 움직이도록 영향력을 발휘했다. 새 정권이 취한 조처 중에는 예배 때 영어 성경 봉독, 전국에서 바른 교리에 맞추어 설교하도록 하기 위한 12편—그중 세 편이 크랜머가 쓴 것이다—의 설교집 출판, 육 개 신조의 폐지, 성찬 때 평신도에게 떡과 포도주를 주라는 명령, 성직자의 결혼 허용 등이 포함되어 있다.

종교 분야에서 에드워드 6세의 가장 중요한 업적은 『공동기도서』(Book of Common Prayer) 출판이다. 이것은 크랜머의 지도 아래 몇 명의 신학자들이 마련했다. 1549년에 교회에 도입된 초판은 전례 전체가 영어라는 사실 외에는 보수적이었다. 1552년에 출판된 제2판은 훨씬 급진적이었다. 크랜머는 화체설과 공재설 모두를 부인하고, 칼빈과 비슷한 견해를 고수했다. 이때 카를 5세가 독일에서 개신교인들을 패배시켰으므로, 스트라스부르의 개혁자 마틴 부처를 비롯한 많은 독일 개신교인이 영국으로 피신하여 개신교 사상의 영향력을 더욱 증대했다. 유럽 대륙으로 망명했던 다수의 영국인이 귀국했는데, 그들은 루터보다는 츠빙글리의 것에 가까운 사상을 도입했다. 존 후퍼(John Hooper, 1495~1555)와 니콜라스 리들리(Nicholas Ridley, 1503~1555) 같은 지도자들은 개혁 운동의 형태 형성에 큰 영향을 미쳤다. 그 결과 1552년의 『공동기도서』는 분명히 개신교적이었다. 이 책에서 "제단"이라는 단어 대신에 "식탁"이라고 언급한 것은 성찬을 제사로 간주하지 않았음을 보여준다. 애매한 부분이 있었다. 이는 개혁 지도자들 모두 영국이 급진적인 변화의 준비가 되어 있지 않다는 것을 의식하고 있었기 때문이다. 그러나 이전 국교회 문서에서 가장 애매한 해석은 전통적인 가톨릭 신앙 방침을 따른 것이었지만, 『공동기도서』 제2판은 여전히 애매했지만, 성찬을 개신교 방향으로 이해하는 듯했다. 이 시기에 개혁운동의 주요 지도자는 토머스 크랜머 외에 니콜라스 리들리, 존 후퍼, 그리고 휴 래티머(Hugh Latimer, 1485~1555)였다.

  1553년에 에드워드 6세가 사망하면서 상황이 급변했다. 메리가 왕위에 올랐다. 즉시 의회는 그녀의 모친과 헨리 8세의 결혼이 정당하다고 선언하고, 에드워드 6세의 종교법들 모두를 무효로 했다. 일련의 복잡한 협상 끝에 교황청과의 관계가 회복되었다. 그녀가 스페인의 필립과 결혼한 것은 가톨릭 세력을 강화했다. 그리하여 많은 사람이 순교했는데, 이 때문에 그녀는 피비린내 나는 메리(Bloody Mary)라는 별명을 얻었다. 늙은 크랜머는 자기의 주장을 철회한다는 문서에 서명해야 했다. 그는 이 철회를 취소하고 화형장으로 끌려갈 때 철회서에 서명했던 오른손을 먼저 불 속에 집어넣었다. 그러한 행동으로 말미암아 그는 영웅이 되었다. 그 외에 다른 사람은 죽음을 향해 걸어갈 때 응원을 받았다. 메리가 수도원의 재산 일부를 교회에 돌려주기 시작하면서 그녀의 통치에 대한 반대가 새로운 차원으로 발전했다. 그러나 한 가지 면에서 그녀는 자제했다: 그녀는 이복동생 엘리자베스를 처형하라는 시아버지 카를 5세의 거듭된 권면에 귀를 기울이지 않았다.

메리는 5년 동안 통치하다가 1558년에 사망했고, 몇 달 후에 엘리자베스가 왕위에 올랐다. 엘리자베스는 되도록 많은 백성을 포용할 수 있는 민족 교회가 되는 길로 조심스럽지만 확고하게 나아갔다. 그녀는 어느 정도 표현의 자유를 허락했지만, 『공동기도서』 제2판을 약간 개정하여 복구함으로써 예배의 통일을 주장했다. 메리가 임명한 주교들은 엘리자베스의 교회 지배권을 받아들이기를 거부하여 해임되고, 망명했던 에드워드 6세 시대의 주교나 새 주교로 대체되었다. 전반적으로 엘리자베스는 유혈사태를 피했지만, 강력한 행동이 필요한 상황에서는 단호했다. 그녀가 메리보다 거의 열 배의 기간을 다스리면서 처형한 사람은 이복 자매인 메리가 처형한 사람들만큼 많았는데, 그중 가장 유명한 것은 존 낙스가 이끈 개신교 운동과 지혜롭지 못한 정책 때문에 왕위를 빼앗기고 영국에 피신해 있었던 스코틀랜드의 여왕 메리 스튜어트를 처형한 것이었다. 엘리자베스는 사촌 메리를 왕위에 앉히고 영국에 가톨릭 신앙을 회복하려는 음모를 알게 되었으므로 마지못해 메리의 처형을 명령했다.

엘리자베스 시대에 성공회를 결정적으로 구체화한 것은 39개 신조(Thirty-nine Articles of Religion)의 공포였다. 이것은 기본적으로 크렌머가 가톨릭 신앙과 재세례파 신앙을 배제하면서 루터주의와 칼빈주의의 균형을 맞추려는 의도로 작성한 에드워드 6세의 42개 신조(Forty-two Articles)의 개정판이었다. 1563년에 의회는 에드워드 6세의 신조를 되살려 개정했고, 정치적 방편으로 여러 번 지체되다가 1571년에 최종판이 확정되어 공포되었다.

유럽 전역에서처럼 영국 종교개혁의 기초도 성경의 권위였다. 영국에서는 위클리프와 위클리프파의 전통이 이러한 방향으로 나가는 데 큰 영향을 미쳤다. 틴데일은 그러한 원리에 기초하여 성경을 번역했는데, 그것은 그를 대륙의 종교개혁과 연결해준 주된 유대였다.

엘리자베스 여왕 시대의 주도적 신학자 존 주얼(John Jewel, 1522~1571)은 『영국 국교회 변증』(Apology of the Church of England)을 저술했다. 그는 그 글에서 성경과 교회의 옛 전통 모두 성공회의 견해를 지지한다는 점을 나타내려 했다. 따라서 그는 빈번하게 전통과 초대 저술가를 언급했다. 그러나 최종 권위는 성경에만 속한다.

한편 영국의 개혁자들―적어도 그들 중 다수―은 전통 안에 적극적 가치가 있으며, 전통적인 교회가 많은 일에서 잘못을 범했어도 성경의 권위에 어긋나지 않으면 그 교회의 체계와 관습이 유지되어야 한다고 여겼다. 그러므로 평신도들은 불필요하게 방해받지 않고 새로운 환경으로 이동할 수 있었다. 이 정책은 부분적으로 백성들 다수가 받아들일 수 있는 타협을 이루려는 엘리자베스 여왕의 목표에 기인했다. 특정 전례 관습은 성경에서 명한 것이 아니거나 금한 것이므로 그러한 관습을 제정하는 일은 교회에 속한 일이며, 개인에게는 그것을 바꿀 권한이 없다.

이것은 되도록 반대가 없이 국교회를 세우려는 엘리자베스 여왕의 정책에 중요했다. 왜냐하면 예배의 통일이 어느 정도 신앙의 통일을 이루어야 했고, 유럽 대륙에서의 경험은 완전한 자유를 허락할 경우 곧 많은 분파가 생긴다는 것을 보여주었기 때문이다. 엘리자베스는 이것을 용납할 수 없었다. 그러나 특히 츠빙글리와 칼빈의 개혁주의 신학의 영향을 받았으므로 중세시대 교회의 전례 전통 자체가 성경적 단순함을 왜곡한 것이므로 폐지되어야 한다고 믿는 사람들은 교회 내의 분열에 대한 엘리자베스 여왕의 해결책을 받아들일 수 없었다. 교회 내의 분열에 대한 그녀의 해결책을 받아들일 수 없었다. 그리하여 청교도 운동이 탄생했는데, 그것은 다음 세기에 영국을 밑바닥까지 흔들어놓았다. 이 급진 칼빈주의자들은 신약성경의 교리와 관습에 따라 교회를 정화할 것을 요구했기 때문에 청교도(Puritans)라 불렸다.

이처럼 칼빈주의의 뚜렷한 영향은 17세기 영국 기독교 역사에 매우 중요한 것으로 입증되었다. 왜냐하면 당시 발생한 사건들이 부분적으로 국교회의 온건한 칼빈주의와 엘리자베스 여왕의 해결책이 칼빈주의 개혁을 버렸다고 여긴 과격한 칼빈주의자들 사이의 피할 수 없는 충돌에 기인하기 때문이다.

엘리자베스 여왕의 해결책 안의 사역 이론과 실제 관습이 이러한 충돌의 예를 제공한다. 국교회가 교회 지도자를 임명하는 서임식을 통제하지 않는다면, 국교회라는 개념이 작동할 수 없을 것이다. 엘리자베스와 그의 고문들은 영국 교회가 목회자를 임명하고 예배를 규제하는 유일한 권위를 보유하지 않을 경우에 재세례파로 인한 혼란이 영국을 삼킬 것을 두려워했다.

메리 여왕 시대에 영국을 떠났다가 대륙의 종교개혁의 직접적인 영향을 받고 귀국한 망명객 중 다수는 영국교회의 참 예배 회복이 충분하지 못하다고 여겼다. 예식, 의복 등이 아디아포라(하나님께서 명령하시지도 않고 금지하시지도 않은 행동들을 가리킨다)라는 관념, 그것들을 각 국가의 교회가 규제해야 한다는 관념은 네덜란드, 프랑크푸르트, 그리고 제네바에서 망명 생활을 한 사람들에게는 호소력이 없었다. 그들은 개혁주의 예배의 단순성이 신약성경에서 요구되는 것이라고 믿었다.

엘리자베스 여왕의 해결책을 가톨릭 신앙과 대륙에서 개신교 개혁이 취한 형태 사이의 중도를 전개하려는 시도로 볼 수 있다. 결과적으로 그것은 내부의 더 과격한 요소들과 싸워야 했는데, 이 싸움이 정변(政變)을 초래했다. 결국 성공회의 중도(中道)는 영국에서 가장 특징적인 형태의 기독교로 살아남았고, 가톨릭교회부터 극단적인 개신교에 이르기까지 다른 형태의 신앙도 함께 존속했다.

제26장

가톨릭 종교개혁 안의 신학

16세기와 17세기 초에 강력한 내부 개혁 운동이 가톨릭교회 전체를 휩쓸었다. 이 운동이 부분적으로 개신교 종교개혁에 대한 반응이었으므로, 보통 반종교개혁(Counter-Reformation)이라 불린다. 이렇게 부르는 데는 타당한 이유가 있다. 왜냐하면 그 시대의 신학은 대체로 개신교 운동의 영향을 받았는데, 그 운동을 논박하려 하거나 개신교인들이 가톨릭교회에 대해 공개적으로 제기하는 비난이 부당하다는 것을 확실히 하려 했기 때문이다. 그러나 전체적으로 보면 이 운동을 단순히 개신교의 위협에 대한 반응으로 묘사하려는 것은 전 세계가 독일과 스위스와 영국에서 발생한 사건에 개입된 것처럼 보는 역사가들이 도입한 잘못된 견해이다. 특히 스페인 가톨릭교회의 관점에서 보면 사태가 매우 달랐다. 16세기에 신학 활동의 주요 중심지였던 스페인은 지엽적으로만 개신교 종교개혁의 영향을 받았다. 16세기 스페인의 가톨릭 신학자들은 개신교운동의 존재를 알고 그것을 논박하는 데 열중하면서 다른 문제에도 관심을 가졌다. 반종교개혁이라고 부르는 운동에 관련된 가톨릭 신자들의 관점에서 보면, 그 운동은 주로 개신교운동에 반응하려는 시도가 아니었다.

16세기 가톨릭 개혁을 반종교개혁이라고 언급하는 것이 정확하지 않은 두 번째 이유는 개신교 개혁이 등장했을 때 이미 그 운동이 시작되어 있었기 때문이다. 루터가 면죄부 판매에 항의하기 전에 에라스무스는 방대한 특파원 조직을 가지고 있었는데, 그들의 다수가 같은 목적에 전념했다. 스페인에서는 히메네스 추기경(Ximenes de Cisneros)과 함께 교회 개혁이 시작되었다. 그것은 철저한 개혁으로 의도된 것이었다. 그 기초는 기독교 신앙의 성경적 근원으로 돌아가려는 것이었으며, 히메네스는 이 목적을 위해 콤플루툼 다언어 성경(Complutensian Polyglot Bible)을 편찬하여(1517) 출판했다(1522). 그 개혁 운동 내의 임무들을 포함하여 성경으로 돌아가는 데는 고등교육을 받은 지도자들이 필요했는데, 이것이 알칼라 대학을 세운 배후의 목적이었다. 마지막으로 스페인 국가 전체가 쇄신된 교회에 합류해야 했는데, 이것은 유대인 추방(1492), 종교재판소 설립, 나중에는 무어족의 추방으로 이어졌다. 이처럼 건전한 신학 학문과 분파의 억제라는 두 가지 면에서의 개혁 프로그램이 가톨릭 개혁 시대 전체의 특징이다. 개신교 운동에 대항한 투쟁에 적용되었지만, 이미 16세기 초에 그러한 운동이 존재하고 있었다.

개신교 반대 논쟁

초기 개신교 종교개혁을 반대한 가장 중요한 인물은 잉골슈타트 대학 교수 요한 에크(John Eck, 1486~1543)였다. 그는 루터의 95개 논제에 짤막한 논문으로 반박했는데, 루터도 그에 대해 간단히 응답했다. 후일 그는 루터파와 개혁주의를 논박할 기회가 있었다. 개신교인들은 그를 몽매주의(obscurantism)의 투사요 자기가 동의하지 않는 견해를 저지하기 위해 무력을 사용한 사람으로 묘사하는데, 그것은 공정하지 못하다. 왜냐하면 에크는 성경을 독일어로 번역했기 때문이다. 루터와 같은 표현이 아니었지만, 그도 면죄부 판매에서 벌어지고 있는 악습에 항의했다. 그는 논란이 되고 있는 문제를 고려하여 권위, 은혜와 예정, 그리고 성례 문제에 관심을 집중했다.

요한 코클레우스(John Cochlaeus, 1489~1552)는 개신교에 반대한 탁월한 연설가였다. 그의 가장 영향력이 있는 작품은 루터 전기이다. 그것은 매우 편향된 기록으로서 수 세기 동안 루터의 삶에 대한 가톨릭 측 연구의 주요 전거로 사용되었다. 그의 논증 방법은 단대했고, 때로는 특이했는데, 반대자들의 견해가 거짓임을 입증하기 위해서 그들의 견해를 어이없을 정도로 전개했다. 개신교인들은 종종 그를 치아의 원수 중 하나로 여겼고, 가톨릭 측에서도 가톨릭 입장에 대한 그의 변호를 그가 논반하려 한 이단만큼 위험하게 여겼다.

카니시오(Peter Canisius, 1521~1597)는 최초의 독일인 예수회원으로서 종종 "독일의 사도"(apostle to Germany)라고 불린다. 이는 그가 개신교도들의 거짓 개혁에 부분적으로나마 대처하기 위해서 참된 개혁의 필요성을 강조했기 때문이다. 그는 여행하면서 무지가 큰 폐해라는 것을 알게 되었으므로, 대학 개혁과 신학교 설립에 관심을 기울였다. 카니시오는 많은 글을 저술했다. 어린이와 청년과 지성인 등 각기 다른 계층을 대상으로 한 삼단계 교리문답서는 독일 전역에 큰 영향을 주었다. 또 마그데부르크에서 플라키우스(Flacius)의 주도로 개신교의 관점에서 저술한 세기별 교회사인 『마그데부르크 교회사』(Centuries of Magdeburg)에 대한 논박서를 저술했다.

윌리엄(William Van der Linden, 1525~1588)의 접근방법은 매우 달랐다. 그는 많은 점에서 개신교를 공격했지만, 개혁주의와 구분하여 루터파에 대해서는 항상 타협 정신을 나타냈다. 1568년에 그는 루터파와 가톨릭 측이 서로 합의된 기초 위에서 재통합이 가능하다는 것을 보여주려 했다. 동시에 그는 가톨릭 주교들에게 교회 개혁을 촉구했는데, 이는 그러한 개혁이 없이 통합이 불가능했기 때문이다.

그러나 개신교에 반대한 위대한 신학자들은 후대의 인물들이었다. 그들은 선임자들이 이룬 성과를 의지할 수 있었고, 개혁자들의 가르침이 실천된 방식을 살펴볼 시간이 있었다. 16세기 후반부터 17세기 초에 개신교에 반대하는 논쟁가들이 많았지만, 특히 유명한 사람은 벨라르미누스(Bellarmine)와 바로니우스(Baronius)이다.

1930년에 가톨릭교회의 성인으로 시성된 로버트 벨라르미누스(1542~1621)는 그 시대의 탁월한 교회 지도자 중 하나였다. 그는 신학자로서만 활동한 것이 아니지만, 개신교 세력이 강한 지역으로 돌아가야 할 학생들을 위해서 로마대학에 논쟁 신학과를 세우기로 결정하면서 신학 분야에서 유명해졌다. 그는 1576년에 학과장이 되면서 개신교 교리에 대한 반대 논거들을 편찬하고 체계화할 기회를 얻었다. 그것은 『이단 반박론』(Disputations on Christian Controversies, Against the Heretics of These Times)이라는 제목으로 출판되었다. 이 책은 과거의 논쟁을 편찬한 것이었지만, 매우 명확하고 체계적이었기 때문에 수 세기 동안 개신교 반대 논쟁의 주 무기가 되었다. 그 책에는 하나님의 말씀 교리에서부터 시작하여 교황의 권위, 수도원운동, 연옥, 성례, 면죄부 문제 등 개신교와 가톨릭교 사이에 문제가 되는 모든 것을 포함하고 있었다. 일반적으로 벨라르미누스는 스콜라 신학의 복잡한 논증과 미묘한 구분을 삼갔다. 그의 논증은 권위에 대한 호소였다. 먼저 성경의 권위에 호소했는데, 그것은 개신교인들도 인정했다. 그는 초기 기독교 작가들과 공의회, 심지어 신학자들의 전반적인 합의에도 호소했다.

그러나 벨라르미누스는 개신교인들만을 대상으로 논쟁한 것이 아니었다. 그는 교황이 온 세상에 대해 직접적인 세속적 권한을 소유한다는 관념에도 반대했다. 그는 은혜에 관한 논쟁에도 참여했는데, 몰리나(Molina, 1535~1600)의 조건적 또는 중간적 지식(middle knowledge)이라는 개념에 찬성했다. 마지막으로 그는 종교재판소 소속으로 갈릴레오의 재판에 관여했는데, 그 재판은 1616년에 지동설이 이단이라고 선언하는 것으로 끝났다. 벨라르미누스가 독단적으로 이 과정에 참여한 것이 아니었다. 그는 갈릴레오의 학식을 존중하고 존경했다.

벨라르미누스가 체계적인 논쟁학 분야에서 이룬 것을 바로니우스 추기경(Cesar Baronius, 1538~1607)은 역사 분야에서 이루었다. 그는 1588년에 시작하여 사망한 해인 1607년에 마친 『교회 연대기』(Ecclesiastical Annals) 출판을 통해 그 일을 했다. 그가 출판한 열두 권에서는 1198년까지의 교회사를 다루었는데, 그 목적은 『마그데부르크 교회사』를 저술한 신학자들을 논박하려는 것이었다. 그의 저서에 피할 수 없는 오류가 있었지만, 그것은 근대 교회의 역사 사료 편찬학의 출발점으로 묘사된다. 그 책은 논쟁적 목적 때문에 객관성이 떨어지지만, 가톨릭 측의 바로니우스와 개신교 측의 마그데부르크 교회사 편찬자들은 기독교의 관심을 자체의 역사에 두게 했다. 논란이 계속되면서 양측은 상대방이 논박할 수 없는 과학적인 연구 방법을 전개해야 했고, 그 결과 근대적인 비판적 역사사료 편찬학이 첫걸음을 떼었다.

도미니크회의 신학

16세기에 도미니크회 신학교는 프란치스코회 신학교보다 더 활력을 나타냈다. 프란치스코회 전통에서 16세기는 분파들이 증가했지만, 독창적인 신학 작업에서는 별로 이루어진 것이 없는 시대였다. 프란치스코회 수도사들 대부분은 스코투스(Scotus)를 수도회의 가장 위대한 신학자로 여겼다. 주로 카푸친회에 속한 사람들은 보나벤투라를 자기들의 신학적 지도자로 간주했다. 보나벤투라에 대한 그들의 관심으로 말미암아 교황 식스투스 5세는 1588년에 그를 교회 박사로 인정했다. 어떤 사람들은 여러 방식으로 보나벤투라와 스코투스를 결합하려 했다. 그러나 전반적으로 16세기 프란치스코회의 신학은 과거 3세기 동안 나타냈던 활력을 보여주지 못했다.

그러므로 16세기 초반에 가톨릭교회의 신학은 도미니크회가 지배해오다가, 갓 설립된 예수회 신학자들과 주도권을 나누어 갖게 되었다.

이처럼 도미니크회가 신학계를 지배한 것은 토마스 아퀴나스의 『신학대전』(Summa Theologia)이 롬바르드의 『명제집』(Sentences)을 대신하여 학교에서 다루는 주 교재가 된 과정과 연관이 있다. 토마스 아퀴나스의 영향력은 점점 더 증가하여 1567년에 교황 피우스 5세가 그를 교회 박사로 선언하면서 절정에 달했다. 이러한 조처의 직접적인 결과로서 13~15세기의 신학적 대작들 대부분은 『명제집』 주해였는데, 16세기의 신학적 대작들은 대체로 『신학대전』 주해였다. 처음으로 『신학대전』 주해를 출판한 두 사람 중 하나가 토마스 데 비오 카제탄(Thomas de Vio Cajetan)이다. 카제탄을 제외하고 도미니크회 신학의 가장 유능한 대표자는 살라망카 대학 신학과장이었던 탁월한 학자들이다.

카제탄(1468~1534)은 그 시대의 중요한 몇 가지 사건과 관련된 활동적인 교회 지도자였다. 정치적인 상황으로 말미암아 교회가 분열의 위기에 처했을 때, 그는 교회 개혁과 당면한 문제를 다루기 위해 공의회를 소집하라고 교황에게 제안했다. 1512년에 공의회가 개최되었을 때, 그는 공의회에 참석하여 교회 개혁 일정, 도덕성 회복, 불신자들의 개종, 그리고 이단자들을 교회 안에 돌아오게 하는 임무 등의 안건을 제시했다. 1517년에 그는 교황청 독일 특사로 임명되었는데, 루터의 항의와 새 황제 선출이라는 중요하고 어려운 문제를 다루어야 했다. 그는 아우그스부르크에서 루터를 만났을 때, 전통적 기독교 옹호자들 다수보다 더 큰 인내심을 발휘했다. 후일 그는 헝가리 특사가 되었고, 그 후 추기경이 되었다.

   카제탄의 저술은 엄청나게 많다. 그는 개신교의 도전에 맞서 가톨릭 신앙을 옹호하려면 성경적 기초가 튼튼해야 한다고 깨닫고 일련의 성경 주해서를 저술했다. 1534년에 사망했을 때 그는 계시록—그는 계시록을 이해할 수 없다고 말했다—을 제외한 성경 전체를 주해했고, 구약성경은 이사야서 첫 부분까지 주해했다. 그의 주석 방법은 중요하다. 왜냐하면 그는 역사적으로 인기가 있었던 풍유를 피했고, 성경 다른 부분이나 교회의 가르침에 분명히 어긋나지 않는 한 본문의 문자적 의미를 강조했다. 또 그는 많은 철학적 주석서와 그리 중요하지 않는 많은 신학적인 글을 저술했다. 그는 1507년부터 1522년까지 출판된 『신학대전 주해집』(Commentaries on the Summa)으로 유명해졌다. 이 주해집의 영향력이 매우 컸기 때문에 1879년에 레오 13세는 토마스 아퀴나스의 저서들을 편집하여 출판하라고 명했고, 또 『신학대전』과 함께 카제탄의 주해집을 출판하라고 지시했다.

카제탄의 업적이 중요하지만, 16세기 도미니크회 신학의 중심은 살라망카 대학이었다. 그 대학의 신학과장직은 거의 중단됨이 없이 유명한 학자들이 차지했다. 이 전통은 1526년 프란치스코 데 비토리아(Francisco de Vitoria, 1492~1546)가 신학과장이 되면서 시작되었다. 비토리아는 파리에서 몇 년 동안 지내면서 인문주의자들의 작품을 이해했다. 그러므로 그는 우아한 문체와 고대 교부의 문헌에 대한 관심을 그 학과에 도입했다. 그는 토마스 아퀴나스의 신학이 새 시대의 문제에 대한 가장 좋은 해답을 제공한다고 확신했으므로, 그 무렵 파리에 확립되어있던바 롬바르드의 글 대신에 토마스의 글을 주해하는 관습을 살라망카 대학에 도입했다. 그리하여 그는 인문주의적 세련됨과 실질적인 문제에 대한 관심을 지닌 토마스주의를 탄생시켰다. 이것은 나중에 그의 제자들과 추종자들의 특징이 되었고, 그의 추종자들이었던 16세기 스페인의 위대한 도미니크회 신학자들의 특징이 되었다.

비토리아는 신학자로서의 자신의 작업을 폭넓게 이해했다. 따라서 그는 다양한 주제에 관해 강의했다. 그가 논한 많은 문제 중에서 실생활과 관련된 문제에 대한 관심을 가장 잘 드러내 주는 것은 신세계 정복 및 스페인 사람들이 그 일을 시작해야 할 권리에 대한 질문이다. 이 분야에서 그의 작업은 실제 정복에 그리 영향을 주지 못했지만, 국제법 이론의 출발점으로서 매우 중요하다.

비토리아는 『인디아 문제』(*On the Indies*)와 『정당한 전쟁』(*On the Right to War*)라는 강의에서 아메리카 정복을 찬성하기 위해 제시되는 논거들, 예를 들면 황제가 온 세상의 주인이라는 주장, 보편적 권위를 지닌 교황이 이 지역을 스페인 국왕에게 하사했다는 주장 등을 공격했다. 또 기독교인 통치자들은 자연법의 명령에 복종하지 않는 야만인에게 도덕률을 부과할 권리가 있다는 주장을 거부했다. 그러한 주장은 불신자들을 상대로 한 전쟁을 정당한 전쟁으로 간주하게 할 것이다. 이는 불신자들은 모두 우상숭배자들이며, 모든 사람들 가운데서 자연을 거스르는 죄가 발생한다고 알려져 있었기 때문이다.

이러한 견해는 국제법 발달에서 매우 중요했다. 이때 처음으로 기독교 신학자들은 자체의 합법적인 통치자를 지니며 불신자들과 신자들을 포함하는 국가들의 공동체를 말했다. 그러한 국가들의 관계는 기독교의 법과 전통이 아닌 원리에 의해 규제되어야 한다. 비토리아는 중남미의 원주민을 옹호한 도미니크회 수도사 바르톨로메 데 라스 카사스(Bartolome de Las Casas)에 영향을 끼쳤다.

살라망카 대학에서 스승 비토리아의 교수직을 계승한 멜키오르 까노(Melchior Cano, 1509~1560)는 비토리아와 같은 방침을 따랐다. 그도 문체에서는 인문주의자였고, 신학적으로는 확실한 토마스주의자였다. 그는 자신의 중요한 저서 『신학 주제들에 관하여』(On Theological Themes)에서 신학 방법과 기독교 진리의 원천에 관해 체계적으로 논했다. 그 원천은 열 가지이다: 성경, 구전 전승, 보편교회, 공의회, 로마 가톨릭교회, 교부들, 스콜라주의자들, 이성, 철학자들, 그리고 역사.

바로톨로메 메디나(Bartolome Medina, 1528~1580)는 살라망카 대학

에서 윤리신학에 관해서 도미니코회의 관심을 따랐다. 그는 『신학대전』 주해서에서 개연론(蓋然論)을 제안했는데, 후일 그것은 광범위하게 논의되었다. 이 이론의 기초는 개연성이 있는 견해를 주장하는 것이 정당하므로, 옳다는 개연성이 있는 도덕적 행위를 따르는 것도 적절하다는 것이다. 개연성이 있는 견해만이 우리가 주장할 수 있는 견해는 아니다. 왜냐하면, 모든 견해가 개연성이 있으며, 심지어 이단도 받아들여질 수 있기 때문이다. 메디나가 "개연성이 있다"라고 표현하면서 의미한 것은 부인할 수 없는 최종 권위의 뒷받침을 받는 것이 아니라, 이성과 지혜로운 권고의 뒷받침을 받는 견해를 의미한다. 비이성적인 견해는 개연성이 없다. 그러나 개연성이 있는 견해를 따르는 것이 정당하지만, 정확성의 차원에서 다른 견해가 더 개연성이 많게 보일 수도 있다. 이것은 사람이 항상 가장 개연성이 많은 것을 따라야 한다는 것을 의미하는가? 그렇지 않다. 왜냐하면 개연성이 있는 한, 그것이 지시하는 것이 아닌 다른 행동을 따르는 것도 적법하기 때문이다. 이로 인해 메디나의 추종자 중 일부가 개연론, 어떤 행동이 악한 것이지의 여부가 분명하지 않을 때 그 불확실성에도 불구하고 그것이 악하지 않다는 듯이 행동할 수도 있다고 주장했다. 이 견해는 알렉산더 6세(1667)와 이노센트 11세(1679)에 의해 정죄 되었다.

도미니크회의 살라망카 학파의 마지막 위대한 저자는 도밍고 바네즈(Domingo Banez, 1528~1604)이다. 그의 신학 유형과 접근 방식은 전임자들보다 더 스콜라적이고 덜 인문주의적이다. 그는 은혜와 예정과 자유 의지에 관한 논쟁에서 중요하지만, 다른 면에서도 중요하다. 예를 들어 그는 개신교의 견해를 논박하기 위해서 하나님의 말씀이 주로 교회의 핵심에 놓여 있고, 부차적으로만 기록된 형태 안에 있다고 주장했다. 이 직설적인 주장은 가톨릭교회의 공식 교리가 되지 못했지만, 18~19세기 내내 많은 신학자의 사상 형성에 기여했다.

예수회 신학

16세기 기독교 역사의 특징적인 사건 중에서 이냐시오 로욜라(Ignatius of Loyola, 1491~1556)가 예수회(Society of Jesus)를 설립한 것은 가톨릭교회의 역사와 그 신학의 역사에 가장 중요한 사건이었다. 1540년에 교황 바오로 3세가 새 수도회 설립을 승인했고, 이냐시오가 초대 총장으로 선출되었다. 예수회는 곧 개신교도들을 논박하고 가톨릭교회 개혁에 몰두한 그 시대 교황들의 강력한 도구가 되었다. 1556년에 이냐시오가 사망할 즈음 유럽 전역과 브라질, 인도, 콩고, 에티오피아 등지에 천 명이 넘는 예수회 회원이 있었다.

처음에 이냐시오는 예수회를 교육 수도회로 구상하지 않았지만, 그는 학문을 존중했으며, 예수회 회원들이 최고의 교육을 받아야 한다고 확신했다. 그는 이 목적으로 예수회 회칙에 예수회 회원 지망생이 받아야 하는 영성훈련과 교육 프로그램을 분명히 설명했다. 이 회칙은 통합에 대한 큰 관심을 보이며, 수업에서 다루어야 할 교과

서와 주요 전거의 목록을 제시한다. 철학 분야에서는 아리스토텔레스를, 신학에서는 토마스 아퀴나스를 선호했다.

16세기와 17세기 초에 가장 유명한 예수회 신학자는 프란치스코 수아레스(Francisco Suarez, 1548~1617)였다. 수아레스는 그라나다에서 출생했다. 그는 살라망카에서 수학하면서 도미니크회 신학의 오랜 전통을 접했다. 그는 십 대에 예수회에 입회하여 평생 스페인, 프랑스, 포르쿠갈, 로마 등지의 여러 대학에서 가르쳤다.

수아레스는 조직신학을 저술하지 않았다. 형이상학 분야에서 그의 『형이상학 논쟁』(Metaphysical Disputations)에 그의 견해가 체계적으로 기술되어 있다. 그의 신학적 글들은 신학의 거의 모든 측면을 독립된 논문으로 다룬다. 그러나 그의 저술을 편집한 사람들은 그의 여러 글을 토마스의 『신학대전』과 같은 순서로 배열함으로써 그의 신학을 체계화하려 했다. 그리하여 연대적 순서가 바뀌었지만, 27권으로 된 수아레스의 저술이 진정한 대전을 이루었다.

신학자 수아레스는 스콜라 주의 전통을 취했고, 신학적으로 토마스 아퀴나스에 충실하면서 새로운 도전에 대처하는 체계를 전개했다. 그러므로 수아레스의 신학에 대해 먼저 해야 할 말은 그가 형이상학에서처럼 지칠 줄 모르는 학문과 폭넓은 박학함을 보여 주었다는 것이다. 수아레스는 아퀴나스를 다른 신학자들보다 더 따랐지만, 이는 다른 대안을 알지 못했기 때문이 아니었다.

은혜와 예정과 자유의지에 관한 논쟁

트렌트 공의회(1545~1563)의 제6차 회기는 칭의 문제를 다루었다. 그것은 가톨릭교회와 개신교 사이의 중요한 문제 중 하나였다. 공의회는 루터가 제안한 견해에 반대하여 인간의 선한 행위나 노력과 관련이 없이 주어지는 선행은총이 없이 하나님을 향할 수 없지만, 인간의 의지가 선한 행위 안에서 선행은총을 받아들이고 협력해야 한다고 선언했다. 공의회는 선행은총이 필요하지 않다고 가르치는 자들과 의지가 칭의를 받아들일 준비를 하거나 은총이 제공될 때 거부할 수 없다고 주장하는 사람들을 저주했다.

이냐시오도 이러한 견해를 가지고 있었고, 추종자들에게 하나님의 은혜에 대해 말하고 하나님의 위엄을 찬양해야 하지만, 자유의지나 선행을 손상해서는 안 된다고 가르쳤다. 이처럼 논쟁이 시작되기 전에도 예수회 안에는 의지의 자유를 강조하고, 그것을 은혜와 예정의 교리와 조화를 이루게 할 길을 추구하는 전통이 있었다.

한동안 살라망카에서는 다른 견해가 팽배했던 듯하다. 바네스는 인간의 능력을 지나치게 인정함으로써 은혜의 사역이 감소하는 것이 위험하다고 확신했다. 메디나는 선행은 인간이 은혜를 받아들이도록 예비해주지 않으며, 하나님은 인간이 선행을 통해서 은혜받을 준비를 하지 않아도 은혜를 주실 것이라고 말했다. 바네스는 이에서 더 나아가 회심의 실제 원인이 위로부터 오는 도움이며, 불신앙의 원인은 그러한 도움의 부족이라고 언명했다. 그러므로 하나님은 택한 자에게 유효한 은혜를 주시고, 버림받은 자에게는 주시지 않는다. 그럼에도 불구하고 그들이 죄 때문에 정죄 되는 것은 정당한 일이다. 살라망카 대학의 모든 사람이 이 견해를 받아들인 것은 아니다. 그곳에서는 오랜 논쟁이 벌어졌는데, 그 논쟁에서 바네스가 부분적으로 승리했다.

루뱅 대학에서도 비슷한 현상이 발생했다. 그곳에서 바이우스(Michael Baius, 1513~1589)가 인간은 타락으로 말미암아 초자연적인 은사를 잃은 것이 아니라, 본성에 속한 것을 잃었고, 그것이 부패했다고 가르치고 있었다. 그 결과 우리는 하나님을 의지할 수 없다. 왜냐하면, 우리에게 그렇게 할 능력과 갈망이 부족하기 때문이다. 타락한 우리의 의지는 선한 것을 바라지 못한다. 1567년에 비오 5세는 바이우스가 주장한 79개 명제를 정죄했다. 루뱅 대학은 바이우스를 지지했고, 그는 후일 그 대학 총장으로 선출되었다. 예수회원인 레시우스(Lessius)가 바이우스의 견해를 반박하려 하자, 대학은 레시우스의 논제들을 정죄했고, 레시우스는 자신의 주장을 변호하는 글을 출판했다. 두 가지 견해는 분명하게 구분되었다. 교수진은 레시우스를 펠라기우스주의로 고발했고, 레시우스는 그들을 칼빈주의라고 고발했다.

이러한 상황에서 1588년에 예수회 회원 몰리나(Luis de Molina, 1536~1600)가 리스본에서 『은혜의 선물과 자유의지의 조화』(*The Agreement of Free Will with the Gifts of Grace*)를 출판했는데, 도미니크회는 이 책의 정통성을 의심했다. 몰리나는 하나님의 예지와 인간의 자유의지가 조화를 이루는 길은 하나님 안에 있는 중간 지식(scientia media)이라고 주장했다. 하나님은 가능한 모든 것에 대한 본성적 지식을 소유하시며, 하나님이 의도하시는 것은 그것들에 대한 자유로운 지식이며, 그것들에 대한 중간 지식은 다른 의지들이 결정할 것이다. 이 중간 지식 안에서 하나님은 자유로운 피조물이 자유로 결정할 것을 미리 아신다. 바네스를 비롯한 도미니크회 신학자들은 즉시 신랄하게 몰리나의 견해에 반대했다.

본질적으로 같은 문제를 다루지만 몰리나의 견해와 정반대 견해를 가진 인물, 네덜란드의 신학자 코넬리우스 얀세니우스(Cornelius Jansenius, 1585~1638)를 중심으로 한 논쟁 때문에 몰리나 논쟁은 뒤로 사라졌다. 그의 유작인 『어거스틴』은 사후인 1640년에 루뱅에서 출판되었다. 그것은 어거스틴에 대한 가장 급진적인 해석을 학문적으로 옹호한 책이다.

『어거스틴』이 출판된 후 앙투안 아르노(Antoine Arnauld, 1612~1694)가 『빈번한 성찬에 대하여』(On Frequent Communion)를 출판했다. 이 책에서 얀센주의가 교권에 저항하는 형태를 취하기 시작했다. 그 논쟁은 분열로 이어졌다. 아르노가 이끈 시토회의 포르 루아얄(Port-Royal) 수도원은 복종하지 않았다. 아르노는 망명을 떠났고, 블레즈 파스칼(Blaise Pascal, 1623~1662)이 논쟁에 개입했다. 파스칼이 아르노를 변호하기 위해 저술한 『시골 친구에게 부치는 편지』(Provinciales)의 영향력과 인기는 『어거스틴』을 능가했다. 1713년에 클레멘트 6세는 우니게니투스(Unigenitus) 대칙서(大勅書)에서 얀센수의 성죄를 다시 확언했다. 네덜란드에서는 그 운동을 억제하려는 시도로 영구적인 분파가 생겨났다. 프랑스에서 얀센주의는 혁명으로 이어진 세력과 결합했다. 그 운동의 마지막 대표자는 얀세니우스와 아르노와 파스칼이 품었던 종교적 관심이 정치적 목적에 가려진 자코뱅 당원들이었다.

트렌트 공의회

가톨릭교회 개혁의 중요한 뿌리는 스페인에 있었다. 일련의 자격 없는 교황들이 로마를 다스리는 동안 스페인에서 개혁 운동이 강력해졌다. 바오로 3세(1534~1549)는 결점이 많았지만, 마침내 개혁 정신을 로마에 도입했다. 그가 임명한 몇 명의 추기경은 교회 정화를 옹호했다. 그들 중에 카라파(Caraffa)는 후일 바오로 4세로 선출되어 교회를 개혁하고 강화하는 임무를 수행하게 된다. 가톨릭교회 개혁에 대한 바오로 3세의 가장 큰 공헌은 개혁과 쇄신을 집중적으로 다루게 될 위원회를 구성한 것이다. 그는 개혁을 향한 조처를 하고 개신교 교리에 맞서 가톨릭교회의 신앙을 정의하게 될 트렌트 공의회를 소집했다.

바오로 3세 및 다른 사람들의 개혁에는 트렌트 공의회의 조치를 논하기 전에 주목해야 할 몇 가지 특징이 있었다. 이 개혁의 첫 번째 특징은 교황의 힘에 중심을 두었다는 것이다. 이것은 개신교가 보여 주고 있던 불화를 피하기 위해 필요한 것 같았다. 그러므로 개혁은 교회의 머리에서 지체들에게 내려가는 것으로 인식되었다. 이 개혁이 엄격히 정통적인 것으로 의도된 것임에 주목해야 한다. 중세시대 말 수백 년 동안 발달해온 전통들을 포함하여 교회의 전통적인 신앙은 개혁할 필요가 없었다. 마지막으로 트렌트 공의회가 근대에 맞게 전례를 수정하려 하지 않았다는 사실에서 개혁에 대한 제한된 이해를 볼 수 있다는 점에 주목해야 한다. 이 임무는 제2차 바티칸 공의회 및 그 공의회가 가동한 개혁에 넘겨졌다. 16세기에는 가톨릭교회의 신앙을 정의하고 교회의 도덕적 삶을 개혁하고 규제함으로써 충분히 개신교를 정죄할 수 있다고 여겼다.

트렌트 공의회의 역사(1545~1563)는 길고도 복잡하다. 여기에서 그 역사를 이야기할 수 없지만, 공의회의 최종 결과는 일련의 정치적이고 신학적인 어려움을 극복하는 오랜 과정에서 나온 것이다. 정치적으로 주된 어려움은 황제와 교황이 공의회 통제권을 두고 서로 경쟁한 것이다. 신학적인 주된 어려움은 공의회가 개신교의 요구 일부를 허락함으로써 일부 개신교인을 돌아오게 해야 한다고 생각하는 사람들과 공의회의 임무는 개신교를 정죄하고 자체의 개혁 일정을 세우는 것이라고 생각하는 사람들 사이의 긴장이었다. 양측 모두 강력한 정치적 지원을 받고 있었으며, 심지어 개신교의 정죄를 원하는 사람 중에도 가톨릭교회에 개신교인들이 요구하는 일부 변화를 도입하기를 원하는 사람들이 있었다. 예를 들어 카를 5세는 공의회가 사제의 결혼을 허락하고, 이종 성찬을 베풀며, 전례의 일부를 모국어로 진행하기를 원하고 있었다. 이러한 긴장 때문에 공의회는 빈번히 중단되면서 18년 동안 계속되었다. 공의회의 최종 결과는 트렌트의 라틴어 명칭인 *Tridentum*을 따라 명명된 트리덴틴 가톨릭교회였다. 그것은 20세기 제2차 바티칸 공의회 때까지 지속했다.

트렌트 공의회는 두 가지 기본 방향으로 활동했다: 교회의 관습과 법의 개혁, 그리고 개신교 교리에 대항하여 교리의 분명한 정의. 개혁에 관한 교령들은 개신교와 가톨릭의 개혁 옹호자들이 항의했던 바 부재직임제도(不在職任制度, absenteeism), 겸직제도(pluralism), 성경에 대한 무지, 무책임한 서임 등 몇 가지 악습을 바로잡으려는 시도였다.

이 공의회가 취한 교리적 문제들은 기본적으로 개신교 종교개혁이 제기한 것들이었다: 성경의 권위, 원죄의 본질과 결과, 칭의, 성례, 연옥, 성인과 성유물 존숭. 이 모든 문제에서 공의회는 개신교 개혁자들의 주장과 정반대 입장을 취했다. 개신교 개혁은 가톨릭교회에서는 반대되는 결과를 낳았는데, 그로 말미암아 당시 정의되지 않던 많은 문제들을 정의해야 한다고 여기게 되었다.

성경의 권위 및 전승의 권위와의 관계에 대한 질문이 그러한 경우였다. 공의회는 개신교의 "오직 성경"(sola scriptura)이라는 원리에 대한 반응으로 전승의 권위를 확언했을 뿐만 아니라 더 나아가서 그것을 성경과 동등한 위치에 두었다. 또 공의회는 성경 복록을 열거한 후에 정경, 특히 불가타에 실려있는 대로 정경의 권위를 받아들이지 않는 사람들을 저주했다. 공의회는 권위의 근원으로서 전승과 성경의 동등함에 비추어 성경을 전통에 어긋나게 번역해서는 안 된다는 것, 그리고 교권의 승인을 받지 않고 책을 출판할 수 없다는 것을 명령했다.

칭의에 관한 교령은 공의회의 신학적 업적의 핵심이다. 그것은 16장으로 구성되며, 33개의 저주 조항이 뒤따른다. 그 교령은 타락한 인간이 칭의를 획득할 수 없다는 것, 이것이 이방인과 유대인 모두에게 적용된다고 언명하면서 그 주제를 도입한다. 왜냐하면 율법과 인간 본성은 칭의를 이루기에 부족하기 때문이다(제1장). 그리스도의 공로로 말미암아 사람들이 의롭게 되며(제3장), 아담의 후손으로서의 비참한 상태에서 둘째 아담을 통해서 하나님의 양자의 복된 상태로 옮겨지게 하기 위해(제4장) 그리스도께서 오셨다(제2장).

공의회는 이 원리에 따라 칭의가 인간의 공적과 상관없이 선행은총과 더불어 시작된다고 선언했고, 자유의지로 제공된 구원을 받아들이거나 거부해야 한다고 선언했다.

칭의는 그 문제에 대한 루터의 이해와 대조적으로 묘사된다. 칭의는 그리스도의 의가 신자에 전가되는 것이 아니라 하나님께서 인간의 자유의지와 협력하여 신자를 의롭게 하시는 행위이다.

칭의에 관한 교령의 나머지 부분은 이 점을 상술한 것에 불과하다. 칭의는 신자 안에 있는 객관적 실체이므로 선행으로 증가시킬 수 있다. 의롭다 함을 받은 사람이 선한 행위 속에서도 죄를 지을 수 있다는 관념도 배격되어야 한다. 이는 의롭다 함을 받은 사람은 내면에 객관적인 의를 소유하므로, 이따금 소죄(小罪)에 빠지더라도 선을 행해야 하기 때문이다. 견인(堅忍)의 은사를 쉽게 신뢰하는 사람은 실족하지 않도록 조심해야 하며, 두려워하고 떨면서 선한 일에 전념해야 한다.

칭의에 대한 이러한 이해는 회개 체계와 관련된다. 이는 세례 후에 죄지은 사람은 회개의 성례를 통해서 잃어버린 은혜를 회복하려 해야 하기 때문이다. 세례는 죄에 대한 영원한 벌을 용서받는 데 기여하지만, 현세에서의 벌은 보속을 통해 다루어져야 한다. 대죄(大罪)는 종교적인 불신앙이 아닌 한 믿음의 상실이 아니라 은혜의 상실을 초래한다. 종교적인 불신앙은 믿음과 은혜 모두를 잃게 한다. 그러므로 대죄를 지은 사람은 믿음이 있어도 구원받지 못할 것이다.

교령 마지막 부분의 저주는 매우 길고 상세하기 때문에 여기에서 논할 수 없다. 전반적으로 펠라기우스주의 정죄를 확인하는 세 개의 저주 다음 것들은 개신교인들을 겨냥한 것이다. 그것들은 칭의 문제만 다룬 것이 아니라 은혜, 자유의지, 예정 등 관련된 문제도 다루고 있다. 일부는 일부 개혁자들만의 견해를 겨냥하며, 어떤 것은 개신교의 가르침의 과장이나 희화화에 대응한다. 전반적으로 그것들은 두 진영을 분리하고 있는 문제들에 대한 정확한 이해를 나타낸다.

공의회의 교리적 작업의 나머지 부분은 성례와 관련이 있다. 성직자들은 가톨릭교회의 칭의 교리의 완성으로 성례에 대해 논해야 한다고 생각했나. 공의회는 성례가 일곱 가지라고 확언하고, 그것들의 객관적인 가치와 필요성을 강조했고, 세례와 견진성사에 관한 재세례파 등의 견해를 거부했다. 이미 정의되어 있던 화체설을 재확인했다. 성체는 하나님께 드리는 예배와 더불어 보존되고 공경 되어야 한다. 하나님은 보존된 성찬 안에 현존하신다. 평신도와 사제 모두 성찬을 행하기 전에 죄를 고백해야 한다. 급박하게 필요한 경우 죄를 고백할 기회가 없는 사제가 성찬식을 집례할 수 있다. 그리스도의 몸과 피를 받기 위해서 이종 성찬이 필요한 것은 아니다. 고대에는 이종 성찬을 베푸는 것이 일반적이었지만, 교회는 성찬을 주는 형식을 결정할 권한을 지니며, 교회가 달리 결정하지 않는 한 평신도에게 잔을 주지 않는 현재의 법이 준수되어야 한다. 미사는 피를 흘리지는 않지만 그리스도가 다시 바쳐지며 하나님을 달래는 희생 제사이다. 공의회는 모든 사람이 성찬에 참여하는 것을 선호했지만, 사제만 성찬을 받는 미사가 유효하다고 선언했다. 모국어로 드리는 미사를 금지한 것이 재확인되었다. 사제들에게 미사의 신비를 교인들에게 설명하도록 했다.

그 밖의 성례에 관하여 트렌트 공의회는 가톨릭교회의 전통적 교리를 재확인했다. 연옥의 존재, 성유물의 가치, 성직자 서임 때 부여되는 권위 등의 문제도 논의되었다. 각각의 경우에 공의회의 결정은 이미 정의된 교리, 또는 중세 시대 교회의 일반적인 합의를 재천명한 것에 불과했다. 그러나 공의회는 각각의 문제, 특히 결혼과 성직 서임 문제와 관련하여 개신교가 공격한 악습을 금지하는 법을 제정했다.

이처럼 트렌트 공의회는 개신교의 도전과 전반적인 개혁 요구에 두 가지 방식으로 대응했다. 교리면에서는 항상 보수적인 입장을 취했다. 서방 교회의 일반적인 신앙이 된 것과 개신교가 공격한 것들이 가톨릭교회의 공식적이고 최종적인 교리가 되었다. 그러나 윤리와 교인들에 대한 영적 돌봄의 문제에 관해서는 엄격한 개혁 노선을 취했다.

이것이 트렌트 공의회가 가톨릭 개혁을 상징하며, 근대 로마 가톨릭교회의 시작이라고 말할 수 있는 두 가지 이유 중 하나이다. 또 하나의 이유는 공의회 기간에 교황의 권위에 관해서 중요한 변화가 있었다는 것이다. 공의회를 개최하기로 했을 때 교황의 권위가 위험에 처해 있었다. 그것은 단지 개신교가 교황의 권위를 부인한다는 것이 아니라, 가톨릭 교인들이 교황의 권위가 어디서 오는 것인지 의심한다는 데 있었다. 사람들이 교황의 발언에 주목하지 않았기 때문에 공의회가 필요하다고 간주하였다. 공의회를 개최하기까지 오랜 시간이 걸린 것, 그리고 오랜 휴회 기간이 없이 계속 회의하기 어려웠던 주된 이유는 회의를 통제해야 한다고 생각한 많은 가톨릭 군주들—특히 협상 초기의 카를 5세—이 공의회를 소집하려 할 때 항상 교황들과 협력하지는 않았기 때문이다. 그러나 모임이 끝날 때 상황이 급격히 변했다. 비오 5세가 공의회를 주관했는데, 마지막 공의회는 그에게 비오 5세 시대만 아니라 바오로 3세와 율리우스 3세 때에 발표된 모든 교령을 확인해줄 것을 청원했다. 비오 5세는 공의회가 세계공의회였으며 모두에게 구속력이 있다고 선언하는 대칙서를 발표하고, 거기서 교황청의 분명한 승인을 받지 않고서 공의회의 결정을 해석하거나 주해서를 출판할 수 없다고 명령했다.

그리하여 교황이 공의회의 권위의 근원이요 최종 해석자가 되었다. 중세시대 후기의 공의회 수위설(首位說)이 종식되었고, 근대 로마 가톨릭교회가 탄생했다.

제27장

개신교 정통신앙과 경건주의

개신교의 두 가지 큰 전통의 창시자인 루터와 칼빈의 후계자들은 창시자들의 뒤를 이어 그 전통을 체계화했다. 그 과정에서 어떤 사람은 창시자의 주장을 완화하고 어떤 사람은 과장함으로써 엄격한 정통신앙을 강조했고, 정통신앙의 정확한 본질과 관련한 논쟁이 오래 계속되었다.

루터파 내의 논쟁의 결과로 『일치 신조』(*Formula of Concord*, 1577)가 작성되었다. 대부분의 루터파 교회는 그것을 중심으로 결집했고, 17세기에 그것을 기초로 더 엄격하게 정통신앙을 강조했다.

필립 멜란히톤의 신학

멜란히톤(Philip Melanchthon)은 인문주의 교육을 받았다. 루터와 에라스무스가 자유의지에 관하여 논쟁한 후에도 멜란히톤은 네덜란드인 인문주의자 에라스무스를 존경했다. 그는 1521년에 개신교의 주요 교리를 처음으로 체계화한 『신학 강요』(Loci communes rerum theoogicrum)를 출판하면서 체계적인 사상가로서 세상의 주목을 받았다. 이 책은 엄청난 성공을 거두었고, 곧 여러 번 인쇄되고 번역되고 개정되었다. 멜란히톤은 『신학 강요』를 새로 인쇄할 때마다 원래의 루터주의에서 멀어지고 인문주의와 개혁주의 전통의 영향을 더 많이 받은 듯하다. 결국 루터파는 엄수 루터파(Strict Lutherans)와 멜란히톤을 추종하는 필립파(Philippists)로 나뉘었다.

  멜란히톤은 자신의 신학을 전개하면서 회심 안에 세 가지 원인이 공존한다고 말했다: 말씀과 성령과 인간의 의지. 멜란히톤에 반대한 사람들은 이것을 "신인 협력설"(synergism)이라고 부르는데, 이는 구원에 하나님과 인간이 협력하여 일한다는 의미이다.

  멜란히톤이 순수한 루터주의를 버렸다고 비난받은 또 한 가지는 성찬론이었다. 이 점에서 그가 개혁주의 전통에 접근하였으므로, 결국 비밀 칼빈주의자(crypto-Calvinist)라는 비난을 받았다.

루터파 내의 논쟁

  멜란히톤의 신학이 문제가 되기 전에도 루터파 안에 율법의 역할에 관한 논쟁과 오시안더(Osiander)의 가르침에 관한 논쟁이 있었다. 반율법주의(antinominian) 논쟁은 루터와 멜란히톤이 살아있을 때 시작되어 그들의 사후까지 계속되었다. 그 논쟁은 종교개혁 초기 단계에서 루터의 동료였던 아그리콜라(Agricola, 1494~1566)가 멜란히톤의

『방문객을 위한 가르침』(Instruction for visitors)을 공격하면서 시작되었다. 멜란히톤은 그 글에서 죄인이 회개하게 하기 위해서만 아니라 신자들이 하나님의 뜻을 더 잘 이해하고 복종하게 하려면 율법, 특히 십계명을 자주 설교해야 한다고 권했다. 아그리콜라는 복음을 설교할 때 율법은 아무런 기능을 갖지 못하며, 그러므로 율법은 강단이 아닌 법정에 알맞다고 주장했다. 모세를 교수대에 보내야 하며, 모세의 가르침을 설교하는 사람은 복음을 이해하지 못한 사람이다. 그 후 논쟁이 격화되었고, 1577년에 『일치 신조』를 작성함으로써 반율법주의를 배격했다.

오시안더 논쟁은 칭의 안에서 그리스도가 신자 안에 들어와 거하시며, 그분의 신적 의로움의 바다가 인간의 악함이라는 작은 물방울을 삼킨다고 주장한 신비적 경향의 신학자 앤드루 오시안더(Andrew Osiander, 1498~1552)의 가르침을 중심으로 벌어졌다. 그때 하나님은 악함이라는 작은 물방울을 보시는 것이 아니라 깨끗한 큰 바다를 보시고 죄인을 의롭다고 선언하신다. 의롭게 하시는 그리스도께서 우리 안에 거하시는 일은 성경이라는 "외부의 말"(outer word)과 선포를 통해서 발생하지만, 이 상황에서 중요한 것은 "내면의 말"(inner word), 즉 삼위일체의 제2 위격이신 말씀이시다. 그리스도의 인성, 그리고 그분이 인간으로서 하신 말은 그분의 신성의 도구이다. 최종적으로 그리스도의 신성이 우리를 의롭게 하며, 그것이 중보자라고 불릴 수 있다.

이 장에서 논의한 다른 논쟁에서처럼, 제기된 문제에 대한 반응이

『일치 신조』이다. 그것은 그리스도가 신성과 인성 안에서 의롭게 하신다고 선언한다.

필립파와 엄수 루터파는 오시안더의 견해와 반율법주의자들의 견해를 배격하는 데 동의했다. 이 논쟁들은 심각한 분열을 야기했다. 이 모든 논쟁에서 문제는 루터의 원리를 엄격하게 고수하는 것과 필립파처럼 그 원리들을 완화하는 것 사이에 있었다.

첫 번째 논쟁은 잠정협정(Interim)과 관련된 것이며, 아디아포라 논쟁이라고도 알려져 있다. 카를 5세는 아우그스부르크 회의(Diet of Augsburg, 1548)에서 승리하여 아우그스부르크 잠정협정(Augsburg Interim)을 선포했는데, 그것은 전통적인 교리와 관습을 모두 복원한 가톨릭교회 문서였다. 다수의 개신교인이 아우그스부르크 잠정협정을 거부하여 수백 명이 처형되고 많은 목사가 망명을 떠났다.

그러나 작센 선제후령(Electorate of Saxony)에서 아우그스부르크 잠정협정보다 온건한 라이프치히 잠정협정이 선포되었다. 그것은 이신칭의 교리를 지켜 주었지만, 다른 문제에서는 종교개혁 이전의 관습으로 복귀했다. 멜란히톤이 이 타협을 받아들인 신학적 이유는 본질적인 것과 그렇지 않은 것—아디아포라—의 구분에 있었다. 본질적인 문제, 특히 복음의 핵심인 이신칭의의 교리에서는 타협해서는 안 된다. 그러나 교회의 평화를 위해서 종종 아디아포라에 관한 타협이 필요했다. 본질적인 것과 아디아포라를 혼동하고, 아디아포라의 세부 내용을 고집하는 것은 기독교적인 자유를 부인하는 것이며, 행위에 의한 칭의로 돌아가는 것일 수 있다.

이 모든 일에서 멜란히톤과 지지자들은 아우그스부르크 잠정협정을 받아들이지 않고 고난당하고 있는 독일 다른 지역의 개신교인들을 고려하지 않았다. 그들이 볼 때 라이프치히 협정은 배반처럼 보였다. 비텐베르크의 신학자들이 잠정협정에서 한두 조항을 구했다는 이유로 복음에 충실하다고 주장할 수 있는가?

잠정협정은 오래가지 못했다. 그것은 완전한 실패작으로 드러났고, 1555년에 아우그스부르크 평화협정(Peace of Augsburg)으로 잠정협정은 종식되었다. 이번에도 논쟁은 『일치 신조』에 의해 타결되었다. 그것은 멜란히톤이 주장한 본질적인 것과 아디아포라의 구분을 인정했지만, 아디아포라를 아디아포라로 여기지 말아야 할 상황이 있다는 플라키우스의 견해에 동의했다.

마요르 논쟁(Majoristic controversy)은 아디아포라 논쟁 안에 있는 하나의 에피소드로 볼 수 있다. 마요르(George Major, 1502~1574)는 비텐베르크 신학자들이 취한 입장을 변호하면서 구원을 받고 유지하기 위해 선행이 필요하다고 주장했다. 엄수 루터파의 지도자들은 마요르의 주장을 공격했고, 일부는 선행이 구원을 파괴한다고 주장했다.

이 문제에 관하여 『일치 신조』는 중간 입장을 취하여 믿음으로 말미암는 구원을 재확인하고, 아우그스부르크 신앙고백(Augsburg Confession)에서 선행의 필요성을 말했다는 것을 지적했으며, 논쟁 중인 양측의 극단적인 진술을 거부했다.

신인협력설 논쟁은 엄수 루터파와 필립파 사이에 계속된 사건이었다. 라이프치히 잠정협정은 구원 과정에 인간의 의지가 하나님과 협력한다고 제의했다. 1555년에 필립파의 페핑거(John Pfeffinger)가 『자유의지에 관한 명제집』(Propositions on Free Will) 시리즈를 출판했다. 그는 그 책에서 회심에 말씀과 성령과 의지라는 세 가지 원인이 공존한다는 멜란히톤의 공식을 되풀이했다.

신인협력설 문제, 또는 회심에서 인간의 의지가 하나님과 협력하는지의 여부에 관한 문제는 엄수 루터파와 필립파 사이에서 의견이 일치되지 않은 채 해결되지 않은 주제였다. 타락한 인간은 여전히 하나님의 피조물이며, 하나님은 악한 본질을 창조하지 않으신다. 그러므로 『일치 신조』는 인간 본성의 철저한 부패와 그에 반대되는 것—죄를 인간 본성의 경미한 부패로 간주하는 것 모두를 거부한다. 우리는 스스로 회심하여 하나님을 향할 수 없고, 스스로 회심을 시작할 수 없고, 회심 후에도 하나님의 법에 복종할 수 없다. 하나님은 인간의 의지를 강요하지 않으시며, 성령이 우리의 의지를 인도하여 마음을 열어 복음을 들을 수 있게 해주신다. 그러므로 회심에서 작용인은 성령과 하나님의 말씀뿐이며, 의지를 세 번째 공존 원인이라고 말할 수 없다.

1552년에 엄수 루터파의 베스트팔(Joachim Westphal)이 성찬과 관련하여 칼빈과 루터의 차이를 지적하는 책을 출판했다. 이 문제에 관하여 루터에 완전히 동의하지 않던 많은 루터파 사람들은 태도를 정해야 했다. 엄수 루터파의 관점에서 보면 츠빙글리와 칼빈의 차이는 영적인 것이었다. 왜냐하면 두 사람 모두 그리스도의 영화된 몸의 편재성, 성찬 안에 육체적 현존, 불신자의 성찬 참여 등을 모두 부인했기 때문이다.

멜란히톤은 공개적인 태도 표명을 거부했다. 그는 논쟁을 계속하는 것이 교회의 평화를 파괴하리라고 느꼈다. 그는 1538년에 프랑크푸르트에서 칼빈을 만나 친구가 되었다. 그보다 먼저 루터도 칼빈의 『기독교 강요』를 비롯한 여러 저술을 알고 있었고, 항상 그에 대해 호의적인 감정을 표현했었다.

멜란히톤이 태도 표명을 거부했기 때문에 엄수 루터파는 멜란히톤과 그 추종자들을 "위장 칼빈파"(crypto-Calvinists)라고 선언했다. 독일 전역에서 논쟁이 벌어졌다. 성찬론뿐만 아니라 예배를 비롯한 여러 문제에서 팔라틴 백작령(Palatinate) 전체는 칼빈파였다. 이것은 1563년에 개혁주의 신학자 우리시누스(Zacarius Ursinus)와 올레비아누스(Caspar Olevianus)가 작성한 하이델베르크 요리문답(Heidelberg Catechism)에 표현되었다. 작센에서는 루터의 교리에 대한 공개적인 공격이 1574년에 엄수 루터파가 칼빈주의를 정죄하는 기회를 제공했다. 그때 이미 사망한 멜란히톤의 교리가 루터의 교리와 같은 것이었다고 신인했다.

이번에도 『일치 신조』가 이 문제를 해결하려 했다. 과거 엄수 루터파가 했던 것처럼 『일치 신조』는 츠빙글리와 칼빈의 차이점을 중요시하시 않았다. 그것은 츠빙글리의 추종자들을 "완선한 성찬형식주의자(crass Sacramentarians)"라 했고, 칼빈주의자들은 "가장 해롭고 교묘한 성찬평식주의자"라 했다. 그 신조는 이 두 종류의 성찬형식주의자들에 반대하면서 떡과 포도주 안에 그리스도의 몸과 피가 진실로 현존하며 분배되고 수찬되며, 그것이 신자들뿐만 아니라 불신자들을 위한 것이라고 확언했다.

성찬 논쟁은 위격적 결합 문제로 이어졌다. 이는 루터파와 개혁주의 신학자들 간의 의견 충돌은 그리스도의 위격 안에서의 두 본성의 결합과 관련하여 서로 다른 견해와 연결되어 있었기 때문이다. 그리스도의 몸의 편재성을 필요로 하는 루터파의 주장은 두 본성이 결합하여 신성의 속성들이 인성에 이전되었으며(속성 교류), 그러므로 부활하신 그리스도의 몸은 그 신성으로부터 동시에 여러 곳에 현존할 수 있는 능력을 받았다는 견해에 기초를 두었다. 반면에 개혁주의는 두 본성의 구분을 강조했고, 속성의 교류에 대해 다소 제한적인 견해를 취했으므로 하늘에 계신 그리스도의 몸이 동시에 무수히 많은 교회 안에 현존하실 수 없다고 주장했다. 그리하여 "위장 칼빈파"는 속성의 교류를 제한하거나 거부한 데 반해, 엄수 루터파는 그것을 강조했다.

『일치 신조』는 루터주의와 칼빈주의를 구분하는 분명한 선을 긋고, 루터파 내의 대부분의 집단을 결합하는 데 성공했다. 그것은 사도신경, 니케아신경, 아타나시우스 신경, 아우그스부르크 신조, 그리고 루터파의 기본 문서들과 함께 『일치서』(The Book of Concord)라고 출판되어 알려졌고, 400년이 넘도록 루터파 내의 주된 통합 요소 중 하나로 자리잡아 왔다.

루터파 정통신앙

17세기 루터파의 정통신앙은 16세기의 엄격한 루터주의를 능가했다. 16세기에 논의되었던 대부분의 문제에 관하여 정통 신학자들은 엄수 루터파와 의견을 같이했지만, 전체적인 신학적 견해는 매우 달랐다. 엄수 루터파는 루터와 멜란히톤이 서로 반대된다고 해석했고, 정통 신학자들은 멜란히톤이 말한 것 중 많은 부분이 매우 귀중하므로 루터와 멜란히톤의 견해의 조화를 추구해야 한다고 여겼다. 그들이 아리스토텔레스의 형이상학을 사용한 것은 엄수 루터파 신학을 떠나는 중요한 출발점이었다.

루터파 정통 신앙의 선구자는 『일치 신조』 작성에 참여한 것으로 유명한 마틴 켐니츠(Martin Chemnitz, 1522~1586)이다. 그는 트렌트 공의회가 성경에서 발견되는 신앙뿐만 아니라 그 이전의 기독교 전통을 버렸음을 보여주기 위해 네 권으로 된 책을 저술했다. 켐니츠는 가톨릭 신학자인 벨라르미노를 상대했다. 후일 개신교에 대항한 가톨릭교회의 논쟁 대부분이 켐니츠의 비난에 대한 논박이었다. 그는 엄수 루터파의 교리 다수를 받아들이면서도, 멜란히톤을 존경하였으므로 멜란히톤의 방법과 문제를 받아들였다. 그러므로 루터파 전통은 켐니츠 및 그의 중요한 업적인 『일치 신조』와 함께 신학이 더 긍정적으로 되었고, 루터파가 아닌 대상을 상대로 논쟁을 벌이는 새 시대에 들어섰다.

16세기의 논쟁에서 루터교회 안에 있는 멜란히톤의 요소와 위장 칼빈파 요소가 완전히 제거되지 못했는데, 그것들은 칼릭스투스 (George Calixtus, 1585~1656)의 활동에서 중요한 역할을 했다. 칼릭스투스는 기독교 내의 다양한 전통이 진정한 기독교회로서 서로를 인정하도록 촉구하는 임무를 맡았다.

칼릭스투스는 기독교의 기본 신조와 부차적인 신조를 구분함으로써 이 일을 성취하려 했다. 칼릭스투스는 이러한 구분이 다양한 교파의 신자들이 서로를 동료 신자로 인정하게 할 것이라고 주장했다. 왜냐하면, 그렇게 인정하는 데 필요한 것은 다른 문제에 관해서는 의견이 일치하지 않더라도 신앙의 기본적인 것을 고수하는 것이기 때문이었다. 구원에 필요한 것이 기본적인 핵심이다. 그 외의 것들은 부차적인 것이다. 이것은 부차적인 문제에 대해 무관심해야 한다는 의미가 아니다. 신앙의 부차적인 조항들도 기독교 진리의 일부이며, 우리는 기본적인 것뿐만 아니라 부차적인 것에서도 진리를 섬기려 노력해야 한다. 신학자들과 기독교인들 모두 바른 견해를 찾아내어 그것을 굳게 신봉하려 해야 하다. 루터파는 성찬 문제에서 견가톨릭교회와 개혁주의의 견해와 일치하지 않지만, 그들을 동료 신자로 인정해야 한다.

모든 신자가 믿어야 할 신앙의 기본 조항이 무엇인지 알려면 어떻게 해야 하는가? 칼릭스투스는 교부학 학자였기 때문에 초기 5세기 동안의 합의라고 대답했다. 이것은 기본 진리와 부차적인 진리의 구분을 허락한다. 모두에게 필요한 것은 오로지 가장 초기의 전통에 속한 것이다. 그 외의 것은 모든 진리가 중요하기 때문에 중요하지만, 기본적인 것은 아니다.

기본적인 것과 부차적인 것의 구분에서 기독교인들 사이에 일종의 통합이 이미 존재한다는 결론이 나온다. 보편성의 참 본질을 제대로 이해하려면 이 "내적 교제"(inner communion)를 인정해야 한다. 만일 구원받는 데 중요하지만 기본적이고 본질적인 것은 아닌 차이점들을 다양한 교회들이 인정한다면, 성찬에 공동으로 참여하는 것을 포함하는 "외적 교제"(outer communion)를 이룰 수 있을 것이다. 이것을 성취하려면 교회는 이단(heresy)과 오류(error)의 차이를 인정해야 한다. 이단은 신앙의 기본 조항으로부터의 이탈이며, 오류는 구원에 필요하지 않은 기독교의 많은 진리와 관련이 있다.

루터파 신학자들은 거의 한결같이 칼릭스투스의 제안에 반대했다. 칼릭스투스는 폴란드에서만 성공했는데, 그곳에서는 국왕 라디시우수(Ladislaus) 4세가 그의 제안을 시행하려 했다. 독일의 루터파 정통신앙은 칼릭스투스의 제안을 자체의 가장 귀한 원리를 부인한 것으로 여겼다.

루터교 정통신학에 대한 간략 설명

루터의 "오직 성경"(sola scriptura)이라는 원리를 고려해보면, 17세기 정통 루터교는 성경의 기원과 영감과 권위에 매우 관심을 기울였을 것이다. 실제로 종종 그 교리는 신학 서문의 핵심이 되었다. 이는 만일 성경이 신학의 유일한 근원이라면, 다른 신학적 문제를 꺼내기 전에 이러한 문제들이 먼저 밝혀져야 하기 때문이었다. 루터와 그의 초기 동료들은 성경의 유일한 권위를 강조했지만, 그것의 기원과 영감에 관한 이론을 전개하지 않았다. 이는 그것을 당연한 것으로 여겼기 때문이다. 그러므로 17세기에 종교개혁이 제기한 모든 주요 문제에 대처하려 한 루터파 정통신앙은 성경에 대해 더 완전한 이론을 전개하려 했을 것이다.

성경은 성령의 감동으로 된 것이다. 영감은 자기의 생각을 기록한 선지자와 사도 같은 일부 신자의 일반적인 깨달음이 아니다. 영감은 특히 본문을 기록하는 것과 관련된 성령의 특별한 행위이다. 영감을 받은 기자는 기록하는 동안에만 성령의 감화를 받으므로, 다른 행위나 말이 성령의 지도 아래 기록한 것으로서 권위를 지닌다고 주장할 수 없다. 이것이 루터교 정통신앙에서 중요한 점이다. 왜냐하면, 그렇지 않으면 영감을 받은 사도가 어떤 것은 성경에 기록하고 다른 것은 후계자들에게 넘겨주었다고 말함으로써 전통에 대한 가톨릭교회의 견해를 지지하는 것이 될 수 있기 때문이다.

성경의 영감은 완전하고 축자(逐字)적이다. 그것은 모든 것이 신적 감화로 기록되었기 때문에 완전하다. 그리고 단순히 성경을 기록한 사람이 기록하는 모든 것에 대한 일반적인 지침을 준 것이 아니라 단어 하나하나를 기록할 때 그를 실제로 인도했기 때문에 축자적이다. 17세기가 흐르는 동안 성경의 축자영감설은 점점 더 광범위해졌다. 그 시대가 끝날 무렵 홀라츠(Hollaz)는 중세시대 초기에 개발된 구약성경의 마소라 모음화 표식들이 본문의 나머지로 영감되었다고 주장했다.

신학의 주제는 그리스도이시며, 그분은 믿음 안에서만 알려지므로, 그리스도를 믿는 사람만 신학을 할 수 있다. 신학이 윤리학으로 축소될 수 있다는 의미가 아니라 신학의 목적이 본질적으로 구원으로 인도하는 바른 신앙과 경건을 만들어내는 데 있다는 의미에서 신학의 임무는 실질적이다.

대학에서 형성된 상세한 신학 체계 때문에 17세기를 언급하기 위해 "개신교 스콜라주의"라는 호칭을 만들어냈다. 이 호칭은 17세기의 신학이 루터가 발견한 위대한 것들을 잃고 중세 스콜라주의의 최악의 요소 중 일부를 재생한 방법론과 목표로 되돌아갔다고 암시하는 경멸적인 의미를 함축한다. 그러한 판단에는 어느 정도 진실이 있지만, 대단히 많은 거짓도 있다. 루터파 정통주의에는 루터와 초기 개혁자들이 지녔던 신선함과 자유가 결여되어 있었다. 모든 것을 체계화하려는 정통주의의 시도는 루터라면 거부했을 율법주의에 근접했다. 아리스토텔레스의 형이상학을 사용한 것은 루터가 개탄할 일이었다. 이신칭의에 대한 이해는 행위에 의한 칭의처럼 들렸다. 그러나 세부 문제에 집중하고 체계화하면서 루터교 전통의 유산을 살려두었다. 계시의 필요성을 강조함으로써 루터보다는 18세기에 루터의 통찰을 버렸다는 비난을 받은 이성주의자들과 더 흡사해졌다. 요약하자면, 정통주의 루터파 신학자들은 개혁자 루터의 천재성을 갖지 못한 후세대 사람들로서, 그들이 없었다면 루터의 업적 중 많은 부분이 수포가 되었을 것이다.

칼빈 이후의 개혁주의 신학

　개혁주의 신학은 대개 칼빈주의와 동등시되지만, 그것이 완전히 정확한 것은 아니다. 개혁주의 신학의 특징 일부는 이미 츠빙글리, 부처, 외콜람파디우스(Oecolampadius) 등 칼빈 이전의 인물들에 의해 전개되었다. 칼빈이 살아있을 때 많은 신학자가 비교적 칼빈과 상관없이 개혁주의 전통에 기여하고 있었다. "칼빈주의자"라는 호칭은 처음에 반대자들─루터파와 가톨릭교회─이 이단의 상징으로 개혁주의 신학에 적용한 것이다. 더욱이 "칼빈주의"라는 것은 칼빈에서 파생되었지만, 중요한 면에서 『기독교 강요』의 신학과 다르다.

　신학자요 조직가요 교회 지도자로서 칼빈의 위대함 때문에, 칼빈이 등장하기 전과 살아있는 동안과 사후에 스위스를 비롯한 여러 지역에서 활동한 많은 인물의 중요성이 가려져 왔다. 최초의 위대한 개혁주의 신학자이지만 칼빈 때문에 무색해진 츠빙글리가 이러한 경우이다. 스위스의 개신교가 칼빈의 견해를 받아들이면서 츠빙글리의 신학은 서서히 뒤로 물러났다. 그러나 성찬의 의미와 예정에 관해서 후대의 "칼빈주의"는 칼빈보다 츠빙글리에 더 가까웠다. 츠빙글리는 예정론을 섭리와 창조와 연결하여 논했고, 칼빈은 그것을 구세론의 틀 안에 두었다. 그 결과 칼빈의 교리를 넘어서는 칼빈주의 예정론이 등장했다. 마틴 부처는 칼빈에게, 특히 성찬과 교회론에 중대한 영향을 미쳤다. 그러므로 칼빈에게는 칼빈주의라고 불리는 큰 흐름 안에 흘러 들어간 업적을 남긴 많은 선임사들이 있었다.

16세기에 칼빈을 넘어선 개혁주의 신학 운동을 묘사할 때 중요한 대표자로 등장하는 인물은 마터 버미글리(Peter Martyr Vermigli), 테오도르 베자(Theodore Beza), 그리고 자카리아스 우르시누스(Zacharias Ursinus)이다.

개혁파 정통주의의 발달에서 피터 마터 버미글리(Peter Martyr Vermigli, 1499~1562)의 중요성은 실제 내용보다 방법론 문제에 있다. 그 이유는 버미글리의 신학의 내용은 칼빈과 부처에 가까웠지만, 방법론은 그 시대의 다른 개혁주의 신학자들보다 아리스토텔레스의 영향을 받았음을 나타냈다. 칼빈은 하나님의 구체적인 계시에서 출발하였고 항상 하나님의 뜻의 신비를 의식하고 있었는데 반해, 후대의 개혁주의 신학은 점차 하나님의 섭리에서부터 자세한 사항으로 내려가는 경향을 나타냈다. 이러한 방법론적 접근이 후대 개혁주의 신학자들이 예정론을 구세론이라는 주제 아래 둔 칼빈의 방법에서 벗어나 신론 아래 둔 이유이다.

테오도르 베자(Theodore Beza, 1519~1605)는 칼빈에게서 제네바의 아카데미아의 교수로 칭빙되었고, 칼빈의 사후에 제네바와 스위스 전역에서 개혁주의 운동의 지도자가 되었다. 베자는 신학적으로 칼빈의 견해의 해설자와 계승자라고 주장했지만, 칼빈의 견해를 교묘하면서도 결정적으로 왜곡했다. 예를 들면, 그는 예정론을 하나님의 지식과 뜻과 능력이라는 주제 아래 둠으로써 그것을 예정설과 혼동하게 하는 경향을 나타냈다. 그는 제한 속죄(Limited Atonement)를 주장했다. 그것은 칼빈의 전제에서 도출할 수 있는 것이지만, 칼빈 자신은 도출하기를 거부했던 결론이다. 베자는 칼빈이 제네바에서 전개하면서도 본질적인 것이라고 주장한 적이 없는 장로교의 규례가 성경이 분명히 가르치는 것이라고 말했다. 간단히 말해서, 베자는 여러 면에서 칼빈의 신학을 명백하게 지속적으로 해석했지만, 이 명백함과 지속성은 그가 칼빈의 업적에서 발견되는 신비와 새로움에 대한 의식을 잃었음을 의미한다. 그의 주장에 따르면, 성경은 동등하게 영감되었으므로 동등하게 중요한 일련의 명제들이 되며, 이 명제들이 칼빈의 신학 체계 안에 묶여 있었다.

자카리아스 우르시누스(Zacharias Ursinus, 1534~1583)는 젊은 시절 비텐베르크에서 멜란히톤의 제자요 친구로 지냈다. 그는 널리 여행했는데, 스위스를 방문한 것이 성만찬에 대한 칼빈주의 견해를 향한 성향을 강화해준 듯하다. 어쨌든 루터파 진영에서 앞에서 다룬 논쟁들이 발생했을 때 우리시누스는 위장 칼빈파로 고발되었고, 결국 팔라틴 백작령(Palatinate)으로 피해야 했다. 그는 다른 칼빈주의 동료들만큼 독단적이지 않았고, 어떤 점에 관해서는 그들보다 더 칼빈을 잘 이해했던 듯하다. 그러므로 학자들이 대체로 그의 작품으로 인정하는 『하이델베르크 요리문답』(Heidelberg Catechism)은 예정을 하나님의 본성의 결과로 증명하려 하지 않고, 구원 경험의 표현으로서 교회론 다음에 두었다.

칼빈과 정통주의

매우 일찍 시작된 이 과정은 17세기에 칼빈주의가 개입된 논쟁들—대체로 스위스, 독일, 네덜란드, 대영제국에서 발생한 논쟁들—의 도움을 받았다.

칼빈의 사후 스위스에서 출판된 가장 중요한 신학 문서는 『제2 스위스 신앙고백』(Second Helvetic Confession)이다. 그것은 칼빈주의자가 작성한 것이 아니라 츠빙글리의 제자 불링거(Bullinger)가 작성한 것이다. 이 신앙고백은 화해를 목적으로 저술되었으므로, 여러 면에서 엄격한 칼빈파 정통주의를 지향하는 운동 안에 있는 완화력이었다. 이 신앙고백이 보급된 대부분 지역은 칼빈파 정통주의의 극단적인 결과를 피했다.

이 신앙고백은 예정론에 관하여 칼빈과 후대의 칼빈주의 신학자들 사이에 위치한다. 이는 그것은 예정론을 신론의 끝부분에 둠으로써 그것이 구원론의 당연한 결과가 아니라 서론처럼 보이게 하기 때문이다.

『제2 스위스 신앙고백』이 칼빈과 칼빈주의 정통주의를 잇는 교량처럼 보이는 또 다른 점은 성경영감설이다. 칼빈은 성경이 영감되었다고 믿었지만, 성경영감설에 대한 논의로 신학을 시작하지 않았다. 『제2 스위스 신앙고백』은 성경이 하나님의 영감으로 된 하나님의 말씀이라고 선언하면서 첫 장을 시작한다. 이러한 신학의 구조 안의 변화가 이 신앙고백의 내용에 영향을 미치는 것 같지 않다. 그러나 그것은 성경이 하나님의 규례의 책이며, 성경 본문에서 일련의 명제집으로 신학을 끌어냈다고 설정하는 경향의 출발점이다. 이런 점에서 『제2 스위스 신앙고백』은 『웨스트민스터 신앙고백』의 전신(前身)이라 할 수 있다.

그러나 제네바에서는 베자의 영향이 컸고, 그로 말미암아 스위스 다른 지역에서 베자의 칼빈주의가 더 강력해졌다. 베자의 사후에 스위스에서 칼빈주의 정통주의의 중요한 지도자는 베네딕트 튜레틴(Benedict Turretin)과 프랑소아 튜레틴(Francois Turretin) 부자이다. 베네딕트 튜레틴(1588~1631)은 이탈리아 태생이며, 버미글리가 대표하는 극단적 장로교 학파에 속했다. 그는 도르트 회의(Synod of Dort)의가 알미니우스파를 정죄할 때 스위스 개혁파의 지지를 확보하는 데 중요한 역할을 했다. 그러나 그는 말년에 알미니우스주의에 대한 관용을 옹호했다.

베네딕트의 아들 프랑소아(1623~1687)는 유럽 대륙에서 칼빈파 정통주의의 가장 중요한 조직신학자였을 것이다. 그는 개혁주의 진영에서 칼빈의 『기독교 강요』 다음으로 교의학에 관해 가장 체계적이고 철저한 논문을 출판했다. 그의 『강요』(Loci)를 간단히 살펴보아도 17세기 유럽 대륙의 칼빈주의의 본질을 충분히 알 수 있다. 튜레틴은 다른 스콜라 신학에서 발견할 수 있는 것과 비슷한 서언에 이어 성경의 권위 문제를 다룬다. 그다음에 성경 본문이 사본 전승에 의해 변했는지의 여부 등 상세한 것들을 다루는데, 이에 대한 그의 반응은 부정적이다. 왜냐하면 만일 계시된 말씀의 본문이 필사자들에 의해 바뀌는 것을 하나님이 허락하신다면, 그것은 섭리에서의 실수일 것이기 때문이다. 이렇게 성경론을 조직신학의 서두에 두고, 그다음에 성경의 절대적 무오성을 정의하고 밝히는 것은 칼빈에게서는 찾아볼 수 없으며 전형적인 후대 칼빈주의의 방식이다. 이러한 경향은 1675년에 튜레틴과 여러 사람이 작성한 『헬베틱 협약』(Helvetic Consensus)에서 절정에 달했다. 그것은 히브리어 본문의 모음 부호가 영감된 것이므로 오류가 없다고 주장했다.

예정론에 관해서 튜레틴은 전형적인 후대 칼빈주의에 속한다. 그는 다른 정통주의 칼빈주의자들처럼 예정론을 신성에서 도출해낸 당연한 결과로서 신론 다음에 두었다. 그것은 예정론에 관한 그의 논의가 하나님의 과분한 은혜의 선포보다는 하나님의 마음을 읽는 훈련이 된다는 의미를 함축한다. 그러므로 그도 대부분의 후대 칼빈주의자들처럼 하나님의 작정 순서에 대한 질문, 하나님이 타락을 작정하셨는지 등에 대한 질문으로 이끌려간다. 칼빈은 이러한 문제를 상세히 다루는 것이 적절하지 않다고 여겼다. 이는 그런 문제들이 신비의 한계를 넘어서는 것처럼 보였기 때문이다. 튜레틴의 결론은 전택설(supralapsarianism)—하나님의 선택과 유기(遺棄)에 관한 작정이 타락의 작정보다 선행한다는 견해—을 이단으로 간주하여 거부해야 한다는 것이다. 그의 입장은 하나님이 먼저 인류 창조를 작정하시고, 두 번째로 타락을 허락하기로 작정하시고, 세 번째로 멸망할 다수 중에서 일부를 선택하고 나머지는 부패하고 비참한 상태에 버려두기로 작정하시고, 네 번째로 택한 자들의 구주요 중재자로 그리스도를 세상에 보내기로 작정하시고, 마지막으로 이들을 불러 믿음과 칭의와 성화와 궁극적인 영화를 누리게 하기로 작정하셨다는 것이다. 엄격하게 말하자면, 이것이 후택설(infralapsarianism)에 대한 원래의 이해이다(후일 후택설이라는 용어는 애매하게 사용되었다. 이는 그것이 튜레틴이 옹호한 견해와 타락에 대한 하나님의 예지가 선택의 작정에 선행한다는 견해 모두를 의미하게 되기 때문이다).

그리스도가 인류 전체를 위해 죽으셨는지 아닌지의 문제에 관하여 튜레틴은 하나님이 원하신다면 그리스도의 죽음은 인류 전체를 대속하기에 충분했겠지만 그리스도는 택하신 자들만을 위해 죽으셨다는 칼빈주의 견해를 따른다.

튜레틴은 다른 점에 관해서는 전형적인 개신교 정통주의자이며, 그것이 그의 스콜라주의적 방식이요 방법론이다. 여기에서도 중세시대 말 스콜라주의의 특징이었던 융통성 없는 개요, 엄격한 체계화, 명제적 접근 등의 끝없는 구분을 찾아볼 수 있다. 그러므로 튜레틴과 그의 동료들을 "개신교 스콜라주의자"라고 부를 충분한 이유가 있다.

16세기 초에 네덜란드에서 칼빈파 정통주의의 중요한 사건이 발생했다. 그것은 야코부스 아르미니우스(Jacobus Arminius)와 그 추종자들, 그리고 결국 그들을 정죄한 도르트 회의에 중심을 두었다.

아르미니우스(1560~1609)는 투철한 칼빈주의자였다. 논란이 된 많은 점에 관해서는 의식적으로 칼빈의 가르침을 떠났지만, 그는 평생 칼빈주의자였다. 결국 "아르미니우스파"라는 단어가 "반-칼빈주의자"라는 단어와 동의어처럼 되었지만, 그것은 아르미니우스가 전반적으로 칼빈의 가르침에 반대했기 때문이 아니라 아르미니우스와 정통 칼빈주의가 예정, 제한 속죄 등의 문제에 집중하여 논쟁이 칼빈주의자와 반-칼빈주의자의 토론이 아니라 칼빈의 영향을 깊이 받은 두 집단의 의견 충돌이라는 사실을 보지 못했기 때문이다.

아르미니우스 논쟁은 1603년에 아르미니우스가 레이덴(Leiden)의 신학 교수로 임명되면서 시작되었다. 레이덴에서 그의 견해는 곧 동료 고마루스(Franciscus Gomarus, 1563~1641)의 견해와 충돌했다. 고마루스는 엄격한 칼빈주의자였을 뿐만 아니라 전택설을 주장했다. 그의 견해에 따르면, 하나님은 어떤 사람들을 선택하시고 다른 사람들을 유기하기로 작정하셨고, 그다음에 선택과 유기가 효력을 발휘하는 방식으로 타락을 허락하기로 작정하셨다. 타락 후에 인간의 본성은 완전히 부패했고, 그리스도는 택함 받은 자들만을 위해 죽으셨다. 그는 즉시 아르미니우스의 가르침에 반발했다. 아르미니우스가 사망한 후(1609)에 아르미니우스와 같은 방침을 따르는 사람이 교수로 임명되었을 때 그의 분노는 더 커졌다. 고마루스와 그의 추종자들이 아르미니우스주의자들 모두를 교수직에서 제거하도록 압력을 가하려 했는데, 46명의 목회자가 항변서(Remonstrance, 1610)에 서명했다. 이 문서는 전택설과 후택설, 그리고 택함 받은 자는 은혜에서 떨어지지 않는다는 교리와 제한 속죄의 교리―그리스도가 모든 사람을 위해 죽으신 것이 아니라는 교리―를 거부했다.

이 모든 점에서 항변자들은 아르미니우스의 가르침에 기초를 두었기 때문에 아르미니우스파라고 불렸다.

아르미니우스는 여러 면에서 합리주의자였지만, 그를 반대한 사람들 역시 예정을 하나님의 본성의 결과로 증명하려 했다는 의미에서 합리주의자였다. 아르미니우스는 예정론이 그리스도 중심이요 신자들의 덕을 세우는 데 이바지해야 한다는 데 관심을 가졌다. 그의 예정론은 고마루스파가 가르친 것과 두 가지 기본적인 점에서 일치하지 않는다. 첫째, 그것은 더 엄격하게 그리스도 중심이었다. 이 점에서 그는 고마루스보다 더 칼빈에 근접했다. 둘째, 그것은 택함 받은 자의 장래의 믿음에 대한 하나님의 예지에 기초를 둘 예정이다.

그러므로 예정에 대한 아르미니우스의 이해가 그 교리의 목적, 즉 누구도 자신의 구원을 자랑할 수 없다는 것을 파괴했다는 엄수 칼빈주의자들의 주장은 옳았다. 만일 우리가 택함 받은 원인이 우리의 회개와 믿음에 대한 하나님의 예지라면, 우리의 구원을 결정하는 요인은 하나님의 은혜가 아니라 복음의 부름에 대한 우리의 반응, 즉 믿음이다.

아르미니우스는 이러한 결과를 피하려고 "선행 은총"이라는 것을 사용했다. 그의 주장에 따르면, 하나님은 모든 사람에게 이 선행 은총을 주셨다. 우리가 악하고 부패했지만, 그 은혜는 믿음, 나아가 구원받기에 충분한 것이다. 택함 받은 자와 유기된 자의 차이는 어떤 사람은 믿고 어떤 사람은 믿지 않는다는 것, 그리고 하나님은 항상 각 사람의 결정이 어떤 것일지 미리 알고 계신다는 데 있다. 어쨌든 고마루스가 주장한 것처럼 은혜는 불가항력적인 것이 아니다. 이것은 그리스도가 인류 전체를 위해 죽으셨다는 것, 그리고 제한 속죄의 교리를 거부해야 한다는 의미를 함축한다. 마지막으로, 아르미니우스는 은혜가 불가항력적인 것이 아니므로 은혜에서 떨어질 수 있다고 주장했다. 예정론의 가장 큰 가치가 거기서 오는 구원의 확신이라고 여긴 칼빈주의자들은 이 견해를 특히 해롭게 여겼다.

도르트에 소집된 종교회의는 항변파의 주장을 정죄하려 했다. 그러므로 아르미니우스파의 예정론 이해에 대한 도르트의 반응은 확실했다. 선택은 무조건적이므로, 하나님의 예지에 기초하는 것이 아니라 하나님의 주권적 결정에 기초한다. 도르트 회의는 속죄에 관해서 그리스도의 죽음이 모든 사람을 구원하기에 충분하지만, 그 혜택은 택함 받은 자에게만 주어진다고 확언했다. 전적 부패의 문제에 관해서 항변파는 그러한 인간의 부패를 불가항력적인 은혜와 연결하기를 거부했는데, 도르트 회의는 그것을 연결했다. 왜냐하면 불가항력적인 은혜만이 전적으로 부패한 죄인의 마음을 움직일 수 있기 때문이다. 도르트 회의는 이렇게 불가항력적인 은혜를 주장하면서 항변파의 견해를 거부했다. 마침내 도르트 회의는 성도들의 견인이라는 교리를 참 기독교 신앙의 표식으로 정했다.

16세기의 기준으로는 가톨릭과 루터파 모두 아르미니우스와 항변파를 칼빈주의자로 보았을 것이다. 교회의 본질에 대한 그들의 이해와 성찬론은 전형적인 칼빈주의이다. 그러나 백 년이 못 되어 루터가 칼빈 못지않게 옹호했던 예정론이 정통 칼빈주의의 시금석이 되었다.

프랑스의 칼빈주의

 프랑스의 개신교는 종종 존속하는 것 자체가 위험해 처했었다. 1598년에 낭트 칙령이 발표되어 위그노들에게 지정된 도시와 지역에서만 자신이 원하는 방식으로 믿고 예배할 권리가 주어졌다. 17세기 초에 다시 종교전쟁이 발발했다. 1629년에 전쟁이 끝났을 때 위그노들의 정치적·군사적 세력이 파괴되었다. 1685년에 루이 14세는 위그노가 하찮은 소수집단이 되었다고 여겨 낭트 칙령을 철회했는데, 그로 말미암아 약 50만 명이 프랑스를 떠났다.

 프랑스의 개신교는 17세기의 엄격한 칼빈주의 정통신앙을 받아들이지 않았다. 여러 방식으로 프랑스 개신교는 칼빈의 원래의 신학과 감화에 제네바와 도르트의 칼빈주의 정통신앙보다 더 근접했다.

 17세기 프랑스의 유명한 개신교 신학자 모이제 아미라우트(Moise Amyraut, 1596~1664)가 여기에 해당한다. 그의 견해가 전통적인 칼빈주의와 매우 달랐기 때문에, 그에게 "베자의 채찍"(Beza's scourge)이라는 별명이 주어졌다. 그는 그 시대에 가장 근면하고 투철한 칼빈의 제자였을 것이다. 그는 자신이 행하는 것은 엄격하게 칼빈주의라고 주장하는 사람들의 바르지 않은 해석과 강조에 맞서 칼빈의 가르침을 강조하는 것이라고 주장했다.

스코틀랜드의 칼빈주의

존 낙스(John Knox, 1513~1672)는 스코틀랜드에 칼빈주의를 형성하고, 그것을 통해서 세계 여러 지역의 장로교 전통을 형성한 사람이다. 그러나 칼빈과 다른 형태의 칼빈주의의 관계에 대한 전통적인 이해를 바로잡으려고 시도한 것과 비슷한 방식으로 칼빈과 낙스의 관계에 대한 전통적인 견해를 수정해야 한다. 다른 정통적 칼빈주의자들의 경우처럼, 낙스의 예정론은 어떤 면에서 낙스가 칼빈보다는 츠빙글리—취리히에서 얼마 동안 함께 지낸 불링거를 통해서—의 영향을 더 많이 받았음을 보여준다. 낙스는 이 주제에 관해 신학적 논문을 저술했는데, 여기에서 베자와 버미글리에게서 발견했던 것, 즉 은혜의 경험보다 하나님의 본성에 기초를 두고 옹호한 예정론을 발견하게 된다. 세속권(世俗權)에 대한 낙스의 태도에서 츠빙글리와 취리히가 낙스에게 미친 영향을 볼 수 있다. 이 점에서 칼빈이 츠빙글리보다 훨씬 보수적이었다.

그럼에도 불구하고 낙스는 16세기 후반의 가장 순수한 칼빈주의 개혁자라 할 수 있다. 1560년에 선언된 스코틀랜드 신앙고백(Scotish Confession)은 대부분 낙스가 작성한 것으로서, 웨스트민스터 신앙고백보다 더 칼빈의 원래 사상에 가깝다.

청교도 운동

엘리자베스 1세의 종교적 합의(Elizabethan settlement)는 교회에서 성경적이지 않은 신앙과 관습을 모두 제거하고 정화하기를 원했기 때문에 "청교도"(Puritans)라고 불린 경건하고 열정적인 사람들을 만족시키지 못했다. 그들과 왕실 사이의 문제들은 이해의 충돌에서 생겨났다. 엘리자베스와 그 후계자들은 대부분 백성이 지지할 수 있는 중도(中道)에 이르려 했는데, 청교도들의 입장에서 교회 생활의 유일한 기준은 자기들이 이해하는 대로 하나님의 말씀에 순종하는 것이었는데, 이 문제에 관해서는 타협이 불가능했다.

청교도들은 영국 국교회를 파괴하려 하지 않았다. 국교회가 있어야 한다는 점에서 국교회주의에 동의했다. 그들의 원래 목표는 영국 교회와 국가의 연합을 폐지하거나 그와 병행하여 다른 교회를 세우려는 것이 아니었다. 그들은 처음에 영국 국교회 안에 근본적인 변화를 일으키려 했다. 그러나 더 많은 개혁을 옹호한 이 사람들은 여러 면에서 엘리자베스의 합의에 저항했다. 그들 중 다수는 성경에서 하나님은 한 민족과 언약을 맺으셨으며, 하나님이 그 합의를 지키시려면 그 민족이 언약에 복종해야 한다는 언약신학을 고수했다. 영국에서 이 언약신학이 체제에 반항적이 된 것은 많은 청교도가 국가가 언약의 형태 안에 존재해야 한다는 결론에 도달했기 때문이었다. 이것은 통치 구조를 수정하거나 근본적으로 바꾸려는 시도의 기초가 되었다. 초기 청교도들에게서는 이 혁명적인 특징을 찾아볼 수 없었지만, 그것은 결국 찰스 1세를 단두대에서 처형하는 결과를 초래했다. 특히 초기 청교도들은 교회의 참 통치가 장로제여야 하며, 감독제를 폐지해야 한다고 주장했다. 일부는 중간 입장을 취하여 감독에 의한 성직 임명을 받아들였지만, 부름을 받지 않는 한 회중을 맡으려 하지 않았다. 또 다른 사람은 국교회가 하나님의 말씀이 요구하는 방식으로 개혁되지 않을 것이라고 확신했기 때문에 자기들 나름의 교회를 세웠다.

청교도 운동은 그 뿌리가 롤라드파(Lollardy)와 16세기 초의 다양한 개혁 동향에 있었지만, 곧 칼빈주의와 밀접하게 제휴하게 되었다. 이것은 부분적으로 메리 튜더가 사망하면서 제네바, 프랑크푸르트 등 칼빈의 영향이 강한 지역으로 망명했던 사람들이 귀국한 데 그 원인이 있다. 그 운동은 에드워드 6세 시대에 마틴 부처가 케임브리지에서 강의하면서 생긴 많은 제자 때문에 더욱 강화되었다. 스코틀랜드에서 종교개혁이 성공한 것 및 그곳에서 개신교회가 취한 형태를 알게 된 청교도들은 장로교 통치 형태가 성경적 기독교에 속한다고 확신했다.

청교도들은 교회의 규례를 성경의 기독교에 일치시켜야 할 필요성에 동의했지만, 그러한 기독교의 정확한 내용과 관련하여 다양한 견해가 등장했다. 대부분은 장로교 직제에 충실했지만, 신약성경의 교회 조직이 회중교회였으므로 장로교 체제가 하나의 타협안에 불과하다고 믿는 사람들이 있었다. 어떤 사람들은 칼빈을 비롯한 주요 개혁자들이 전통에 지나치게 많이 양보했다고 주장했다. 그들의 주장에 따르면, 신약의 교회는 하나님과의 언약과 서로 서로의 언약으로 결속된 신자들의 공동체였다. 이 교회는 자발적 공동체가 아닌 국가와의 관계에서 완전히 자유로워야 했다. 그 구성원들은 개인적으로 그 공동체에 속할 것을 선택해야 하므로 장성한 성인(成人)들만 합류할 수 있다. 따라서 유아세례를 배격했다. 이 집단은 세부 내용에서 성경의 관습을 따라야 한다는 점을 고려하여 침례 형식을 받아들였으므로 "침례파"(Baptists)라는 명칭이 주어졌다. 소위 "일반침례교인들"(General Baptists)은 예정에 대한 엄수 칼빈파의 이해를 거부했고, "특수침례교인들"(Particular Baptists)은 그것에 관한 한 칼빈주의자로 남았다. 전반적으로 성례와 관련해서 청교도들은 칼빈보다 츠빙글리의 영향을 더 많이 받았다.

 1640년에 찰스 1세가 스코틀랜드와의 전쟁에 지지를 요청하기 위해 의회를 소집했을 때, 의회는 청교도의 입장을 고취할 기회를 얻었다. 이 장기의회(Long Parliament)가 취한 많은 조치 중에서 기독교 교리사에 가장 중요한 것은 종교 문제에 관하여 의회에 조언하는 임무를 지닌 151명으로 구성된 웨스트민스터 회의(Westminster Assembly)를 소집한 것이다. 이 회의에서 『웨스트민스터 신앙고백』(Westminster Confession), 『소요리문답』(The Shorter Catechism), 그리고 『대요리문답』(The Larger Catechism)이 마련되었다. 이 문서들, 특히 『웨스트민스터 신앙고백』은 칼빈주의 장로교의 특징이 되었다.

 『웨스트민스터 신앙고백』은 성경에 관한 것으로 시작한다. 여기에서 히브리어·그리스어 원어 성경이 직접 영감을 통해 기록되었고,

순수하게 보존되어 왔다고 주장한다. 작은 문제들은 무식한 사람이 해석하기 어렵지만, 성경의 내용을 해석하는 규준의 원천은 성경이며, 성경에 구원에 필요한 모든 요소가 분명히 진술되어 있다. 『웨스트민스터 신앙고백』이 성경에 부여한 중요성에 칼빈도 동의하겠지만, 이 신앙고백은 두 가지 점에서 칼빈과 다르다. 첫째는 그 문서 자체를 신학의 틀 안에 둔 것이다. 칼빈은 인간의 상태와 존재 목적을 신학의 출발점으로 삼았다. 이 구조에서 성경은 우리가 피조된 목표를 성취하는 데 도움을 주는 수단으로서 중요하다. 반면에 『웨스트민스터 신앙고백』에서 성경은 인간 존재의 의미에 대한 적절한 이해를 포함하여 다양한 점을 증명하고 뒷받침해주는 본문들이 수록된 법학 서적처럼 된다. 이 점에 관하여 웨스티민스터 의회가 마련한 두 개의 요리문답이 『웨스트민스터 신앙고백』보다는 칼빈의 견해와 일치한다. 『웨스트민스터 신앙고백』이 칼빈과 다른 점은 성경의 무류성(無謬性)을 강조한 데 있다. 칼빈은 성경이 영감된 것이라고 믿었지만, 이 교리를 상세하게 설명하지 않았다. 칼빈이 강조한 것은 신앙 공동체 안에서, 특히 설교 행위 안에서 성령이 성경을 사용하신다는 것이었다. 『웨스트민스터 신앙고백』은 신자들 개개인의 신앙을 위한 지침으로서 성경 본문을 더 개인주의적으로 다룬다.

또 『웨스트민스터 신앙고백』은 예정이 신앙 공동체 안에서의 은혜의 경험보다는 하나님의 본성에 기인하는 것처럼 보이도록 예정론을 신학의 구조 안에 둔다. 이것은 성경의 권위를 확언한 직후에 제2장에서 하나님에 대해 논하고, 제3장에서 하나님의 영원한 작정을 다른 데서 볼 수 있다.

반면에 『웨스트민스터 신앙고백』에서 율법과 복음 모두 은혜의 언약에 속한다고 진술하는 부분에서 칼빈의 영향을 볼 수 있다. 이렇게 진술함으로써 루터의 특징이었으며 칼빈이 완화하려 했던 율법과 복음의 현저한 대조를 피하려 한다.

요약하자면, 『웨스트민스터 신앙고백』도 17세기 칼빈주의처럼 칼빈의 신학에 포함된 많은 요점을 강력하게 확인하면서 동시에 그의 정신과 신학의 취지에서 크게 벗어났다. 이 정통주의는 대개 예정 문제에 중심을 두었는데, 그것은 이제 칼빈주의의 시금석이 되었다. 16세기에 칼빈파와 루터파가 의견을 달리한 주된 요점이 예정이 아니라 성찬에 그리스도가 현존하시는 방식이었으므로, 그것은 한층 더 흥미롭다.

경건주의 운동

개신교 정통주의는 개신교 신학 발달에 크게 기여했다. 이는 그것이 16세기의 위대한 통찰들이 함축하고 있는 의미 일부를 간결히 설명하는 데 이바지했기 때문이다. 그러나 다음 세대가 선조의 신학 작업을 물려받으면서, 마치 신학의 의의가 주로 한 세대에서 다음 세대로 전달되어야 할 명제들 안에 공식적으로 진술될 수 있는 일련의 진리 안에서 발견되어야 한다는 듯 개신교 정통주의는 점차 진부해지고 객관화되었다.

독일에서 신학의 기능에 대한 정통주의 이해에 대한 반작용으로, 나중에는 영국에서 냉철한 이성주의에 대한 반작용으로, 몇 가지 연관된 운동—유럽 대륙에서의 경건주의와 모라비아파, 영국의 감리교, 북아메리카의 영국 식민지에서 대각성 운동(Great Awakening)—이 출현했다. 이 운동들이 각기 그 발생 지역에서 취한 형태는 달랐지만, 기독교 신앙이 스콜라 신학자들의 논문보다 훨씬 더 활력이 있으며, 그 활력을 회복하는 길을 찾아야 한다고 느꼈다는 점에서 서로 연결되어 있었다. 전반적으로 그 운동은 그 시대에 일반적으로 받아들여진 정통주의에 대해 이의를 제기하지 않는다고 주장했다. 그들은 기독교 신앙이 함축하는 개인적인 의미를 되찾으려 했다. 그러나 신학과 신앙생활의 실제를 분명히 구분하는 것은 불가능한 일이었다.

독일 경건주의의 창시자 필립 야콥 스페너(Philipp Jakob Spener, 1635~1705)는 독실한 루터교 가정에서 자랐지만, 자신에게 중요한 것인 가정에서 받은 신앙과 대학에서 가르치는 신학이 거의 연관이 없다는 것을 발견했다. 그는 프랑크푸르트에서 담임목사로 있을 때 『경건한 소원』(Pia Desideria)이라는 간단하면서도 영향력 있는 책을 출판했다(1675). 이것은 경건주의 운동의 실질적인 출발점이라고 볼 수 있을 것이다.

스페너의 『경건한 소원』의 제목이 된 여섯 가지 경건한 소원은 전체 운동을 위한 하나의 프로그램이었다. 첫째 소원은 기독교인들이 소규모 비밀집회나 가정 집회에서 공부함으로써 성경을 더 분명하고 깊이 있게 이해하는 것이었다. 스페너는 이러한 모임을 "경건 학교"(schools of piety)라고 불렀는데, 그 때문에 반대자들은 그의 추종자들을 "경건주의자"라고 불렀다. 둘째, 스페너는 이 비밀집회에서 평신도에게 책임 있는 지위를 부여함으로써 평신도들이 신자들의 보편 제사장직을 재발견하기를 원했다. 셋째, 그는 기독교의 본질은 교리적 진술에 담을 수 없는 완전한 신앙의 경험이며 삶의 태도라는 것을 모든 사람이 알아야 한다고 강조했다. 교리가 중요하지만, 신앙생활의 실제 경험과 실천이 훨씬 더 중요하다. 넷째 소원은 셋째 소원의 결과인데, 여기서 스페너는 모든 논쟁이 사랑의 정신으로 이루어지기를 바랐다. 그러한 정신을 부인하는 것은 교리적 오류만큼이나 심각한 죄이기 때문이다. 다섯째로 스페너는 목사들의 교육이 논리적이고 정통적인 신학을 넘어서며 양들을 돌보는 실제 사역 훈련과 경험뿐만 아니라 경건한 서적과 관습에 몰입하는 것이 포함되기를 바랐다. 마지막으로 이렇게 성직자들이 훈련받은 결과로서 강단이 애매하고 무관한 교리 문제에 관한 유식한 논거를 위해 사용되지 않고 신자들을 가르치고 감화하고 먹이는 본래의 목적을 되찾기를 원했다.

스페너의 친구요 추종자인 헤르만 프랑케(August Hermann Francke, 1633~1727)는 가난한 집안 아이들을 위해 학교와 고아원 등의 복지 시설을 설립함으로써 그 운동에 제도적인 연속성을 부여했다. 그는 새로 설립된 할레 대학에 부임하여 그곳을 곧 독일 전역과 해외에 파견할 경건주의 지도자들의 교육 센터로 바꾸었다. 스페너가 개인적인 경험을 강조한 것보다 더 나아가 참 신자는 자신의 "회개의 몸부림"(struggle of repentance)을 지적할 수 있어야 한다고 주장했다. 율법과 자신의 죄악성을 대면하는 이 몸부림 안에서 마침내 분명한 시간과 장소에서 회심을 경험하게 된다. 그는 또한 단순한 마음으로 성경을 읽을 것을 강조하는데, 때로는 지나친 학습을 반대하는 듯한 인상을 주었다.

경건주의와 정통 개신교의 중요한 차이점은 세계 선교에 대한 태도에 있다. 여러 이유로 16세기의 주요 개신교 지도자들은 모두 선교에 우호적이지 않았고, 일부 지도자들은 반대했다. 이 점에 관하여 그들은 개신교 정통주의를 따랐다. 프랑케는 이에 반대하여 지상명령(The Great Commission)은 그리스도께서 모든 기독교인에게 주신 것이며, 모든 사람에게 불신자를 개종시켜야 할 책임이 있다고 주장했다. 경건주의 및 그와 유사한 운동들이 이처럼 선교에 관심을 둔 것이 오늘날까지 전 세계 신흥 교회에서 그들의 영향이 큰 이유이다.

친첸도르프(Nikolaus Ludwig von Zinzendorf, 1700~1760)는 할레대학에서 수학한 신앙심 깊은 사람이었다. 1722년에 박해받고 있던 보헤미아 형제단(Boheman Brethren)이 친첸도르프의 초대를 받아들여 작센의 그의 영지에 정착했다. 친첸도르프는 처음에는 그 공동체의 회원이 아니었지만, 결국 그의 신실한 신앙과 개인적인 재능이 작용하여 공동체의 지도자가 되었다. 보헤미아 형제단의 기원이 모라비아에 있었기 때문에, 그들은 모라비아파라고 알려졌다.

대부분의 경건주의자들처럼 친첸도르프도 루터파 정통주의의 엄격한 정신에 반대했지만, 신앙적으로는 루터파요 정통주의자였다. 그러므로 모라비아파도 아우그스부르크 신조(Augsburg Confession)를 받아들였지만, 신학 규정보다 경건하고 도덕적인 삶을 우위에 두었다. 그들은 그리스도 안에서 신학의 총체를 발견했다. 이는 하나님은 자연적이거나 철학적인 방편으로 알려지는 것이 아니라 그리스도 안에서 계시를 통해서만 알려지기 때문이었다. 이 같은 그리스도에 대한 관상은 신자가 삶 전체뿐만 아니라 죄사함을 위해 그리스도를 전적으로 신뢰하게 했다. 이것이 존 웨슬리가 폭풍이 이는 대서양을 항해하던 중에 만난 모라비아 교도들이 하나님에 대한 신뢰로 그에게 큰 감명을 준 이유였다.

모라비아파는 신자가 매우 적었으므로 기독교 역사에서 중요성이 희박할 수 있다. 그러나 그들의 중요성은 신자들의 수에 비례하지 않는다. 선교에 대한 그들의 관심은 신앙을 세계 여러 지역에 전파하는 결과를 낳았고, 그들은 그 지역에서 자기들의 직계 영적 후손들뿐만 아니라 함께 존속해온 다른 개신교회들에 영향을 주었다. 그들은 웨슬리에게 심오한 영향을 주었다. 또 프리드리히 슐라이어마허(Friedrich Schleiermacher)에게 영향을 줌으로써 19세기 신학에 기여했다.

유럽 대륙에서 경건주의자들과 모라비아파가 냉철하고 명제적인 정통주의를 대신할 대안을 제공하려고 노력하고 있을 때, 영국에서도 많은 사람이 자기들이 받아들인 전통적인 형태의 기독교가 사기들과 대중의 잘못을 지적하지 못하고 있음을 발견했다. 당시 농촌 지역에서 도시로의 큰 인구 이동이 진행되고 있었다. 가난한 농촌 사람들 다수가 경제적인 기회가 있는 것처럼 보이는 도시로 몰려들었다. 이 일로 말미암아 전통적인 국교회의 공식적인 삶과 예배에 매력을 느끼지 못하여 교회에 나가지 않는 큰 무리가 형성되었다. 비국교도(Dissenters)뿐만 아니라 국교도들도 의식적이고 표면적인 종교의식에 의존하는 단조로운 형태의 기독교에 만족하는 듯했지만, 그것은 신자의 믿음을 거의 양육하지 못했다. 설교는 도덕적 권면 수준에 머물렀다. 여기에 예수 그리스도를 도덕적인 본보기로 말할 뿐인 자연신학(natural theology)을 주장하는 합리주의의 영향이 더해졌다.

근원은 다르지만, 영국에서 제기된 질문은 본질에서 유럽 대륙에서의 질문과 같았다. 즉 외관상 냉랭한 것처럼 보이는 전통적인 기독교가 어떻게 해야 대중의 잘못을 지적하는 호소력을 지닐 것인가였다. 이 질문에 대한 대답이 여러 곳에서, 특히 스페너가 제안한 "경긴 희교"와 비슷한 집단들에서 제시되있다.

감리교(Methodists)라는 명칭은 이러한 기독교 소그룹에서 유래된 것이다. 1702년에 존 웨슬리의 부친 사무엘 웨슬리가 엡워스(Epworth)에 있는 자기 교구에 경건회(religious society)를 조직했다. 몇 년 후 옥스퍼드 대학에 재학 중이던 존 웨슬리(John Wesley, 1703~1791)와 동생 찰스 웨슬리(1707~1788)는 소그룹에서 활동했는데, 그것은 원래 찰스가 다른 사람들과 함께 서로의 학습을 돕기 위해 조직했던 것이었다. 이 그룹은 곧 스페너가 주창한 경건한 모임 (collegia pietatis)과 비슷하게 되었다. 그러나 이 메소디스트 모임은 계속 학구적이고 학문적인 활동의 중심지로 존재했다는 차이점이 있다. 그들의 활동을 알게 된 동료 학생들은 처음에는 그들을 "신성 클럽"(holy club)이라 불렀고, 나중에는 "메소디스트파"(Methodists)라고 불렀다.

존 웨슬리는 곧 메소디스트 모임의 지도자가 되었다. 그는 항상 하나님을 섬기려 했지만 종종 실패와 좌절감을 느끼면서 우여곡절을 겪었다. 조지아주에서 선교사로서 실패하고 영국에 돌아온 웨슬리는 폭풍이 몰아치는 바다에서 믿음으로 감명을 주었던 모라비아 교도들과 접촉했다. 그들은 신앙과 자아존중감을 얻기 위해 분투하던 웨슬리를 도와주었다. 마침내 1738년 5월 24일에 그는 앨더스게이트에서 자신이 진정으로 하나님의 용서를 받았다는 의식을 얻는 경험을 했다.

모라비아 교도들에게 감명을 받은 웨슬리는 독일에 가서 친첸도르프를 만나려 했다. 이전에 그랬던 것처럼 그는 모라비아 교도들의 깊은 확신, 그리고 도덕적이고 경건한 생활에 감명을 받았다. 그러나 그는 매사에 그들을 따라야 한다는 확신이 없었다. 특히 그들의 정적주의와 신비적인 경향은 그의 적극적인 기질과 맞지 않았다. 그는 영국에 돌아온 후 그들과 결별했다.

웨슬리는 자신이 세운 "감리교 신도회"(Methodist Societies)를 통해서 큰 영향력을 발휘했다. 그는 이 신도회가 영국국교회와 경쟁하기를 의도하지 않았다. 그는 항상 교회가 집례하는 성례가 유효하고 효과적인 은혜의 방편이라고 믿었다. 감리교 운동에 속하지 않은 국교회 신자들은 웨슬리가 앨더스게이트에서 경험하면서 발견한 만큼의 신앙과 확신은 없지만 의롭다 하는 믿음을 지닌 참 기독교인들이었다. 웨슬리는 자신이 이교 국가에서 복음을 전하는 것이 아니라 동료 신자들의 신앙 부흥과 강화를 위해 일해야 한다고 여겼다.

이러한 상황을 고려할 때 웨슬리의 신학이 전반적으로 국교회의 주장과 일치하리리고 기대할 수 있다. 실제로 그랬다. 웨슬리는 항상 "39개 신조"(Thirty-nine Articles)의 교리를 인정했고, 추종자들에게 『공동기도서』(Book of Common Prayer)를 추천했다. 그러나 두 가지 점과 관련하여 그의 신학에 특별히 관심을 두어야 한다. 그것은 그의 신앙 생활론과 교회론이다.

웨슬리는 아르미니우스주의라는 비난을 받았을 때 신앙생활과 구원 과정에 대한 자신의 이해를 분명히 밝혀야 했다. 그는 온갖 터무니없는 비난에도 불구하고, 자신과 아르미니우스파가 원죄와 이신칭의를 부인하지 않는다고 주장했다. 웨슬리의 주장에 따르면, 문제가 되는 것은 예정이 절대적인지 조건적인지, 은혜가 불가항력적인지, 그리고 성도들의 견인 등 세 가지였다. 웨슬리는 문제가 되는 것은 예정뿐이며, 나머지 둘은 예정에 따른 당연한 결과라고 주장했다. 웨슬리는 하나님께서 때때로 특정인을 택하여 피할 수 없는 특별한 임무를 맡기신다는 의미에서 절대적이고 무조건적인 예정을 받아들였다. 그러나 영원한 구원과 관련해서, 예정은 항상 조건적이며 신자의 믿음에 의존한다.

이것은 예외적으로 특별한 경우에 은혜가 불가항력적일 수 있지만, 불가항력적인 은혜를 받지 못한 것이 믿지 않는 이유라고 주장할 수 없다는 의미이다. 불신앙의 이유는 은혜에 대한 저항이다.

그렇다면 웨슬리는 신앙의 첫째 움직임이 인간 편에 있다고 주장하는 것을 어떻게 피했는가? 만일 그렇게 주장한다면 펠라기우스주의라는 비난을 받아야 하며, 하나님의 은혜를 불필요하거나 인간의 행위의 결과로 만드는 것이므로, 웨슬리는 그러한 주장을 피해야 했다. 이 문제에 대하여 웨슬리는 보편적인 선행 은총이 있다고 대응했다. 이 은총이 모두에게 주어지므로, 모두가 그들 안에서 이루어지는 은혜의 역사로 말미암아 신앙의 은혜를 받을 수 있으며, 이 신앙의 은혜가 그들을 의롭게 하는 믿음, 궁극적으로 구원의 확신으로 인도할 것이다.

웨슬리가 그 시대 사람들 사이에 논쟁을 야기한 견해, 그후 감리교인들이 논의해온바 신앙생활에 대한 웨슬리의 견해 중 하나의 요소는 완전한 성화(entire sanctification)라는 이론이다. 엄격히 말해서 성화는 의롭다고 선언된 데 따른 결과이다. 이는 하나님은 하나의 행위로써 죄인을 의롭다 하시고 성화를 시작하시기 때문이다. 그러나 이것은 즉각적인 성화가 아니다. 성화는 하나의 과정, 신자들이 각기 시작해야 하는 순례이다. 그것의 목표는 완전한 성화, 또는 그리스도인의 완전(Christian Perfection)이다. 이 완전은 그것을 획득한 사람은 잘못을 범하지 않는다거나 하나님에게서 오는 은혜가 필요하지 않다는 것을 의미하지 않는다. 그것의 실제 의미는 그것을 획득한 사람은 더는 의도적으로 하나님의 법을 범하지 않으며 사랑으로 행동한다는 것이다. 웨슬리는 신자들 모두가 현세에서 이 상태를 획득한다고 믿지는 않았다. 그러나 장차 임할 나라에 대비하여, 그리고 모든 신자가 꾸준히 지향해야 할 목표로 삼는 방법으로 그것을 전해야 한다고 여겼다.

신앙생활에 대한 웨슬리의 이해의 마지막 요소는 기독교인의 확신이다. 그는 무조건적인 예정론을 거부했으므로, 칼빈주의의 성도의 견인(perseverance of saints) 이론도 거부해야 했다. 그는 이것이 예정의 당연한 결과라고 여겼다. 그러나 이 교리는 칼빈주의, 특히 청교도주의에서 중요한 역할을 한다. 이는 그것은 만일 신자가 택한 자들 가운데 있다면 자신의 구원에 대해 염려할 필요가 없다고 보장하기 때문이다. 웨슬리의 신학에서 그리스도인의 완전, 또는 성령의 증언이라는 교리가 그와 비슷한 역할을 한다. 이것은 성령이 우리가 죄 사함을 받고 하나님의 자녀가 되었다는 것을 인간의 영에 증언하신다는 의미이다. 그러나 웨슬리는 이러한 확신을 가진 사람이 계속 변함이 없으리라고 보장한다고 믿지 않았으므로, 이 확신은 칼빈주의의 성도의 견인과 다르다. 신자가 은혜에서 떨어질 가능성은 항상 존재한다.

만일 웨슬리가 이 교리를 전하는 데 만족했다면, 감리교 운동이 독립 교파가 되지 못했을 것이다. 웨슬리는 항상 자신이 국교회 교인이라고 주장했고, 독립 교파 설립을 원하지 않았다. 감리교가 독립

교파가 된 이유는 웨슬리의 조직력, 그리고 추종자들을 위해 성직자를 임명하기로 결정한 데 있다. 처음에 그는 자기를 따르는 사람들에게 성례를 베풀기 위해서 국교회 성직자를 의지했고, 언제나 자기 추종자들의 모임이 국교회를 대체하는 것이 아니라 보완하는 것이라고 주장했다. 그러나 그 운동에 동참하는 성직자가 거의 없었고, 아메리카 감리교에 지도자를 파송해야 했기 때문에, 웨슬리와 몇 사람이 그러한 지도자를 임명했다. 신학적·역사적으로 그러한 조치를 정당화한 근거는 초대 교회에 장로와 주교의 구분이 없었다는 것, 그렇기 때문에 자신이 장로로 임명된 것처럼 사람들을 그러한 직무에 임명할 수 있다는 것이었다. 그의 주장이 역사적으로 옳을 수 있었다. 그러나 그것은 국교회 전통과의 결별이 치유되기 쉽지 않을 것임을 의미했다. 그리하여 웨슬리는 자신이 새 교회를 세운 것이 아니라고 주장하면서도 사실상 그러한 교회 설립으로 이어질 조처를 했다.

이러한 애매한 태도가 후일 감리교의 교회론에 반영되었다. 웨슬리는 자신이 세운 메소디스트회를 교회로 여기지 않았고, 그렇기 때문에 메소디스트회의 형태에 고교회 교회론을 적용할 필요가 없음에도 그 교회론의 대부분을 그대로 보유했다. 메소디스트들은 국교회 신자였고, 그들의 교회는 국교회였다. 그러나 결국 두 집단이 분리되면서 감리교는 다른 자유 교회(free church) 전통과 비슷한 조직이 되었고, 동시에 신학적으로 실제 관습과 매우 다른 창시자의 교회관을 물려받았다. 이러한 애매함을 해결하려는 시도들은 부분적으로 영국 감리교와 아메리카 감리교의 차이를 설명해준다.

감리교와 관련하여 옥스퍼드 대학 "신성 클럽" 회원이었던 조지 휫필드(George Whitefield, 1714~1770)를 언급하지 않을 수 없다. 휫필드와 웨슬리는 신학적 견해를 달리했지만, 휫필드의 업적은 여러 면에서 웨슬리의 업적에 버금간다. 기독교 사상사에서 휫필드의 중요성은 그가 모든 면에서 메소디스트였지만, 신학적으로는 아르미니우스주의보다 칼빈주의였다는 데 있다. 그가 설교자로 성공한 것은 아르미니우스주의가 엄격한 칼빈주의보다 더 설교하기에 적합하다는 안일한 가정이 잘못된 것임을 보여준다.

18세기에 북아메리카의 영국 식민지에서 유럽의 개인적인 경건의 부흥운동과 비슷한 운동들이 일어났다. 그 둘은 어느 정도 연관이 있었다. 이는 조지 휫필드가 신세계에서 가장 유력한 설교자 중 하나였고, 애즈베리(Francis Asbury)를 비롯한 여러 사람도 대서양 너머로 웨슬리의 메소디즘을 전했기 때문이다. 그러나 식민지에는 경건주의, 모라비아파, 메소디스트파 등과 비슷한 해답을 유도하는 조건들이 있었다. 여기에서도 종교가 진부해졌고, 교회들 및 그 정통주의 안에 머물러 있었는데, 특히 개척지에서 어떻게든 신앙을 지닌 많은 사람이 기성 종교와 거의 관련이 없었다. 이러한 상황에 대한 반응으로 개인이 경건과 구원을 강조한다는 점에서 유럽 내륙의 운동과 비슷하지만, 교파적 경계를 초월하여 개신교 신앙 형성, 궁극적으로 미합중국의 형성에 기여한 운동이 생겨났다.

대각성운동(Great Awakening)이라는 표제에 포함된 다양한 운동은 자체의 신학 안에 상상할 수 있는 모든 견해를 제시했다. 그러나 실제로 회심, 개인적인 체험, 사적인 성경 읽기, 열광적인 예배 경향 등을 강조한다는 점에서 그것들은 모두 비슷했다.

아메리카 대각성운동의 가장 중요한 신학자는 조나단 에드워즈(Jonathan Edwards, 1703~1758)이다. 그는 웨슬리와 비슷한 회심 체험을 했지만, 하나님의 영광에 더 중심을 두었다. 그는 가정 교육과 회심 경험 때문에 특히 예정론과 관련하여 투철한 칼빈주의자가 되었다. 이는 칼빈주의가 가르치는 무조건적 예정이 하나님의 주권에 따른 것이라고 여겼기 때문이다. 매사추세츠 노샘프턴의 회중교회 목사요 대각성운동의 매우 유창한 연설가였던 그는 하나님의 선택의 교리가 신앙생활을 바르게 이해하기 위한 단서라고 설교했다. 그러나 그의 청교도 칼빈주의가 그로 하여금 교회의 치리를 엄중하게 적용하게 했으므로 그 직무에서 해임되었다. 그는 말년에 목사로서 『신앙 감정론』(Treatise concerning Religious Affections, 1746)을 저술했다. 그는 그 책에서 대각성운동의 감정적 징후를 비난하는 사람들과 그것을 신속하고 이용하려 하는 사람들의 균형을 유지하려 했다.

세월이 흐르면서 대각성운동은 더 감정적인 색채를 띠었다. 그것은 처음에는 장로교와 회중교회 안에 나타났지만, 곧 감리교와 침례교회로 퍼져, 그 안에 뿌리를 내리고 그들의 신앙 형성에 중요한 경험이 되었다. 그 후 여러 해 동안 특히 침례교와 감리교에서 각성(신앙부흥) 경험은 교회의 생활, 그리고 그들의 사명에 대한 이해에 많은 영향을 미쳤다.

제28장

19세기 개신교 신학

배경: 변화하는 철학 환경

16세기에 철학은 또다시 신학자들의 토론과 명령에 관심을 두지 않고 자체의 길을 따라 움직이고 있었다. 세상과 인간 정신에 대한 관심이 후대에 거듭 만나고 뒤얽히고 헤어질 두 가지 사상의 조류를 이루었다. 17세기에 이 두 조류 중 첫째 조류를 갈릴레오와 베이컨이, 둘째 조류를 데카르트가 대변했다.

갈릴레오 갈릴레이(Galileo Galilei, 1564~1642)는 우주 관찰에 전념한 사람이다. 그는 경험이 참 철학의 근원이어야 한다고 여겼다. 그는 아리스토텔레스의 글을 읽음으로써 우주의 본질을 발견하려 한 철학자들을 필요로 하지 않았다. 같은 경험주의 노선을 따른 프랜시스 베이컨(Francis Bacon, 1561~1626)은 과학이 우주를 이해하는 수단일 뿐만 아니라 자연을 다스리는 수단이라고 생각했다는 점에서 갈릴레오를 능가했다. 자연 현상을 다스리는 원리를 이해한다면, 그 원리에 복종하고 적용함으로써 그 현상을 통제할 수 있을 것이다.

데카르트(Descartes)는 베이컨이 자연 현상 분야에서 시도한 것을 형이상학 분야에서 시도하여 실재를 이해하기 위한 기초로 합리주의적 관념론을 전개했다. 데카르트(Rene Descartes, 1596~1650)도 갈릴레오처럼 호기심이 강했다. 그는 어거스틴이 밀라노의 어느 정원에서 경험한 것이나 웨슬리가 앨더스게이트에서 경험한 것을 언급하면서 사용한 것과 비슷한 용어로 자신이 철학 방법을 발견한 것에 관하여 이야기한다. 후일 그는 『방법서설』(Discourse on Method, 1637)과 『성찰록』(Meditations on Philosophy, 1641)에서 이 방법을 간략히 설명하고 적용했다.

데카르트의 주장에 따르면, 수학적 지식만큼 확실한 것은 없다. 이는 그것은 잘못이 있을 수 있는 경험적 관찰에서 나온 것이 아니라 이성의 본질에서 나오는 것이기 때문이다. 수학적 지식은 적용할 수 있는 대상이 없어도 참되다. 반면에 경험적 지식은 절대적으로 확실하지 못하다. 그러므로 우리는 감각에 속은 경우를 기억할 수 있다.

그러므로 데카르트주의가 사용한 방법의 출발점은 감각에서 유래되어 순수히 이성적 지식의 절대적 확실성과 결합한 모든 지식에 대한 의심이다. 이러한 보편적 의심의 태도를 고려할 때, 철학자의 지식 탐구는 정신으로 시작되어야 한다. 이런 이유로 데카르트는 "나는 생각한다. 고로 존재한다"(I think, therefore I am.)라는 유명한 명제로 자신의 체계를 시작한다. 정신이 모든 것을 의심하려 해도 의심할 수 없는 한 가지가 있다. 그것은 그 자체의 의심하는 행동이다. 의심하려면 정신이 존재해야 한다. 그는 이 점에서 출발하여 먼저 하나님의 존재를 증명하고, 다음에 세상과 자신의 몸의 존재를 증명하려 했다.

따라서 데카르트는 기독교 신앙을 부인하거나 망치려 한 것이 아니라 그 기초를 합리적인 증명에 두려 했지만, 신앙에 대한 접근 방법은 매우 합리주의적이었다. 이것이 그가 속한 가톨릭교회의 신학자들 대부분이 그를 정죄한 주원인이다. 데카르트주의가 신학에서 취한 가장 특징적인 형태를 오라토리오 수도회의 수도사 니콜라 말브랑슈(Nicolas de Malebranche, 1638~1715)에게서 찾아볼 수 있다. 말브랑슈는 신비주의에 심취하여 철학의 중심을 하나님에 두었다. 여기에서 그가 기여한 중요한 점은 두 가지이다: 모든 것을 신 안에서 본다는 관념, 그리고 하나님이 만물의 유일한 작용인(因)이라는 주장. 이것은 데카르트가 다루지 못한 문제, 혼 또는 정신과 몸의 관계에 대한 해답을 제공했다. 말브랑슈에 따르면, 혼이 몸으로 하여금 어떤 행동을 하게 하는 것처럼 보일 때, 실제로 일어나는 일은 하나님이 혼의 욕구를 고려하여 몸이 상응하는 행동을 하게 하시는 것이다. 몸이 영혼과 소통하는 것처럼 보일 때나 하나의 몸이 다른 것에 작용하는 것처럼 보일 때도 이 원리가 적용된다. 생각할 수 있는 모든 경우에 하나님은 모든 결과의 작용인이다.

독일의 고트프리드 빌헬름 라이프니츠(Gottfried Wilhelm Leibnitz, 1646~1716)는 정신과 혼이 소통하지 않는다고 제안했다. 이는 개체(entity)는 하나의 단자(monad)이며, 이 단자들이 서로 영향을 주는 것처럼 보이도록 활동이 미리 정해져 있기 때문이다

과학적 발견의 다수는 자연 현상을 관찰하면 정신이 참된 것으로 받아들였을 많은 오해를 시정하는 데 도움이 된다는 것을 보여주었다. 이것이 감각에 의한 인식(sense perception)을 기초로 합리주의 체계를 세우려 한 프랜시스 베이컨과 토머스 홉스(Thomas Hobbes)의 작업의 요지였다. 베이컨과 홉스는 후일 대륙의 관념론을 대신할 영국의 대안이 된 경험주의의 초기 단계의 전형적인 예이다. 경험주의는 영국의 신학에 큰 영향을 주었으며, 영국의 신학은 거듭 이성에 대한 경험주의자들의 이해를 바탕으로 전통적인 체계를 구축하려 했다.

영국 경험주의의 선구자는 베이컨과 홉스이지만, 존 로크(John Locke, 1632~1704)가 경험주의를 가장 설득력 있게 표현했다고 간주한다. 그것은 1690년에 『인간 오성론』(Essay Concerning Human Understanding)에서 이루어진 일인데, 거기서 그는 지각이 없는 정신은 깨끗한 석판과 같다고 주장했다. 이는 본유관념이라는 것은 없기 때문이다. 그는 모든 지식이 경험에 기초를 두어야 한다는 것을 보여주는 것이 기독교의 원래의 합리적인 단순성을 회복하고 신학적 스콜라주의의 무익하고 끝없는 억측을 제거하는 데 도움이 될 것이라고 주장했다.

기독교에 필요하다고 여기는 것을 보존하면서 기독교를 단순화하려는 로크의 시도에는 실질적인 목적이 있었다. 그는 무의미하고 불가해한 문제에 관한 신학 논쟁으로 국가가 분열된 것을 보았다. 그러므로 국가와 그 안에 있는 기독교인들의 화해 과정에서 한계를 넘어선 신학 탐구의 무익함을 보여주고 기독교의 본질을 정의하는 것을 중요한 임무로 여겼다. 이것이 그의 『관용에 관한 서한』(A Letter concerning Toleration)에 나타나 있다. 그는 그 글에서 국가를 전복하려 한다고 여긴 가톨릭 신자들과 무신자들을 제외한 모든 사람의 종교적 자유를 옹호했다.

홉스와 로크가 철학 안에서 옹호한 경험주의는 이신론(Deism) 안에 신학적으로 표현되었다. 그러나 이신론자들은 기독교의 합리성을 보여주려는 시도를 넘어섰다. 그들의 주제는 자연 종교(natural religion)의 합리성이었으며, 모든 종교가 그것을 따라야 한다는 것이었다. 자연종교와 일치하는 기독교는 참되고 합리적이지만, 특별한 계시의 요소를 추가하려 하면 미신으로 전락한다.

이신론을 기독교 신앙에 대한 위협으로 여기는 사람들은 그것을 공격했다. 이신론을 가장 심하게 공격한 것은 신학자들이 아니라 철학자인 데이비드 흄(David Hume, 1711~1776)이었다. 흄은 로크의 경험론을 출발점으로 하여 그것의 궁극적인 결과로 나아가면서 경험주의의 약점을 보여주었다. 그는 『인간 오성 탐구』(Inquiry Concerning Human Understanding)에서 경험한 적이 없는 것을 알 수 없다는 경험주의 전통에 동의했다. 정신은 본유관념이 없는 깨끗한 석판이다. 이것은 우리가 당연히 존재한다고 여기는 많은 것들을 실제로 알지 못한다는 것을 의미한다. 특히 우리는 인과율(因果律)을 알지 못하고 실체도 알지 못한다. 우리는 다른 사건의 원인이 되는 사건을 경험한 적이 없다. 그러므로 흄은 이신론에서 자연종교의 합리성을 입증하기 위해 사용하는 논거들이 원래만큼 합리적이지 못하다는 것을 지적함으로써 이신론의 종말을 알린 듯하다.

이것은 임마누엘 칸트(Immaneul Kant, 1724~1804)의 획기적인 업적에 이른다. 칸트도 그 시대의 많은 사람처럼 원래 합리주의의 영향을 받았지만, 후일 그가 말한 것처럼 흄으로 말미암아 "독단의 잠"(dogmatic slumber)에서 깨어났다. 칸트의 철학의 중요성은 관념론과 경험주의가 제기한 타당한 점에 주목하면서 자신의 독특한 해법을 제공한 데 있다. 이 해법은 모든 지식 자료의 근원이 경험적인 것이지만, 정신 안에는 그러한 자료들을 받아들여 조직하는 데 사용해야 하는 구조가 있다는 주장이었다. 정신은 시간과 공간이라는 기본 구조 안에 현상을 두어야만 그 현상을 알 수 있다. 만일 이러한 패턴에 맞지 않는 현상이 있다면, 정신은 결코 그것을 알 수 없다. 이는 그것들이 마치 인간이 들을 수 없이 높은 음을 내는 호각처럼 인간의 인지 범위에서 벗어나기 때문이다.

지각(sense perception)이 정신에 제공하는 것을 "경험"이라 해서는 안 된다. 감각이 제공하는 것은 서로 관련이 없는 것들이 뒤섞인 무정형의 지각에 불과하다. 경험은 정신이 지각 자료들을 정돈한 과정의 결과이다. 그러므로 인간 정신에는 그 구조로 말미암는 의미심장한 한계가 있다. 그러나 칸트가 이해하는 바대로 경험주의자들이 주장한 것보다 더 능동적이고 창조적인 역할이 정신에 주어진다.

칸트의 철학은 철학과 신학의 발달에 막대한 영향을 주었다. 철학 분야에서 그의 업적은 천문학에서의 코페르니쿠스의 혁명에 비교되었다.

칸트는 신학 분야에서도 저술했는데, 이에 관한 한 그의 작업은 새 시대의 시작 이상으로서 18세기 합리주의의 극치였다. 칸트는 전형적인 합리주의식으로 종교의 유일한 기능은 도덕 생활을 돕는 것이라고 본다. 칸트가 "정언 명령"(定言命令, categorical imperative)이라 부른 기본적인 도덕률은 보편적으로 알려져 있다. 그것은 우리는 자기의 행동 원리가 인류 전체를 위한 보편적인 규칙의 수준에 이르기를 바란다고 말한다. 종교가 아닌 이성이 정언 명령에 대한 지식의 근원이다. 참 종교의 기능은 이 의무 이행을 돕는 것이다.

이 참 종교는 이성적이다. 이것은 이성이 그 종교의 교리를 입증할 수 있다는 의미가 아니다. 신의 존재, 영혼 불멸, 자아의 자유 등 종교적인 문제와 관련하여 순수이성은 이율배반(Antinomy, 二律背反), 서로 모순, 대립하여 양립하지 않는 두 명제가 동등한 타당성을 가지고 주장되는 개념에 이른다. 이러한 주장의 근거는 순수이성의 한계 너머, 칸트가 실천이성(practical reason)이라 부른 것에서 발견해야 한다. 칸트는 『실천이성 비판』(Crituque of Practical Reason, 1788)에서 도덕 생활의 기초이므로 참된 것으로 간주해야 하는 교리가 있다고 주장했다. 그러므로 실질적으로 신의 존재를 도덕적 행위의 판단자로, 영혼의 내세를 보응이나 보상의 원인으로, 그리고 자아의 자유를 책임 있는 동인으로 단언하는 것이 합리적이다. 이것들이 참된 자연종교의 핵심이며, 기독교는 이러한 종교의 표현이다.

칸트는 후대의 철학과 신학의 발달에 큰 영향을 끼쳤다. 신학과 관련하여 칸트의 중요성은 이전 세대에 주도적이었던 피상적이고 안이한 합리주의의 종말을 고한 데 있다. 18세기에 영국에서 합리적이라고 간주된 이신론은 계시된 진리에 호소하는 것만큼 의심적인 것이었다.

이에 대한 가장 분명한 첫째 대안은 종교의 중심을 순수이성이 아닌 정신의 기능에 두는 것이었다. 칸트는 『실천이성비판』과 『종교』(Religion within the Bounds of Reason Alone)에서 이러한 방향을 따랐다. 이 두 저서에서 칸트는 순수이성이 아닌 실천이성 또는 도덕이성에 호소함으로써 종교 안에서 합리주의 전통에 속한 것을 회복하려 했다. 19세기에 리츨(Ritschl)과 그의 학파가 이러한 선례를 따라 종교의 기반을 도덕적 가치에 두려 했다. 또 어떤 사람들은 종교의 기초를 윤리에 두려는 시도를 거부하면서도 사변적이고 도덕적인 이성과는 다른 것을 정신 안에서 찾으려 했다. 이런 의미에서 슐라이어마허(Schleiermacher)가 칸트에 반발했다고 볼 수 있다.

둘째 대안은 계시로 돌아가는 것이었다. 만일 순수이성이 가장 중요한 종교적 질문을 다룰 수 없다고 간주한다면, 그것은 신의 계시에 대한 믿음을 주장하는 사람들을 비난할 수 없다. 이성이 더는 최고의 판단자가 될 수 없다. 궁극적으로 그것은 의지의 결정에 관한 문제이다. 만일 어떤 사람이 계시에 대한 믿음을 선택한다면, 이성은 그러한 믿음이 얻을 수 없는 것이라고 선언할 수 없다. 반면에 사람이 불신앙을 선택하는 경우에 계시의 정당성을 입증하기 위해서 이성이 할 수 있는 일이 없다. 19세기에 키르케고르(Søren

Kierkegaard)와 20세기에 칼 바르트(Karl Bart)가 이 노선을 따랐다. 그러나 칸트 이후로 단순하게 과거의 신학적 서술로 복귀하는 것은 불가능했다. 칸트가 주장했듯이, 정신은 지식과 관련하여 적극적인 역할을 하여 우리가 알 수 있는 것을 형성하고 결정한다. 또 계시와 관련된 인식 형태에도 작용한다. 그러므로 계시의 본질은 하나님만이 결정하는 것이 아니다. 우리는 계시를 받는 자이면서 또한 그 형태를 만드는 자이다. 이것은 우리가 계시를 만든다는 의미가 아니라, 하나님이 항상 인간의 측면에서 말씀하시는 것이 계시라는 의미이다.

셋째 대안은 정신이 지식과 관련하여 적극적인 역할을 한다는 칸트의 주장에 동의하지만, 거기서 더 나아가서 합리성이 사물의 본질이라고, 즉 우주와 그 역사가 방대한 우주정신(cosmic mind)처럼 행동한다고 주장하는 것이다. 헤겔과 독일 관념론이 이 경향을 따랐다.

결국 신학 작업은 여기에서 요약할 수 없을 만큼 방대하고 다양해졌다. 신학은 19~20세기에 발생한 폭발적인 지식의 증가를 피하지 못했다.

이처럼 복잡한 상황에서 기독교 사상의 발달에 중요한 것처럼 보이며 칸트 이후에 신학을 하는 다양한 방법을 예증한 몇 명의 신학자가 있다. 그들 중 네 사람, 슐라이어마허(Friedrich Schleiermacher), 헤겔(G. W. Hegel), 키르케고르(Søren Kierkegaard), 그리고 리츨(Albrecht Ritschl)에 대해 살펴보고, 그다음에 몇 가지 문제와 운동을 다루려 한다.

프리드리히 슐라이어마허

슐라이어마허(Friedrich Daniel Ernst Schleiermacher, 1768~1834)는 1796년에 개혁교회에서 목사 안수를 받고, 베를린으로 옮겨가서 낭만주의 운동의 영향을 받았다. 1799년에 『종교에 관한 연설』(*On Riligion, Speeches to Its Cultured Despiser*)을 출판했는데, 거기에 그의 신학 체계의 윤곽이 드러난다. 마지막으로 1821년과 1822년에 출판한 『기독교 신앙』(*The Christian Faith*)에서 그는 자신의 성숙한 신학 사상을 자세히 설명했다.

슐라어아마허가 『종교에 관한 연설』에서 시도한 것은 종교가 있어야 할 곳이 지식이나 도덕이 아닌 "감정"(feeling)이라는 것을 보여줌으로써 종교의 위치를 확보하려는 것이었다. 종교는 완전자(the Whole)와의 일치의 감정이며, 이 감정과 함께 임하는 온전함의 의식이다. 그것은 지적인 교리나 도덕 체계가 아니라 즉각적인 의식이다.

『종교에 관한 연설』의 성공, 그리고 신학교수라는 지위로 말미암아 그는 자신이 이 유명한 저서에 포함하지 않았던 신앙의 요소들을 고려하게 되었다. 그의 신학이 성숙해지면서 그는 종교의 소재지가 감정이라고 주장하면서도, 삶의 나머지 영역인 지식과 도덕과 감정의 관계의 의미를 명백히 하려 했다. 그 결과로 저술한 『기독교 신앙』(*The Christian Faith*)은 19세기에 가장 영향력이 큰 신학 서적이었다.

『기독교 신앙』은 종교 감정이 절대 의존의 깨달음이라고 분명히 말한다. 그것은 일반적인 의미의 "감정"이 아니라 우리 자신을 포함하여 존재하는 모든 것의 근원이요 기초가 되는 현존의 소유자인 타자(Other)를 끊임없이 깊이 의식하는 것이다.

그러나 여기에서 슐라이어마허는 종교 전반에 관심을 두지 않고, 기독교 신앙, 구체적으로 개신교 신앙에 관해 서술하려 한다. 기독교에서 교회 같은 특수 공동체들은 종교 감정의 성장과 발달의 기초이다. 이러한 통찰이 『기독교 신앙』의 기저를 이루는데, 슐라이어마허는 이 저서에서 개신교회가 하나님에 대한 절대 의존이라는 특별한 경험을 묘사하는 교리를 매우 지적으로 서술한다. 교회의 교리는 교회 공동체를 낳은 원래의 경험의 순수성을 유지하는 데 도움을 준다는 점에서 중요하다. 개신교에는 역사적으로 두 가지 중요한 순간이 있으며, 교회의 임무는 그 순간들의 중요성을 표현하는 것이다. 첫째는 나사렛 예수가 직계 추종자들에게 미친 영향이다. 신약성경은 이 영향을 보여주는 직접적인 증인이다. 두 번째 중요한 순간은 개신교의 독특한 본질을 표현하는 몇 가지 교리적 진술을 낳은 16세기 종교개혁이다.

슐라이어마허는 기독교를 "그 신앙 안에서 모든 것이 나사렛 예수가 이룬 대속과 연결되어 있다는 사실 때문에 다른 신앙과 본질적으로 구분되는 목적론적인 종교에 속하는 일신론적 신앙"이라고 정의한다(『기독교 신앙』 1.18). 이것은 여러모로 깊이 생각한 정의이다. 기독교는 의존 감정이 하나의 근원을 향한다는 점에서 일신론이다. 그것은 세상에 하나님의 나라를 세우는 것을 목적으로 하는 목적의식이 있는 활동으로 이끌기 때문에 목적론적이다. 이 목적의식이 있는 활동이 기독교 윤리의 내용이다. 나사렛 예수가 기독교 신앙의 특징인 새로운 종교 의식, 특수한 경건의 근원이기 때문에 기독교의 모든 것은 나사렛 예수와 관련된다. 이 신앙은 대속의 경험에 기초하는데, 그것은 모든 종교의 공통 요소가 아니다. 예수의 인격 및 우리와의 상호작용을 통하여 우리가 신앙생활이라는 존재의 새로운 차원에 들어가므로, 예수는 교사를 초월하는 우리의 대속자이시다. 슐라이아머허는 이처럼 예수의 위격을 강조하고 그분을 단순한 교사 이상의 분이라고 주장함으로써 예수를 계몽된 자연 도덕을 가르친 교사로 간주한 18세기의 합리주의 전통에 도전했다.

『기독교 신앙』에서 세계와 인간의 원래의 완전함을 다룬 부분은 그의 업적을 보여주는 예이다. 원래의 완전함(original perfection)이라는 교리는 세상이 항상 존재해왔고 지금도 매 순간 신 의식(God-consciousnes) 발달에 충분한 자극을 우리에게 제공하고 있다고 진술한다. 이러한 의미에서 세상을 완전하다. 세상은 우리를 신 의식으로 이끌기에 충분하다. 동시에 우리는 그 세상을 적극적으로 대하며, 세상은 신의식이 완전히 작용하기에 알맞은 영역이다. 그러므로 기독교적 자기의식은 두 가지를 말한다: 첫째는 신의식을 발달시키지 못한 것이 우리의 죄라는 것이다. 이는 그러한 결과를 낳기 위해 필요한 모든 것이 우리에게 공급되었기 때문이다. 둘째는 세상을 하나님의 나라로 만들지 못한 것, 적어도 이 과정을 시작하지 못한 것도 우리의 죄이다. 이는 세상은 항상 전체 인간 가족으로서의 우리의 활동을 받아들여 왔기 때문이다. 동시에 기독교인은 매 순간 죄를 극복하는 하나님의 은혜를 의식한다.

헤겔의 철학

철학자 헤겔(Georg Wilhelm Friedrich Hegel, 1770~1831)은 자신을 신학자로 여겼다. 그러나 그가 추구한 신학은 전통적인 신조에 표현된 기독교 교리의 설명이기보다는 실재의 본질 및 그 안에서의 기독교의 위치에 대한 포괄적인 이해였다.

어떤 의미에서 헤겔은 칸트의 체계 안의 다른 요소들을 포기하고 정신의 적극적인 역할에 대한 칸트의 이상의 결실을 유도했다. 그러므로 헤겔은 실재를 이성이 파악해야 하는 것으로 보지 않고 우주 안에 있는 합리성의 원리―그가 영(Spirit)이라고 부른 것―를 전개하는 것으로 보았다. 실재는 논리적이며, 논리는 실재이다. 이 논리는 항상 새롭고 더 완전한 진리를 찾는 변증법을 통해 움직이는 역동적인 논리이다. 헤겔의 정립(定立)과 반정립(反定立)과 종합을 이러한 맥락에서 이해해야 한다.

헤겔은 이 역사철학의 틀 안에서 기독교를 영(Spirit)의 진개의 질징―그러므로 절대 종교―으로 보는 방식으로 재해석했다. 그는 모든 실증적 종교(positive religion) 밑에 있고 그것들 때문에 가려지는 보편적인 자연종교라는 합리주의적 이론을 거부했다. 모든 종교는 영의 전개의 역사적 과정의 일부로 간주되어야 하지만, 현실의 궁극적인 본질을 드러낸다. 이 과정은 기독교에서 절정에 달한다. 종종 무시되는 이 종교의 교의는 실재의 본질의 심오한 표현이다. 그러므로 예를 들어 성육신론은 하나님과 인간의 최종 결합의 종교적 표현이며, 그것은 더는 상반되는 것으로 간주되지 않는다. 삼위일체론은 궁극적인 실재의 변증법적 특성이다.

헤겔의 체계는 곧 붕괴했다. 이는 그것이 포괄성 때문에 사방에서 가하는 공격에 취약했기 때문이다. 후일 기독교 신학에 큰 영향을 미친 사람들이 헤겔 사상의 다른 요소들을 받아들였다. 그중 두 가지가 찰스 다윈(Charles Darwin, 1809~1882)의 진화론과 칼 마르크스(Karl Marx, 1818~1883)의 변증법적 유물론(dialectical materialism)이다. 영의 점진적 전개라는 헤겔의 견해는 다윈의 진화론의 일부 배경이었다. 마르크스의 변증법은 헤겔의 관념론적 변증법을 유물론의 틀 안에 옮겨놓은 것이다.

키르케고르의 신학

키르케고르(Sören Aabye Kierkegaard, 1813~1855)는 19세기의 가장 매력적인 동시에 가장 혐오스러운 신학자이다. 어떤 의미에서 이것은 그가 원했던 것이다. 그의 생애는 자신의 천재성을 의식하면서도 자신을 혐오하고, 사람들에게 자신에 대해 비슷한 감정을 불어넣으려 한 천재적인 사람의 드라마라 할 수 있다.

키르케고르는 위대한 철학자요 근대 실존주의의 창시자로 찬양받지만, 그는 자신을 철학자로 여기지 않고 기독교를 어렵게 만드는 사명을 받은 신앙의 기사로 보았다. 이것은 그가 사람들이 기독교인이 되는 것을 막으려 했다는 의미가 아니라, 위대한 영혼들이 기독교를 받아들이도록 도전하는 것이 얼마나 고되고 어려운 일인지 보여주려 했다는 의미이다. "기독교 세계의 기독교"(Christianity of Christendom)는 진정한 기독교가 아니다.

어떤 면에서 키르케고르는 사람들이 연속적인 단계를 거쳐 참 신앙생활에 이르게 해 주려 했다. 세 단계 중 첫째는 심미적 단계이다. 이 단계에 사는 사람들의 유일한 목표는 쾌락 추구이다. 그들은 순간을 위해 살아간다. 이는 그들이 순간 안에서 쾌락을 누리기 때문이다. 이 쾌락은 무신경하고 감각적인 자극에 머물지 않는다. 거기에는 미를 추구하는 예술가와 이데아를 다루는 철학자도 포함된다. 그러므로 윤리적이지 않고 종교적이지 않으면서도 윤리와 종교에 대해 심미적으로 생각할 수 있다. 이런 종류의 삶의 최종 결과는 절망이다. 그러나 절망이 완전히 부정적인 것은 아니다. 이는 그것은 탐미주의자가 윤리적 단계로 도약하게 해주는 질문이기 때문이다.

키르케고르는 윤리적 단계에 대해 긍정적으로 말한다. 이 단계의 사람은 보편적으로 참된 원리를 따르며, 그 원리에 따라 살면서 선하고 온당하다고 간주되는 것에서 어느 정도 진실성을 발견한다. 이것은 의무와 책임의 삶이다. 그런 사람은 훌륭한 부모요 착한 배우자, 정식한 시민, 책임감 있는 고용인이다. 이 단계는 심미적 단계와는 달리 다른 삶도 관심을 둘 만하다는 인식을 포함한다. 윤리적 삶은 무시되어서는 안 된다. 이는 그것이 대부분 사람들의 삶의 기초이며, 교제의 유일한 기초이기 때문이다.

그러나 윤리적 단계 역시 절망으로 이어진다. 그것은 죄에 대처하지 못한다. 구체적인 상황에서 윤리적 원리를 적용하지 못한 사람은 어떻게 행동하는가? 그것이 단순한 실수가 아니라 자신의 체질이라는 것을 깨달은 사람은 어떻게 행동하는가? 이것은 사람을 종교적 단계로 도약하게 해주는 절망의 근원이다.

종교적 단계에 사는 사람은 하나님의 법이 하나님과 동일한 것이 아님을 안다. 법은 하나님에게서 오며, 그러므로 보편적 원리들이 구속력을 지닌다. 그러나 하나님이 법보다 우위에 계심을 안다는 것은 이 셋째 단계 생활 방식의 신학적 내용이 죄사함임을 의미한다. 윤리적인 사람은 하나님의 계명을 알지만, 하나님의 용서를 알지 못한다. 반면에 종교적인 사람은 하나님의 명령을 알며, 하나님이 용서하신다는 것도 안다. 궁극적으로 덕이 죄를 극복하는 것이 아니다. 이는 덕과 죄는 윤리적 단계에 속하는 요소들이기 때문이다. 죄를 극복하는 것은 그것의 반대 요소인 믿음이다.

키르케고르는 그리스도 안에 계시된 절대자의 요구를 받아들이라고 말한다. 직접 예수를 본 사람들도 그것이 반드시 믿음으로 이어지지는 않았다. 그들이 예수를 보았기 때문에 제자가 될 가능성이 생겼지만, 그들이 신앙으로 도약했을 때 비로소 그 가능성이 실현되었다. 마찬가지로 이 시대 우리에게는 예수를 본 사람들의 증언이 필요하다. 이는 그러한 사실에 입각한 인식이 없으면, 그분의 제자가 될 수 없을 것이기 때문이다. 그러나 증언의 설득력이 아니라 믿음의 도약이 우리를 신자로 만든다. 두 경우 모두 계시가 필요하다. 1세기에 갈릴리의 어부가 되는 것으로 충분하지 않았고, 19세기에 덴마크의 루터교인이 되는 것으로도 충분하지 않았다.

키르케고르의 시대는 그의 메시지를 받아들일 준비가 되어 있지 않았다. 그러므로 19세기에 그는 큰 영향을 발휘하지 못했다. 그러나 이전 세대에 확신하던 것들 다수가 붕괴하고 있던 20세기에 그의 진가가 발견되면서 그는 신학과 철학에 큰 영향을 미쳤다.

리츨의 신학

알브레히트 리츨(Albrecht Ritchl, 1822~1889)의 출발점은 다른 형태의 형이상학적 추론뿐만 아니라 헤겔주의를 신학에서 몰아내야 한다는 확신이다. 이는 지적 추론은 결코 기독교로 이어지지 못하기 때문이나. 종교의 좌소는 형이상학직 지식이 아니라 도덕 가치이다. 이렇게 종교의 실질적 특성을 강조한 것은 칸트에게서 취한 것이며, 형이상학을 거부한 것도 칸트에게서 취한 것이다. 그러므로 어떤 의미에서 리츨이 행하는 것의 근원은 헤겔을 넘어 칸트에게 있다.

리츨의 신학 방법과 전반적인 취지를 가장 잘 보여주는 것은 1870년에 세 권으로 출판하기 시작한 『칭의와 속죄』(*The Christian Doctrine of Justification and Reconciliation*)이다. 그는 이 책에서 기독교는 하나의 중심에서부터 설명될 수 있는 원이 아니라, 초점이 두 개—대속과 하나님 나라—인 타원과 같다고 진술한다. 이 둘은 관계가 밀접하기 때문에 분리될 수 없다. 신학자들은 빈번하게 이 두 초점 중에서 대속은 신학 분야에 해당하고 하나님 나라는 윤리의 기초라고 말하는 실수를 범해왔는데, 이 둘은 서로를 필요로 한다.

죄 사함이란 하나님에게서의 분리라는 벌이 제거되었다는 의미이다. 하나님은 우리와의 화해를 필요로 하지 않으나, 우리에게는 화해가 필요하다. 여기에서 리츨은 아벨라르(Aberard)의 주관적 속죄론을 찬성한 안셀무스의 이름과 연관된 "객관적" 또는 "법적" 속죄론을 거부했다. 화해는 칭의 이상의 의미를 함축한다. 이는 칭의는 죄의 용서만 말하지만, 화해는 그 용서에 기초한 새로운 삶을 언급하기 때문이다.

화해로 말미암아 이루어지는 하나님과의 새로운 관계는 순수히 개인주의적인 일이 아니다. 그것은 신앙 공동체 안에서 발생하는 것과 하나님의 나라를 지향하는 것 안에 있다. 이 나라는 장래에 위로부터의 개입으로 말미암아 이루어질 초자연적 질서가 아니다. 그것은 예수께서 시작하신 새로운 질서이다. 예수의 인격적인 부르심이 그 나라의 개국이다. 내용에 있어서 그 나라는 영이 자연을 다스리는 국가이다. 그곳에서는 서로 사랑으로 자유롭게 봉사한다. 이 나라에서 각 사람은 특별한 소명을 지니므로, 그 소명의 성취 안에 종교 생활의 본질인 도덕적 책임이 존재한다.

리츨은 기독교 윤리를 그 시대에 통용되는 것과 동등시했으므로,

그의 신학이 독일 문화와 기독교를 밀접하게 연결함으로써 20세기에 비극적인 결과를 초래했다고 말할 수 있다. 한편 그가 도덕 가치의 판단, 그리고 그 판단을 하나님 나라에 적용하는 것을 강조한 것은 월터 라우센부쉬(Walter Rauschenbusch)의 사회 복음, 그리고 사회의 재배열이라는 임무에 기독교 신앙을 적용하려는 다른 시도와 연결되었다. 그러나 리츨은 한 세대가 지나도록 독일 신학의 주도적 인물이었고, 신학사를 연구하는 사람들은 그의 추종자들을 "자유주의 신학자"(liberal theologians)라고 부른다.

옥스퍼드 운동

옥스퍼드 운동(Oxford Movement)은 옥스퍼드 대학을 중심으로 유능하고 경건한 학자들이 전통에 대한 의식을 회복함으로써 국교회 내의 자유주의와 복음주의의 영향에 대응하려 한 시도이다. 옥스퍼드 운동의 구성원들은 "소책자 운동가"(Tractarians)라고 불렸는데, 이들은 개신교가 전통을 거부하고 개인의 판단을 강조한 것이 지나친 행동이라고 느꼈다. 자유주의자들과 복음주의자들은 전통을 버림으로써 기독교 예배의 풍요로움을 잃었다. 전통에 대한 인식이 부족한 그들은 성경의 권위를 강조함으로써 부지불식간에 개별적인 해석자의 권위를 성경보다 우위에 두었다. 전통이 이러한 상황을 바로잡을 수 있을 듯했다.

그 운동은 1883년에 『시대를 위한 책자』(Tracts for the Times)가 발

간되면서 알려졌다. 이것은 교황청이나 국교 비(非)가담자들에 맞서 국교회가 진정한 보편교회 전통을 소중히 여긴다는 것을 보여주기 위해 학자들이 출판한 것이었다. 첫째 소책자와 마지막 90번째 소책자는 존 헨리 뉴먼(John Henry Newman)이 저술했다. 뉴먼은 곧 전국에 잘 알려진 그 운동의 지도자가 되었으나, 결국은 가톨릭교회로 개종하고 추기경이 되었다. 다른 사람들도 그와 같은 길을 따랐으므로, 그 운동을 반대하는 사람들의 의심이 커졌다.

그러나 옥스퍼드 운동의 회원 다수는 국교회 안에 남아서 큰 영향을 미쳤다. 그들 덕분에 전례의 쇄신, 수도회의 부활, 교회의 전통과 연결된 신앙 형태에 대한 자각 등이 이루어졌다. 결국 그들의 영향력은 국교회의 한계를 넘어섰고, 일부 개신교 집단에서도 그들의 영향력이 감지되었다. 그 운동의 영향은 국교회가 세계교회주의에 기여한 데서도 나타난다.

역사 강조

18세기에 이신론자들을 비롯하여 사람들은 성경의 이야기, 특히 기적 이야기에 대해 의심을 제기했다. 19세기에 역사의 중요성을 지적하는 다양한 동향이 등장하여 서로 얽혔다.

튀빙겐에서는 헤겔을 추종하는 바우르(F. C. Baur)가 헤겔의 방법을 신약성경 연구에 적용하려 했다. 이 튀빙겐 학파는 신약성경을 이전의 신학적 견해의 종합으로 간주하고, 신약성경에 등장하는 다양한 신학적 동향을 연구했다. 그들은 특히 베드로 신학(Petrine theology)과 바울 신학(Pauline theology)의 차이를 강조했다. 후일 미합중국에서 필립 샤프(Philip Schaff, 1819~1893)와 매서즈버그 학파(Mercersburg school)는 이 원리를 교회사에 적용하면서, 로마 가톨릭교회는 베드로의 원리를 구현했고 개신교는 바울의 원리를 구현했다고 주장하면서 새로운 종합을 추구했다.

1835년에 슈트라우스(D. F. Strauss)가 『예수의 생애』(Life of Jesus)를 출판했다. 그는 그 책에서 기적과 초자연적인 것에 대한 언급을 문자적으로 받아들이는 사람과 그것들을 허구로 여기는 사람 모두가 잘못이라고 주장했다. 신약성경은 단순한 연대기가 아니라 예수를 믿은 사람들의 신앙의 증언이다. 그러므로 신약의 이야기를 사실의 진술로 해석해서는 안 된다.

이것이 1906년에 알베르트 슈바이처(Albert Schweitzer)가 『역사적 예수 탐구』(The Quest for the Historical Jesus)라는 유명한 저서에서 논평한 오랜 과정의 맥락이다. 그는 이 책에서 그 세기에 예수에 대한 견해들, 그리고 그의 생애에 대한 연구 방식이 진보해왔으며, 항상 각 저자의 가치관과 관심을 반영해왔음을 지적했다.

역사에 대한 관심이 역사적 예수 탐구를 통하여 19세기를 이끌어 왔지만, 기독교 역사에 대한 연구도 활발했나. 그와 관련하여 가장 주목할 만한 인물은 하르낙(Adolf von Harnack, 1851~1930)이다. 그의 저서 『교리사』(History of Dogmas)는 역사 연구에 관한 기념비적인 저서이다. 하르낙은 리츨의 영향을 받았고, 그를 "마지막 교회 교부"

라고 불렀다. 그는 예수의 가르침을 다음과 같이 몇 가지로 요약할 수 있다고 생각했다: 하나님 나라와 그 나라의 도래, 아버지 하나님, 인간 영혼의 무한한 가치, 그리고 더 고귀한 의와 사랑의 계명.

에른스트 트뢸치(Ernst Troeltsch, 1865~1923)는 종교와 문화의 관계, 또는 삶의 전체성 안에 있는 종교의 위치에 관심을 두었다. 그는 신학 교수였지만, 조직신학에 관한 책들은 문화적·역사적 요인들을 고려하지 않기 때문에 학문 서적으로 통하지만, 실상은 경건 서적이라고 여겼다. 그의 유명한 저서는 『기독교의 사회적 가르침』(The Social Teaching of the Christian Churches)이다. 그는 이 책에서 주변 사회와 관련된 방식에 따라서 기독교 집단을 교회(church)와 분파(sect)와 신비 집단(mystical group)으로 분류했다. 이것은 종교사회학자들이 널리 사용해온 분류이다.

미합중국은 사회복음(Social Gospel)으로 기독교 사상의 발달에 기여했다. 사회복음은 19세기 말부터 20세기 초에 자본주의가 만연하여 법으로 통제할 수 없게 되었을 때 생겨났다. 불과 1세기 전에 모든 사람의 자유와 정의라는 희망을 품고 탄생한 신흥 국가의 도시에 경제적이고 사회적인 불의의 결과로 빈민가가 자리 잡기 시작했다. 이런 일이 벌어지는 동안 교회는 사람들을 회개와 회심하라고 부르는 임무 수행에 만족하면서 종종 개인의 회심만으로 충분히 사회를 재건할 수 있다고 주장했다.

사회복음 운동은 기독교의 임무에 대한 이러한 이해를 공개적으로 비난하며 거세게 항의했다. 사회복음운동은 몇 년 전에 시작되었지만, 그것을 가장 분명하고 설득력 있게 표현한 것은 월터 라우센부쉬(Walter Rauschenbusch, 1861~1918)의 『기독교와 사회적 위기』(Christianity and the Social Crisis)와 『사회복음 이론』(A Theory for the Social Gospel)이다. 리츨의 영향을 받은 라우센부쉬는 신약성경에서의 죄와 하나님 나라의 중요성의 공동 본질을 의식했다. 그는 이 두 가지 통찰을 사회 분석을 위한 학문적 도구로 사용하면서 뉴욕 빈민가의 문제는 단순히 자선활동이나 개인의 회심으로 해결되지 않는다는 결론에 도달했다. 인간적인 삶을 위한 공정한 환경을 마련하려면 사회의 질서, 법과 제도가 변화되어야 했다.

미합중국에서 합리주의와 학문의 도전은 근본주의로 연결되었다. 근본주의라는 명칭은 1895년에 나이아가라 폭포에서 개최된 회의에서 선언된 다섯 가지 "기본 원리"(fundamental)에서 유래한 것이다. 이 기본 원리는 성경의 무오설, 예수 그리스도의 동정녀 탄생, 대속, 육체적 부활, 임박한 재림 등이다.

요약하자면, 종종 후대 신학자들이 19세기를 심하게 비판하며, 그 안에 우리 시대의 지침 역할을 할 수 있는 것이 거의 없지만, 19세기는 16세기와 함께 개신교 신학의 위대한 두 순간 중 하나이다.

제29장

제1차 세계대전까지의 가톨릭교회 신학

　16세기에 가톨릭교회는 열정적인 신학 활동과 개혁의 시대를 통과했다. 이 시대에 가톨릭교회는 중앙집권화된 집단으로 출현했다. 이는 로마 교황청이 개혁 운동에서 주도권을 장악했기 때문이다. 이 중앙집권화는 유럽의 신생 독립국들이 자율성을 주장하며 자기 영토 안에 또 다른 군주에게 충성하는 듯한 교회가 존재하는 것을 호의적으로 보지 않던 시기에 발생했다. 그러므로 그 국가들은 다양한 이유로 교황의 세력을 억제해야 한다고 느끼고 있는 가톨릭교회 내의 사람들을 부추겼다. 따라서 17~19세기에 주도적인 신학 문제 중 하나는 교황의 권한의 본질과 범위에 관한 것이었다. 이 시기에 신학자들의 정신을 사로잡은 두 번째 관심사는 세상의 새로운 동향에 교회가 반응하는 방식이었다.

교황권(敎皇權) 문제

개신교가 교황의 권위를 공격하고 있을 때 가톨릭교회 안에는 교황의 권한에 대해 의심하며 그 한계를 정하려는 사람들이 많았다. 15세기의 공의회수위설이 완전히 사라지지 않았었다. 많은 가톨릭 통치자들과 고위 성직자들은 교황의 세력이 강력해짐에 따라 자기들의 세력과 권한이 쇠퇴하는 것을 염려했다.

교회의 지나친 중앙집권화에 대한 반대는 가톨릭을 신봉하는 유럽 전역에 퍼져 있지만, 프랑스에서 가장 강력했기 때문에 갈리아주의(Gallicanism)라고 불렸다. 갈리아주의에 반대하고 교황의 권한을 옹호한 사람들은 교황 지상권론자(ultramontane)라고 불렸다. 이는 그들이 교회의 권위의 소재지를 찾기 위해 알프스산맥 너머를 바라보았기 때문이다.

교황은 아비뇽에 거주하는 동안 프랑스 국왕에게 많은 것을 양보했고, 그들은 그것을 계속 유지하려 했다. 공의회 수위설을 주장한 유능한 지도자 중 다수가 프랑스인이었고, 프랑스에서 많은 사람이 여전히 그들의 사상을 따르고 있었다. 1516년에 복잡한 정치적 이유로 레오 10세와 프랑수아 1세(Francis I)가 프랑스의 영역에서 왕과 그 후계자들에게 교회보다 우월한 권한을 부여한다는 협약을 맺었다. 그러므로 프랑스인들이 지방의 종교·정치라는 양 권력 아래에서 갈리아 교회(Gallican church)의 자유를 언급한 것은 장래의 목표를 말한 것이 아니라 당시 위협받는 듯한 전통적인 관습에 대해 말한 것이다.

　18세기에 갈리아주의가 절정에 달했다. 그때 최소한 두 종류의 갈리아주의가 있었다. 하나는 주교들과 일부 성직자들이 국교의 권한과 자율성을 옹호하려 한 진심 어린 시도였다. 나머지 하나는 국왕과 그의 조신들이 자기들의 권한을 교회 위에 두려는 시도였다. 교회의 진정한 개혁을 원한 사람들은 국가가 교회의 개혁을 이루지 못할 것이라고 확신했고, 그것이 궁극적으로 갈리아주의가 쇠퇴하는 데 작용한 주요 요인이 되었다.

　한편 다른 지역, 특히 독일에서 갈리아주의에 버금가는 경향이 발달하고 있었다. 페브로니우스(Justin Febronius, 1701~1790)는 군주가 교황의 권한 아래 있지 않으며, 교황의 권한은 교회에서 유래된다고 주장했다. 이것은 교황이 교회의 권한 아래 있으며, 교회가 공의회에서 교황을 판단하고 해임할 수 있다는 것을 의미한다. 교황은 다른 주교들보다 우월하지 않으며, 자기 교구가 아닌 곳에서 직접적인 권한을 지니지 않는다. 그는 교회법의 수호자요 교회의 명령의 집행자로서만 권한을 소유한다. 그러므로 독일의 페브로니우스주의는 갈리아주의와 대응 관계였다. 프랑스에서처럼 독일에서도 군주들은 이런 종류의 교리 안에서 자기들의 정책에 도움이 되는 소중한 도구를 보았다.

　프랑스 혁명은 페브로니우스주의와 갈리아주의의 종말을 가져왔다. 19세기에 부르봉 왕조(Bourbons)의 전복, 혁명의 대학살, 그리고 교회와 국가의 분리를 향한 전반적인 경향 등이 갈리아주의의 쇠퇴를 유발했다. 18세기가 갈리아주의의 절정이었다면, 19세기는 교황 지상권주의가 우세해지는 신속한 과정이었다.

이 일에서 상반되는 것 같지만 실제로는 상호 보완적인 현상들이 발생했다: 교황이 전체 가톨릭교회에 대한 자신의 권한을 증대하는 동안, 교회의 실질적인 세력은 감소하고 있었다.

교황권의 발달에서 하나의 중요한 현상은 비오 9세의 회칙 『인에파빌리스 데우스』(*Ineffabilis Deus*, 1854)였다. 교황 지상권주의자 다수는 갈리아주의와 다투면서 교황이 무오하다고 주장했다. 일부는 교황이 교리 문제에 대한 무오성을 넘어 윤리와 정치 문제에서도 무오하다고 주장했다. 수 세기 동안 가톨릭 신학자들은 성모의 무염시태 문제와 관련하여 논쟁을 벌여왔다. 비오 9세는 성모의 무염시태 교리를 반포하는 것이 교리 문제에 관한 자신의 권위를 주장하는 좋은 계기가 되리라고 판단했다. 이 점에서 그의 판단을 옳았다. 왜냐하면 『인에파빌리스 데우스』는 큰 논란 없이 받아들여졌기 때문이다. 교회의 역사상 처음으로 교황은 자기의 권한에 관한 교리를 정의했다. 이 선언에 대한 반대나 부정적인 반응이 거의 없었으므로, 교황 지상권주의자들은 교황 무류설(無謬說)을 선언할 때가 다가오고 있다고 믿었다. 이것이 제1차 바티칸 공의회(1869~1870)에서 다룬 주요 안건이었다.

제1차 바티칸 공의회는 많은 문제를 다루었지만, 가장 중요한 것이 교황 무류설이었다. 이 문제에 관해서 의견이 나뉘었는데, 다수파는 교황 무류성을 교회의 교리로 선언하는 데 찬성했다. 일부 극단주의자들은 교황이 생각할 때 그 안에서 하나님이 생각하신다고 주장했다. 다수파는 교황 무류설을 교회의 교리로 반포해야 한다고 믿었지만, 일부 교황들이 이단에 빠졌었다는 사실을 고려해야 했다. 가톨릭 교세가 약한 지역, 특히 동유럽에서 온 주교들은 그 교리에는 찬성했지만, 그것을 반포하는 것이 시의적절하지 못하다고 여겼다. 볼티모어의 주교 같은 사람들은 "무류"라는 단어를 사용하지 않는 교리적 선언을 제안했다. 비엔나와 프라하의 대주교들이 이끈 소수파는 그 교리에 반대했다. 그 교리에 대한 반대가 미미했고, 공의회가 토론 종결에 대한 엄격한 규칙을 채택했으므로, 교황은 성좌 선언(Ex Cathedra), 직권으로 신앙이나 도덕 문제를 정의할 때만 무오하다고 선언되었다. 그 교령은 교황이 신앙과 도덕 문제만 아니라 치리와 행정에서도 교회 전체에 대한 직접적인 치리권을 지닌다고 선언했다. 마침내 공의회 수위설이 사라졌다. 공의회가 공의회에 최후의 일격을 가한 것이다.

새 교리에 대한 저항은 거의 없었다. 이 교리에 대한 반대를 주도한 바이에른의 교회사가 될링거(John Joseph I. Döllinger)는 파문되었다. 네덜란드, 독일, 오스트리아 등지에서는 로마 가톨릭교회를 떠난 사람들이 "고(古)가톨릭주의자"(Old Catholics)라는 이름으로 작은 국교회를 구성했다. 개신교, 그리고 러시아 성교회와 그리스 정교회는 그 교리를 로마 가톨릭교회가 이단임을 확인해주는 것으로 간주했다. 가톨릭교회는 그리 소란하지 않았다.

그러나 그것은 교황권의 속 빈 승리였다. 왜냐하면 교황 무류설에 대한 저항이 거의 없었던 이유가 세상에서 교회가 영향력을 상실한 데 있었기 때문이다. 이 교리가 선포되고 두 달 후에 이탈리아 군대가 로마를 점령했다.

교회와 현대 세계

과학, 정치, 철학 등의 분야에서 새로 발견된 현상들은 가톨릭교회에 큰 위협이 되었다. 사적 연구(historical studies)에서는 성경의 신빙성, 그리고 어두운 면이 드러나고 있는 전통의 권위에 이의를 제기했다. 그러나 교회는 확산하고 있는 세속 국가의 개념의 위협을 더 크게 느꼈다. 가톨릭교회 지도자들은 이 모든 경향이 기본적인 권위 문제를 제기하고 있다고 여겼고, 따라서 그들은 출판의 자유와 종교 다원주의를 포함하는 세속국가 개념이 신앙을 위협하고 부인하는 모든 것의 전형이라고 여겼다.

교회의 두려움에는 이유가 있었다. 프랑스 혁명으로 갈리아주의의 종말이 시작되었지만, 세속 국가에 대한 이상은 유럽 전역에 퍼져 있었다. 라틴 아메리카의 대부분이 19세기 초에 독립했고, 그 국가들의 독립 투쟁에 맞선 스페인을 로마가 지원한 것이 신흥국가의 지배 계층에 강력한 반교권주의 감정을 일으켰다. 1848년에 공산당 선언(Communist Manifesto)이 출판되었고, 프랑스 제2공화국 설립이 선포되었으며, 이탈리아가 독립 전쟁을 시작했다. 로마에서는 시민들이 봉기했으므로 교황은 어쩔 수 없이 민주적 장관을 임명하고 로마 공화국이라 선포했다. 1860년에 국민투표로 대부분의 교황령(領)이 군주국가의 권한에 이양되었다. 십 년 후 교황은 로마를 빼앗기고, 바티칸만 다스리게 되었다.

이러한 위협과 손실에 대한 가톨릭교회의 반응은 자체의 전통적인 지위와 특권을 옹호하는 데 불과했다. 유럽 전역에서 진보적이고 민주적인 요소에 대처하기 위해서 금서목록을 작성하고, 교회의 견해에 반대하는 사람을 정죄하는 정책을 사용했다.

1864년에 비오 9세가 출판한 『오류표』(Syllabus of Errors)는 새로운 사상에 반대하는 교회의 가장 강력하고 전면적인 표현이었다. 이것은 교회의 권위에 반대한 80개 조항의 오류를 열거한 것이다. 이 문서에서 정죄한 마지막 오류는 첫째 위치에 두어도 충분했을 것이다. 왜냐하면 그것은 목록 전체의 분위기를 표현하기 때문이다. 이 오류는 "로마 교황은 진보, 자유주의, 그리고 현대문명과 화해하고 조화를 이룰 수 있으며 반드시 그렇게 해야 한다"는 것이다. 다른 오류들은 교회와 국가의 분리, 국가의 공교육 감독, 그리고 종교의 자유를 포함한다.

『오류표』가 전체 가톨릭 신자들의 분위기를 반영하는 것은 아니다. 교황청이 옥스퍼드 운동의 지도자 존 헨리 뉴먼(John Henry Newman, 1801~1890)의 진보적 경향을 묵인했으나, 그는 실질적으로 이 오류표를 무시했다. 19세기 말과 20세기 초에 젊은 세대의 가톨릭 학자들이 다시 가톨릭 신앙을 현대와 연결하려 했다. 당시 독일에서는 성경적이고 역사적인 비평이 진보하여 회의주의에 이를 정도였다. 그들의 견해는 뉴먼의 견해보다 훨씬 급진적이어서 종종 기독교의 역사적 기원에 대해 이의를 제기하며, 교회 안에 중세주의(medievalism)가 널리 퍼져 있다고 여겨 이를 비판했다. 전통적인 가톨릭 학자들이 근대주의자(modernists)라고 부른 이 학자들은 20세기 초에 정죄 되었다.

레오 12세가 교황으로 선출되었을 때 근대주의자들에게는 희망이 있었다. 이는 그가 건전한 학문을 존중하는 학구적인 사람으로 알려져 있었기 때문이다. 레오는 1893년에 회칙 『프로비덴티시무스 데우스』(*Providentissimus Deus*)를 반포했다. 그 회칙은 성경 연구에 현대에 발견한 것들을 사용하는 데 찬성하면서도, 그것들이 오용될 위험에 대해 경고했다. 레오의 후임자인 비오 10세는 비오 9세의 보수적인 정책으로 복귀했다. 1907년에 교황청은 그의 지시에 따라 교령 『라멘따빌리』(*Lamentabili*)를 반포하여 근대주의의 67개 명제를 정죄했다. 같은 해에 비오 10세는 회칙 『파센디』(*Pascendi*)에서 그것들에 대한 정죄를 분명히 했다.

근대 비평적 연구에 관한 『프로비덴티시무스 데우스』의 애매한 태도는 당시 교회가 직면한 도전들에 대한 레오 13세의 태도를 반영한다. 그러므로 그는 진보적 교황이 아니었지만, 전통적인 신앙이 현대와 이야기할 수 있는 길을 찾으려 한 깨우친 근대주의자라고 볼 수 있다. 이것은 비오 9세와 비오 10세 사이의 잠시의 의미 있는 휴식이었다. 그의 회칙 『아에테르니 파트리스』(*Aeterni Patris*, 1879)는 토마스 아퀴나스의 신학이 기독교 교리를 인간적인 학문과 연결하는 데 가장 적합하다고 권한다. 그는 바티칸 기록 보관소를 학문 연구에 개방하면서 기독교의 기원과 역사에 관한 비평적 연구를 장려했다. 그의 회칙 『레눔 노바룸』(Rerum Novarum, 1891)은 사회정의라는 주제에 관한 교회의 공표 역사의 중요한 단계이다. 이 회칙은 노동자와 고용주의 조직 결성 권리를 지지했고, 공정한 임금이란 노동자와 가족들이 어느 정도 안락하게 살 수 있는 수준이어야 한다고 선언했다. 또 여성은 가정에 있어야 한다고 주장하고, 사회주의에 맞서 사유재산권과 상속권을 인정했다. 이 회칙이 매우 중요했기 때문에 40년 후 비오 11세는 회칙 『콰드라게시모 안노』(Quadragesimo anno)에서 그것을 새로운 상황에 적용했고, 요한 23세도 그것의 반포 70주년을 기념하여 『마테르 에트 마지스트라』(Mater et magistra)에서 같은 일을 했다.

그러나 현대 세계에는 레오가 거부해야 한다고 느낀 면이 있었다. 그것은 세속적이고 다원적인 국가라는 개념이었다. 레오는 회칙 『임모르탈레 데이』(Immortale Dei, 1885)에서 가톨릭 국가라는 이상을 지지하면서, 진리와 오류가 동등한 권리를 지니지 못하므로, 비 가톨릭 국가에서만 그것을 본질적인 선이 아닌 하나의 방편으로서 종교적 관용을 지원해야 한다고 주장했다. 양심의 자유는 오류를 위해서가 아니라 신리를 위해서만 존재해야 한다. 이 진술은 미합중국에서 심각한 영향을 발휘했다. 미합중국에서는 가톨릭 이민이 증가하고 있었는데, 많은 사람은 가톨릭 신자들이 권력을 장악하여 가톨릭 국가에 대한 레오의 이상을 미합중국에 시행할 것을 두려워했다. 그러나 결과는 반대였다. 제2차 바티칸 공의회(1965)의 종교의 자유에 관한 진술은 부분적으로 미합중국 출신 가톨릭 신자들의 영향을 받은 것인데, 그들의 다수가 레오의 견해에 대한 부정적인 반응을 경험했었기 때문이다.

지금까지 가톨릭교회 신학에 대해 간단히 살펴보았다. 이것은 가톨릭교회의 역사에서 19세기가 16세기보다 더 보수적인 시대였음을 보여준다. 급속히 변화하는 세상에서 가톨릭교회는 자체에 대해 더는 세상에 존재하지 않는 상황을 반영하는 이해를 표현하려 했다. 모든 권위에 대한 의심과 회의주의가 성장하는 시대에 교황이 무류하다고 선포되었다. 유럽에는 새로운 급진 사상이 쇄도하고 있었고, 교회는 그러한 사상들과 싸우기 위해서 금서목록과 종교재판소를 의지했다. 현대적 형태의 비평적 연구가 발달했을 때 교황청은 그것을 종교 문제와 연결하려 한 사람들을 정죄했다.

그러나 그러한 정죄는 교회의 공식적 보수주의가 보편적인 것이 아니었다는 것, 그리고 그 안에 강력한 지적 열정이 있었다는 것을 증언해준다. 이것들을 배경으로 할 때 요한 23세와 제2차 바티칸 공의회가 야기한 극적인 변화를 쉽게 이해할 수 있다.

제30장

콘스탄티노플 함락 이후의 동방교회 신학

　콘스탄티노플 함락(1453) 이후 동방 기독교의 상황은 큰 신학적 독창성을 유발하지 않았다. 투르크족은 옛 총대주교좌 함락에 멈추지 않고, 그리스를 정복하고 멀리 비엔나까지 침입했다. 이러한 정치적인 확장에 이슬람 신앙에 대한 큰 열정이 더해졌다. 이슬람은 정복지의 교회를 가혹하게 억제했다. 기독교인들은 "구약성경의 백성"(People of the Book)이었기 때문에 개종을 강요당하지 않았지만, 투르크족이 그들을 매우 억압했기 때문에 많은 사람이 신앙을 버리고 모하메트의 추종자가 되었다. 콘스탄티노플 총대주교는 자기 교구의 신자들과 술탄 사이의 연락자 역할을 하는 관리에 불과하게 되었다. 유일하게 우호적인 정치 세력 밑에서 살아갈 수 있는 동방교회는 러시아정교회였다. 시빙 교회와 단절된 다른 동방교회들은 중세시대에 시작된 더딘 쇠퇴 과정을 이어갔다.

그리스정교회의 신학

그리스 신학의 지배적 요인은 서방과의 관계에 대한 질문이었다. 16, 17세기에 서방교회가 개신교와 가톨릭교회의 싸움으로 분열되었으므로, 그 논쟁 및 관련된 문제들이 그리스 교회에 옮겨졌다. 후일 서방교회에서 합리주의 문제, 그리고 신학과 과학의 관계와 관련된 문제가 중요해졌을 때, 그 문제들이 동방교회에도 도입되었다. 그러므로 그리스 교회에서 논의된 문제가 많았지만, 가장 중요한 두 가지 문제 중 첫째는 개신교 종교개혁에 관련하여 취해야 하는 태도에 관한 논의였고, 둘째 문제는 신과학운동(new sciences)이 제기한 문제였다.

첫째 문제는 키릴로스 루카리스(Cyril Lucaris, 1672~1638)가 총대주교로 재임할 때 절정에 달했다. 그가 1629년에 출판한 『신앙고백』(Confession of Faith)은 서방교회뿐만 아니라 동방교회에서도 엄청난 논란을 야기했다. 콘스탄티노플 총대주교가 칼빈주의 신앙고백에 버금가는 예정론을 주장하고, 전통보다 성경을 우위에 두며, 두 가지 성례만 인정하는 글을 출판한 것은 보통 일이 아니었다. 키릴로스는 여러 번 해임되고 복위되기를 반복하면서, 일곱 차례 콘스탄티노플 총대주교직에 올랐다. 그는 1638년에 살해되었다. 이것으로 문제가 끝나지 않았는데, 이는 루카리스가 순교자로 공경되기 시작했기 때문이다. 1672년에 개최된 예루살렘 회의는 루카리우스의 칼뱅주의 교리 접목 시도를 단죄했다.

서방교회가 동방교회에 영향을 미친 또 한 가지는 신학과 신과학 운동·신철학(new philosophy)의 관계였다. 19세기에 콘스탄틴 에코노모스(Constantine Economos)와 테오클레투스 파르마키데스(Theocletus Pharmakides)가 대립하면서 이 문제가 절정에 달했다. 에코노모스는 오류가 들어와 신앙 체계 전체를 뒤엎지 못하게 하려면 전통적인 가르침 전체를 유지해야 한다고 확신했다. 독일에서 신학을 공부한 파르마키데스는 모든 면에서 에코노모스에 반대했다. 그는 참된 전통과 기초가 없이 후대에 추가된 것을 구분해야 한다고 주장했다. 그 경우에 특정의 견해나 관습이 진정한 전통에 속한 것인지를 결정할 방법은 일반적인 견해의 방해를 받지 않는 과학적이고 역사적인 연구였다. 한편 그리스는 정치적으로 터키로부터 독립해 있었으므로, 신흥국가의 교회는 새로운 상황을 반영하여 콘스탄티노플 총대주교로부터 독립해야 했다.

러시아의 신학

콘스탄티노플의 함락으로 말미암아 많은 사람은 제2의 로마도 제1의 로마처럼 오류에 굴복하여 불신자들에게 희생되었다고 확신했다. 정통신잉의 햇불은 제3의 로마인 모스크바로 넘어갔다. 16세기 초에 프스코프의 필로테우스(Philotheus of Pskov) 수도사는 로마가 야만족에게 넘어가기 전에 콘스탄티누스 대제가 로마를 콘스탄티노플로 옮겼는데, 이제 러시아가 로마를 모스크바로 옮길 차례라고 주장했다. 1547년에 이반 4세는 차르(czar)라는 칭호를 취하고, 자신이 로마와 콘스탄티노플 황제들의 후계자라고 주장했다. 1596년에 모스크바의 수석 대주교가 총대주교가 되었다.

러시아 교회에서는 가톨릭교회에 반대하는 논쟁적 저술이 꽤 많이 출판되어 왔지만, 16세기와 17세기 초에 폴란드가 자국 사람을 러시아 왕위에 앉히려 하면서 로마 가톨릭교회와의 관계가 중요한 문제가 되었다. 가톨릭교회에 대한 반발이 급속히 진행되었다. 1620년에 개최된 종교회의에서는 가톨릭교도들이 이단자이며, 그들이 베푼 세례는 유효하지 않으며, 그들이 신조에 필리오케(filioque)를 포함함으로써 성령을 거스르는 죄를 범했다고 선언했다. 이제 러시아가 참 신앙의 수호자가 되었고, 다른 국가들은 온갖 방법으로 잘못을 범했다고 간주되었다. 여기에 이반 4세(Ivan the Terrible)가 주도한 개신교 반대 논쟁도 포함되었다.

1652년에 니콘(Nikon, 1605~1681)이 모스크바 총대주교가 되었을 때, 러시아에서는 정치 권력이 강력해졌다. 니콘은 정치적으로 고려하여 러시아의 전례를 그리스식으로 개편했다. 니콘의 개혁에 대한 반대에는 정치적·사회적·민족주의적인 강력한 동기가 있었다. 제3의 로마인 모스크바가 몰락한 콘스탄티노플의 비위를 맞추는 것은 안 되는 일이었다. 콘스탄티노플이 자체의 전례를 모스크바의 전례에 맞추어 개편하는 것이 진리에 더 가까워지는 길이었다.

니콘의 개혁에 반대하는 사람들은 강력한 집단을 형성하고 "구교도"(Old believers)라는 명칭을 취했다. 1666년에 모스크바 공의회가 그들을 정죄했지만, 그 조치로 말미암아 반대가 더 거세졌다. 그리하여 그들에 대한 탄압과 학살이 자행되었다. 구교도 중 다수는 열렬한 종말론적 기대에 의지했다.

1682년에 표트르 1세(Peter the Great)가 등극하면서 러시아 신학에 서방교회의 영향이 증가했다. 표트르 1세는 러시아가 야만적인 나라라고 여겼기 때문에 문명화된 서방과 접촉하기 위해 온갖 일을 시도했다. 그는 가톨릭교회와의 유대에 호의적이었다. 그러므로 그의 통치 기간 및 그 직후 시대에 러시아 신학은 러시아 정교회 신자이면서 로마 가톨릭교회 신학의 감화를 받은 사람들이 주도했다. 이러한 특별한 신학적인 지향은 페테르 모길라(Peter Mogila) 및 키예프 학파(Kievan school)와 관련이 있다. 이들에 맞서 테오파네스 프로코포빅(Theophanes Prokopovic)과 그의 추종자들은 러시아 신학을 개신교 신학에 더 가깝게 하려 했다. 프로코포빅 학파는 전통적인 러시아 정교회로 복귀하려는 시도가 시작되기 전인 19세기 초에 절정에 이르렀다. 이들은 역사적 탐구, 교회의 문서와 역사서 출판이라는 형태를 취했고, 표트르 1세 시대 이전, 그리고 외국의 영향력이 급증하기 전에 러시아에서 일반적으로 주장하던 것과 비슷한 신학을 전개하려 했다.

러시아의 정체에 대한 질문에 관념론의 범주를 적용하려는 시노가 슬라브(Slavophile) 운동을 일으켰다. 이 운동의 주 대변인은 헤겔의 영향을 받은 알렉세이 코미야코프(Alexis Khomyakov)였다. 코미야코프는 전통적인 러시아 교회론에 관해 로마 가톨릭교회의 정립(定

立)과 개신교의 반정립(反定立) 사이의 종합이 될 견해를 제시했다. 가톨릭 신자들과 키예프 신학자들이 교회의 일치를 강조한 데 반해 개신교인들과 프로코포빅파는 복음이 요구하는 자유를 강조했다. 보편성(catholicity)에 대한 정통적인 이해는 완전한 종합 안에 이 둘 모두를 포함한다. 개신교에는 자유가 있지만, 일치가 없다. 가톨릭교회에는 일치가 있지만, 자유가 없다. 정교회에는 두 가지 모두 있다. 이는 정교회 신자들의 일치는 복음의 자유를 허락하며, 일치 자체가 율법이 아닌 사랑에 속하는 자유로운 일치이기 때문이다. 그러므로 러시아 교회는 서방의 두 종류의 기독교 중 하나를 선택할 필요가 없다. 러시아 교회는 이미 두 기독교의 가장 좋은 것을 가지고 있다. 러시아 교회의 권위자들은 코미야코프의 이론을 받아들이려 하지 않았지만, 유명한 러시아의 문호 도스토예프스키(Fyodor Dostoyevsky, 1821~1881)는 그의 이론을 가장 잘 설명한 사람으로 알려져 있다.

  1917년에 발생한 러시아 혁명은 신학 분야에 새로운 상황을 초래했다. 혁명 후 수십 년 동안 러시아 정교회 신학자들의 중요한 작업은 망명지, 특히 파리에서 이루어졌다. 그러나 20세기 후반에 러시아 교회는 다시 자체의 신학자들을 배출하기 시작하였고, 마르크스주의 국가에서의 기독교의 기능이라는 문제를 다루기도 했다. 이윽고 소련연방이 와해되면서 러시아 교회는 다시 국가와의 관계, 그리고 다른 독립국에 존속하고 있는 정교회들과의 관계를 다루어야 했다.

네스토리우스주의 신학과 단성론 신학

1258년에 몽골족이 바그다드를 점령했고, 네스토리우스 공동체는 그 충격에서 회복하지 못했다. 네스토리우스파 신학은 한층 더 쇠퇴했다. 현재까지 보존되어오는 15~16세기 네스토리우스파의 저술은 대개 이전의 성인전, 연대기 등의 자료를 운문화한 것들이다. 교황에게 굴복한 "갈대아 가톨릭교도들"(Chaldean Catholics) 가운데서 비교적 의미 있는 신학 활동이 이루어졌다.

아랍 통치로 이미 약해져 있던 콥트 교회는 투르크족의 지배 아래 더욱 기반을 잃었다(1517~1798). 항상 콥트족과 긴밀하게 유대를 맺어온 에티오피아 교회는 다른 기독교와의 접촉이 부족했다. 1520년에 무슬림이 에티오피아에 침입했을 때 기독교 신앙이 민족주의 정서의 집결지가 되었으므로 교회는 전보다 더 큰 세력과의 투쟁에서 벗어났다. 그러나 신학 서적 분야에서는 그러한 투쟁 환경 때문에 분투하는 신자들을 강하게 하는 것을 목표로 한 성인전 외에 다른 자료가 배출되지 못했다. 투르크족이 진군 이후 시리아의 야곱파는 언급할 만한 문헌을 거의 배출하지 못했다.

단성론파 교회 중에서 신학적으로 가장 활발한 교회는 아르메니아 교회였지만, 그 교회 역시 어려움을 면하지 못했다. 이는 아르메니아가 16세기에 페르시아에 정복된 후 독립을 되찾지 못했기 때문이다. 그러나 이 일은 아르메니아 신학의 부흥을 낳았다. 왜냐하면 망명을 떠난 많은 사람이 새로운 사상에 접하여 집필한 글들이 나중에 아르메니아에 도입되었기 때문이다. 곧 비엔나, 베네치아, 모스크바, 이스탄불, 캘커타, 예루살렘 등지에 아르메니아인들의 학문과 출판 중심지가 등장했다. 아르메니아 부흥의 최고점은 17세기에 아곱(John Agop)이 변증서와 주석과 조직신학 서적을 저술한 시기이다. 19세기에 베네치아의 아르메니아인들은 소중한 고대 문서 출판으로 유명해졌고, 그리하여 그들의 교부학은 신학 연구에 온건하면서도 의미 있게 기여했다. 전반적으로 단성론 전통 전체에서 신학은 콘스탄티노플 함락 이후 계속 쇠퇴했다.

제31장

20세기부터 21세기까지의 신학

　유럽의 19세기는 전례없이 평화롭고 번영한 시기였다. 국지적인 전쟁과 혁명 시도가 있었지만, 이 시대는 진보와 확장의 시대였다. 신생국가인 미합중국에서는 독립전쟁 외에는 국경 내에서는 평화의 시대였고, 서부 개척지가 계속 확장된 시대였다. 대서양 양편에서 태곳적부터 인류에게 큰 손해를 끼쳐온 많은 문제를 과학과 기술이 해결하기 시작했다. 마침내 인간이 자연계를 지배하기 시작하여, 인간의 계획과 희망대로 다룰 수 있게 된 듯했다. 하천을 동력원으로 활용한 것, 그리고 다른 형태의 동력원을 사용함으로써 이동 거리가 단축되었고, 사회의 일부, 특히 신학적 성찰이 이루어지는 부분이 여유를 누리게 되었다. 20세기가 시작되면서 대서양 양편에서는 서구 문명이 역사의 새 시대를 열어야 한다고 확신했다.

　그때 전쟁이 발발했다. 그것은 전 세계가 개입된 것으로서 인류가 역사상 가장 큰 대가를 치른 전쟁이었다. 그것은 세상을 개화한다는 짐을 지고 있는 강대국들이 자기들의 싸움에 전 세계를 끌어들인 전쟁이었다. 그 전쟁의 과정과 사용된 기술은 그들의 흉한 면모를 보여주었고, 인간의 증오가 지닌 파괴력을 증가시켰다. 그 전쟁에서 해결된 것이 거의 없었다. 전쟁이 끝나고 몇 년 후에 세상은 다시 무력 분쟁에 휩싸였다. 제2차 세계대전이 끝난 직후 인간의 힘으로 자연계의 모든 종(種)과 지구를 파괴할 수 있음이 명백해졌다.

세상에서 이런 일이 발생하는 동안 교회에서도 변화가 이루어지고 있었다. 가장 눈에 띄는 변화는 19세기 초까지 서구 문명과 긴밀하게 연결되어 있던 기독교가 진정으로 전 세계적인 운동이 된 것이다. 20세기 후반에 기독교의 수적인 힘이 북대서양에서 남반부로, 백인종에서 유색인종—아프리카인, 아시아인, 라틴아메리카인—에게로 이동했다. 그리하여 진정한 에큐메니컬 신학—항상 의견이 일치하지는 않지만 서로 풍요롭게 해주는 세계적인 대화가 이루어지는 신학—이 탄생했다.

오늘날 북대서양 지역에서 신학 활동과 교회 활동의 전통적인 중심지들도 급격히 변화하고 있다. 콘스탄티누스 대제 시대 이후 기독교는 국가와 주변 문화의 지원을 의존해왔다. 기독교인들로 이루어지고 기독교인이 다스리는 지역을 기독교권(Christendom)이라고 일컬어왔다. 그런데 수 세기 전에 시작된 과정으로 말미암아 기독교권의 많은 부분이 사라지고 있다.

정치적 차원에서의 현상이 개인적인 차원에서도 벌어지고 있다. 전통적인 기독교의 중심지에서 옛 신앙이 유지될 수 없다고 느끼는 사람들이 증가하고 있다. 서유럽에서는 교회에 출석하여 교회생활에 참여하는 사람들이 급격히 감소해왔다. 미합중국에서는 지속적이고 두드러진 것은 아니지만 역시 교회 생활에 참여하는 사람들이 감소하고 있다. 대서양 양편에서 많은 사람이 현대의 세계관에 기독교나 다른 종교가 들어설 여지가 없다고 여기는 듯하다. 그러므로 서방 신학자들은 사회의 세속화라는 주제를 다루어야 한다고 여기는 듯하다.

이것이 20세기부터 21세기까지 기독교 신학이 발달한 배경이다. 다양하고 활발한 신학 사상의 조류들을 일관성 있는 윤곽이나 틀로 체계화할 수 없지만, 전통적인 신학 활동의 중심지들이 신학을 지배하던 20세기 초와 제2차 세계대전 이후 시대를 구분할 수 있을 듯하다.

새 출발: 칼 바르트의 신학

양차 대전 사이의 시기에 기독교 신학의 거장은 스위스의 개혁주의 신학자인 칼 바르트(Karl Barth, 1886-1968)이다. 그는 신학을 공부하고 자유주의 신학의 교리를 신봉했다. 그러나 제1차 세계대전은 그에게 실망을 주었다. 그는 잔혹한 전쟁 소식을 들으면서 자신이 공부한 신학을 그 시대의 가혹한 현실과 연결하는 데 큰 어려움을 느꼈다. 그는 새로운 신학적인 글들을 읽으면서 기독교의 종말론적 차원을 회복해야 할 필요성을 의식했다. 그는 평생의 친구인 투르나이센(Eduard Thurneysen)과 대화하면서 자신이 학습한 신학의 많은 부분을 개정해야 한다고 확신했다.

그는 원래 친구 몇 명이 사용하려 했다가 1919년에 출판한 『로마서 주석』(Commentary on Romans)을 저술하면서 이 임무를 수행하기 시작했다. 그가 이 주석, 특히 개정된 제2판에서 제안한 것은 인간적인 것과 신적인 것 사이의 연속성에 기초를 둔 것이 아니라 불연속성에 기초를 둔 신학이었다.

이런 까닭에 바르트가 세운 신학 조류는 변증법적 신학(dialectical theology)이라고 불린다. 여기서 "변증법"이라는 용어가 헤겔의 변증법보다 키르케고르의 변증법에 더 가깝다는 것을 알아야 한다. 특히 초기 단계에서 바르트와 동료들의 신학은 하나님 앞에 선 인류의 위기를 강조했다는 의미에서 위기의 신학(theology of crisis)이라고 특징지어졌다. 마침내 실존주의와 결별한 많은 사람은 이 새 경향을 신정통주의(neo-orthodoxy)라고 불렀다. 이는 그것이 19세기의 주도적인 인물들이 버렸던 기독교의 전통적인 가르침을 회복하려 했기 때문이다.

곧 바르트는 자유주의 신학에 대한 자신의 비평에 대체로 동의하는 사람들이 있음을 알게 되었다. 그의 친구 투르나이젠과 루터교 신학자인 프리드리히 고가르텐(Friedrich Gogarten, 1887~1967)을 비롯한 사람들은 1922년에 『시간의 사이』(Zwischen den Zeiten)라는 신학 잡지를 창간했는데, 그것은 곧 그 시대에 가장 영향력 있는 신학 저술 중 하나가 되었다. 창간 멤버는 아니었지만 자주 공동 편집자로 활동한 사람은 취리히 대학 교수인 개혁주의 신학자 에밀 브루너

(Emil Brunner, 1889~1966)이다. 초기 성경학자 루돌프 불트만(Rudolf Bultmann, 1884~1976)도 새 "변증법적 신학"의 지도자로 간주되었다.

바르트는 자신의 과거 통찰에서 결과를 끌어내고 있었는데, 이로 말미암아 곧 이 초기 동료들과 결별했다. 바르트는 점차 하나님의 말씀에 내용이 있다고 확신했다. 그것은 단순히 만남의 문제가 아니었다. "로고스"(Logos), 말씀은 합리성이 있으므로 자체에 대한 이해로 우리를 인도한다. 이것은 순간을 강조하는 실존주의 철학을 버려야 한다는 것, 그리고 신학은 하나님의 말씀 이해를 추구하며, 실존주의나 다른 철학에 기초하지 않고 신앙의 논리(logic of faith)에 기초하여 자체의 함축된 의미를 자세히 설명해야 하며, 또 그렇게 할 수 있다는 것을 의미했다. 1927년에 바르트는 위대한 조직신학 서적이 되기를 바라면서 『교회 교의학』(Christian Dogmatics) 제1권을 출판했다. 그러나 이러한 확신 때문에 그는 조직신학에 대한 처음 시도를 포기하고, 새로 『교회 교의학』을 집필하기 시작했다. 이 새 책은 그가 실존주의와 결별한 것, 그리고 교회의 신앙에 깊이 뿌리를 내린 신학 저서를 쓰려는 갈망을 나타내준다.

다음으로 그는 부르너와 결별했다. 세월이 흐르면서 바르트는 "자연신학"을 거부해야 한다는 확신에 이르렀다. 그는 그렇게 하지 않으면 다시 신적인 것과 인간적인 것, 이성과 계시 사이의 경계가 모호해질 것을 염려했다.

이때가 히틀러 치하의 제3 제국(Third Reich)이 일어난 시기였음을 기억한다면, 이 논쟁의 중요성이 분명해질 것이다. 바르트는 자유주의자들이 복음과 인간의 최고의 성취를 혼동하는 것이 세계 제패라는 목적에 교회를 이용하려 하는 이데올로기에 이익이 되지 않을까 염려했다. 그는 기독교인들이 나치즘의 유혹에 저항하려면, 그들의 권위의 유일한 근원이 하나님의 말씀이라는 것을 알아야 한다고 확신했다. 1934년에 개혁파와 루터파에 속한 독일 교회 지도자들이 고백교회(Confessing Church)를 세우고 "바르멘 선언"(Barmen Declaration)으로 나치즘에 저항했는데, 그들은 바르트에게서 큰 힘을 얻고 감화를 받았다.

여기에서 『교회 교의학』의 내용을 요약할 수 없지만, 최소한 그 책의 일반적인 특징 몇 가지를 지적해야 한다.

첫째로 가장 맹백한 것은 그 저서의 범위와 방대함이다. 많은 사람이 "대전"(summas)의 시대가 지나갔다고 생각하던 시기에 바르트는 중세시대의 걸작이나 개신교 스콜라주의의 가장 훌륭한 저서와 비교할 만한 기념비적인 작품을 출판했다.

둘째는 그 책의 일관성이다. 각 권에서 강조하는 것이 다르다. 특히 바르트는 이전에 하나님의 타자성(otherness)을 강조하던 것을 서서히 완화했다. 그러나 바르트가 두 번째로 『교의학』 저술을 시작했을 때 그의 신학의 기본 방침이 확정되었으므로, 그는 자신에 충실하면서 30년 이상 저술을 계속할 수 있었다.

마지막으로 이 저서는 기독론에 집중한다. 각 권이 다른 주제를 다루지만, 결국 모두가 예수 그리스도 안에 있는 하나님의 계시를 다룬다. 그것들은 사다리의 계단들처럼 연속적으로 이어지기보다 같은 주제를 다른 각도에서 상세히 다룬 시리즈와 같다.

이렇게 기독론에 집중한 것이 바르트의 방법의 핵심이지만, 그의 신학적인 위대한 업적은 방법과 전체의 형태에 있는 것이 아니라, 이러한 수단을 사용하여 고전적인 정통 신학의 모든 주요 주제들을 재통합하고 새롭게 조명한 방법에 있다. 그가 신학에 미친 영향을 아인슈타인이 물리학에 미친 영향에 비교하는 것이 터무니없는 것이 아니다.

신학에 미친 그의 영향은 아무리 강조해도 지나치지 않다. 그의 신학은 독일 고백교회에만 자극을 준 것이 아니라, 그 시기에 형성되고 있던 에큐메니컬 운동에도 자극을 주었다. 전쟁 직후 세계교회공의회(World Council of Churches)가 조직되었을 때(1948), 그 지도자들 다수가 바르트의 신학의 영향을 깊이 받았다. 다음 세대의 에큐메니컬 운동과 전 세계 교회의 많은 지도자를 배출한 세계기독학생연합회(World Student Christian Federation)도 바르트 신학의 영향을 많이 받았다. 제3세계 개신교 지도자들의 신학 중에서 칼 바르트의 신학만큼 큰 영향력을 발휘한 신학이 없다. 지금도 개신교 제3 세계 신학에서 그 영향을 볼 수 있다.

바르트는 전통적인 주제를 포기하지 않으면서 정통주의의 구조를 뛰어넘는 신학을 전개했다. 마찬가지로 그의 신학은 역사학, 성경 비평 등 현대의 업적을 거부하지 않으면서 자유주의의 극단적인 유연성을 피했다. 이것은 교부시대와 종교개혁 시대의 많은 유산을 회복하는 일로 이어졌다. 그것은 또한 그 시대 가톨릭 신학자들이 바르트의 저서를 널리 읽고, 바르트를 존경했다는 것, 그리고 현대 가톨릭 사상에서 그의 영향을 볼 수 있다는 것을 의미한다.

루돌프 불트만과 비신화화

20세기 초에 루돌프 불트만(Rudolf Bultmann)은 성서학, 특히 성경학자들이 "양식비평"(Form criticism)이라고 부른 분야의 지도적 인물로 알려졌다. 그는 신약학자이면서도 특별히 구약성경의 메시지를 그 시대 사람들이 이해하고 받아들일 수 있도록 해석하는 데 관심을 두었다.

불트만은 현대인이 신약성경의 신화적인 틀을 받아들일 수 없다고 주장했다. 우리는 영들이 거주하는 삼단으로 이루어진 우주에 살고 있지 않다. 우리는 이제 기적을 믿지 않으며, 모든 사건을 자연적 원인이 설명할 수 있다고 확신한다. 신약성경은 하나의 "영"(Spirit)과 우리에게 의미 없는 성례에 대해 말한다. 죽음이 죄에 대한 형벌이라는 개념은 우리의 최고의 도덕 관념에 위배된다. 예수가 육체적으로 부활했다는 관념에도 많은 어려움이 수반된다.

이 모든 것은 세상에 대한 신화적 견해가 쓸모가 없다고 확신하는 현대인으로 하여금 케리그마 또는 복음을 믿을 수 없게 한다. 그들에게 세상은 신비하고 초자연적인 개입에 예속된 "개방된"(open) 독립체가 아니라, 중단없는 인과(cause and effect)의 사슬을 통해서 모든 일이 벌어지는 "폐쇄된"(close) 독립체이다. 불트만은 그러한 인식을 제거함으로써 우리가 신약성경의 주님을 직접 만나기를 바랐다.

신약성경을 실존주의적으로 읽는다면, 신약성경에서 "육신을 따라"(according to the flesh) 산다는 것은 곧 믿음 없는 삶이다. 그것은 썩어 없어질 것, 우리 주변의 사물, 우리 자신에 대한 신뢰에 기초한 삶이다. "육신을 따라" 사는 사람은 자기 자신과 자신의 안전에 집착하며, 불안에 사로잡힌다.

반면에 "보이지 않는 실재"에 기초한 진정한 삶이 있다. 이것은 자신에 기초를 둔 확신을 모두 포기하는 것을 의미한다. 이것이 신약성경에서 "영 안에서"(in the Spirit) 또는 "믿음 안에서"(in faith) 사는 것이라고 말하는 것이다. 이 진정한 삶을 사는 사람은 하나님의 은혜, 즉 죄 사함을 전적으로 신뢰한다. 그는 자기의 안전을 추구하지 않는다. 그는 객관적 실체(objective reality)의 세상을 신뢰하지 않는다. 그는 불안과 괴로움에 사로잡히지 않는다. 이것이 바울이 "세상에 대해 죽는다"라고, 또는 "그리스도 안에 있는 새로운 피조물"이라고 말하면서 의미한 것이다. 이것이 실존주의자들이 진정한 삶이라고 말하는 것이다.

그 외의 유럽 개신교 신학의 조류

바르트와 동료들이 『시간의 사이』를 발간하면서 자기들의 신학적 임무의 본질을 설명하려 하던 때에 스웨덴에서는 바르트의 작업과 상관없이 중요한 일이 이루어지고 있었다. 그곳에서는 룬드학파

(Lundensian school)가 교리학 연구에 깊이 뿌리를 내렸다. 그 학파는 그것을 기초로 출발하여 자체의 역사학에 근거하여 루터를 재해석하고 이레내우스를 재발견하는 일을 주도했다.

룬드학파의 작업을 설명하는 데 도움이 되는 유명한 저서는 두 편이다: 1930년에 니그렌(Anders Nygren)이 출판한 『아가페와 에로스』(Agape and Eros), 그리고 1948년에 구스타프 아울렌(Gustaf Aulén)이 출판한 『승리자 그리스도』(Christus Victor). 니그렌은 『아가페와 에로스』에서 "사랑"이라고 번역되는 두 단어를 비교하면서 이것들이 삶과 구원에 대한 두 가지 견해를 나타내는데 기독교 역사에서 그것들이 혼동되었다고, 그리고 종교개혁, 특히 루터의 신학은 아가페의 특성을 회복하려는 시도였다고 주장한다.

아울렌의 『승리자 그리스도』는 속전이 아니고(안셀무스의 주장처럼) 본보기가 아니라(아벨라르의 주장처럼), 악의 세력에 대한 승리로서의 그리스도의 사역 연구이다. 이것은 단순히 역사적인 관심의 문제가 아니라, 신앙의 핵심과 관련된 것이다. 왜냐하면 이 다양한 이론은 인간의 곤경 및 구원 과정 전체에 대한 여러 견해를 보여주기 때문이다. 인간의 죄는 단순히 속전을 지불하거나 본보기를 보여줌으로써 제거할 수 없다. 그것은 인간이 악의 세력의 노예가 된 것으로서, 그 세력을 물리쳐야 제거될 수 있다.

룬드학파의 신학은 몇 가지 이유로 중요하다. 기독교의 메시지를 이해하는 데서 악의 중요성을 회복한 것은 자유주의에 대한 반응으로서 바르트의 시도를 보완하는 동시에 그에 버금가는 것이다. 악뿐만 아니라 대속의 본질에 대한 그 학파의 이해의 초점은 교회에 있으며, 그것은 후대의 교회론 논의에 기여했다. 마지막으로 초대교회와 종교개혁에서 잊힌 요소들을 재발견한 것은 에큐메니컬 운동에 큰 영향을 미쳤다.

디트리히 본회퍼(Dietrich Bonhoeffer, 1906~1945)는 바르트 직후 세대에 가장 영향력 있는 독일 신학자일 것이다. 그는 고백교회의 목사요 학자요 교수요 지도자로 활동하다가 게슈타포에 체포되어 처형되었다.

그는 1937년에 『제자도의 대가』(The Cost of Discipleship)에서 루터의 갈등에 대한 해답이었던 "순수한 은혜"(pure grace)의 원리가 사람들이 분투해야 할 필요성을 면제해주는 교리로 전락했음을 한탄하면서 "값싼 은혜"(cheap grace)에 대한 유명한 말을 했다. 믿는 사람만 순종하며, 순종하는 사람만 믿는다. 그는 『성도의 교제』(Santorum Communio)에서 "교회 공동체로서 실존하시는 그리스도"라고 말하면서 기독교 신앙의 공동체적 특성을 강조했다. 그는 『성도의 공동생활』(Life Together)에서 공동생활의 실천과 가치관을 다루었다.

그는 "세속적"(worldly) 기독교의 가치를 강조함으로써 가장 큰 영향을 미쳤다. 그는 사후에 출판된 『옥중서간』(Letters and Papers from Prison)에서 이 점에 관해 논평힌다. 그것은 다른 서신늘이 그렇늣이 체계적이거나 완전하지 못하고 단편적이고 설명적이고 암시적이다. 거기서 그는 "성인이 된 세상"(world come of age)에 대해 말하면서 인간이 본성적으로 종교적인 존재라는 명제를 버리고, "기독교의 비종교회"(religionless Christianity)를 제안했다.

그보다 훨씬 전에 바르트는 종교와 기독교의 대비를 강조했었다. 이 점에 관해 본회퍼는 바르트에 동의하지만, 더 나아가서 삶 전체가 이루어지는 영역과 완전히 다른 종교 영역이나 신앙의 영역에서 생각하거나 행동하지 않는 기독교를 말한다. 그는 성경이 종교 서적이 아니라고 주장하는데, 이는 종교는 개인과 내향성과 저세상에 관심을 두지만, 성경의 관심사는 그와 반대이기 때문이다.

많은 사람이 상상하듯이, "성인이 된 세상"에 대한 본회퍼의 언급은 다양하게 해석되어왔다. 어쨌든 그가 세속화 과정을 긍정적으로 평가했음에는 의심의 여지가 없다.

볼프하르트 판넨베르크(Wolfhart Pannenberg)도 이러한 노선을 추구했다. 그는 세계사(world history)와 구원사(history of salvation)를 구분하는 것을 거부했다. 신학자가 역사를 초월하여 작업할 수 있는 차원은 존재하지 않는다. 역사를 진지하게 다루려면, 역사와의 통합이 있어야 하며, 역사 전체가 신학자와 기독교인의 관심사가 되어야 한다. 그러한 역사가 의미 있는 것이 되려면, 목적이 있어야 한다. 이것이 예수 부활의 의미이다. 그것은 기독교인들이 목적을 분별함으로써 역사에 의미와 중요성이 있다는 것을 확인하며, 그 의미와 중요성이 무엇인지 판단할 단서가 있다고 주장하는 기준이 될 종말론적 사건이다.

한편 마르크스주의와 기독교 간의 대화가 전개되고 있었다. 이 대화의 초기 단계를 주도한 사람은 바르트의 영향을 받았고 바르트처럼 기독론에 관심을 둔 로마드카(Josef L. Hromadka)이다. 동유럽 사람인 그는 프라하에서 강의하면서 서구 문명의 밑면을 서유럽 사람들보다 더 예리하게 의식했다.

로마드카는 성육신을 기초로 인간이 된다는 것의 의미를 이해하는 방식이 그리스도 안에 계신 하나님의 말씀을 바라보는 것이라고 느꼈다. 이것은 기독교인들이 전통적으로 종교적인 것에만 관심을 두어야 한다는 의미가 아니다. 왜냐하면 신자는 예수 그리스도를 믿는 즉시 하나님이 오신 세상에 개입해야 하기 때문이다.

하나님이 지으신 이 세상의 목표는 하나님 나라이다. 동서방을 막론하고 기독교인의 임무는 평화와 정의를 목표로 하는 사회 안에 있는 개인이나 세력과 함께 일하는 것이다. 특히 이것은 압제 받는 사람, 굶주린 사람, 인간으로서의 권위를 박탈당한 사람들 편에서 일하는 것을 의미한다. 마르크스주의 무신론은 부정적이면서 긍정적인 특성을 지닌다. 그것은 부정적으로 피상적이며, 궁극적으로 무의미한 세계관과 인간관과 역사관으로 이어진다. 그러나 긍정적으로 마르크스주의자들이 부인하는 신이 기독교의 하나님이 아니라는 것을 기독교인들은 기억해야 한다. 그것은 성경의 예언자들이 공격했던 우상을 닮은 신이다.

새 세기가 시작되는 시기에 활동한 가장 영향력이 있는 독일 신학자는 위르겐 몰트만(Jürgen Moltmann)일 것이다. 그는 라틴아메리카의 해방신학자들과 대화를 추진해왔다. 그는 제2차 세계대전 중에 전쟁포로로 갇혀 있으면서 신학 공부를 시작했다. 후일 그는 위에서 언급한 주요 인물들, 특히 바르트의 영향을 받았다. 그가 1965년에 출판한 『희망의 신학』(Theology of Hope)은 기독교 신앙에서 종말론의 중요성을 회복하는 동시에 종말론이 마지막 때의 일에 대한 교리(doctrine of the last things) 이상의 것임을 보여주려 했다. 종말론에는 교회가 바라는 것과 교회가 생활의 신조로 삼아야 할 희망이 포함된다. 기독교 종말론의 핵심은 하나님 나라에 대한 약속과 희망이므로, 종말론적 신앙은 필연적으로 정치적이어야 한다. 비정치적 복음을 말하는 것은 모순이요 어리석은 것이다.

미합중국의 개신교 신학

아메리카 대륙의 생활과 사상의 표면에 정치적·경제적·사회적으로 큰 격변의 파문이 일고 있었다. 미합중국은 양차 세계 대전 참전국이 아니었지만, 두 차례 전쟁의 직접적인 여파는 승리감과 큰 기쁨, 유럽의 분위기와 현저히 다른 낙관주의였다. 이런 까닭에 제2차 세계 대전 이후 바르트와 그의 학파가 미합중국, 또는 제3 세계 교회 지도자들과 신학자들에게 유럽에서만큼 직접적인 영향을 발휘하지 못했다. 대공황의 심각한 결과 때문에 바르크의 저서 『하나님의 말씀과 인간의 말』(The Word of God and the Word of Man)이 번역되어 미국 교계에서 더 널리 알려지기 시작했다. 이 새 신학은 라인홀드 니부어(Reinhold Niebuhr, 1892~1971)와 헬무트 리처드 니부어(Helmut Richard Niebuhr, 1894~1962) 형제의 저서에 가장 잘 나타나 있다.

라인홀드 니부어는 뉴욕의 유니온신학교 교수가 되기 전에 디트로이트 교회의 목사였다. 그곳에서 노동자 계층이 당하는 고난, 그리고 기계 및 사회 구조와 경제구조에 기인한 그들의 비인간화을 보고서 그는 마르크스주의의 자본주의 비판에 도움을 의지했다. 그는 마르크스주의자가 되지는 않았지만, 마르크스가 자본주의의 내적인 작용에 대해 한 말이 대부분 진실이며, 기독교인들은 진보적이고 민주적인 자본주의와 공정한 경제 질서를 동등하게 여기지 말아야 한다고 확신했다. 또 사회가 각각의 구성원들의 행위와 원리와 다른 방식으로 행동한다고 확신했다. 이것이 그의 저서 『도덕적 인간과 비도덕적 사회』(Moral Man and Immoral Society)의 주제이다. 그는 이 책에서 인간의 죄의 깊이, 그리고 그것이 개인뿐만 아니라 사회 안에서 악하게 작용하는 방식을 탐구했다. 후일 『인간의 본성과 운명』(The Nature and Destiny of Man)에서도 같은 주제를 다루었다.

한편 그의 동생 리처드 니부어는 아메리카의 종교 생활을 사회학적이고 신학적으로 분석했다. 그는 『교파주의의 사회적인 근원』(The Social Sources of Denominationalism)이라는 저서에서 교회가 계층의 신과 자기 보호라는 신에게 항복했다고 비난했다. 니부어의 주장에 따르면, 기독교는 교파주의 안에서 그 지도자들에게 복종했고, 주변 사회가 교회의 틀을 형성하는 것을 허용했다. 그 결과 교회는 예언적 특성을 잃었으므로 세상에 희망을 주지 못한다.

독일에서 나치즘이 우세해졌을 때 라인홀드 니부어는 폴 틸리히(Paul Tillich, 1886~1965)가 미합중국의 유니온신학교 교수로 부임하는

데 중요한 역할을 했다. 틸리히는 평생 이 신학교에서 강의했다. 니부어는 독일에서 사회주의적 견해로 유명한 틸리히가 유니온신학교에서 강의함으로써 자신이 아메리카의 경제구조와 사회구조를 비판하는 데 도움이 될 것을 기대한 듯하다. 그러나 그의 기대는 어긋났다. 왜냐하면 틸리히는 실존주의와 동양 종교를 비롯하여 현대 심리학에 깊은 관심을 가졌고, 곧 이러한 요소가 경제학과 사회 질서에 대한 그의 관심을 능가했기 때문이다.

틸리히는 바르트와는 달리 신학의 임무가 변증이며, 그것을 위해서는 신학의 기초가 철학에 있어야 한다고 여겼다. 이것이 그가 "상호 관계의 방법"(method of corelation)을 주장한 이유이다. 이 방법은 본질적으로 인간 생활이 제기하는 실존적인 질문을 분석하고, 복음의 관점에서 그것들에 응답하는 것이다.

틸리히가 생존해 있는 동안 그의 신학은 특히 미합중국에서 큰 영향력을 발휘했다. 그러나 그의 사후에 미합중국의 신학이 여러 경로를 취하게 되면서 그의 영향력은 급속히 감소했다. 초기에 찰스 하츠혼(Charles Hartshorne)의 주도로 과정철학(process philosophy)에 기초하여 신학을 전개하려는 시도들이 있었다. 존 콥(John B. Cobb)이 그에 해당하는데, 그는 과정철학이라는 기초 위에서 새로운 형태의 자연신학을 전개할 수 있으며, 신앙이 그 시대의 삶과 적극적으로 연결되려면 그러한 자연신학이 필요하다고 주장했다. 일부 신학자들은 세속화 및 그에 대한 긍정적 평가라는 문제를 취하여 각기 다른 방향으로 추진했다. 20세기 후반부터 21세기에 이르기까지 흑인신학자들과 여성 신학자들이 교회의 삶에 현저하게 기여하기 시작했다. 신흥 제3 세계 신학과 결합하여 논한다면 이것들을 가장 잘 이해할 수 있을 것이다.

또 20세기 후반 냉전이 한창이던 시기에 반공(反共)적이고 친자본주의적인 신학, 그리고 바르멘 선언을 반영하여 전 세계적인 복음적 공동체의 영향을 받아 삶 전체에 대한 그리스도의 절대적인 권위를 주장하고 아메리카의 삶과 정체를 그 주권의 판단 아래 두려 한 신학 사이가 더 멀어지고 있었다. 소련의 위협은 문제가 되지 않았지만, 이 두 경향은 새로운 모습으로 지속되었다. 이는 사회 질서와 정의에 관한 논쟁 대신에 낙태, 동성애자들의 권리, 지구 온난화 등 정치 무대의 중심에 있는 문제들이 부각되었기 때문이다.

가톨릭 신학의 새로운 지향

앞에서 로마 가톨릭교회 신학을 다루면서 근대 세계의 다양한 도서에 식녀한 19세기의 일반석인 경향 중 하나가 보수적인 시축이었음을 살펴보았다. 20세기 전반에 교황권은 비슷한 정책을 따랐다. 그때 제2차 바티칸공의회가 개방을 향해 작용하고 있는 경향을 볼 수 있있다.

20세기 초에는 자크 마리탱(Jaques Maritain, 1882~1973)과 에티엔 질송(Etinne Gilson, 1884~1978) 등 철학적 신학자들의 신토마스주의(Neo-Tomism)가 주도적이었다. 그러나 1930년대에 신학적인 동요와 쇄신의 징후들이 있었다. 가톨릭 신학자들 사이에 역사적이고 주석적인 학문이 등장했다. 1946년 무렵에는 "신신학"(new theology)이 논쟁의 주제가 되었다. 가리구라그랑쥬(R. Garrigou-Lagrange)는 신 신학이 현대 세계에서 취한 진보와 진화 사상에 굴복했다고 비난했다. 한동안 그 문제가 예수회와 도미니크회 사이의 논쟁으로 등장했다. 그 결과 1950년에 이전의 근대주의를 정죄하고 신학에서의 혁신에 대해 경고하는 회칙 "후마니 제네리스"(Humani generis)가 반포되었고, 많은 신신학자들이 침묵하게 되었다. 교황 비오 12세는 1950년에 마리아의 몽소승천(蒙召昇天)을 도그마로 선포했는데, 그로 말미암아 가톨릭교회와 개신교 사이가 더 멀어졌다.

이 시기에 침묵 당한 신학자 중에 가장 독창적인 인물은 샤르댕(Pierre Teilhard de Chadin)이다. 그가 과학계에 기독교의 정당성을 보여 주려 했으므로, 그의 신학은 넓은 의미에서 변증적이었다. 그러나 그것이 기독교에 대한 새로운 이해를 추구했으며, 근대 과학이 이러한 이해에 크게 기여했다고 느꼈다는 점에서 그의 신학은 전통적인 변증학을 넘어섰다. 근대 사상의 근저에는 샤르댕이 선언한 진화의 원리가 놓여 있는데, 그는 이 원리에 전심으로 동의했다. 그러나 그는 적자생존(survival of the fittest)을 강조한 다윈의 견해에 동의하지 않았다. 그는 실재 전체가 더 큰 복합성—더 고등한 의식 단계—을 향해 진화한다고 주장했다.

이 움직임의 목표는 오메가 점(omega point), 즉 예수 그리스도이다. 예수는 진화의 목표인 미래인(未來人, homo fururus)이다. 이는 그 종착

점이 하나님과의 교제이며, 예수 안에서 이 교제가 최고 단계에 이르기 때문이다. 그리스도의 몸, 그리스도의 정신이 다스리는 공동체인 교회는 진화 과정에서 중심 역할을 하라는 소명을 지니고 있다.

샤르댕의 저술이 그의 생전에 금서였고, 그가 사망한 후 몇 년 동안 교회의 의심을 받았기 때문에 그는 그리 영향을 미치지 못하다가. 후일 그 종착점이 신학의 가장 좋은 출발점이라고 주장하면서 종말론을 다시 강조한 다양한 신학에 영향을 미쳤다.

그러나 20세기에 위대한 교사요 가톨릭 신학을 체계화한 사람은 칼 라너(Karl Rahner, 1904~1984)이다. 그는 철저히 정통적이었지만, 모든 세대가 정통주의라는 공식의 배후에 숨어 있는 진리를 새롭게 이해해야 할 필요성을 강조했다. 그러므로 그는 의심의 여지가 없는 정통주의를 놀라운 창조력과 결합할 수 있었다. 그는 신학의 전통적인 주제들을 거의 모두 조사하고 논하고 재해석하고 활성화했다. 그의 저술 모두를 관통하고 있는 모티프는 신비이다. 이 신비는 라너가 신학의 주제 앞에서 경외한다. 그러나 신비는 지적인 태만이나 신앙지상주의적 반계몽주의를 위한 핑곗거리가 아니라 흥분(excitement)과 반성(reflection)으로의 초대이다.

라너의 작업은 매우 방대하므로, 여기에서는 특별히 중요한 두 주세에 초점을 두려 한다. 첫째는 라너의 기독론이다. 라니는 칼게논 신조에 동의하였지만, 종종 그것이 마치 성육신이 예수의 진정한 인성으로 축소되거나 감소했다는 듯이 단성론적으로, 또는 가현설적으로 해석되어왔다고 여겼다. 기독교의 인간론은 예수 안에 있는 참되고 완전한 인성이라고 여기는 것에 기초를 두어야 하므로 이것이 중요하다. 성육신은 단순히 인간의 죄에 대한 하나님의 반응이 아니라 창조의 목표, 인간 실존의 이유이다. 하나님이 자원하여 인간이 되셨기 때문에 그러한 실존이 가능하다.

라너의 신학에서 또 하나의 중요한 주제는 교회의 보편성에 대한 그의 이해이다. 라너 주위의 대부분 신학자는 교회의 보편성을 획일성으로 이해했고, 라너는 전 세계의 다양한 상황에서의 성육신으로 이해했다. 그러므로 다른 사람은 라틴어 사용에서 보편성을 보았지만, 라너는 세계 각처에서 참으로 현존하는 교회, 즉 성육신적으로 현존하는 교회 안에 나타난 보편성의 표식으로 모국어를 사용하는 것을 환영했다. 또 다른 사람은 보편성의 보증으로 교황의 권세와 권위의 집중화를 강조했지만, 라너는 교회의 권위를 제한하기 위해서가 아니라 교회의 보편성의 표식으로 주교들끼리의 권한의 평등이라는 주제를 전개했다. 제2차 바티칸 공의회는 이 주제들을 채택하고 지지했다.

교회의 고위 성직자들이 기독교를 적극적으로 근대 세계와 연결하려는 모든 시도를 진압하려 하는 동안, 신학적 견해는 20세기 가톨릭교회에서 가장 중요한 사건인 제2차 바티칸 공의회의 추진력이 될 것을 전개하고 있었다. 그 공의회는 요한 23세가 소집하였고 1962년 10월 11일에 회의를 시작했다.

공의회가 시작되면서부터 가톨릭교회가 20세기의 남은 기간 특히 근대세계와 관련된 문제에서 취하려는 방향이 위험하다는 것이 분명히 드러났다. 회의를 계획한 사람 중 다수는 그 회의가 오랫동안 가톨릭교회의 특징이었던 반-근대주의 입장을 확인해주기를 바랐지만, 공의회의 목표는 달랐다. 공의회에 초대된 신학 전문가에는 라너 같은 사람들이 포함되었다.

공의회는 전례 개혁에 관해 미사 집전에서 라틴어가 아닌 모국어 사용을 인정하는 것, 종교의 자유, 에큐메니즘, 동방교회, 수도회, 타 종교 등에 관하여 각 문화의 필요성에 따라 전례를 조정하기 위해 세계 각처 출신 주교들의 회의를 장려하는 것 등을 포함하는 중요한 문서들을 반포했다. 교회의 새로운 분위기를 가장 분명하게 표현한 문서는 "현대 세계에서의 교회에 관한 목회 헌장"(Pastoral Constitution on the Church in the Modern World)이다. 공의회 준비위원회가 제출한 안건에 포함되지 않았던 이 문서는 최근 몇 세대 안에 이루어진 변화를 다루면서 그 안에 기독교인들이 지원해야 할 것이 많음을 지적했다.

이 문서 및 그와 비슷한 문서들은 20세가 후반부터 21세기에 이르는 시기에 가톨릭교회의 신학적 분위기를 나타냈다. 교황권은 여러 번 바오로 6세, 요한 바오로 2세, 베네딕토 16세 등의 교황들보다 새로운 개방의 결과를 더 멀리 전하려 하는 사람들을 억제하려 했다. 그러나 제3 세계의 대수교가 프란치스코 교황으로 선출된 것, 그가 취임하여 처음으로 행한 조치들은 현대 세계, 특히 제3 세계의 다양한 문제에 교회가 개방적인 태도를 취하는 데서 공의회의 활동이 가톨릭교회 전체에 흔적을 남겼다는 것, 그리고 가톨릭 신학을 다시 창조적이고 다양하게 하고 있다는 것을 보여주었다.

제3 세계 신학

신학에서 이 새로운 분위기를 분명히 볼 수 있는 부분은 제3 세계 신학의 발달일 것이다. 제3 세계 신학이란 가톨릭 신학 개신교 신학, 종종 에큐메니컬 신학을 포함하며, 전통적인 무력함 때문에 신학적 대화의 선두에 서지 못했던 사람들이 전개한 신학을 의미한다. 그러므로 여기에는 여성이나 억압받는 소수집단의 관점과 경험과 갈망을 표현하는 선진국들의 신학뿐만 아니라 제3 세계 국가들의 신학도 포함된다.

이러한 신학들은 미합중국의 흑인민권운동, 그리고 마틴 루터 킹 목사의 설교와 저술에 표현되었다. 킹 목사의 신학은 흑인 교회 전통에 뿌리를 두고 있으며, 출애굽과 급진적인 종말론적 희망을 강조한다. 그러므로 킹 목사의 저술에서 발견되는 많은 부분은 후일 흑인신학이라고 알려졌다.

거의 같은 시기에 특히 제2차 세계 대전의 결과로 여성신학이 새로 추진력을 얻기 시작했다. 처음에는 북대서양에서 시작되었으나 지금은 전 세계에서 인간이 하는 모든 일, 그러므로 신학적인 일에서 여성이 동등한 파트너와 참여자가 될 권리를 주장한다.

보통 제3 세계라고 알려진 국가에서 새로운 신학이 발달하고 있다. 이 신학은 지역에 따라 각기 다른 방향을 취한다. 아시아와 아프리카 일부 지역에서는 사회정의가 항상 문제가 되지만, 중심이 되는 주제는 각 국가의 전통문화와 기독교의 관계이다. 남아프리카에서는 인종차별 정책과 그에 대한 반응이라는 주제를 중심으로 신학이 발달했다. 라틴 아메리카에서는 실질적인 탄압의 본질을 이해하기 위해서 마르크스주의 분석을 사용하는 사회적이고 경제적인 정의가 중요한 문제이다.

각각의 신학은 서로 다르지만, 몇 가지 공통점이 있다. 그것들 대부분은 고전적 자유주의를 특별한 시대의 문화적·사회적 상황의 표현으로 여기며, 하나님의 말씀에 기초하여 발언하려 한다. 이 점에 관하여 개신교인들에게서 바르트의 영향을 볼 수 있다. 또 일부 제 3세계 신학에는 강력한 종말론 요소가 있다. 이 점에 관하여 그들은 샤르댕과 몰트만의 업적이 중요하다고 여긴다. 셋째로 이 신학들은 대개 근본적으로 성육신 신학이다. 왜냐하면, 그것들은 세상에서의 하나님의 활동의 본질에 대한 이해, 세계사와 구원사를 나누지 않는 인간사의 통일성에 대한 이해, 그리고 정치를 비롯한 여러 분야에 기독교인들이 비기독교인들과 함께 참여하는 것에 대한 이해를 성육신에서 끌어내기 때문이다. 넷째, 그 신학들은 대개 전통적으로 서방 기독교를 분열해온 많은 문제를 극복하거나 무시하려 한다. 마지막으로, 이 신학들은 각기 자체의 구체적인 관심사—사회정의, 기독교와 문화, 여성의 권리 등—를 다루며, 전통적인 신학을 그러한 관심사와 연결하는 것 이상의 일을 시도한다. 그 신학들은 이러한 관심사를 모든 면에 반영할 수 있도록 신학 전체를 재구성하려 한다. 이 일에서 그 신학들은 신학을 인간의 다양한 문제와 상황에 적용하려 한 과거의 시도들과는 달리 그러한 문제와 상황을 신학의 새로운 출발점으로 여긴다.

마지막 개관

오늘의 신학을 이전 시대와 비교해 보면 신학의 전략 기조가 매우 축소되었음이 분명하다. 18세기에 미합중국과 프랑스에서 시작된 혁명에 이어 러시아, 서유럽, 극동아시아, 라틴 아메리카 등지에서 발생한 혁명들은 4세기 이후 정치적인 약자의 입장에서, 세속 국가와 문화 안에서, 심지어 기독교에 우호적이지 않은 종교가 우세한 국가와 문화 안에서 신학이 행해져야 한다는 것을 의미했다.

부분적으로 앞서 말한 현상의 결과로서, 대부분의 경우 신학의 대상이 제한되었기 때문에 신학의 범위도 좁아져 왔다. 신학자들은 대개 교회 또는 신앙의 가능성을 깊이 생각하는 사람들을 대상으로 삼는다. 그러나 인류의 토론장에서 종종 그들의 음성은 거의 들을 수 없을 정도이다. 종종 세상이 관심이나 호기심을 갖고 신학을 경정하는 부분은 사회 정의, 폭력이나 혁명 등의 관련 주제에 관한 선언이다.

반면에 신학에서 범위가 확대된 부분이 있다. 그것은 지리적, 신앙고백적, 그리고 사회학적인 부분이다. 신학의 범위에서 지리적인 확장은 20세기의 가장 중요한 현상으로 입증될 것이다. 21세기가 시작되면서 신학은 북대서양에서의 일에 그치지 않았다. 오늘날 아시아와 아프리카와 남아메리카의 영거 처치(younger church)들이 신학의 범위 확대에 기여하고 있다. 이러한 신학의 범위 확대는 여러 이유로 중요함이 증명될 것이다. 그것은 과거에 종종 신학자들을 유혹했던 편협성과 민족주의에 대처하는 데 도움이 될 것이다. 기독교 사상의 발달은 그리스 철학을 배경으로 이루어져 왔으며, 그렇기 때문에 영거 처치들은 고대 그리스 교부들이 자기들이 태어난 문화를 대한 것처럼 철학적이고 문화적으로 다른 관점들을 복음을 위한 준비(Praeparatio evangelica)로 간주할 수 있는지를 질문할 것이다. 이것과 비교할 때 16세기와 19세기에 서방 신학이 제기한 질문을 급진적인 것이라고 볼 수 없다. 또 기독교의 중심이 북대서양에서 옮겨졌으므로, 이것이 신학의 장래 형태에 미칠 영향이 증가할 것이다.

신앙고백과 관련하여 신학의 범위가 확대되었다. 일반적으로 신앙고백 노선에 따라 기독교 신학의 발달을 이야기할 수 있었다. 그러나 20세기에 상황이 달라졌다. 교파를 초월한 대화가 중요하고 활발해졌다. 신학자들은 자기가 속한 교파를 특징짓는 신조를 새롭게 바라보고, 그것을 더 에큐메니컬하게 재해석할 수 있는지 아닌지 질문해야 한다. 이 일이 결실을 볼 때 교회사 전체를 다시 써야 할 것이다.

이러한 맥락에서 20세기 교회사에서 가장 중요한 사건 중 하나가 오순절 운동임을 기억해야 한다. 오순절운동은 여러 방식으로 기독교의 새 교파가 되었는데, 그 영향이 다른 모든 기독교 신앙고백에 나타난다. 이 영향의 일부는 성령론과 종말론에 대한 관심 회복의 결과이다. 많은 사람이 오순절 신앙부흥과 사회적이고 정치적인 해방을 옹호하는 다양한 신학 사이에 거리와 적대감이 있다고 여기지만, 이 둘은 희망을 기독교 신앙의 중심으로 여겨 강조한다는 점에서 일치한다. 그러므로 가까운 미래에 신학은 종말론과 성령론, 그리고 그 둘의 관계에 더 관심을 둘 것이다.

마지막으로, "사회학적 확장"(sociological expansion)은 두 가지를 의미한다. 첫째, 그것은 사회정의 문제에 더 관심을 기울이기 위해 신학의 주제를 확장하는 것을 의미한다. 이 점에서 질문은 기독교인들이 사회의 변화를 위해 할 수 있는 일이 무엇인가가 아니라 하나님이 사회 안에서 행하고 계신 것을 어떻게 보고 발견해야 하는가이다.

둘째, 현대 신학의 사회학적 확장이란 과거에 신학 작업의 중심에서 배제되었던 집단들이 인정받게 된 것을 의미한다. 미합중국에서는 흑인, 여성, 라틴아메리카인 등이 신학에 특별히 공헌하고 있다. 비슷한 현상이 전 세계에서 이루어지고 있다. 정치적 약자의 입장에서 신학적 사고가 이루어져야 하는 시대에 전통적으로 사회의 무력한 계층에 속해온 사람들이 자신의 신학적 주장을 내세우고 있다.

이 모든 일은 창조적이고 기분 좋은 신학 활동의 시대—기독교 신학의 오랜 역사를 다시 찾고 검토하고 해석하게 될 시대—의 도래를 알리는 듯하다.

색인

ㄱ

가경자 299
가난한 설교자들 390
가르침의 은혜 250
가리구라그랑쥬 618
가명 이시도르 교령집 331
가톨릭 개혁 494, 515
가톨릭 종교개혁 397
가현설 42, 77, 79, 80, 102, 202, 211, 219, 246, 247, 271, 297, 392, 473, 619
갈대아 가톨릭교도들 599
갈렌 333
갈리아 교회 584
갈리아주의 584, 585, 586, 588
갈릴레오 497, 559, 560
감각에 의한 인식 562
감리교 신도회 552
값싼 은혜 611
강도들의 회의 231
개념론 323
개신교 스콜라주의 529, 536, 606
개신교 종교개혁 393, 397, 404, 410, 477, 479, 481, 493, 495, 511, 594
개연론 503
개혁파 331, 332, 358, 435, 455, 469, 531, 534, 606

객관적 실체 512, 609
거룩한 침묵 348
게르마노스 339, 340
겔라시우스 331
격언 59
견인 257, 512, 539, 553, 555
겸손에 관하여 102
겸직제도 511
경건주의 517, 547, 548, 549, 550, 557
경건주의자들 550
경건 학교 548, 551
경건한 모임 552
경건한 소원 547
계기적 현현양태 83
계시의 은혜 250
고딕 336, 357, 396
고린도 교회에 보낸 첫 번째 편지 86
고마루스 537, 538, 539
고백교회 606, 607, 611
고백록 241, 251, 271
고백자 막시무스 293
고전 고대 348
고트프리드 빌헬름 라이프니츠 561
공동기도서 485, 486, 487, 553
공동생활 형제단 388, 406
공산낭 선언 588

색인 629

공의회 수위설 380, 381, 386, 387, 389, 516, 584, 587
공재설 432, 486
과격한 칼빈주의자 490
과격한 프란치스코회 380
과정철학 616
관용에 관한 서한 563
교계제도 402, 405
교파주의의 사회적인 근원 615
교황 레오의 교서 309
교황 지상권론자 584
교회 교의학 605, 606
교회 박사 377, 499
교회사가 될링거 587
교회 연대기 498
교회 위계론 290
교회의 바벨론 유수 380, 418, 431
교훈서 269
구 가톨릭교회 84
구스타프 아울렌 610
국왕 교회 보호권 402
군주적 감독제 44, 85
그레고리 성가 275
그레고리 팔라마스 348
그루테 388
그리고리 7세 314
그리고 아들로부터 303
그리스도 단의설 288
그리스도를 본받아 389
그리스도인의 완전 554, 555
그리스도인의 자유 418
그리스 정교회 337, 587
근대주의자 590
근본주의 581

금식에 관하여 102
긍정과 부정 323, 329, 360
기독교 강요 458, 460, 465, 466, 470, 476, 478, 479, 523, 530, 534
기독교 교리의 토대 451
기독교 세계의 기독교 573
기독교 신앙 568, 569, 570
기독교 신앙의 성례에 관하여 327
기독교 신앙 해설 272
기독교와 사회적 위기 581
기독교 원리 124, 125
기독교의 비종교화 611
기독교의 사회적 가르 580
기독교인을 위한 탄원 63
기적을 행하는 사람 그레고리 135

ⓝ

나르사이 294
나르세스 295
난외 주해 123
남성원리 71
납과 철의 암흑 세기 313
내면의 말 519
내재하는 말씀 65
내적 교제 527
냉담 26, 27
너 자신을 알라 322
네 권으로 된 명제들 328
네스토리우스 222, 223, 224, 225, 226, 227, 228, 233, 234, 285, 286, 294, 295, 297, 337, 338, 351, 352, 354, 599
네스토리우스파 285, 294, 338, 351,

352, 354, 599
노바티안 139, 143, 144, 145, 147, 148
노섬벌랜드 공작 485
논제, 95개조의 416
니그렌 610
니케아 공의회 161, 169, 172, 176, 178, 179, 183, 184, 194, 212, 231, 233, 341, 359
니케아신경 524
니케아 신조 166, 167, 168, 169, 173, 174, 177, 178, 180, 181, 183, 191, 196, 197, 203, 206, 212, 234, 304
니케아 콘스탄티노플 신조 302
니케포루스 339
니코메디아의 마라톤 177
니코메디아의 유세비우스 164, 165, 167, 168, 169, 170, 171
니콘 596
니콜라 말브랑슈 561
니콜라스 리들리 486
닛사의 그레고리 135, 178, 192, 193, 194, 198, 200, 202, 203, 204

㈐

다마스쿠스의 요한 340
다섯 신학 논설 196
다일리 393
나쎄프의 그레고리 355
단성론 232, 282, 283, 284, 285, 288, 289, 295, 296, 297, 337, 338, 353, 599, 600, 619
단성론 교회 296

단의론 287, 288, 289, 293
단일신론 82, 83, 105, 106, 129, 142, 165, 437
단일 에네르기 이론 288
단일 위격적 에네르기 287, 288
단일 위격적 의지 288
담화집 268
대각성 운동 547
대각성운동 557, 558
대역 성경, 6개 국어 123
대 그레고리 275, 278, 299, 310, 366
대 디오니시우스 135, 152, 157
대 바실 135, 191
대어록 319, 320
대요리문답 544
대이교도 대전 372
데카르트 559, 560, 561
도나투스파 246, 247, 248, 260, 262, 445
도덕적 인간과 비도덕적 사회 615
도르트 회의 534, 536, 539
도미니크의 설교자수도회 361
도미니크회 370, 371, 388, 498, 499, 501, 502, 503, 505, 507, 508, 618
도밍고 바녜즈 503
도스토예프스키 598
독단의 잠 564
독어록 319
독일 귀족에게 고함 418
독일의 사도 495
동료 루치아노주의자들 162, 164
동일본질 154, 165, 166, 167, 173, 174, 177, 178, 180, 194, 195, 210, 282

동적 단일신론 82, 83, 153
두 가지 길의 문서 39, 48
두 개의 본성적 에네르기 288
두 개의 본성적 의지 289
두 에네르기 이론 288
둔스 스코투스 379, 381
디다케 35, 38, 39, 40, 41, 48, 86
디아스포라 23, 24, 25
디오그네투스에게 보낸 서신 65, 66
디오그네투스에게 보낸 편지 35
디오스코루스 228, 229, 230, 231, 232, 295
디트리히 본회퍼 611
또 다른 하나님 60

㉿

라멘따빌리 590
라바누스 마우루스 300
라엘리우스 소키누스 455
라이프치히 잠정협정 520, 521
라인란트 신비가 445
라인란트 운동 388
라인홀드 니부어 614, 615
라코우 교리서 455
라테란 공의회 335
라트람누스 300, 301, 302
라트리아 340
랜프랭크 315, 317
러시아 정교회 587, 597, 598
러시아 중세 시대 349
레눔 노바룸 591
레렝의 빈켄티우스 268, 269
레시우스 507
레오 9세 314, 342

레오 10세 416, 417, 584
레오 13세 500, 590
레오니다스 121
레이덴 449, 537
로고스-육체 218, 219, 220
로고스-인간 218
로렌조 발라 395, 396, 409
로마드카 613
로마서 주석 604
로마서 주해 323
로마의 주교 스테픈 148
로마의 클레멘트 35, 85
롤라드파 390, 393, 543
롬바르두스의 명제집 주해 372
롬바르드 180, 334, 376, 499, 501
롱바르 326, 327, 328, 329, 330
루돌프 불트만 605, 608
루이스브렉 388
루터주의 452, 475, 488, 518, 524, 525
루터파 411, 412, 435, 449, 455, 457, 458, 465, 469, 471, 474, 475, 478, 481, 485, 495, 496, 517, 518, 520, 521, 522, 523, 524, 525, 526, 527, 528, 529, 530, 532, 539, 546, 550, 606
루피누스 124
룬드학파 609, 610
르네상스, 12세기의 317
르네상스의 인문주의 401
리베리우스 173
리옹의 감독 포티누스 92
리옹의 귀샤르 333
리쯔의 파우스투스 268, 269
리츨 566, 567, 575-577, 579, 581

ㅁ

마그데부르크 교회사 496, 498, 632
마니교 242, 243, 246, 255, 256, 257, 271
마르키아누스 231, 234
마르키온 78, 79, 80, 82, 85, 86, 88, 89, 102, 126
마리우스 빅토리누스 208
마요르 논쟁 521
마이모니데스 363, 364
마크리나 192
마터 버미글리 531
마테르 에트 마지스트라 591
마티스 449
마틴 루터 킹 622
마틴 켐니츠 525
막시밀라 81
만유 구원 133
말씀의 성육에관한 서신 319
매서즈버그 학파 579
맹인 디디모 194, 195
메난더 74
메노 시몬즈 451
메소디스트파 552, 557
메시아 강림에 관하여 318
멜란히톤 475, 517, 518, 519, 520, 521, 522, 523, 525, 532
멜리토 66, 67, 68, 155
멜키오르 까노 502
멜키트 296
면죄부의 효력과 능력에 관한 논쟁 416
명제 대전 328
명제들 326, 328, 329, 330, 532, 546, 631, 637
명제집 제3권 주해 370
모라비아파 547, 549, 550, 557
모로코 사람 사무엘 318
모범주의 254
모이제 아미라우트 540
모하메드 72
목자 38, 49, 51, 53, 86, 140
몬타누스 81, 82, 101, 104, 105, 108, 144
몰리나 497, 507, 508
몹수에스티아의 테오도르 215, 284, 286, 295
몽매주의 351, 495
몽소승천 618
무감각 26, 30
무류설 289, 586, 587
무신론 56, 613
무의지적 기억 29
무조건적인 예정론 555
문법학자에 관하여 319
미래인 618
미카엘 케룰라리오스 341
미카엘 프셀루스 344
밀라노의 암브로시우스 194, 195, 205
밀란의 암브로스 135

ㅂ

바나바 서신 35, 39, 47, 48, 54, 86, 113
바로니우스 313, 496, 498
바로톨로메 메디나 502
바르멘 선언 606, 617
바르수마스 294, 295
바르톨로메 데 라스 카사스 502

바벨론 유수 380, 384, 418, 431
바실리데스 74
바오로 3세 504, 509, 515
바우르 578
바울 신학 579
바이우스 507
반달족 180, 267
반-변증학자 328
반율법주의 518, 519, 520
반종교개혁 493, 494
반-칼빈주의자 536, 537
발도 333, 334, 361, 393, 633
발렌스 172, 174, 177
발렌티누스 74, 75, 88, 102
발렌티니아누스 2세 178, 205
방문객을 위한 가르침 519
방법서설 560
방황하는 자들을 위한 안내서 364
배교자 줄리안 175
백년전쟁 380, 402, 403
베네딕트 275, 534, 631, 634
베네딕트 튜레틴 534
베드로 계시록 52
베드로 복음 52
베드로 신학 579
베드로의 대리인 309
벨라르미누스 496, 497, 498
벨리사리우스 284
변증 55, 56, 57, 58, 65, 66, 67, 68, 70, 102, 117, 124, 142, 185, 305, 322, 323, 327, 328, 354, 362, 451, 461, 488, 571, 572, 600, 604, 605, 616, 618
보고밀파 335

보나벤투라 335, 365, 368, 369, 370, 378, 379, 383, 410, 498, 499
보니파티우스 8세 379
보름스 411, 419
보에티우스 272, 273, 274, 275
보이지 않는 실재 609
보편개념 273, 315, 323, 330, 344, 363, 385, 407
보편적 회복 133
보헤미아 형제단 393, 549
복음주의 577
본성적 욕구 460
본성적 의지 293
본질의 교용 145
본회퍼 611, 612
볼프하르트 판넨베르크 612
부동의 원동자 236
부르봉 왕조 585
부자가 구원받을 것인가? 111
부재직임제도 511
불링거 457, 533, 541
브란텐부르크의 알버트 416
브루노 313
비드 299, 563
비밀 칼빈주의자 518
비바리움 274
비스고트족 180
비-어거스틴 276
비오 9세 586, 589, 590
비오 10세 590
비오 12세 618
비질리우스 284, 285, 286, 287
비텐베르크 협약 457
빈번한 성찬에 대하여 508

ㅅ

사도 교부들 35, 36, 52, 54, 67, 140
사도신경 87, 251, 304, 524
사도의 계승자 150
사도적 설교의 증명 93
사도 전승 84, 85, 86, 87, 89, 107, 149
사두개 20, 21
사르디스의 멜리토 66
사모사타의 바울 83, 151, 152, 153, 154, 163, 171, 212, 214
사무엘 웨슬 551
사벨리우스 83, 142, 145, 157, 158, 165, 167, 168, 171, 174, 176, 197, 210, 271
사벨리우스주의 83, 142, 145, 157, 158, 165, 167, 168, 171, 174, 197, 210, 271
사보나롤라 381, 390, 394
사죄의 은혜 250
사투르니누스 74
사회복음 이론 581
살라망카 학파 503
삼위의 일치에 관하여 272
삼위일체 22, 54, 68, 93, 104, 105, 108, 117, 119, 128, 129, 140, 142, 144, 146, 156, 159, 177, 183, 189, 191, 193, 194, 196, 197, 198, 200-210, 212, 241, 251, 271, 273, 277, 292, 293, 306, 320, 329, 334, 335, 350, 352, 357, 369, 421, 422, 445, 452, 454, 455, 461, 519, 572
삼위일체론 140, 142, 144, 156, 159, 189, 191, 194, 196, 200, 202, 203, 204, 205, 206, 207, 209, 251, 271, 273, 357, 422, 445, 454, 455, 461, 572
삼장 논쟁 284
상소 금지법 403
상이본질파 173, 174, 180, 193, 196
상호 관계의 방법 616
생명의 근원 363
생 빅토르의 리처드 328
생 빅토르의 위그 327, 332, 369
생 빅토르 학파 326, 327, 328
샤르댕 618, 619, 623
샤르트르의 풀베르트 314
샤를마뉴 대제 299
샤를마뉴의 등극 310
샬롱 쉬르 마르느 327
샹뽀의 윌리엄 326
서고트 297
서머나의 폴리캅 35
서머셋 공작 485
서방 분리 대란 380
선제후령 520
성경과 전통 368, 435
성경의 권위 368, 391, 417, 422, 423, 447, 459, 465, 472, 479, 484, 488, 489, 497, 511, 534, 545, 577
성경의 무오설 581
성경의 영감 528
성도의 견인 555
성도의 공동생활 611
성도의 교제 611
성령의 하프 295
성령훼방론자 177, 189, 193, 194, 195

성례　44, 45, 107, 134, 135, 156, 247, 248, 261, 262, 263, 316, 327, 329, 350, 354, 376, 385, 392, 418, 430, 431, 441, 442, 454, 468, 469, 470, 471, 472, 473, 479, 484, 495, 497, 511, 513, 514, 544, 553, 556, 594, 608
성례전　44, 45, 134, 135, 247, 248, 249, 261, 327, 329, 350, 354, 376, 392, 418, 430, 431, 441, 442, 454, 468, 469
성만찬에 관하여　315
성부수난설　83
성상파괴론　339, 340
성육신 교리　12, 68, 211, 218, 409
성육신론　184, 185, 187, 268, 572
성인이 된 세상　611, 612
성자 종속설　142
성좌 선언　587
성직매매　332, 379
성직자의 복장　484
성찰록　560
성학 및 세속적 제학 강요　274
세계교회공의회　607
세계기독학생연합회　607
세례에 관하여　107
세르기우스　287, 288, 289
세르베투스　445, 454, 462
세빌랴의 이시도루스　278
세상의 영원함　155
세속의 칼　332, 404
세속화　236, 603, 612, 616
소아르메니아　354, 355
소요리문답　544

소책자 운동가　577
소 플리니우스　55
속성의 교류　133, 190, 202, 216, 217, 462, 463, 524
솔로몬 왕조　353
솔로몬 이븐 가비롤　363
솔즈베리의 요한　330, 332
수덕적 수행　276
수도 규칙　275
수도 신학　275
수도원운동　274, 276, 360, 497
수비학　79
수위권 반박　341
수장령　403, 483, 484
순교자의 유물　46
순수한 은혜　611
술비피우스 세베루스　271
슈트라우스　579
슐라이어마허　550, 566, 567, 568, 569
스미르나의 노에투스　142
스코투스　315, 379, 381, 382, 383, 384, 385, 498, 499
스코투스의 주의주의　382
스코틀랜드 신앙고백　541
스콜라 신학자　324, 547
스콜라주의　241, 336, 348, 364, 383, 384, 385, 389, 409, 502, 536, 562, 606
스콜라 학문 방법　360
스콜라 학파　360
스콜라학파　389
스토아 교리　27, 36
스토아적 로고스　186
스토아주의　29, 31, 106, 109, 139,

204, 205
스토아 철학자 27, 134
스투디오스의 테오도르 339, 340
스트리골닉스파 350
스페너 547, 548, 551, 552
스페인의 카를로스 1세 402
스페인의 필립 486
승리자 그리스도 610
시간의 사이 604, 609
시골 친구에게 부치는 편지 508
시대를 위한 책자 577
시르미움의 신성모독 172, 174, 175
시몬 마구스 74
신경건운동 388
신과학운동 594, 595
신국론 251, 263, 272
신 단동설 287
신명론 290
신비신학 202, 210, 290, 342, 343
신비종교 33, 73, 109
신비주의 193, 202, 291, 325, 328, 344, 348, 368, 369, 370, 381, 388, 389, 401, 406, 421, 453, 561
신신학사 시므온 342, 348
신 아리우스파 422
신앙 감정론 558
신앙 규범 86, 104, 127, 128, 134
신앙의 논리 605
신앙의 진리의 증거에 관한 책 351
신은 왜 인간이 되었는가 319, 321
신인 협력설 518
신정통주의 604
신조, 39개 488, 553
신조, 42개 488

신토마스주의 617
신플라톤주의 29, 31, 109, 117, 129, 200, 202, 204, 243, 244, 245, 252, 256, 290, 362, 367, 376
신학 강요 518
신학 대전 372
신학대전 330, 376, 499, 500, 503, 505
신학 명제들에 관한 네 권의 책 326
신학 요강 370
신학 입문 323
신학적 르네상스 322
신학 주제들에 관하여 502
실재론 273, 330, 363
실재론자 273, 363
실증적 종교 571
실천이성 565, 566
실천이성 비판 565
십 개 신조 484
십자가의 신학 420, 421

ⓞ

아가페와 에로스 610
아그리골라 518, 519
아네타고라스 68
아담 71, 94, 95, 96, 97, 98, 99, 120, 155, 249, 250, 257, 258, 270, 306, 335, 460, 462, 512
아디아포라 490, 520, 521
아라곤의 캐서린 482
아라곤의 페르디난드 401
아라비아의 조지 353
아레오파고의 디오니시우스 290

아르메니아 교회 296, 337, 353, 354, 355, 599
아르미니우스 536, 537, 538, 539, 553, 557
아르미니우스 논쟁 537
아르미니우스파 536, 538, 539, 553
아를의 힐라리 268
아리스토텔레스 28, 109, 333, 344, 354, 362, 363, 364, 365, 366, 367, 368, 370, 371, 374, 377, 378, 431, 505, 525, 529, 531, 559
아리스티데스 57
아리우스주의 145, 156, 160, 163, 165, 166, 167, 168, 169, 171, 174, 175, 176, 177, 178, 180, 181, 184, 188, 189, 191, 193, 194, 195, 197, 203, 204, 205, 206, 219
아버지와 아들에게서 나온다 303
아베로에스 333, 363, 366, 377, 378
아베로에스 학파 366, 377
아벨라르 322, 323, 324, 325, 326, 327, 328, 329, 360, 576, 610
아블라비우스 200
아비뇽 377, 379, 384, 403, 405, 584
아비켄나 332, 333
아씨시의 프란치스코 361
아에테르니 파트리스 590
아에티우스 173
아우구스부르크 445
아우구스투스 황제 17
아우그스부르크 신앙고백 521
아우그스부르크 신조 524, 550

아우그스부르크 잠정협정 520, 521
아우그스부르크 회의 520
아카치우스 282
아키텐의 프로스퍼 268
아타나시우스 135, 161, 169, 170, 172, 175, 177, 178, 183, 184, 185, 186, 187, 188, 189, 190, 191, 194, 197, 203, 204, 220, 524
아테나고라스 63, 64, 68, 111
아폴리나리스 190, 198, 219, 220, 221, 222, 226
아폴리나리우스주의 180
아헨 303
안네이트 403
안디옥의 감독 테오필루스 64
안디옥의 네스토리우스 222
안디옥의 루치아노 156, 157, 159
안디옥의 루치안 152, 215
안디옥의 멜레티우스 175
안디옥의 유스타티우스 169, 212, 214
안디옥의 이그나티우스 35, 41, 70, 85
아셀름 319, 320, 321, 322, 324, 325, 367, 373, 374, 383
안키라의 마르셀루스 169, 171
안키라의 바실 178
안키라의 바질 174
알 가잘리 333
알렉산더 6세 381, 402, 503
알렉산드리아의 기독론 218, 224
알렉산드리아의 디오니시우스 156, 157
알렉산드리아의 신학 108, 132, 139, 185, 214, 216, 218, 222,

225
알렉산드리아의 알렉산더 165, 169
알렉산드리아의 필로 25, 58, 113
알렉산드리아 종교회의 176, 179
알렉산드리아 학파 54, 110, 135, 190, 213, 214, 216, 218, 222, 227, 285, 294, 464
알렉세이 코미야코프 597
알룸브라도스 453
알만티키 354
알베르트 슈바이처 579
알브레히트 리츨 575
알비파 335, 336, 360, 361
알칼라 데 예나레스 408
알 파라비 333
암브로스 135, 161, 206, 300
암브로시우스 194, 195, 205, 243, 244, 245, 248, 271, 310, 633
애즈베리 557
야곱 바라데우스 296
야곱파 교회 296, 337, 353, 354
야코부스 아르미니우스 536
야하벤아디 354
얀센주의 508, 509
양식비평 608
양자 153, 163, 512
양태적 단일신론 82, 83
어거스틴 30, 101, 146, 161, 183, 205, 206, 207, 208, 209, 213, 241-249, 251-265, 268-272, 275, 276, 277, 278, 281, 300, 301, 306, 362, 363, 365, 366, 367, 368, 369, 370, 371, 378, 379, 381, 382, 392, 410, 508, 560

어거스틴 신학 367
어거스틴주의 270, 276, 277, 300, 365, 366, 367, 368, 369, 371, 382
엄격주의파 335
엄수 루터파 518, 520, 521, 522, 523, 524, 525
에네르기 287, 288, 290, 293
에데사의 야곱 353
에뎃사의 이바스 284, 286, 294
에드워드 6세 485, 486, 487, 488, 543
에라스무스 406, 407, 408, 409, 410, 411, 412, 413, 435, 453, 481, 494, 517
에른스트 트뢸치 580
에리우게나 305, 306, 307, 314, 315
에밀 브루너 604
에베소 공의회 196, 222, 229, 230, 231, 233
에비온 종파 211
에비온파 71, 72, 88
에치미아진 355
에크 388, 417, 495
에티엔 질송 617
에티오피아 교회 296, 337, 353, 599
엑스트라 칼비니스티쿰 463
엔크라티테스파 62
엘로이즈 322
엘리야 바르 세나야 352
엘리자베스 1세 481, 542
엘크사이 72
여섯 개 신조 484
여성신학 622
여성원리 71, 72
역사적 예수 탐구 579

역종교개혁 394
연송호칭기도 484
연옥 264, 277, 416, 417, 484, 497, 511, 514
열두 사도의 서신 52
열성분자 348
영거 처치 626
영광의 신학 420, 421
영국 국교회 403, 483, 488, 542
영국 국교회 변증 488
영국 국민 교회사 299
영국 종교개혁 393, 488
영생의 인 99
영적인 칼 332, 404
영지주의 27, 72, 73, 74, 76, 77, 78, 79, 82, 86, 88, 89, 100, 102, 242
영혼유전설 106
영혼의 불멸과 선재 29
영혼의 선재 30, 155
예루살렘의 소프로니우스 288
예루살렘의 키릴 175
예수의 생애 579
예수회 495, 499, 504, 505, 506, 507, 618
예정 20, 249, 251, 259, 260, 268, 269, 270, 277, 278, 300, 354, 366, 382, 437, 438, 439, 446, 461, 466, 467, 495, 503, 506, 513, 530, 531, 532, 533, 535, 537, 538, 539, 541, 544, 545, 546, 553, 555, 558, 594
예지, 예정, 은혜와 자유의지에 관하여 319, 640
예표 48, 59, 60, 66, 116, 126, 140, 155

옛 로마 신경 87
오랑주 270
오로시우스 271, 272
오류표 589
오르베의 고트샬크 300
오리겐 91, 109, 110, 121, 122, 123, 124, 125, 126, 127, 128, 129, 130, 131, 132, 133, 134, 135, 136, 137, 141, 142, 149, 151, 152, 154, 155, 156, 157, 158, 159, 162, 167, 185, 199, 200, 204, 212, 214, 219, 287, 305, 344
오리야크의 제르베르 314
오메가 점 618
오시안더 462, 518, 519, 520
오캄 384, 385, 387, 640
오토 64, 313
오토리쿠스에게 주는 글 64
옥스퍼드 운동 577, 578, 589
옥중서간 611
옥타비우스 56
올레비아누스 523
올림푸스의 메토디우스 135, 152, 155
완전한 성화 554
외부의 말 519
외적 교제 527
외콜람파디우스 530
요크의 알퀸 299
요하네스 스코투스 에리우게나 304
요한 23세 591, 592, 620
요한 에크 495
요한 카시아누스 268
요한 코클레우스 495

요한 크리소스톰 215, 268
요한 타울러 388
요한 후스 380
우니게니투스 508
우르반 2세 318
우르사치우스 172, 174
우리시누스 523, 532
우시아 179, 180, 207
우주발생론 79
운동하게 하는 자 373
울리히 츠빙글리 435
원래의 완전함 570
원초의 은혜 250
월터 라우센부쉬 577, 581
웨스트민스터 신앙고백 534, 541, 544, 545, 546
웨스트민스터 회의 544
위격적 연합 462
위기의 신학 604
위-디오니시우스 290, 291, 292, 305, 306, 325, 354, 366, 368
위르겐 몰트만 613
위-바나바 48, 49, 51, 54
위상 갈빈파 523, 524, 525, 532
위클리프 381, 389, 390, 391, 392, 393, 394, 481, 488, 640, 642
위클리프의 개혁운동 481
위클리프주의 481
윌리엄 오캄 384
윌리엄 틴데일 482
유노미우스 173, 193, 196
유니테리언 455
유명론 273, 315, 381, 384, 385, 386, 401, 407, 420, 640
유명론자 273, 315, 384, 385, 386, 407
유사본질 173, 174, 175, 177, 178
유사본질파 173, 174, 175, 177, 178
유스티나 178, 205
유스티누스 58, 59, 60, 61, 63, 64, 67, 68, 70, 74, 94, 110, 111, 126, 283, 344, 410
유심론자 452
유심론적 종말론 133, 155
유출 109, 119, 200, 252, 254, 307
유클리드 333
유티케스 228, 229, 230, 233, 234, 282
윤리학 323, 529
율리우스 2세 410
율리우스 3세 515
은혜의 선물과 자유의지의 조화 507
의지의 속박 412
이고니온의 암필로키우스 194, 195
이교도를 반대하여 쓴 역사 272
이교도에게 보내는 권면 111
이교 철학자들 조롱 65
이냐시오 로욜라 504
이노센트 3세 335, 357, 361, 379, 405
이노센트 11세 503
이단 논박 92
이단 빈박론 497
이단에 대한 규정 102, 103, 104
이레네우스 91, 92, 93, 94, 95, 96, 97, 98, 99, 100, 109, 118, 119, 120, 136, 137, 140, 143, 149, 155, 220
이반 4세 596

이븐 가비롤 333, 363, 364
이성주의 155, 173, 320, 367, 372, 444, 475, 529, 547
이신론 142, 563, 564, 566, 578
이신칭의 427, 428, 465, 466, 520, 529, 553
이원론 27, 29, 73, 77, 78, 79, 109, 244, 255, 271
이율배반 565
이중예정설 466
이질적인 신 78
이탈리아 르네상스 380
이탈리아의 르네상스 405
인간 오성론 562
인간 오성 탐구 563
인간의 본성과 운명 615
인내에 관하여 102
인디아 문제 501
인류학 76
인에파빌리스 데우스 586
일반침례교인들 544
일자(the One) 254, 377
일치서 524
일치 신조 517, 519, 520, 521, 522, 523, 524, 525
임마누엘 칸트 564
임모르탈레 데이 591

ㅈ

자본주의 580, 615, 617
자연 분류 305
자연 은혜 250
자연 종교 563
자유의지 250, 251, 256, 257, 259, 270, 300, 366, 412, 506, 507, 508, 512, 513, 517, 522
자유주의 신학 577, 603, 604
자유주의 신학자 577
자카리아스 우르시누스 531, 532
자크 마리탱 617
작은 형제단 361, 368
잠재적 실체설 474
잡록집 111
장기의회 544
장로교 469, 479, 532, 534, 541, 543, 544, 558
장로 아리우스 162
재세례파 435, 441, 444, 445, 446, 447, 448, 449, 450, 451, 452, 455, 468, 470, 471, 472, 474, 476, 481, 488, 490, 513
전택설 535, 537
전통주의 326
정규 성례 249
정당한 전쟁 476, 501, 502
정묘박사 381
정언 명령 565, 642
정통 신앙 회복 기념 축일 339
정통 칼빈주의 537, 539
제1동인 57
제1차 바티칸 공의회 586
제2 스위스 신앙고백 533, 534
제2의 세례 307
제2차 바티칸 공의회 510, 511, 592, 620
제3 세계 신학 607, 617, 622, 623
제5차 세계공의회 286
제6차 세계 공의회 289, 337
제국 이데올로기 311

제도집 268
제라르드 314
제롬 161, 271
제르미누니우스 172
제르송 393
제일의 원동자 373
제자도의 대가 611
제한 속죄 531, 537, 539
조나단 에드워즈 558
조지 불라우록 444
조지 폭스 453
조지 휫필드 557
존 낙스 487, 541
존 로크 562
존 오브 곤트 390
존 웨슬리 550, 551, 552
존 위클리프 481
존재론적 논증 320
존재의 유비 374
존 주얼 488
존 콥 616
존 헨리 뉴먼 578, 589
존 후퍼 486
종교개혁, 16세기 381, 394, 569
종교재판 336, 359, 402, 453, 454, 494, 497, 592
주교 알렉산더 162
주님의 말씀 해설 46
주님이 몸과 보혈 301
주님의 몸과 피에 관하여 315
죽은 자들의 부활에 대해서 63, 64
죽은 자들의 부활의 교리 68
준-아리우스파 174
준어거스틴주의 268, 276

준어거스틴주의자 268
준펠라기우스주의자 268
중간적 지식 497
중세 스콜라주의 241, 336, 529
중세주의 590
지상 명령 549
지성 19, 103, 109, 127, 130, 131, 132, 133, 134, 196, 199, 208, 245, 256, 291, 306, 330, 369, 375, 377, 378, 383, 428, 460, 496
진리의 복음 75
진리의 형제회 454

ㅊ

차르 350, 596
찰스 다윈 572
찰스 웨슬리 551
찰스 하츠혼 616
참된 토론 124
참회 제도 141, 309, 472
창조의 맏아들 65
창조의 은혜 250
천국에 들어가지 못한 율리우스 410
천년왕국설 47, 155
천사적 박사 372, 373
천상 위계론 290
철학과 신학 322, 367, 372, 378, 390, 564, 565, 642
철학의 위안 272
철학자와 유대인과 기독교인의 대화 323
청교도 465, 489, 542, 543, 544, 555, 558
최고의 진리 363

색인 643

취리히 합의 457, 475
츠비카우 443
츠빙글리 435, 436, 437, 438, 439, 440, 441, 442, 443, 444, 449, 457, 458, 459, 463, 466, 468, 471, 474, 475, 486, 489, 522, 523, 530, 533, 541, 544
친첸도르프 549, 550, 552
칠십인역 24, 25
침례파 544
칭의 350, 416, 427, 428, 431, 464, 465, 471, 473, 506, 511, 512, 513, 519, 520, 529, 536, 575, 576
칭의와 속죄 575

ㅋ

카니시오 495, 496
카라파 509
카롤링거 르네상스 304, 309
카르포크라테스파 74
카를로스 대머리왕 300, 313
카를 마르텔 299
카멜레온 이단 288
카밀로 레나토 445
카스파르 슈벵크펠트 452
카시아도루스 275
카시오도루스 274
카시키아쿰 245
카에사레아의 그레고리 156
카이사레아의 바질 178
카이사레아의 유세비우스 135, 152, 155, 161
카이사르 56, 350
카제탄 499, 500, 501

카타리파 318, 335, 336
카파도키아 교부 161, 178, 179, 180, 183, 189, 190, 191, 193, 194, 195, 197, 198, 202, 203, 204, 207, 208, 220, 221, 222
칸트 564, 565, 566, 567, 571, 575
칼 라너 619
칼라리스의 루시퍼 206
칼라브리아 334
칼리스투스 140, 141, 142, 144
칼릭스투스 526, 527
칼 마르크스 572
칼 바르트 567, 603, 607
칼빈주의 334, 459, 465, 475, 477, 478, 479, 488, 489, 490, 507, 523, 524, 530, 532, 533, 534, 535, 536, 537, 538, 539, 540, 541, 543, 544, 546, 555, 557, 558, 594
칼빈파 정통주의 533, 534, 536
칼케돈 공의회 183, 196, 224, 227, 232, 234, 235, 236, 241, 281, 282, 284, 288, 294, 296, 309, 337, 353
케린투스 74
켈수스를 논박함 124
켈수스 반박 56
코넬리우스 144, 508
코르도바의 호시우스 164, 173
코르비 수도원의 수도사 라트람누스 300
콘라드 그레벨 444, 445
콘스탄티노플 종교회의 171, 228, 229
콘스탄티노플 함락 593, 600

콘스탄티누스 대제 171, 247, 359, 395, 396, 443, 595, 602
콘스탄티우스 171, 172, 174, 175, 177, 205, 206
콘스탄틴 2세 171, 172
콘스탄틴 에코노모스 595
콘스탄틴주의화 236
콜렛 481
콤플루툼 다언어 성경 494
콤플루툼 다언어 성서 408
콥트 교회 337, 353, 599
콰드라게시모 안노 591
퀘이커파 453, 454
크리소폴리스의 막시무스 288
클레르보의 베르나르 325, 327
클레멘트 35, 36, 37, 38, 53, 54, 85, 86, 91, 109, 110, 111, 112, 113, 114, 115, 116, 117, 118, 119, 120, 121, 122, 135, 136, 149, 152, 218, 219, 305, 344, 384, 410, 508
클레멘트 2서 86
클레멘트의 서신 53
키루스의 테오도렛 284, 286
키루스의 테오도르 228, 231
키르케고르 566, 567, 572, 573, 574, 575, 604
키르쿰켈리온 247, 248
키릴로스 루카리스 594
키에프의 힐라리온 346
키에프 학파 597
키프리안 101, 140, 146, 147, 148, 149, 150, 151, 247, 248, 260, 262, 429

ⓣ
타르수스의 디오도르 215, 295
타자(Other) 569
타티아누스 61, 62, 63, 64, 66, 68
터툴리안 82, 91, 101, 102, 103, 104, 105, 106, 107, 109, 111, 118, 136, 137, 139, 141, 142, 143, 145, 146, 149, 154, 158, 167, 180, 204, 212, 213, 217, 230, 257
테오도라 283, 284, 339
테오도르 베자 531
테오도시우스 황제 180, 310
테오도투스 83, 111
테오클레투스 파르마키데스 595
테오파네스 프로코포빅 597
테오필루스 64, 68
토마스 뮌처 445
토마스 아켐피스 389
토마스 아퀴나스 329, 364, 365, 371, 372, 379, 499, 500, 501, 505, 590
토마스주의 371, 372, 394, 420, 501, 502
토미스 모어 482
토머스 크랜머 483, 486
토머스 홉스 562
톨레도의 레이문드 332
통일체 64, 89, 128, 134
통합 신조 294
투르나이젠 603, 604
투르의 베렝가 314
트렌트 공의회 506, 509, 510, 511, 514, 515, 525
트리포와의 대화 58, 59

ㅍ

파두아의 마르실리우스 387
파렐 458, 476
파르마의 요한 335
파센디 590
파스카시우스 라드베르투스 301
파스칼 508, 509
파우스투스 소키누스 454, 455
파피아스 35, 46, 47, 53, 155
판넨베르크 612
판테누스 110, 111, 122, 152
팔라미스파 347
팔라틴 백작령 523, 532
팜필루스 152
페브로니우스 585
페테르 모길라 597
페펭 299
페핑거 522
펠라기우스 246, 249, 250, 251, 257, 261, 262, 269, 507, 513, 554
펠라기우스주의 249, 261, 507, 513, 554
펴람 251, 278
편재 217, 463, 522
평화 옹호자 387, 388
포르 루아얄 508
포밸리 445
포티누스 92
포티우스 341
포티우스 분열 341, 645
폰투스의 시노페 78
폴리갑 46, 92
폴리갑의 순교 46
폴리캅 35, 46, 53

폴 틸리히 615
표트르 1세 597
푸아티에의 힐라리 135, 205
풀겐티우스 300
풀베르트 314, 330
프라하의 베들레헴 성당 393
프락세아스를 반대하여 102, 104, 105, 106
프란치스코 데 비토리아 501
프란치스코 수아레스 505
프란치스코의 작은형제단 361
프란치스코 히메네스 405
프랑소아 튜레틴 534
프랑수아 1세 584
프랑스 혁명 585, 588
프랜시스 베이컨 559, 562
프로비덴티시무스 데우스 590
프로소폰 158, 218
프로스퍼 268, 270, 300
프리드리히 고가르텐 604
프리드리히 슐라이어마허 550
프리스킬라 81
프리실리아누스주의 271
프리신리아누스파와 오리겐파의 오류에 대한 교훈서 271
프셀루스 344, 345, 348
프스코프의 필로테우스 595
플라키우스 496, 521
플라톤 25, 26, 28, 29, 30, 31, 56, 60, 61, 74, 109, 112, 113, 117, 119, 121, 126, 128, 129, 130, 133, 136, 137, 139, 185, 201, 208, 243, 272, 325, 330, 344, 364, 368
플라톤주의 25, 26, 28, 30, 31, 60,

74, 117, 119, 128, 129, 136, 137, 208, 243, 325, 330, 364
플로티누스 109, 243, 252, 254
피렌체 공의회 355
피비린내 나는 메리 487
피에르 328, 646
피오레의 요아킴 334, 335, 357
피우스 5세 377, 499
필로멜리움 46
필로의 로고스 109
필리오케 209, 210, 303, 304, 342, 347, 596
필립 샤프 579
필립 야곱 스페너 547
필립파 518, 520, 521, 522

ㅎ

하나님께로의 거듭남 99
하나님께 이르는 영혼의 순례기 369
하나님의 말씀과 인간의 말 614
하나님의 어머니 190, 202, 227, 233, 295
하나님의 은혜와 자유의지에 관하여 269
하나님의 타자성 606
하나의 단자 561
하나의 명사의 의미 323
하르나 579
하이델베르크 요리문답 523, 532
하인리히 수소 388
한스 뎅크 445
합당한 성례 249
합리주의 452, 538, 551, 560, 561, 562, 564, 565, 566, 570,

571, 581, 594, 646
합리주의자 452, 538
해석자 25, 113, 123, 145, 159, 264, 276, 323, 352, 515, 577
허영의 화형식 394
헤겔 567, 571, 572, 575, 578, 597, 604
헤라클라스 110, 122, 152, 157
헤라클리우스 황제 287, 288
헤르마스 35, 38, 49, 50, 51, 53, 54, 86, 140
헤르만 프랑케 548
헤르모게네스 102
헤르미아스 65, 66, 68
헤브라에우스 354
헤시카스트 347, 348
헤일즈의 알렉산더 362, 368, 369
헥사메론 해설 323
헥사플라 123
헬라인들에게 고함 62
헬무트 리처드 니부어 614
헬베틱 협약 535
현대 세계에서의 교회에 관한 목회 헌장 621
현자 프레테릭 416
형언할 수 없는 일자 109, 291
형이상학 논쟁 505
호노리우스 288, 289
호르미스다스 283
호머 62, 112호모우시우스 173, 177
호시우스 164, 168, 173
호프만 448, 449
혼합주의 33, 42, 72, 73
화체설 317, 357, 385, 392, 418,

색인 647

431, 432, 485, 486, 513
화합 칙령 282
회개에 관하여 102
회개의 몸부림 549
회복의 교리 140
후마니 제네리스 618
후스 380, 381, 389, 393, 394, 417, 418
후앙 데 발데스 453
후택설 536, 537
훔베르트 313, 317, 342
휘포스타시스 179, 207, 208
휴 래티머 486

흑인민권운동 622
흑인신학 616, 622
희망의 신학 614
히메네스 추기경 408, 494
히브리 복음 52
히에라폴리스의 파피아스 35, 46
히포의 어거스틴 183, 248
히포크라테스 333
히폴리투스 87, 139, 140, 141, 142, 143, 144, 154
힐레브란트 313, 314
힝크마르 300